河海大学社科青年文库

PROMOTE
CHILDREN'S
DEVELOPMENT

# 促进儿童发展：
## 福利政策与服务模式

Welfare
Policy
and
Service Mode

亓迪 著

社会科学文献出版社
SOCIAL SCIENCES ACADEMIC PRESS (CHINA)

本书获得国家自然科学基金（项目编号：71804041）、教育部人文社会科学基金（项目编号：18YJCZH139）、河海大学中央高校基本科研业务费专项资金（项目编号：2018B34514）资助。

# 前　言

　　人类绝大多数能力形成的关键期和敏感期都集中在童年时期。儿童期的习惯对人的一生发展都有重要影响，不仅影响入学阶段的学业表现，也影响长大成年后的收入水平、健康状况和事业成就。然而在经济高速发展的今天，仍然有不少儿童的基本发展权益得不到有效保障。近年来，儿童被侵犯事件引发社会广泛关注，困境儿童、留守儿童、贫困儿童、流浪儿童等成为政府及社会重点关注的弱势儿童群体。这不禁让人反思，促进儿童发展我们可以做什么？怎样更好地保障儿童基本的健康权、教育权、生存权和发展权？如何为儿童创造一个良好的成长环境？还有哪些问题亟待解决？儿童的成长关乎千家万户，儿童问题值得我们每个人认真思考。

　　本书以儿童为研究对象，重点关注弱势儿童基本生存和发展问题。大纲如下。

　　第一章重点阐述儿童减贫与发展的背景及意义，分别从国际社会对儿童发展与减贫的基本要求与目标及中国改革开放四十年以来推进儿童减贫与发展的进程出发，阐述当下关注这一问题的宏观社会背景及重要意义。

　　第二章重点关注儿童发展、儿童贫困与儿童福利等概念的基本内涵，该章认为儿童发展是核心，推进儿童贫困与儿童福利的举措都以儿童发展为立足点，本质上都致力于消除弱势儿童发展所面临的不利和障碍。本章将着重归纳总结三个概念之间的异同。

　　第三章重点介绍儿童发展相关理论流派及各理论流派影响下具体的服务治疗模式。该章将儿童发展理论分为阶段性和阐释性两大理论流派。关于儿童发展阶段性的理论流派，重点阐述皮亚杰儿童认知发展阶段理论、维果茨基社会文化理论、埃里克森社会性发展理论、柯尔伯格儿童道德阶段性发展理论等有关儿童认知水平、道德感及社会性发展理论；关于儿童发展阐释性理论流派，重点阐述儿童发展的经典阐释性理论，包括精神分析理论、人本主义理论、社会学习理论、儿童－成人依恋理论、生理应激理论、社会生态系统理论以及发展理论等阐释儿童发展障碍或解释儿童发展影响因素的重要理论流派。每个阐释性发展理论都对应具体服务干预的方向和途径，对此也将在该章进行简要阐述。

第四章介绍和分析影响儿童发展状况的主要影响因素，重点介绍父母养育方式、家庭社会经济地位、儿童服务机构及福利政策对儿童发展的影响机制。这一章侧重探讨儿童各层面发展状况影响因素及具体影响机制。

第五章以儿童减贫与发展领域常用的研究方法和测量工具为主要内容，具体介绍观察法、访谈法、问卷调查法、实验法等儿童研究领域常用的方法，同时还将介绍项目评估方法，具体包括预实验设计法、标准实验设计评估方法以及所罗门评估方法等。

第六章以4篇大样本调查数据的实证分析论文为案例，分别展示流动儿童群体心理健康影响机制研究、家庭收入对儿童营养健康状况的影响机制研究、留守儿童受教育水平的影响机制研究以及儿童多维度贫困程度的区域比较和实证测算研究。通过实证分析，展示儿童心理行为发展、儿童身体生理发展、儿童认知教育发展等方面的影响机制，为政策保障及服务干预提供实证数据支撑。

从第七章到第十一章以提升儿童发展的福利政策及服务干预模式为主要内容，重点介绍儿童减贫及基本生存保障、儿童基本教育权益保障、儿童早期托育保障、儿童医疗健康保障以及儿童保护权益保障五个具体领域儿童保障面临的主要难题并梳理国内外保障政策及可行的服务干预模式。

在本书写作过程中，笔者得到了以下老师与同学的支持与帮助，特此鸣谢：东南大学经济管理学院吴一超老师、曾成辉、王缪超、佘彦，河海大学公共管理学院尹胜楠、杨晓、许雨婷、刘文玥。同时本书部分研究还得到了河海大学社科青年文库、国家自然科学基金委、北京师范大学人的发展经济学研究中心等组织和机构的项目资助和资金支持，特此致谢。

亓　迪

2018 年 7 月 9 日于南京

# 目 录

# 第一章　　儿童减贫与发展：背景和意义

儿童时期是人生发展的关键期和敏感期，也是最易受到贫困冲击的脆弱时期。国际社会一直将促进儿童保护和发展作为可持续发展的重要内容，尤其是第二次世界大战（以下简称"二战"）后，国际社会针对儿童权益保护的政策和实施机制逐步建立并完善。1946 年，联合国儿童基金会成立，最初的宗旨是向二战中的受害儿童提供救济，之后其工作领域拓展到儿童生存、保护和发展等各个领域。1959 年，联合国大会通过了《儿童权利宣言》，明确了各国儿童应享有的基本权利。1989 年，联合国大会通过了对缔约国具有法律约束力的《儿童权利公约》，明确规定儿童享有生存权、发展权、参与权和受保护权四大权利。2000 年，"联合国千年发展目标"将儿童的营养、健康和教育作为国际发展的框架性目标。2002 年，联合国儿童问题特别会议一致通过"适合儿童生长的世界"行动计划，进一步明确在保健、教育、保护和艾滋病防治四个主要领域保护儿童权益、改善儿童生存条件的原则和目标。2003 年，东亚及太平洋地区各国就区域儿童发展和权利保障问题达成《巴厘共识》。2007 年，联合国儿童问题特别会议审议了"适合儿童生长的世界"行动计划实施情况，敦促各国政府和国际社会履行承诺，实现战略目标。2015 年，国际社会又通过可持续发展十七项基本目标，其中解决儿童贫困问题、给儿童提供有质量的教育、减少儿童疾病及提升健康层次等都被纳入需要各国政府解决的目标行列。

改革开放四十年来，中国政府也高度关注儿童的发展事业，致力于为儿童的生存与发展创造良好的环境。我国在不同时期制定了相应的儿童发展规划纲要，用于指导儿童事业的发展。早在 20 世纪 90 年代，中国政府就发布了《九十年代中国儿童发展规划纲要》，之后又发布了《中国儿童发展纲要（2001—2010 年）》以及《中国儿童发展纲要（2011—2020 年）》，以促进儿童全面健康发展。联合国《儿童权利公约》正式生效后的第二年，即 1991 年，中国就签署了该公约。除此之外，针对儿童基本受教育权、健康权、发展权、保护权等方面的权益，在儿童受教育、健康、保护等诸多领域中国政府也相继出台了一系列政策法规。如在基本受教育权利的保障方面，1986 年，中国政府出台《中华人民共和国义务教育法》，《义务教育法》的颁布旨在保障适龄儿童获得基本受教育权。1998 年又启动"国家贫困地区义务教育工程"，保障贫困地区儿童基础受教育权利。在儿童保护方面，1988 年出台《未成年人保护法》，规范对儿童青少年的保护责任。在基本健康保障方面，我国建立了城乡居民基本医疗保险和大病保险，且向贫困重病、重残的儿童倾斜，医疗救助的报销比例和封顶线也都相应提高。对于最低生活保障家庭的儿童、重度残疾儿童参加城乡居民医疗保险的个人缴费部分给予补贴。对于纳入特困人员救助供养范围的儿童参加城乡医疗保险给予全额资助。

近年来，政府又加大对孤儿、留守儿童、流动儿童、困境儿童等发展高风险儿童群体的保障。如 2010 年颁布的《国务院办公厅关于加强孤儿保障工作的意见》，针对孤儿安置、基本生活、教育、医疗康复、成年后就业和住房等问题提供相应的保障措施，同时安排专项财政资金作为孤儿的基本生活费补助。2014 年公布《社会救助暂行办法》《国家贫困地区儿童发展规划（2014—2020 年）》等文件，提出对贫困家庭的各项生活补助并开始着力解决贫困地区儿童的发展权益问题，在儿童健康改善、儿童营养改善、儿童教育改善等方面提出具体目标和举措。2016 年出台《国务院关于加强困境儿童保障工作的意见》《国务院关于加强农村留守儿童关爱保护工作的意见》等，进一步加强对高风险家庭儿童的权益保障，包括父母外出打工无人监护的农村留守儿童，监护缺失或监护不当遭受虐待、遗弃、意外伤害或者不法侵害的儿童等困境儿童群体的关爱保护。

由于政府关注儿童生存和发展权益的保障，因而自 1990 年儿童发展纲要颁布和实施以来，我国儿童的生存、发展和受保护的权利得到保障，体现在相关儿童发展指标上是实现"联合国千年发展目标"。例如，《中国实施千年发展目标报告（2000—2015 年）》显示，我国 5 岁以下儿童死亡率从 1991 年的 6.1% 下降到 2013 年 1.2%，平均每年降幅达 7%。5 岁以下儿童低体重率由 1990 年的 19.1% 下降至 2010 年的 3.6%，5 岁以下儿童生长迟缓率由 1990 年的 33.4% 下降至 2010 年的 9.9%（UN，2015）。但是，各区域经济发展不平衡造成贫困地区儿童的生存和发展还面临诸多方面的挑战。根据 *Children in China：An Atlas of Social Indicators*，东西部5岁以下儿童死亡率差距依然较为明显。由于贫困地区儿童的生存和发展仍面临诸多挑战，发展指标的表现较为落后，引发社会关注，2014年《国家贫困地区儿童发展规划（2014—2020年）》的颁布也进一步明确各区域儿童发展水平的不平衡性，贫困地区儿童发展的任务依然艰巨。政策着力提高集中连片特殊困难地区儿童发展的整体水平。

儿童是生命的起始阶段，物质与社会资源匮乏严重影响儿童身心发展，阻碍儿童和社会人力资本的积累，而投资儿童的发展是消除贫困、打破贫困代际传递的重要途径，也是实现社会公平与正义的重要手段。自2015年起，我国政府提出了精准扶贫的国家战略，致力于2020年之前消除贫困。然而遭遇贫困对儿童产生的影响和后果更大，且这一影响不可逆转。因而，精准扶贫战略应当以儿童作为重点扶贫对象，关注和解决贫困地区儿童的发展问题则更为重要。儿童发展是全方位的概念，包括身体状况、认知水平以及心理行为等方面的良好状态。贫困的生活和物质环境是造成儿童在各方面发展水平滞后的重要风险因素，进而导致贫困儿童与非贫困儿童在各项发展指标上出现巨大差距。因而，减少家庭和社会环境中的不利因素对解决儿童发展水平的滞后问题具有重要意义。

基于此，本书将以儿童为主要研究对象，重点关注儿童的减贫与发展问题。本书的前半部分将重点介绍儿童减贫与发展的基本概念内涵、理论流派、影响机制、测量工具、研究方法，并辅以基于大规模调查数据的实证分析。本书的后半部分将针对儿童发展的特定领域包括儿童救助保障、儿童健康医疗、儿童教育发展、儿童保护、儿童托育五个主题介绍相应的国内外福利政策及具体的服务模式。本书的具体安排如下。

第二章将重点关注儿童贫困与发展的相关概念内涵，从概念界定上明确儿童贫困与发展的基本内涵。第三章将重点介绍儿童发展相关的理论流派及各理论流派影响下具体的服务治疗模式。儿童发展的理论流派包括儿童发展的阶段性理论以及儿童发展的阐释性理论两个部分。第四章将介绍影响儿童发展的影响因素，重点从父母养育方式、家庭社会经济地位、环境系统中儿童机构的影响以及宏观系统中政策的影响作用等方面进行介绍。第五章将介绍儿童减贫与发展领域常用的研究方法和测量工具。第六章将通过 4 篇大样本调查数据的实证分析论文，分别展示流动儿童心理健康的影响机制研究、居民收入对儿童营养健康状况的影响机制研究、留守儿童受教育水平的影响机制研究以及儿童多维度贫困程度的区域比较和测算。通过实证分析，展示儿童心理行为发展、儿童生理发展、儿童认知教育发展等方面的影响机制，为政策干预及服务提供数据支撑。本书的第七章到第十一章节将以国内外提升儿童发展的福利政策及服务模式作为重点，介绍儿童减贫及救助保障、儿童教育、儿童早期托育、儿童医疗健康以及高风险家庭儿童保护五个具体领域出现的主要问题、国内外的福利政策措施以及可行的干预服务模式。

# 第二章　儿童贫困、儿童及儿童福利：概念界定及相互关系

## 2.1　儿童发展：概念内涵及意义

儿童发展涉及的领域较为广泛，如图 2-1 所示，发展的维度大致包括以下三方面，即儿童生理层面的发展、儿童情感社会性发展以及儿童认知方面的发展。儿童生理发展包括儿童体格、感知系统、运动能力和生理健康等方面的发展。情感社会性发展包括情感交流、自我理解、人际关系、亲密关系、道德推理能力和行为等方面的发展。认知发展包括注意力、记忆力、智商、语言、创造力等方面的发展。

**图 2-1　儿童发展的多维度交叉图**

童年期的发展具有阶段性特征，不同年龄阶段的儿童会发展出新的能力。重要的阶段性转变包括以下五个时期。

（1）产前期（prenatal period）：从受孕到出生的 9 个月是变化最为迅速的阶段，从单细胞有机体变为胎儿。这一阶段早产会对儿童发展造成不利影响，早产儿童发展出现迟缓的可能性较大。另外，在胎儿发育期间摄入酒精、药物及吸烟等会对胎儿造成不利影响。

（2）婴幼儿时期（infancy and toddlerhood）：从出生到 2 岁。这一阶段是幼儿与外界建立关系的重要时期，伴随着大量运动，感知和心理能力出现。

（3）儿童期初期（early childhood）：从 2 岁到 6 岁。这一阶段儿童运动能力得到提高，思想与语言能力也出现大幅度提高，道德感日益明显。

（4）儿童期中期（middle childhood）：从 6 岁到 11 岁。这一阶段儿童的体育技能提高，掌握了基本的读写能力，在自我理解、友情和道德感方面有了明显进步。

（5）青少年时期（adolescence）：从 11 岁到 18 岁。这一阶段思想变得更加抽象，情感道德和社会化发展更加成熟。

已有研究表明，儿童早期几年的发展至关重要。早期发展领域的神经科学研究及纵向跟踪研究发现，产前护理和生命最初六年的经验会影响儿童身体和大脑发展。人类绝大多数能力发展的关键期和敏感期都集中在儿童早期（Walker，2007，2011）。从生理角度看，生命早期几年是大脑生理结构形成和发展的关键期，早期儿童获得均衡营养和科学养育环境不仅决定大脑的发展潜能，也制约大脑潜能实现的程度。早期发展机会不均等，会造成后续受教育程度、学业成就等方面的不均等和落后，进一步加固社会不平等。国际知名杂志《柳叶刀》于 2007 年出版的儿童发展系列论文表明，全球超过 2 亿的 5 岁以下儿童的发展潜能未能得到有效发挥，这些潜能包括认知发展、健康和社会情绪发展等层面（Grantham-McGregor，et al.，2007）。

早期潜能发育不足会增加儿童期疾病和健康风险，而且还会影响其一生的生活质量。儿童早期的发展程度不仅影响儿童后期尤其是入学阶段的学业表现，而且影响成年后的收入水平、健康状况和事业成就。大量研究表明，儿童早期的认知能力、语言功能和社会情感发育水平是预测未来教育成就的重要指标（Jencks，1979；Neisser，et al.，1996，Cawley，et al.，2001；Kuncel，et al.，2004），对个人经济收入水平、劳动力市场中的职业地位都具有十分重要的预测作用（Kuncel et al.，2004）。

如果儿童早期发展过程中遭遇到诸多风险因素，例如家庭贫困、营养状况较差、环境污染、环境缺少刺激、缺少情感上的安全型依恋关系等将会对儿童的智力发育及后期能力发展造成阻碍（Black et al.，2017）。恶劣的生存条件和发展过程中风险因素的增加将给儿童发展带来不利影响，也造成了儿童间发展机会和发展程度的不平等，这种不平等对个体和社会结构都将产生重要影响。例如，一项通过比较家庭收养孤儿院儿童的收养时间的研究证实儿童早期物质和社会环境的改善对儿童发育的重要意义。研究人员跟踪研究了被英国家庭收养的罗马尼亚孤儿院儿童（Beckett et al.，2006）。罗马尼亚孤儿院的儿童被收养之前普遍面临着各方面的发展损伤问题，这些儿童被英国家庭收养的时间不同，部分儿童被收养时的年龄为6个月以下，部分儿童被收养时的年龄为6～24个月，还有部分儿童被收养时的年龄为24～42个月。这些被收养到英国家庭的儿童成长到学龄前阶段后，研究人员分别对以上三组儿童的智商发展状况进行评估测试。测试结果显示，6个月以下就被收养的罗马尼亚孤儿的智商表现最突出，即使收养前面临各方面的发展损伤和障碍，但由于收养后获得较好的发展条件，这些儿童在后期进步明显，其认知发展水平到学龄前阶段已经基本接近英国本地儿童。然而，被收养时间较晚的儿童则出现更多问题，智商测试的表现较差，且容易出现注意力不集中、多动症以及任性等行为（Kreppner et al.，2007）。

因此，促进儿童早期发展、帮助儿童改善早期发展的环境、减少环境中的不利因素对弥补儿童后期发展不足至关重要。如果改善儿童成长环境，帮助儿童获得较好的起点优势，就能够帮助儿童在未来获得更多的经济收入和更高的职业地位，改变贫困的代际传递机制（Damian，et al.，2015）。同时，诸多研究表明，针对儿童早期发展的干预措施是改善机会不平等最具有成本收益的策略之一。儿童早期是大脑和各项能力发育最快的时期，早期学习的生产力和成本效益远超后续的补偿性教育，针对儿童早期发展阶段的投资与干预能够获得最高的经济回报率，研究表明儿童早期发展的干预能够带来的回报率范围在7%～18%，远高于金融资本的回报率（Heckman & Mastered，2007；Heckman，2008）。美国的佩里学前教育项目是针对较低家庭社会经济地位儿童的早期干预项目，长期的跟踪调查显示，每投入1美元能够收获7～12美元的回报，早期干预项目为儿童能力发展奠定了良好基础，相较于在生命后期的干预例如成人的职业培训、劳动改造、成人文化补习等补救性措施，针对儿童早期干预的效果明显更好，经济回报率更高。

## 2.2 儿童贫困：概念内涵界定

贫困是儿童发展滞后的重要影响因素，联合国儿童基金会将儿童贫困定义为对于儿童生存、成长与发展来说必要的物质、情感或者精神资源的缺失或者匮乏，以至于无法实现儿童的权利和发展的潜能，儿童不能平等和完全地参与社会。

我国政府出台的政策文本以及学术界出版的论文、论著中较少提及儿童贫困这一概念，较多提到包括留守儿童、流动儿童、流浪儿童、孤儿、困境儿童等儿童群体。2016 年国务院发布的《关于加强困境儿童保障工作的意见》中将贫困儿童作为困境儿童群体中的一个小类别群体，其中贫困儿童是指家庭贫困导致生活、就医、就学等困难的儿童。由此可以看出，政府文本中对于儿童贫困的界定和理解主要以家庭贫困为衡量尺度。家庭贫困的儿童即为贫困儿童。

另外，我国也较少针对贫困儿童的数量做专门的人口统计。由于贫困儿童的概念范畴并不清晰，有关贫困儿童数量的统计结果也相差较大。例如，唐均根据民政部 2007 年公布的低保、五保、孤儿、流浪儿童等数据，对我国贫困儿童的规模进行了估算，根据各分类儿童的数量总计，认为我国贫困儿童群体的总体规模大体在 710 万左右。[①] 根据 2010 年亚行对安徽、福建、江西等 15 省 18 岁以下贫困儿童所做的调查，同时按照 1% 人口抽样调查推测，我国 3.09 亿名 18 岁以下儿童中，贫困儿童为 900 多万。还有部分研究者指出贫困儿童至少包括低保儿童、低收入儿童、农村的五保儿童、城市福利机构收养的孤残儿童、城市救助保护机构收容的流浪儿童，还有部分受艾滋病影响的儿童等（张时飞、唐钧，2009）。如果将以上与政策衔接的各类儿童群体纳入贫困儿童范畴，那么贫困儿童的数量将会更多。表 2-1 呈现了北京师范大学《中国儿童福利政策报告（2011）》中对各类弱势儿童群体规模的大致估计。

---

① 中国国际扶贫中心资料，http://www.iprcc.org.cn/Home/Index/index.html。

表 2 - 1　各类弱势儿童群体规模

| 儿童类型 | 规模 |
|---|---|
| 孤儿 | 在民政部门登记的孤儿人数从 2005 年的 57.4 万上升至 2010 年的 71.2 万 |
| 农村五保儿童 | 2012 年底，中国农村五保供养的孤儿约有 26.93 万人，其中集中供养的约有 6.35 万人，分散供养的有 20.58 万人 |
| 残疾儿童 | 0～17 岁的各类残疾儿童共计 5043000 人，大约占残疾人总数的 6.08%，其中 0～14 岁的残疾儿童有 386.78 万，占到 0～14 岁儿童总数的 4.66%（身体残疾、能力不足） |
| 贫困儿童 | 中国贫困儿童 1500 万人，西部贫困儿童 760 万人。贫困地区儿童生长速度较慢，与世界卫生组织标准相比：低体重率达到 12%～36%，生长迟缓率是城市儿童的 6 倍，维生素 A 缺乏率是城市儿童的 4 倍 |
| 农村留守儿童 | 中国农村留守儿童 6102.55 万，占农村儿童的 37.7%，占全国儿童的 21.88% |
| 受艾滋病影响的儿童 | 据估计 2010 年底，受艾滋病影响的儿童有 49.6 万～89.4 万，其中有 2 万～2.7 万艾滋病孤儿 |

资料来源：北京师范大学《中国儿童福利政策报告（2011）》。

　　国外则有大量关注儿童贫困及其规模和程度的精准测度。例如，部分研究者专门从家庭收入角度测度儿童贫困，贫困儿童主要指生活在低收入家庭中的儿童，通过对比家庭收入水平与既定收入贫困线划定贫困儿童，进而计算贫困儿童的范围和规模（Batana et al.，2013；Evans and Palacios，2015；Watkins and Quattri，2016；Newhouse et al.，2016）。例如，Newhouse 等（2016）采用世界银行近期调整的每天 1.9 美元贫困线并基于全球微观数据库中有关 89 个国家的实证分析，测算出 18 岁以下家庭收入低于每天 1.9 美元的儿童比例为 19.5%，是成人贫困率的两倍还要多，这一研究表明从全球角度来看，儿童贫困的发生率显著高于成年人，是不容忽视的全球议题。除利用较为广泛的绝对贫困线以外，发达国家和地区则主要通过考察社会中所有家庭的收入中位数情况，并依据家庭收入中位数的一定比例（40%、50% 或 60%）划定相对收入贫困线，计算社会中生活在较低收入层次的儿童数量（Bradshaw et al.，2012；Bradshaw & Richardson，2009）。

　　当然，不论是绝对贫困线还是相对贫困线，以收入为基础测度儿童贫困的方法受到多方面的质疑和挑战。越来越多的研究者提出，收入仅反映人类发展和贫困的一个方面，难以反映收入之外其他维度的贫困（Minujin et al. , 2005；Roelen et al. , 2009；Minujin & Nandy，2012）。对儿童来说，其基本需求的满足不仅依赖于家庭收入，而且依赖于家庭外部的公共产品及服务供给等外部资源。1995 年哥本哈根宣言提到，贫困是人类需求严重匮乏的一种情形，包括食物、饮用水、卫生设施、健康、居住条件、教育和信息，它不仅仅依赖于收入，而且依赖于是否有机会获得社会服务。另外，印度和秘鲁等国家的研究表明，许多在教育、健康等方面贫困的人口并非收入贫困人口（Santos et al. , 2015；Alkire & Housseini，2014）。儿童贫困领域的学者也指出，非收入贫困的儿童可能也会面临生存和发展的挑战，而收入贫困的儿童其生活质量也未必最差，收入法未必能有效测度儿童贫困的现状（Gordon & Nandy，2012；De Neubourg et al. , 2012）。另外，由于收入法通常未能考虑家庭内部分配不均等情况，以及儿童可以支配的收入可能也会受到来自家庭结构的挑战，因而越来越多的研究者转向采用多维度测度的方法对儿童的贫困程度及其生活水平进行直接的分析和测算（Barrientos & DeJong，2006；Boyden，Hardgrove & Knowles，2012；Chzhen et al. ，2014；De Milliano & Plavgo，2014；De Neubourg et al. , 2012；Gordon et al. ，2003；Roelen et al. , 2009；Alkire & Roche，2011）。尽管多维度测度儿童贫困的已有研究针对维度和指标的加权方式有所不同，但都摒弃收入单一视角分析儿童贫困，并通过选取多重维度和指标并设定临界值的方法考察儿童实际的生活水平。

因而，当前国际学术界和各国政府都在积极探索更加优化的多维度测量方法。近几年，针对儿童贫困的多维测度的研究也呈现逐步增多的趋势（Bradshaw & Richardson，2007；Bradshaw & Richardson，2009；Guio et al. ，2012；Chzhen & Bradshaw，2012；Singh & Sarkar，2015；Hjelm et al. ，2016）。经过梳理文献，至少可以总结出四种类型的儿童多维测度方法，包括：①以基本权利为导向的儿童贫困多维测度方法（包括 Bristol 方法和联合国儿童基金会的 MODA 方法）；②牛津大学人类发展中心构建的能力发展导向的多维贫困指数（MPI）测量方法；③以相对匮乏为导向的儿童贫困多维测度方法；④以主观评价为导向的儿童贫困多维测度方法（Boyden & Dercon，2012；Gordon et al. ，2003；Alkire & Foster，2011；Alkire & Santos，2010；Alkire et al. ，2015；Chzhen et al. ，2016；Chzhen & Ferrone，2016；De Milliano and Handa，2014；De Neubourg et al. ，2012；Singh & Sarkar，2015）。

　　以权利为导向的多维测度方法对当前全球儿童贫困数量和程度的统计具有十分重要的影响。以权利为导向的测度方法主要源自联合国《儿童权利公约》规定的儿童享有最基本的生存权、发展权、被保护权和参与权，这一全球性儿童公约为多维儿童贫困监测提供了扎实的参考依据。基于国际社会对儿童基本权利的规定，布里斯托大学于 2003 年构建七个维度测量和比较发展中国家儿童贫困的规模和程度，这七个维度涵盖营养、安全饮水、卫生设施、健康及医疗、住房、教育、信息和基础设施可及状况（Gordon et al.，2003）。这一方法被纳入联合国儿童基金会 2007 年的全球儿童贫困与不平等监测报告（UNICEF，2007）。近年来，联合国儿童基金会发展的多维重叠匮乏分析 MODA 方法也隶属儿童权利导向的多维贫困测度方法（Chzhen et al.，2016；Chzhen & Ferrone，2016）。这一类方法以儿童而非家庭作为主要分析单位，以儿童应当享有的基本权利作为基础，设计儿童贫困测量的具体维度及与发展相适应的测量指标，由于儿童均等地享有各项权利，因而这类测度方法针对每个维度采用相等的权重进行处理计算。本书第六章第四节将基于以权利为导向的测度方法并结合 CFPS 大样本数据分析中国农村儿童贫困的状况及特征。

　　除基本权利导向的多维贫困测度方法外，阿玛蒂亚·森提出可行能力这一概念也影响了多维贫困的测量，将贫困的内涵由经济转向一系列可行能力的缺失和匮乏（Sen，2009）。该理论认为，收入是实现可行能力的一种途径和手段，因而能力导向的儿童贫困测量需要直接面向基本的可行能力。Micklewright 和 Stewart（1999）开始提出一套以实现能力的提高和个人的发展为导向的多维测量体系，并认为以能力为导向的儿童多维评价体系才能实现阿玛蒂亚·森所提出的儿童拥有美好生活的前景，其构建的以能力发展为导向的多维测量方法具体包括四个维度的测算和评估（简称 MHES），即物质福利指标（M）、健康生存（H）、教育及个人发展（E）、社会融入和参与（S）。近年来有全球影响力的能力发展导向的多维测度方法是牛津大学贫困与人类发展中心（OPHI）构建的多维贫困指数（MPI）测量方法（Alkire et al.，2015；Alkire & Santos，2010）。多维贫困指数测量方法测算了教育、健康和生活标准三个维度，具体包括十个指标的测算，该指数同时可以依据类别进行分解估算。

　　另外一类多维测量方法则始于英国社会学家汤森于 1979 年提出的相对

贫困的基本概念，其使用相较于社会其他成员缺失的匮乏指标体系衡量英国贫困问题。英国学者 Mack 和 Lansley（1985）提出社会大众都拥有的需求品缺失或者匮乏状态即为相对匮乏，因而多维贫困指标的选择主要基于社会认定的必需品拥有情况。基于汤森和英国两位学者的相对匮乏概念、理论，英国贫困与社会排斥研究项目组使用物质匮乏指数测量儿童多方面贫困及匮乏程度（Pantazis et al.，2006）。Guio 等（2012）则将通过相对匮乏方法筛选的儿童贫困测量指标应用于欧盟，从而比较不同国家儿童多维贫困的现状及程度。测量儿童所在家庭面临多维度贫困的指标如下：是否出现意料之外的家庭支出；是否能支付得起每年一周以上的家庭度假计划；是否能定期支付房屋租赁费、房屋抵押贷款费或其他购买产生的分期付款费用；是否能定期吃到肉类（鸡肉、鱼肉）或其他膳食所需的蔬菜及水果等；是否能保证家里足够温暖，冬天有取暖设施避免挨冻；是否有洗衣机；是否有彩色电视机；是否有电话能与外界及时通信；是否有交通工具比如车等。如果以上九个指标缺乏其中三种，那么家庭就被界定为处于匮乏状态。

除此之外，年轻生命机构也十分注重理解儿童贫困的致贫因素及其产生的结果，这一机构注重采用参与式研究方法将儿童自己对待贫困的主观感知和评价作为测量儿童贫困的维度（Boyden & Dercon，2012）。例如，Singn 和 Sarkar（2014）采用该机构的长期追踪调查数据研究印度儿童贫困，其研究涵盖了教育、健康、住房及主观幸福感四个主要维度和十五个具体指标。其中，主观幸福感受这一维度具体包括闲暇时间的利用状况，受到欺凌时的社会支持感受，来自家庭的支持感受、安全感及信任，社会包容性感知，家庭生活水平主观评价以及自我感知到的掌控能力等多个具体的测量指标。加拿大长期追踪调查（Canadian National Longitudinal Survey of Children，NLSC）也是以儿童主观生活评价为导向衡量儿童多维贫困的长期追踪调查，其构建的多维度模块包括儿童友谊关系、儿童对于家庭的主观评价、校园安全感评价、儿童自我评价、儿童情绪感知和行为、儿童与父母关系评价、不良行为习惯评价等。

不论哪种多维测度方法，国际学术界、国际组织及各国政府都逐渐意识到儿童贫困不仅是家庭收入不足造成的机会缺失和发展滞后问题，更是基础设施发展滞后、基本公共服务不足、社会政策制度或福利供给不到位等诸多因素造成的多维度贫困及多种可行能力发展不足的问题，因而采用多维贫困指数方法测量和评估儿童贫困就越来越被各国政府和国际社会所重视。同时，各国政府也正在逐步将多维儿童减贫的理念付诸政策实践领域。例如，联合国儿童基金会以基本权利理念构建针对儿童贫困的 MODA 分析法在超过 40 个国家和地区进行了测度应用，包括老挝、坦桑尼亚、亚美尼亚及冰岛（Chzhen et al.，2016）。牛津大学构建的以能力发展为导向的儿童多维贫困指数方法自 2010 年被写入联合国发展署人类发展报告开始，也逐渐被许多国家作为政府测度贫困的重要方法。例如，越南政府于 2015 年开始启动 2016～2020 年度五年规划，将多维贫困指数方法作为政府监测、评价贫困的主要方法，越南多维贫困测度指标涉及健康、教育、住房、饮水卫生条件以及获取通信共五个维度。不丹政府也启动了国家多维儿童贫困监测。除了参考牛津大学构建多维贫困指数方法，将健康状况、教育状况和生活水平纳入监测外，不丹政府的儿童多维贫困指数方法还创新性地纳入了儿童生活水平维度。针对 0～4 岁儿童，生活水平维度主要考察儿童营养不良的基本状况，针对年龄较大的 5～14 岁儿童，则主要监测儿童是否进行过非法的童工劳动。哥伦比亚的多维贫困监测维度（MPI-Columbia）则包括儿童受教育状况评价、儿童青少年生活状况评价、健康及公共设施可及性状况评价等维度。发达国家和地区也将多维贫困测算方法纳入本国儿童贫困的测度统计。如英国政府 2010 年颁布的《儿童贫困法案》首次提出儿童贫困测度的具体方法及监测目标，提出儿童减贫的目标包含多维儿童减贫，多维儿童减贫的战略目标涵盖包括住房、教育、营养及闲暇安排等在内的十二个具体测量指标。本书第四章"儿童发展：影响因素研究"部分还将介绍各国多维测度及其影响政策实践的案例。

## 2.3 儿童福利：概念内涵界定

社会政策或者制度设计以及社会服务程度是影响儿童发展的重要宏观影响因素。儿童福利政策、服务模式的终极目标是促进儿童发展，因此关于儿童发展的内涵及其理论至关重要。儿童福利在我国被提及得较多，尤其在学术界范围内，不少学者对儿童福利概念做出过阐释。例如，童小军

（2018）认为，儿童福利的概念分为广义和狭义之分。广义的儿童福利概念是从儿童权利视角出发，认为凡是能够促进儿童身心健全发展的各种努力都可被称作儿童福利，这里面的各种努力就包括满足儿童及家庭普遍需要的各种制度、措施和服务；狭义的儿童福利概念指为处于困境中的特殊需要儿童群体提供的各种制度、措施和服务，这些儿童群体包括孤儿、弃婴、身体有特殊疾病或障碍的肢残儿童、弱智儿童、聋哑儿童、盲童等特殊儿童群体。

因此，儿童福利通常意义上是指一个整体的综合概念，既包含对于特殊困难儿童群体提供的各种制度保障及服务安排，也就是学术界通常所指的"补缺型"儿童福利，也包含覆盖所有儿童的"普惠型"儿童福利。换句话说，补缺型和普惠型福利的区别在于政策或服务所面向的儿童群体不同，前者面向处境更弱势的儿童，后者面向更大范围的所有儿童。儿童福利的覆盖范围从儿童福利的内涵来看，既包含了物质帮扶和经济层面的救助，也包含为身心健康提供的各种服务。因此，儿童福利的政策或服务指包括物质的、经济的、身体的、心理的、健康的等诸多层面，以促进儿童成长与发展为目标的各种安排。

儿童福利制度，则将儿童福利这个概念进一步提升为规范化的制度保障层面，主要指以儿童权利作为理念指导，以儿童的安全、健康成长等基本需求作为主要目标，为权利受侵害的儿童或基本需求无法得到满足的儿童提供各类生活照料和成长服务的国家制度化的安排。因此，儿童福利包含相关儿童法律政策及其制定、儿童方面的行政事务管理、儿童服务递送的组织设置、儿童方面专业人员的队伍建设、儿童的资金预算等各种促进儿童权益维护和发展的措施的总和（童小军，2018）。作为一项制度安排，儿童福利制度具备以下四个基本要素，即价值要素、规则要素、组织要素和设备要素。价值要素主要规定制度为谁服务、服务内容、为何要有该项服务等方面的基本内容。规则要素主要指儿童福利制度的文本要素，包括法律法规、政策、通知以及其他相关的正式工作文件，这些内容以儿童福利价值理念为基础，并准确地转化为儿童福利规则，对参与儿童福利工作中的所有人和机构的行为起到一定的约束和指导作用。组织要素主要指落实儿童福利制度的具体实体机构，既包括提供服务管理的机构，也包含提供直接服务的机构。组织要素还包括关于不同层级机构的岗位设置及对这些岗位之间的工作关系的界定，从而能够帮助从业者进入儿童福利服务领域，形成彼此分工明确、相互合作的关系。设备要素主要指保障儿童福利制度安排顺利进行的物质设备及其授权。物质设备包括儿童福利服务传递过程中必要的办公场所、设施和资金，为儿童福利传递提供设备支持；授权则主要指为不同层级的儿童福利服务和人员赋权，使机构和工作人员具有提供儿童福利的权力。

## 2.4　儿童发展、儿童贫困及儿童福利概念的区别与联系

儿童发展、儿童贫困以及儿童福利的关系如图 2 - 2 所示。三个概念中，儿童发展是核心，儿童贫困是导致儿童发展水平滞后的风险因素之一。贫困包括物质的匮乏、多维层面的条件不足、家庭收入的不足、儿童基本权利的缺失和保障不足等，总体来看，儿童贫困的概念范畴主要以物质的匮乏和不足为主，或者说基本权利的缺失。不论通过哪种方式测度贫困，如单维度的收入法还是多维度的收入法，本质上儿童生活在贫困的状态都会给儿童及其后面的人生带来较为不利的影响，这种传导机制是通过对儿童发展各维度的影响所造成的。如本书第四章谈及儿童发展的影响因素时认为，儿童自身之外的系统包括家庭贫困、父母的教养方式、接触的物质条件和环境等这些不利条件会影响到儿童的认知发育水平、心理的健康水平和行为的适应度，也会给儿童的身体和生理等方面带来不同程度的影响和刺激。第三章的理论部分则更能揭示这种传导机制是如何形成的，尤其是外在环境的不利因素是如何对儿童内在的心理和认知等内在特征产生影响的。

正是基于此，儿童发展作为三个概念中的核心变量，所有的福利政策和服务干预模式都是以如何促进儿童发展为目标的。儿童的福利包括儿童政策和儿童服务两个部分。其中，儿童福利政策的设置主要通过改变宏观环境中对儿童发展的不利因素，进而希望达到促进每个儿童发展的目标。福利政策的保障很重要，因为儿童福利政策往往能够改变或者说至少缓解贫困和匮乏的生活状态给儿童各方面发展带来的消极影响。因此，通过儿童的社会政策影响儿童发展的途径是指消除环境中的障碍和制约因素，尤其是消除贫困及其他风险因素对儿童发展的阻滞。这也是为何在政策的文

本中经常可见弱势儿童群体的字眼，包括留守儿童、流浪儿童、孤儿、残障儿童、贫困儿童，等等，本质上是消除各种原因导致的弱势儿童发展所面临的各种障碍和不利。通过福利政策打通这一环节，让弱势贫困儿童也能够享受公平可及的政策和优惠，弥补自身发展的各种不足。如果说儿童福利政策是改善宏观环境的不利因素，那么儿童福利中的另外一个层面——儿童服务干预模式则是通过改善中观和微观的不利因素，尤其是通过宏观政策仍然无法改变的环节，进而达到促进儿童发展的终极目标。

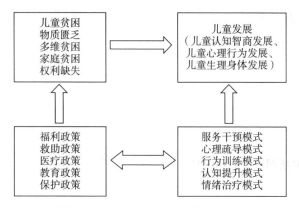

**图 2 - 2　儿童贫困、儿童发展及福利政策三个概念之间的关系**

# 第三章　儿童发展：理论流派及服务模式

## 3.1　儿童发展阶段性理论流派

### 3.1.1　皮亚杰儿童认知能力发展阶段性理论

在认知能力发展阶段性理论方面有广泛影响力的代表学者为皮亚杰。皮亚杰提出有关儿童思维、推理和问题解决的理论。皮亚杰提出以下几个重要概念，包括图式、同化和顺应。图式是发展变化的基本单位，婴儿最初经历的图式是感觉运动智慧，主要发展感觉运动，包括吮吸、抓握、观看等心理活动。经过练习，基本的图式会经过组合、整合和分化形成更加复杂和高级的行为模式。通过同化和顺应两个过程，儿童发展出更为高级的行为模式。同化是指儿童对环境信息进行修改和加工，以同化为适合自己的知识结构，即用已有的图式来同化新信息。顺应是将已有的图式进行修改，以更全面地理解新的信息。皮亚杰将儿童认知发展的阶段概括为感知运动阶段、前运算阶段、具体运算阶段以及形式运算阶段。以下表3－1展示了皮业杰儿童认知发展的年龄阶段及其对应的认知发展特征。

表3－1　皮亚杰儿童认知能力发展的阶段

| 年龄 | 发展阶段 | 特征 |
| --- | --- | --- |
| 0～2岁 | 感知运动阶段 | 这个阶段的儿童通过眼、耳、口、手和鼻等器官进行思考。有一小部分的感觉运动反应出现。这个阶段的儿童会获得客体恒常性，理解物体会独立于他们的行为和知觉而存在或者运动 |
| 2～7岁 | 前运算阶段 | 这一阶段的儿童对不在眼前晃动的物体会发展出更好的心理感知。但这一阶段儿童会以自我中心，不能从别人的角度来思考，这一阶段的儿童更多地自言自语，而不是与他人交流。同时，这一阶段的儿童也会中心化，注意力会被物体鲜明的知觉特征吸引 |

续表

| 年龄 | 发展阶段 | 特征 |
|------|---------|------|
| 7～11岁 | 具体运算阶段 | 这一阶段儿童的推理能力变强，开始了心理运算，能够产生逻辑思维。在此阶段，儿童会获得守恒的概念。例如比较有名的柠檬汁的实验。柠檬汁从一个杯子倒入到另外一个不同形状的杯子里，对于前运算阶段的儿童，会认为液体的容量不同，而具体运算阶段的儿童能够区分两个杯子的液体容量是守恒的 |
| 11岁以上 | 形式运算阶段 | 这一阶段儿童的思维变得更加抽象，并开始思考真理、公平等比较深刻的问题 |

### 3.1.2　维果茨基的社会文化理论

皮亚杰的认知能力发展理论并没有提出环境对儿童认知能力发展的重要性，尤其是环境中社会交往的重要意义。俄国心理学家维果茨基则提出文化对儿童发展的重要性，尤其是价值观、信仰、习俗、技能以及儿童与成年人之间的互动和对话，对儿童的发展来说至关重要。维果茨基提出一个重要概念——内化。内化是指儿童吸收来自环境的知识，而环境对认知产生作用。维果茨基认为，儿童许多认知能力和技能的获得因社会文化的差异而有所不同。根据维果茨基的文化理论，在高度发达社会中接受教育的儿童在阅读、写作、语文和数学方面表现出的认知能力，完全不同于在部落或者乡村文化中很少接受正规学校教育的儿童。受不同社会文化的影响，儿童会发展出不同的能力。一项研究比较了四种文化中儿童的日常生活，包括两个美国中产阶级郊区、刚果共和国以狩猎和采集为生的依非族、危地马拉的玛雅人农业小镇（Rogoff，2003；Rogoff & Angelillo，2002）。在美国社区，儿童较少有机会观察父母的工作。父母在培养儿童的过程中，也会将大多数时间放在与儿童的对话和游戏上，通过对话和游戏互动，儿童的认知能力得以发展。相反，依非族人和玛雅人的儿童则很少参与对话和游戏，而是会更多地接触和观察父母的工作，更多地参与成人的工作，因而会更早地学会照顾自己。不同社会文化影响下儿童能力发展的区域和层次是不同的。维果茨基过于强调文化和社会差异而忽略了遗传和大脑发育对儿童自身能力发展的重要性。

### 3.1.3　埃里克森心理社会性发展理论

埃里克森提出心理社会性发展的八个阶段，儿童的社会性发展始于儿童与父母或者看护人之间建立的紧密情感联系。埃里克森认为，每个人在八个发展阶段都会面临许多的冲突和危机，这些冲突需要得到充分解决，否则会造成许多不良后果。儿童青少年时期的八个阶段如表 3-2 所示。

表 3-2 埃里克森心理社会性发展理论

| 年龄 | 危机 | 需要解决 | 不充分解决 |
|---|---|---|---|
| 1~1.5 岁 | 信任对不信任 | 基本信任感 | 不安全、焦虑 |
| 1.5~3 岁 | 自主对自我怀疑 | 知道自己有能力控制自己的身体和行为 | 感到无法控制事情 |
| 3~6 岁 | 主动对内疚 | 相信自己有所创造 | 感到自己没有价值 |
| 6 岁至青春期 | 勤奋对自卑 | 认知能力和社会技能有所提升 | 缺乏自信、失败感 |
| 青春期 | 同一性对角色混乱 | 自我认同形成，接受并欣赏自己 | 感到混乱，不能接受自己 |
| 成年早期 | 亲密对疏离 | 有能力建立亲密关系 | 感到孤独隔绝 |
| 成年中期 | 再生力对停滞 | 更关注家庭社会和后代 | 过分自我关注，缺乏未来取向 |
| 成年晚期 | 自我实现对失望 | 感到满足 | 感到无用和沮丧 |

### 3.1.4 柯尔伯格儿童道德阶段性发展理论

美国哈佛大学教授柯尔伯格（Kohlberg）在皮亚杰儿童认知发展阶段性理论的基础上继续深入系统地研究了儿童的道德阶段性发展理论。柯尔伯格认为，儿童的认知能力发展是道德发展的基础，通过道德两难故事让被试儿童回答并给出理由，以这种方式判断儿童的道德发展水平。经过长年的研究，柯尔伯格总结出儿童道德水平发展的几个阶段为：前习俗水平、习俗水平、后习俗水平三个发展阶段，每个道德水平阶段又各自包含两个阶段。表 3-3 呈现了柯尔伯格的儿童道德水平发展阶段及其相应的特点。

表 3-3 柯尔伯格儿童道德阶段性发展理论

| 道德发展阶段 | 发展阶段 | 发展阶段儿童道德水平的特点 |
|---|---|---|
| 前习俗水平阶段（preconventional level） | 服从与惩罚阶段 | 这个阶段的儿童为了逃避惩罚服从于有权威的人士，行动是不是道德取决于是否会受到惩罚 |
| | 朴素的快乐主义与工具定向阶段 | 这一阶段的儿童以获得奖赏为目标。此阶段儿童会考虑与他人分享是否能够获得好处从而决定自己的行动，道德感带有工具目的 |

续表

| 道德发展阶段 | 发展阶段 | 发展阶段儿童道德水平的特点 |
|---|---|---|
| 习俗水平阶段<br>（conventional level） | 好孩子道德阶段 | 这一阶段儿童认为能够获得赞扬并且与他人维持良好的关系是好的，因此这一阶段儿童会根据他人是否给予自己表扬而调节自己的行为 |
| | 权威性与维持社会秩序的道德 | 这一阶段儿童会盲目接受社会习俗和规则，并且认为接受社会规则就能够免受指责。这一阶段儿童不再遵从他人的标准，而是更多地遵从社会的规则和秩序 |
| 后习俗水平阶段<br>（postconventional level） | 社会契约道德阶段 | 这一阶段个体认为社会的道德秩序并非一成不变，社会道德作为一种维持社会秩序的契约也是可以修正的 |
| | 个体内在良心道德阶段 | 这一阶段个体开始认为社会决策应该公正、同情和平等。这一道德阶段以尊重他人为基础，道德开始成为一种包含良心的判断 |

### 3.1.5 艾森伯格亲社会道德发展理论

在柯尔伯格提出了儿童道德发展阶段性理论后，艾森伯格（Eisenberg）进行了一系列儿童亲社会道德发展的研究，并创立了亲社会道德理论。艾森伯格认为，柯尔伯格的道德两难情境试验制约了儿童推理能力的发展，无法真实反映出儿童的道德推理水平。艾森伯格利用另外一种亲社会道德两难情境让儿童进行道德推理。例如，一个城镇居民必须在是否与另外一个遭受洪水灾害的灾民分享食物之间做出选择，一个人必须在帮助一个遭到抢劫的妇女和保护自己之间做出选择等，通过儿童对两难问题的回答划分出不同的道德思想范畴，艾森伯格提出儿童发展的五个阶段。表3-4展示了艾森伯格对于儿童亲社会道德的五个阶段，包括享乐主义、自我关注阶段，需要取向阶段，赞许和人际取向阶段，自我投射和过渡阶段以及深度内化阶段。

表3-4 艾森伯格亲社会道德发展理论

| 发展阶段 | 发展阶段的特点 |
|---|---|
| 享乐主义、自我关注阶段 | 助人或不助人的理由主要看自己能否从中获得好处 |
| 需要取向阶段 | 他人的需要与自己的需要发生冲突时，儿童仅仅对他人的需要表示简单的关注，并没有表现出同情言语的表达 |

| 发展阶段 | 发展阶段的特点 |
|---|---|
| 赞许和人际<br>取向阶段 | 这一阶段儿童根据对方是好人、坏人，善行还是恶行来决定自己助人或者不助人，儿童期望获得赞许和表扬 |
| 自我投射和<br>过渡阶段 | 儿童的道德判断中出现了自我投射性的同情反应，开始关注他人的人权，出现内疚等情感表现；同时这一阶段儿童判断助人或不助人时开始考虑社会的价值观、规范、责任和义务，以及保护他人人权利和尊严的必要性等 |
| 深度内<br>化阶段 | 这一阶段儿童是否助人的依据是他们已经内化了的价值观、规范和责任，会尽个人和社会的契约性义务来改善社会 |

## 3.2 儿童发展阐释性理论流派及服务模式

### 3.2.1 精神分析理论

《歇斯底里症研究》是弗洛伊德精神分析学的重要起点，书中第一次提出人具有意识、前意识和潜意识三种心灵状态。弗洛伊德认为，人格由本我、自我和超我构成。本我在心理结构中占据最大部分，是基本生理需求和欲望的源泉。自我是人格中有意识、理性的部分，会约束本我的冲动，使本我的冲动以让人接受的方式得以释放。新生儿人格结构中也存在本我、自我和超我三种力量。在患者治疗中，弗洛伊德发现患者总是能够回忆起童年时期发生的事件。由此确信，个体童年时期的生活事件对于成年期的人格发展发挥着相当重要的作用。弗洛伊德关于心理本能、性驱动力、力比多（Libido）、固着、精神决定论等方面的论述至今仍然发挥着重要影响力。

弗洛伊德将人类行为的动机来源归因于每个个体的心理能量，这种心理能量又被称作本能或驱动力。这些驱动力为身体器官的运作产生张力系统。心理本能或驱动力又被分为两种。一种是与自我生存有关的各种需求，比如饥饿或者口渴。另外一个重要的驱动力是性本能。性驱动力是与物质的延续有关的本能。这种性驱动力既包括对性结合的冲动，还包括其他寻求快乐或者与他人身体接触的动力。弗洛伊德将其称为力比多，即代表着性本能或性的驱动力。力比多的性本能从人类一出生开始就产生，并且持续发挥着重要作用。1905 年，弗洛伊德的《对性理论的三大贡献》一书中提出了关于源自儿童时期的本能或者驱动力发展的阶段。弗洛伊德将这一阶段称作"心理性欲发展阶段"或"性心理发展阶段"。儿童心理发展被划分为五个阶段，分别为口唇期、肛门期、性器期、潜伏期和生殖早期。弗洛伊德认为，如果性心理发展阶段过程中，儿童的需要未被满足，那么就会导致固着（fixation），导致下一个阶段的性心理发展出现障碍，每个阶段又与成年后的性格特征的形成有着紧密关联。因此，固着的概念在弗洛伊德的著作中非常重要，某种程度上也代表着人类早期的性心理发展阶段对成年后人格的塑造作用。

弗洛伊德认为，人类的所有心理和行为反应（症状）都与童年时期的经验有关，尤其童年时期释放的欲望或者需求未被满足，将会导致成年期的各种内在或外在冲突。这是弗洛伊德精神决定理论的重要内容。弗洛伊德非常关注无意识，即不能被意识到的信息，也被称为潜意识。弗洛伊德认为，每个人的人格结构分为三个部分，包括本我、自我和超我。本我代表着原始的心理本能或者驱动力，跟随着冲动并追求及时满足感，而不考虑是否会被社会认可或者是否符合社会期待。本我被快乐原则所支配，常常无节制地寻找满足感而不考虑后果，代表着非理性的我。超我是一个人理想化的自我，是一个人努力想让自己成为的样子，常常思考人应该要成为具有怎样道德感的人。超我驱动着人做那些认为正确的事情。自我是本我和超我的中间状态，对本我和超我的需要起着平衡和协调的作用。

自我对于本我和超我的协调平衡机制又被称为自我防御机制（ego defense mechanisms）。这种机制主要用来协调本我的情绪化冲动和需求与超我的理性化需求之间的冲突和矛盾。自我防御机制能为个人带来满意的自我意象或者受欢迎的社会形象。弗洛伊德将自我常用的防御机制总结为以下几种形式，包括对现实的否认、置换、幻想、分离、投射、合理化、反向形成、退行、压抑、升华等。表 3 - 5 呈现了几种自我防御机制的意涵和内容。其中，压抑是最基本的自我防御机制。例如对于儿童来说，如果不喜欢自己的母亲或者父亲，他会通过压抑的方式将情感排除在意识之外，但这种压抑的情感并没有消失，而是潜伏在一个人的人格中，并持续在日后发挥着重要影响。

表 3-5　主要的自我防御机制

| 对现实的否认 | 为保护自我拒绝承认不愉快的现实 |
|---|---|
| 置换 | 将敌意等强烈的情感从最初唤起情绪的目标转移到另外一个目标 |
| 幻想 | 用想象的方式满足受挫的欲望（白日梦是一种常见形式） |
| 认同 | 通过把自我与他人或制度等同于增加自我价值观 |
| 分离 | 将情感与伤害的环境相分离 |
| 投射 | 将对困难的抱怨归于他人，或把自己不被允许的欲望归于他人 |
| 合理化 | 试图证明一个人的行为是合理的行为，证明自我的价值感 |
| 反向形成 | 将相反的态度或行为类型作为屏障，防止危险欲望的表达 |
| 退行 | 退回到以前的发展水平，包括更幼稚的反应、行为或愿望 |
| 压抑 | 将痛苦或危险的想法排除在意识之外不被察觉，这是最基本的防御机制 |
| 升华 | 通过社会文化认同的非性活动来满足受挫的性欲望 |

### 精神分析理论影响下的治疗服务模式

根据弗洛伊德的精神动力理论，如何处理个体内心无意识的冲突、本我的欲望、非理性与超我理性化追求之间的冲突是这一流派进行治疗和服务的重要内容。精神分析的任务是帮助患者从长期被压抑的来自本我的想法中解放出来，帮助患者对内在冲突形成新的认识。治疗的中心目标是对过去的经历与现在的症状的关系产生顿悟。常用到的技巧包括顿悟疗法、自由联想、宣泄、阻抗、梦的解析、移情与反移情。自由联想是帮助患者将潜意识中压抑的想法释放出来，通常会让患者以较为放松的姿态躺在沙发上，头脑处于自由的状态，将大脑中的想法、愿望和感觉都表达出来，达到情感宣泄的效果。如果患者抵抗表达情感，就会出现阻抗，或者被称作障碍，这些障碍是个体的潜意识和意识，或者本我和超我之间的障碍或鸿沟。通常出现阻抗的情况是患者压抑最深的情感，由于压抑得很深，患者会使用各种防御机制来抵挡这些来自潜意识的危险想法，即使表达出来，也认为是不重要的、荒谬的，然而这些在治疗过程中是很有用的信息。

除了帮助患者自由联想和宣泄情感之外，精神分析师还会使用梦的解析方法（dream analysis）。使用梦的解析是因为患者在梦境中会释放更多来自本我的想法和情感，这些是埋藏在人的潜意识中被压抑的部分。入睡或者进入梦境时，人通常是放松的状态，超我对来自本我的不能被接受的冲动的戒备会有所下降。通过对梦的解析，能够发现患者潜藏在意识深处的动机、情感或愿望。在深入治疗的过程中，患者会产生移情，将内心的情感冲突转移到治疗师身上。如果移情是以爱或者崇敬等正向情绪为主，则是正移情。若以敌意、嫉妒或者愤怒等负向情绪为主，则是负移情。如果治疗师对于患者也产生某种正向或负向的情感，则会导致反移情。

### 3.2.2 人本主义理论及其治疗服务模式

人本主义强调自我实现，代表理论学家包括罗杰斯、马斯洛和霍妮。人本主义理论认为，个体的自我实现驱动力或者动机会促使一个人朝向积极的方向发展。对于儿童来说，罗杰斯认为，无条件的积极关注（unconditional positive regard）对于儿童的成长与发展至关重要。通过对儿童传达无条件的爱、认可与关注，儿童能够感受到安全，而无须通过努力才能获取。罗杰斯认为，当儿童行为出现偏差时，父母应该强调儿童行为本身而非儿童，这有助于儿童成长。对于成人来说积极的自我关注也同样重要。

霍妮也是人本主义理论的代表人物之一。霍妮认为，真实的自我需要一个好的环境，包括温暖、别人的美好祝愿、关爱，这样才能促进真实自我的良好发展。当缺乏良好的环境氛围时，儿童会产生焦虑，会压制真实情感的自然流露，阻碍有效人际关系的形成和人格的发展。同弗洛伊德的自我防御机制类似，霍妮也提出了个体面对焦虑时会采取的一些内部或者人际防御策略，而这些防御措施处理不当会引发冲突，包括过度顺从他人与自我抹杀、对抗别人（攻击他人、傲慢、自恋）、远离别人（疏远）。

人本主义强调自我实现的重要性，因而其服务模式的侧重点就放在如何帮助个体实现真实的自我接纳上。罗杰斯认为，为了帮助个体实现真实的自我，服务模式需要真诚、接纳和同理心。作为社会工作者，需要以上技巧。在人本主义者看来，每个人都希望实现自我，希望实现自我的潜能，如罗杰斯所说，发展全部能力是生物体的遗传倾向，能够提高生物体的生存状态。罗杰斯开创了来访者中心治疗模式。这种模式认为人的健康发展和潜能的实现会被错误的学习模式阻碍，在错误的模式中个体接受了他人的价值以替代自己真正要去实现的价值。个体在外部的角色期待与内在的自我愿望之间会产生冲突，这种冲突导致了不一致，让人们体验到了不幸福和不舒服的感觉，因此在来访者中心治疗模式中，治疗师或社会工作者会创造良好的治疗氛围和环境，帮助来访者清除限制来访者自我实现的障碍，帮助来访者提高自己并达到自我理想状态的目标。正如本节第一段所述，为了达到这一目标，无条件的积极关注非常重要，需要治疗师接受和尊重来访者，真诚地关心来访者的自我感受和表达，并尽可能理解他们的感受，并不带任何价值判断。治疗师扮演的角色是一个积极的倾听者，通过真诚的关注和接纳帮助来访者自我接纳进而达到理想的自我。

　　除罗杰斯的来访者中心治疗模式之外，人本主义治疗模式还包括格式塔治疗（gestalt therapy）模式。本质上，两种治疗模式都强调个人自我实现和自我接纳的重要性，鼓励真实情感的表达。在格式塔治疗模式中，受访者被鼓励去表达压抑的感受或者愿望。同时，治疗师帮助受访者重新认识过去未被解决的冲突事件，帮助个体重新获得成长。治疗师鼓励来访者与内心真实的想法和愿望重新建立联系。在具体治疗过程中，最为著名的是空椅技术的运用。治疗师将空椅放在来访者身边，帮助来访者想象一种感受、人、物体或者一种场景正在椅子上出现，然后鼓励来访者与椅子上的事物进行对话。例如，一位来访的青少年可能对父亲或母亲产生怨恨心理，但这种怨恨长期被压抑在自我心理人格中，影响到现时状态下心理的健康发展，影响到自我潜能的最大限度发挥。采用格式塔治疗模式的空椅技术，可以帮助其将空椅想象为自己的父亲或母亲，并表达出长期受到压抑的情感或情绪。

　　另外一种受人本主义理论影响的治疗模式是动机式访谈，即以案主为中心探索解决矛盾情感及促进内在动机改变的方法。动机式访谈强调服务对象要有改变的需求和愿望，还要有改变的信心并为改变做准备。这种方法的核心是与服务对象建立合作伙伴关系，认为服务对象有做出行为改变的内在动机和愿望，社工或者治疗师的目标是唤起案主改变的动机。社工或治疗师需要遵从以下几个原则，包括同理心表达、发现矛盾、消除阻力和提升自我效能感。受人本主义理论的影响，社工需要尊重服务对象的经验和观点，积极倾听。在与服务对象沟通过程中发现其行为和愿望之间的矛盾。例如，一个青少年无法控制自己的上网时间，长时间沉溺网络影响了正常学业。如果社工或治疗师采用动机式访谈服务模式，就可以通过对话发现青少年对于网络的沉溺行为与其期望改变、专注于学业的内在动机和愿望之间的矛盾。找出矛盾后，社工或治疗师需要消除案主做出积极改变行为的阻力，帮助服务对象意识到自己的动机，提升改变的信心和效能感并最终做出积极的改变。案主的改变遵循几个步骤和阶段。Prochaska、DiClemente（1983，1984，1985）提出案主改变的五阶段模型，其中包括意向前期、意向期、准备期、行动期和维持期。意向前期的案主还未意识到自己的问题，也没有意图改变自己的行为。意向期阶段的案主开始认知到自己的问题行为但还没有做好改变的准备。准备期阶段的案主有意向采取行动做出改变。行动期阶段是真正做出改变的阶段。维持期阶段的案主做出改变的同时持续改变。意向期阶段的动机式访谈较为重要，这一时期也是帮助服务对象澄清自己的愿望和期待的重要时期。服务对象在意识层面可能会出现各种矛盾的想法，例如针对青少年上网成瘾问题，青少年自身可能意识到上网的坏处，想要做出改变，但同时也认为上网会带来一定好处，这些好处会减少戒掉网瘾的动机。社工或治疗师可以通过决策平衡量表帮助服务对象澄清做改变和不做改变分别带来的好处和坏处，并通过动机访谈的对话和积极鼓励帮助案主提升改变网瘾行为的内在动机。

### 3.2.3　社会学习理论

精神动力理论和人本主义理论提供了关于自我冲突的解释，但并没有对行为进行预测，也就是说人的内在特质比如自我实现、心理驱动力等与人的行为之间的联系并没有建立起来。社会学习理论的不同点在于强调环境或者外在刺激事件对行为的影响。多拉德和米勒是社会学习理论的代表学者。他们提出以下几个概念，包括习得、习得的习惯模式。与精神学派不同的是，社会学习理论认为面对自我冲突或者未被满足的需要时，个体形成自我防御机制或采取某种策略以应对自我冲突，这些防御策略因为能够抵御自我冲突感进而会被个体强化，最终变成一种习得的习惯，即自我防御策略得到巩固。同时，个体还会通过模仿进行学习，模仿学习也会巩固习惯，所有习得的习惯就构成了人格。以下将介绍代表学者班杜拉的社会学习理论的主要观点。

班杜拉提出个体、行为与环境三个系统之间的交互作用。三个系统都会影响或者改变另外一个系统。例如行为会受到个体态度、观念或者此前得到强化的习惯的影响，也会受到环境中刺激事件的影响，反过来，行为也会对环境产生作用。个体会从行为或者环境中学习，进而形成个体态度或认知的一部分。在学习中，个体也会观察别人的行为而改变自己的行为，例如通过观察学习，儿童和成人能够获得社会环境中的大量信息，包括什么行为会受到惩罚，什么行为会受到重视或者奖励，通过观察别人的行为及其后果获得一些技能、态度或者观念。依据社会学习理论，不难理解电视媒体或者互联网对儿童将产生怎样的影响。电视暴力和儿童行为之间被认为存在关联性，当儿童观看电视或互联网传递的暴力信息时，儿童就会学习暴力进而增加攻击行为。班杜拉提出的另外一个重要概念是自我效能，即相信自己在某种情景下能够充分表现的自我感觉。效能感会影响动机和绩效。如果个体认为自己缺乏一些资源或者条件，往往就不会采取行动或者坚持完成任务。班杜拉针对意大利罗马附近一个社区的研究表明，自我效能感显著影响儿童的学习成绩。在这项研究中，针对儿童的问题包括，让儿童陈述自己完成功课的信心、儿童改变周围环境提升学习能力的信念以及遇到困难时是否会请老师帮忙这三个方面的问题。针对父母的问题包括，父母多大程度上能够帮助孩子努力学习功课。研究结论表明，父母参与孩子学习显著影响儿童自我效能感，而高效能感的儿童的学习成绩也更好。

**社会学习理论影响下的治疗服务模式**

受社会学习理论的影响，社会学习治疗服务模式通过促使受访者观察榜样的行为来激励、矫正受访者的行为。从上述班杜拉的学习理论得知，个体会通过观察别人的行为及其结果获得技能、态度或者习得某种行为。因此，通过树立榜样，受访者习得或者改变某种行为及态度。社交技能训练是这一流派常用的服务模式。个体常见的社交技能的问题表现为缺乏自信，没有能力以一种直接的、没有攻击性的方式清楚表达自己的想法和愿望。面对这种情况，社会学习治疗师通常会采用行为重演的方式帮助受访者矫正。通过向个体解释特定情境下一个人应该有怎样的行为，并且解释这种行为会获得怎样的结果，让个体增强有关技能。

例如，针对有行为退缩的儿童，经过短时间的训练儿童能够提高社交技能。Furman 等（1979）学者一项针对儿童的随机干预实验说明了怎样的干预方式能够更好地提高儿童的社交技巧。这项实验有 24 名儿童，这些儿童被随机分配到 3 个组，第一组儿童与同龄儿童一起玩、第二组儿童与比自己小 1 岁到 1 岁半的儿童一起玩、第三组儿童没有任何伙伴。第三组是控制组，前两组为实验组。一个月内让儿童在一起玩 10 次，每次 20 分钟。这项实验的结果显示，干预 1 个月时间以后，与比自己小 1～1.5 岁儿童一起玩耍的试验组儿童的社交技能提高最多。与同龄儿童玩耍的儿童社交技能提高次之，而没有任何玩伴的控制组儿童则表现最差。这项随机实验说明，与更小的孩子一起玩耍，使儿童获得了安全感，感受到更少的威胁，也更能发展出自己的领导能力和社交技能。

Lane 等（1999）学者在针对中度智障学生的方案中就使用了社交技能训练。服务对象的特征主要表现为短期记忆困难、认知迟缓、思考能力差、自我效能感低、基本表达和接收语言方面表现迟缓、适应能力低以及缺乏归纳推理能力。针对这些特点，研究者设计了社交技能训练方案。方案包括提供示范，即让服务对象在观察中学习；象征性的示范，包括以录音或者录像等形式提供模仿范本；进行角色扮演，在模拟的情景中练习如何自然适当地表达；角色替换，在角色扮演训练中转换角色，提高对不同情境的感知能力，提高同理心和归纳理解能力等。

除了社交技能训练之外，在社会学习理论影响下还发展出认知行为疗法和理性情绪疗法。认知行为疗法的基本观点认为，许多个体的行为和心理问题是由错误的观念或者态度造成的，所以关键的策略是改变个体的思维方式，减少个体的自我挫败感，提升自我效能水平。在认知行为疗法领域较有代表性的治疗师是贝克（1976）。贝克认为，每个人从儿童时期就开始从生活事件中学习经验、形成个体的认知和行为，但有些观念和认知是僵化和消极的。僵化和消极认知观念可以被分为三大类，包括极度渴求成功和完美主义、极度渴求他人的喜爱和认同、强烈的控制欲和主导欲。有僵化、消极认知的个体会更容易形成低效能感、低自尊水平以及对生活产生失望和消极的态度。他认为，治疗师应该通过帮助受访者确认歪曲的思维，从而帮助他们以更加现实的方式构建自己的期望。在治疗抑郁和低效能感的受访者时，通常采取以下几种策略，包括挑战受访者的基本观念、指出思维中的错误观念、对事件再次进行归因、最终探讨解决问题的方法。同样，理性情绪疗法（rational emotive therapy，RET）也是通过改变非理性的认知观念来帮助受访者解决问题。通过教导和驳斥等介入方法帮助受访者建立理性的认知，从而提升个体的自我价值感，帮助个体摆脱不良的信念系统。

系统脱敏法也是社会学习理论影响下发展出来的治疗服务模式。最初是南非的精神病学家沃尔普发展出来的应对恐惧和恐怖症的方法。这种方法首先会让受访者确认引发焦虑的刺激等级，例如，学生患有严重的考试焦虑症，由此先对焦虑刺激情境的等级进行排序，例如刺激的等级根据距离考试的时间进行划分，距离考试一个月时间、距离考试五天时间以及距离考试只有一天时间等，不同等级会对受访者形成不同程度的刺激。接下来，治疗师需要对受访者进行放松训练，区别紧张和放松时肌肉的感觉，使受访者感受到身体和心理上的放松状态。最后进行实际的脱敏程序，根据刺激的不同等级给予处于放松状态的受访者刺激，让其想象不同等级的刺激情境，如果受访者能够对不同等级的刺激依然保持放松状态，那么就达到了系统脱敏的治疗目标。让受访者对害怕的情境进行视觉的想象，使受访者从害怕程度最轻的情境逐步向最害怕的情境过渡。

### 3.2.4　儿童－成人依恋理论

儿童与看护人形成的强烈的、持久的社会情感关系被称为依恋。人类通过复杂的信号加强成人与儿童之间的联系。例如，婴儿会通过笑、哭或者叫等信号告诉他人关注自己的行为，成功的依恋关系依赖于婴儿发出信号的能力，同时也依赖于成人对于信号的反馈能力。依恋理论的代表学者Bowlby（1973）认为，婴儿会与对自己发出信号积极反应的成年人形成依恋。如果儿童与父母分离，则会表现出烦恼和痛苦。另外一位在依恋理论领域较有影响力的学者是 Ainsworth 等（1978），其较有影响力的是陌生情境试验。陌生情境试验是测度儿童依恋程度的方法之一，这一试验的核心是观察儿童在与母亲的分离过程中的反应，以此判断其与母亲之间的依恋关系。根据儿童的反应，Ainsworth 等（1978）将儿童的依恋归为三大类：安全型依恋、不安全依恋－回避型以及不安全依恋－矛盾型。安全型依恋的儿童在母亲暂时离开时表现忧伤，但在母亲回来后要寻求亲近和安慰。不安全依恋－回避型的儿童则显得冷淡，在母亲离开返回后依然忽视或者躲开。不安全依恋－矛盾型的儿童在母亲离开时变得极为焦虑和不安，在母亲返回后也不能安静下来，对母亲表现出生气和抵制。

研究者的证据显示，通过陌生情境试验测评后的儿童依恋模式是否安全，能够很好地预测儿童在许多情境中的行为。例如，Bohlin 等（2000）学者的研究发现，在陌生情境试验中表现出安全或不安全依恋行为的儿童，到 8~9 岁时在学校的表现差异很大。安全型依恋的儿童在学校里更受欢迎，建立更好的人际关系，更少经历社会性焦虑。而不安全型依恋的儿童则会面临更多的人际冲突和焦虑情绪。针对依恋对儿童发展的重要性存在两种解释机制，第一种观点认为婴儿依恋父母是因为父母能够提供食物给儿童，解决了儿童最基本的生存需求，这种观点又被称为碗柜理论。第二种观点认为儿童形成依恋是因为婴儿通过与成人之间的接触产生了安慰和舒适的体验，这种接触性的安慰体验让儿童产生安全感，进而与看护人形成依恋关系。

### 3.2.5　生理应激理论及其服务治疗模型

生活事件对个体的生理和心理会产生重要影响，也是个体启动应激系统并进而产生压力体验的重要根源。对于生活事件，个体生理应激的反应往往是自动、无法有意识控制的内置反应。不同类型的事件会造成个体出现不同程度的应激心理反应。第一位持续研究压力对身体产生影响的研究者是加拿大内分泌学家塞里（Selye）。他针对动物对伤害性事件的反应的研究表明，应激源会引发一系列的躯体反应，个体需要找回平衡恢复安宁。由应激源带来的反应被称作一般适应症候群（the general adaptation syndrome，GAS）。

应激反应包括三个阶段，预警阶段、抵抗阶段以及疲惫阶段。预警阶段个体的反应包括激素水平升高、肾上腺素释放、心率加快，伴随而来的是高水平的生理唤醒和消极影响，个体对压力强度的敏感度较高，疾病易感性较强。如果个体无法处理好第一阶段的应激反应，或者压力持续增加，那么个体就会出现第二个阶段的应激反应，即抵抗阶段。伴随抵抗阶段而来的是高度的生理唤醒，身体会动员更多的系统抵抗危险，身体释放大量血糖，肾上腺系统等的活动过度会造成内脏的物理性损伤包括出现胃溃疡等症状。如果压力持续增加，那么个体会进入第三个阶段，即疲惫衰竭阶段。这一阶段个体的各种储存几乎耗尽，个体处于危机状态，严重时甚至会出现重病或者死亡。应激源是外部的刺激事件，要求有机体做出适应性的反应。如果外部的刺激事件打破了个体的平衡和负荷能力，就会击溃个体保护机制，导致个体抵抗力降低，患身心疾病。

因此，在急性应激事件后，需要评估应激源对个体认知、情感和行为造成影响的程度。出现急性突发事件后，可以首先评估受访者的情感、认知和行为状态，如使用心理功能三位评定量表（THF），该量表通过对个体认知、情感和行为三方面的测度评定案主的危机程度。

生理的应激反应又包括急性应激和慢性应激两类。急性应激事件突发性较强，例如突然的灾难性事件或者创伤性事件。这些突发的急性应激事件可能会给个体造成情绪上的创伤应激障碍（posttraumatic stress disorder，PTSD）。创伤应激障碍是个体的应激反应，个体以某种形式重复体验到伤害性的事件，可能会出现噩梦，或者带来极端的惊恐反应。创伤应激障碍在创伤性事件发生后可能还会一直持续，形成慢性综合征，转为残余应激模式。慢性应激源主要来自社会和环境事件，例如贫困、失业、犯罪、经济条件、恐怖主义甚至包括个体的种族和社会地位等社会环境型事件。慢性刺激事件给个体健康也会带来慢性的健康隐患，例如研究表明，非裔美国人相较于美国白人有更高的心脏病患病率。非裔美国人的健康问题较为突出，包括社会偏见、较低的社会经济地位、有限的教育水平和长期找工作失败后的挫败感等都是构成非裔美国人健康隐患的慢性刺激源（Anderson et al.，1992；Klag et al.，1991）。

经济社会地位较低的女性如果长期处于慢性应激状态更有可能早产或者生出低体重的婴儿。对于儿童来说，慢性的刺激也会显著影响儿童的发展。一项实验评估了6～16岁儿童的压力水平以及通过 IQ 测验了儿童的智商水平。数据结果显示，压力与儿童的智商水平存在负相关关系，儿童经历的压力水平越高，其智商测验上的表现越差。高水平的慢性应激对儿童的认知发展产生了干扰作用，导致儿童发展受阻。对于儿童影响较大的长期慢性刺激包括身体虐待、语言虐待、情感虐待、性虐待及忽视，这些是较为直接的慢性刺激源。家庭事件包括父母失业、贫困、照料人患有精神疾病等，这些是导致发生慢性刺激事件的风险因子。长期的慢性刺激事件会带来个体慢性的应激反应，应激反应则会对儿童个体心理、生理和认知功能的正常发展产生不利影响。

除了长期慢性应激事件之外，人们在日常生活中还会面临更小的应激源，包括日常的争吵或者小的挫折。日常挫折事件也会对儿童发展造成不良影响。一项通过幼儿园孩子经历的挫折事件与行为间的关系研究表明，日常挫折也具有破坏力。研究者通过询问儿童是否出现"丢东西"或者"被嘲笑"等问题确认74名幼儿园孩子所经历的日常挫折事件，同时询问孩子是否感觉很糟等，测量孩子日常经历的挫折事件对其感知到压力的影响，同时请孩子的父母和老师指出孩子采取消极行为的程度。这项研究的结果表明，日常挫折和行为问题之间存在显著的正相关关系。日常生活遭受到越多挫折的孩子，其行为的攻击性和破坏性就越大。

### 3.2.6 社会生态系统理论

社会生态系统理论认为儿童是在周围环境构建的多层次复杂的关系系统中发展起来的。儿童的发展贯穿人的一生，早期生命阶段的发展尤为重要。影响儿童发展的核心区域是与儿童近身环境的活动和互动，这也成为微观系统。微观系统包括同伴、学校、家庭、托儿所等要素。第二层次的系统为中观系统，指微观系统如家庭、学校、邻里和托儿所任意两个微观系统之间的关联。例如，当家长与托儿所有更多互访、建立积极的联系时，两个微观系统之间的良好互动会对儿童的发展形成良好的支持。外层系统指不包括儿童在内但是却会影响到儿童近身系统环境的社会环境，这些社会环境要素会对儿童的微观系统产生影响。例如，社会环境可以包含正规的社会组织、父母工作场所、宗教机构或者社区生活中的福利服务等。例如，父母的工作氛围会影响父母的情绪，进而对儿童近身的微观系统体验和发展产生影响。宏观系统包括文化价值观、法律、习俗等构成。例如，如果宏观系统将儿童需求放在重要地位，遵从儿童优先的文化和积极的福利政策，那么儿童的微观系统将处于较为良好的发展状态。还有另外一个事件系统。这个系统指生活事件中的变化和突发性的压力事件。突发性事件也会对儿童的微观系统发展产生重要影响。

### 3.2.7 发展理论

发展理论视角不同于以诊断治疗为导向的社会工作模式，虽然发展视角下社会工作者也会帮助人们面对心理问题并使用咨询的技巧，但他们并不是心理治疗师。有关成长、能力和赋权这些发展型社会工作理论视角下的概念虽然也经常在心理诊断或心理治疗中得到应用，但是以诊断治疗为导向的社会工作常常渗透着病理学和医疗诊断的理念。

自 20 世纪 70 年代以来，非政府组织越来越多地介入地区发展事务中，以社区为基础的干预模式正逐渐时兴起来，社会发展工作越来越广泛地与当地民众及非政府部门所组织的社区活动相结合。这些进展进一步完善了社会发展的理论构建。该理论代表学者 Midgley 指出，社会发展理论采纳了多种不同的规范化理论架构，包括国家主义、民粹化的社群主义、市场化的个人主义等，尽管这些理论架构主张不同的社会发展方式，但可以将它们有机组合成一个统一的模型，在这一模型中，国家、社区和市场都被囊括进来。因此，发展主义强调多元主体共治下的社会发展，社会福利的责任主体是多元的，该理论将以国家政府为福利传递主体的大政府模式与以市场为主体的剩余型模式有效结合，同时纳入除政府、市场外的包括非政府组织、社区、家庭及个人在内的多元福利责任分担及治理格局。这是发展主义模式的特点之一。

在具体的干预策略和方法上，发展主义模式强调提高个人、家庭和社区的物质福祉。为了有效解决弱势群体生活困难和贫困问题，发展理论强调促进个体的经济参与、提高个人收入和家庭资产为主要目标的干预策略，即干预策略带有经济性和社会性双重属性。经济参与和赋权增能是重要渠道。刺激就业、改善贫困状况是发展主义尤为强调的策略之一。例如，通过工作刺激政策、就业安置、就业培训、工作转介和就业支持等政策鼓励贫困弱势群体参与经济建设。在儿童发展方面，发展视角强调通过儿童发展及投资策略促进人力资本的持续发展。另外，发展主义强调贫困弱势群体应该积累资产。最有代表性的是 Sherraden 提出的儿童资产账户制度建设，强调发展型社会政策减贫的着力点应放在贫困群体的资产积累上，因为资产是获得经济安全和社会发展的重要基础。目前建立儿童资产账户的国家包括美国、加拿大、新加坡等国，这些国家均提倡贫困家庭资产建设和资产的积累，主张为贫困家庭提供发展储蓄账户，鼓励贫困家庭建立儿童账户储蓄，并将储蓄资金投资在儿童健康和教育发展上。除此之外，发展主义强调社区建设，注重以社区为中心，挖掘社区资源与能力，促进社区赋权。一方面，强调服务对象回归正常社区生活的重要性，主张为服务对象提供社区内的照顾服务、医疗服务、教育服务等；另一方面，强调支持性服务应由社区提供，尽量去机构化，以促进弱势群体的社区融入为目标。

Patel 将发展理论下的干预策略划分为五种，分别为减贫与可持续生计策略，家庭为中心策略和社区为本的策略，社区信息整合、教育与组织策略，社会政策与社会规划策略，政策倡导策略。五种策略的归纳概况基本涵盖了发展理论的主要干预策略，从中能够看出发展主义的理念及策略干预倡导，包括刺激弱势群体经济参与和资产建设，实现减贫的目标；注重社区建设及社区能力发展，实现服务和福利有效传递的目标；注重监测评估、多方动员以实现多方共治的目标，表 3 - 6 详细列出了发展主义的干预模式及策略框架的具体内容。

表 3 - 6　发展主义的干预模式及策略框架

| 减贫与可持续生计策略 | 家庭为中心和社区为本的策略 | 社区信息整合、教育与组织策略 | 社会政策与社会规划策略 | 政策倡导策略 |
|---|---|---|---|---|
| 社会救助项目 | 辅导 | 社区教育 | 行动研究 | 意识提升 |
| 小型或微型企业 | 朋辈或普通人陪伴、 | 社区预防 | 快速评估 | 以充权为目标的 |
| 创业 | 辅导 | 社区咨询 | 咨询与参与规划和 | 能力建设和教育 |
| 商业发展 | 自助小组 | 固定咨询点 | 决策 | 组织、动员与网 |
| 信贷与微型金融 | 社区支持 | 多目标社区中心 | 设计与执行发展性 | 络建设 |
| 储蓄项目 | 社区照顾 | 社区媒体 | 社会福利项目 | 社会公义的倡导 |
| 资产建设 | 居家照顾 | 大众媒体 | 早期预警系统 | 项目 |
| 创收 | 志愿者组织 | 社区剧场与社区故 | 在服务不足地区拓 | 法律权益倡导 |
| 粮食保障 | 社区与青年服务 | 事叙述 | 展服务 | 社会公义研究 |
| 就业项目 | 社工热线 | 能力建设 | 社区监督 | 保护与促进权益 |
| 社区为本的小公共 | 社区矛盾调解 | 公民教育 | 监测与评估 | 权益教育 |
| 工程 | 与家庭和社区网络的 | 以充权为目标的社 | | 行动研究 |
| 社会资本 | 合作及增强策略 | 区教育 | | |
| | 能力建设 | | | |

　　概括来看，发展主义理论视角有以下三个方面的基本特征。第一，强调为弱势群体提供服务及福利传递中责任主体的多方参与和共治格局，包括政府、市场、社区、非政府组织、家庭及居民个体等，而非传统理论视角仅强调政府或市场为服务供给的责任主体，因而能更为有效地调动多方主体的能动性的发挥。第二，该理论视角强调干预策略兼具经济性和社会性双重属性，尤其强调为弱势群体提供的社会服务和福利要与该地区的经济发展有机结合起来，强调经济发展与社会发展相互促进，带有生产主义特点。反映于具体的干预策略，既包括注重人力资本干预，尤其是儿童的人力资本积累和全面发展，又强调贫困家庭的资产积累和抵御风险的能力

建设，注重调动弱势群体的主体能动性，尤其注重调动弱势群体工作和就业的积极性，促进社会政策与经济协同发展。第三，该视角强调社区发展和建设，强调社区赋权和社区能力建设，以社区作为重要的基础平台整合相关资源，通过社区传递服务和福利给弱势群体，强调社区融入和社区参与，通过社区实现公共服务和社会福利传递的有效性和及时性。

# 第四章　儿童发展：影响因素研究

## 4.1　家庭系统：父母养育方式与儿童发展

较早研究父母养育方式的是 Baumrind（Baumrind，1971；Baumrind & Black，1967），其研究指出，父母对孩子的认可（acceptance）和对孩子生活的参与（involvement）会与孩子建立起情感联系，父母对孩子的约束（control）能促进儿童自控力的发展，而自主性授权（autonomy granting）会鼓励孩子建立起对自身而非对他人能力的依赖（Baumrind，1971；Baumrind & Black，1967），这些因素对儿童早期的成长和发展来说都至关重要。依据父母的认可与参与、约束和自主性授权特征的差别性程度，他进一步将父母养育方式分为权威型养育、专制型养育和放任型养育。如表 4 – 1 所示。

权威型养育（authoritative child-rearing style）被认为是育儿实践较为成功的方式。这类父母通常充满温情，反应及时，对孩子的需求敏感、专注且充满耐心。他们会建立一种愉悦的、情感上令人满足的亲子关系，使孩子与自己建立紧密的情感联系。与此同时，权威型父母会运用合理的方式引导孩子成长，提出合理要求，促进孩子自我调节能力的发展。另外，这类父母通常允许孩子根据情况做出决定，鼓励孩子表达想法、感觉和愿望，在父母与子女意见不一致的情况下，会在可能的情况下进行联合决策（Kuzynski & Lollis，2002；Russell et al.，2004）。父母养育方式与儿童许多方面能力的发展密切相关，包括乐观情绪的养成、自制力、坚持不懈、高度自尊、对父母观点的及时反应、社交和道德的成熟，以及优异的学业表现（Amato & Fowler，2002；Aunola et al.，2000；Gonzalez & Wolters，2006；Milevsky et al.，2007）。表 4 – 1 呈现不同养育方式的基本特征。

表 4-1　父母养育方式的类型划分

| 儿童教养方式 | 认可与参与 | 控制 | 自主性授权 |
|---|---|---|---|
| 权威型 | 充满温情、反应及时、对孩子关注、有耐心、对孩子的需求反应敏感 | 提出合理的要求，强化和解释要求 | 允许孩子根据情况做出决定；鼓励孩子表达想法、感觉和愿望；与孩子意见不一致时会考虑联合决策 |
| 专制型 | 冷漠、排斥和贬低孩子 | 提出许多强制性要求，使用武力和惩罚；时常进行心理控制，干涉孩子的个性 | 为孩子做决定；很少倾听孩子的想法 |
| 放任型 | 充满温情，但过分溺爱或者疏忽大意 | 要求很少或者不要求 | 允许孩子在没有做好准备之前就做出决定 |

国内研究者也提出了父母养育方式对儿童发展的重要性（李颖等，2016；陈斌斌、施泽艺，2017；徐浙宁，2017）。如李颖等（2016）的研究发现父母消极的养育方式如语言攻击、体罚和心理疏离与儿童的情绪和行为之间存在显著关联，儿童容易出现攻击行为、焦虑和抑郁等消极情绪。张茜洋（2017）的研究也提供了类似证据，表明父母积极的养育方式会给儿童的认知能力带来显著且正向的影响效应。

## 4.2　家庭系统：家庭社会经济地位与儿童发展

### 4.2.1　家庭社会经济地位对儿童早期发展的影响

关于家庭社会经济地位与儿童早期发展的关系研究中，部分研究认为家庭的社会经济地位能够显著预测儿童早期发展水平，低家庭社会经济地位的儿童往往容易出现更多的发育迟缓问题，表现为儿童的认知、语言、身体及社会情绪等不同层面能力的发展结果受到影响。低家庭社会经济地位的儿童在早期智力发育、认知功能、语言发展、情绪和行为等领域的发展更加落后（Duncan et al.，1994；Liaw & Brooks-Gunn，1994；McLoyd，1990；Smith，Brooks-Gunn & Klebanov，1997）。

在儿童认知发展层面，国外研究者认为家庭社会经济地位与儿童认知发展之间具有较强的相关性，家庭社会经济地位（SES）落后的儿童在认知层面的表现也更加落后（Alexander et al.，1993；Pianta et al.，1990；Duncan et al.，1994；Hess et al.，1982）。例如，Paxon、Schady（2007）通过皮博迪图片词汇测试（Peabody Picture Vocabulary Test）对儿童语言认知发展进行评估发现，贫困家庭儿童的语言测试表现远远低于富裕家庭儿童的表现。Smith 等（1997）比较了低收入和普通收入家庭儿童早期智力发育的差距，发现早期发展差距从儿童 2 岁开始便能显现出来，低收入家庭儿童与普通收入家庭儿童在智力测验上的得分相差 6 ~ 13 分。Hart、Risley（1995）通过入户访谈 42 个 2 岁以下家庭，发现在高社会经济地位家庭的孩子一周内可以听到 215000 个单词，中等社会经济地位家庭的孩子则能听到 125000 个单词，而低社会经济地位家庭的孩子则只能听到 62000 个单词。研究进一步发现，当孩子到了 3 岁，高社会经济地位家庭的儿童平均会说的词汇超过 1000 个，而低社会经济地位家庭儿童的词汇量只有 500 个。

健康发展层面的研究表明，低社会经济地位家庭的儿童更容易罹患各种疾病，包括呼吸道疾病（Johnston-Brooks et al.，1998；Rosenbaum，1992）、高血铅水平、缺铁性贫血、发育迟缓病及感知功能异常。研究表明，低社会经济地位家庭的儿童在微量元素和营养食品方面的摄入量较少，而各类微量营养元素的长期缺乏造成儿童更容易患病并面临长期健康风险（Bradley & Corwyn，2002）。营养不良造成的发育迟缓问题也会给儿童带来极为消极的影响，美国早期儿童照料的长期追踪调查数据显示，儿童营养不良显著预测了学龄前儿童的学习障碍问题（Winicki & Jemison，2003）。家庭社会经济地位与营养不良、健康食物匮乏和喂养不当有密切关联，而营养不良又会造成儿童认知发育、情感发展和行为等方面的一系列问题。

在情绪行为发展层面，已有研究显示低社会经济地位家庭儿童更容易出现情绪和行为问题（Bolger et al.，1995；McLeod & Shanahan，1993）。学龄前期形成健康良好的社会行为技能至关重要，积极的社会性情感促使人在未来事业生活中及时调控自己的情绪，不断进行自我激励，而消极的社会情感则会影响儿童未来的智力发展、学业和事业成就。低社会经济地位家庭的儿童被认为会出现更多的社会情感发展问题、更多外化的行为问题（Achenbach et al.，1990）、适应性较差、缺乏必要的社会交往技能、与人相处困难，容易出现孤僻、自卑、冷漠等精神障碍（McLoyd，1998）。Duncan 等（1994）通过 Achenbach 儿童行为量表评估儿童社交情感和行为方面的问题，包括内向、焦虑、抑郁、社交退缩等情绪问题，及外向多动、攻击和注意力差等问题。研究结果发现，低社会经济地位显著预测了儿童早期的行为和情感问题。

### 4.2.2　社会经济地位对父母养育方式和家庭环境的影响

对比不同社会经济地位父母的养育实践发现，较低社会经济地位的父母更多地采用消极的方式养育子女，主要体现在强调儿童顺从、爱整洁、少惹麻烦，较高社会经济地位的父母则更多地采用积极的方式进行养育，重视培养儿童的内在特质，包括积极情感、创造性、理想、独立性、好奇心和自我控制能力。反映在控制行为上，较低社会经济地位的父母更多地控制儿童，对儿童的事情武断专横且较多地使用批评和体罚的方式，而社会经济地位较高的父母通常敏感性和反应性较高，会更经常与孩子进行交谈，给他们读书，进行更多的语言刺激、更多的耐心解释和温情互动（Bradley & Corwyn，2002；Hoff-Ginsberg & Tardif，1995）。

因而研究者认为，低社会经济地位的家庭正是因为缺少积极正向的养育方式、养育观念和养育行为，所以儿童出现包括认知语言、情绪行为和健康等各层面发展的滞后（Bolger et al.，1995；Brody et al.，1999；McCoy et al.，1999；Lugo-Gil & Tamis-Lemonda，2008）。另一类研究者认为，家庭社会经济地位的差异造成家庭资源投入的差异，包括营养投入、物质环境设施的投入等，进而导致儿童发展的差异（Ermisch & Francesconi，2000；Haveman & Wolfe，1995；Levy & Duncan，2000；Guo & Harris，2000）。持有这类观点的研究者认为，社会经济地位往往决定了一个家庭的物质生活环境，进而影响到儿童早期的成长环境中是否有丰富的刺激。对于儿童的认知和情感发展，低社会经济地位的家庭能够提供的学习资源包括有价值的玩具、特定的教育材料、学习用具、书籍等较少。例如，Duncan 等（1994）的研究发现，低社会经济地位家庭儿童发展较为落后的主要中介变量是家庭的环境质量，其研究使用家庭环境质量的观察量表（HOME）对 3～6 岁儿童早期家庭是否有利于儿童成长进行观察和测量，包括家庭给幼儿提供的有助于儿童早期语言和认知功能发展的玩具、学习材料、居家物质环境的安全性和基础设施等。研究结果发现，家庭环境质量和资源投入这一中介变量才是解释低社会经济地位家庭儿童早期各维度发展落后的关键因素。例如，Bradley 等（2001）通过分析美国儿童长期追踪调查数据表明，低社会经济地位家庭的儿童从婴儿期就缺少各类有益成长的学习材料，另外他们也缺少机会去参加提高认知能力发展的各类课程，生活环境中刺激材料的缺少导致儿童容易出现厌烦、沮丧等消极的情绪和行为反应。

国内研究者也支持这一观点，通过数据分析了幼儿时期家庭资源投入和环境质量的重要性（安蕾、张荣娟，2015；刘秀丽，2012）。例如，研究表明儿童学习材料较少、有益于儿童成长的玩具和读物较少都显著影响儿童的智力发育水平。但是，国内研究者主要侧重分析资源投入和环境质量这一中介影响因素对儿童早期发展的重要作用，较少研究家庭社会经济地位、资源投入与儿童早期发展三者之间多层次的影响关系。

## 4.3 环境系统：托儿所质量与儿童发展

由于父母外出工作，儿童常被放置在托儿机构。如果儿童被放置在劣质的托儿机构，儿童将会受到各种伤害，而优质的托儿机构则会促进儿童发展。一项针对200多名低收入家庭2~4岁儿童的研究表明，儿童在高质量托儿机构中心的时间越长，就表现出越少的情绪和行为问题。

根据依恋理论，儿童与看护人之间建立安全型依恋关系十分重要，不安全的依恋关系会影响儿童后期的发展水平。儿童在托育机构与教师之间能否形成高质量的互动则至关重要。在学前教育机构的评估中，师幼互动的质量是评价学前教育质量的核心和关键。研究表明，高质量的师幼互动是学前教育的关键所在，会对幼儿的认知、语言、社会交往的发展产生重要影响（Hamre & Pianta，2007；Pakarinen et al.，2010）。国外研究者常把师幼互动作为预测儿童未来学业成就及发展，并以此评价学前教育质量的重要指标。OECD以促进幼儿全面发展为出发点，将学前教育质量评价分为结构性质量（structural quality）和过程性质量（process quality）。结构性质量评价主要包括教师/儿童比率、班级人数、师资条件及客观物质环境等，过程性质量则与儿童生活和学习经验更加密切，主要表现为师幼互动、学习环境及课程设计等（周欣，2003）。英国有效学前教育项目指出，学前教育机构的结构性质量只有通过过程性质量才能对幼儿的发展产生持续的影响，有效的学前教育的过程特征主要强调教师与儿童之间的互动关系。师幼互动质量是反映学前教育过程性质量的关键指标。师幼互动包括师幼教育互动和情感互动。许多研究表明，学前教育过程中教师提供的教育支持与互动能有效降低儿童学业失败的可能性，情感支持与互动则能显著减少儿童的情感和行为问题，进而缓冲其对学业失败风险的促进效应（李克建、胡碧颖，2012；Mashburn & Pianta，2008；Hamre & Pianta，2005）。

部分研究者总结了师幼互动的不同类型和模式。例如，国外研究者 Pianta 等（1990）从教师角度出发，以教师指向幼儿情感与行为两个维度将师幼关系划分为两种模式：积极的师幼关系与有障碍的师幼关系。在积极的师幼关系中，教师对待幼儿比较热情、关爱孩子并跟孩子密切交流；在有障碍的师幼关系中，教师情感上比较冷淡，且经常与幼儿发生冲突。Howes 等（1994）研究人员则从幼儿角度出发，根据幼儿在互动中的情感表现与行为方式将师幼关系划分为安全型师幼关系、依赖型师幼关系、积极调适型与消极调适型师幼关系。针对师幼互动类型和模式，我国学者也进行了一些探索。刘晶波（1999）根据教师与幼儿在行为互动中所展现的角色认知倾向将师幼互动模式分为倾斜模式与平行模式；王伟青（2004）将冲突型师幼互动模式分为老师未回应、老师间接介入、老师直接介入等；黄娟娟（2009）根据教师行为属性将师幼互动类型划分为教师－班级互动型、教师－幼儿个体互动型、教师控制－幼儿接受型、教师控制－幼儿服从型。

针对如何提升师幼互动的质量及其影响因素，国内外研究者认为以下因素会影响师幼互动及学前教育机构的托育质量，包括教师因素、幼儿因素及客观环境因素。幼儿因素方面的研究主要从幼儿的性格特征、气质类型、性别、个体能力（理解能力和语言能力等）等角度进行分析。例如，Rudasill 等（2006）的研究发现幼儿的性格和语言能力会影响师幼互动的质量，性格外向但语言能力较差的幼儿比较容易与教师发生冲突，性格内向但语言发展较好的幼儿会与教师建立较好的依恋关系。教师自身因素的研究主要从教师个人的价值观、教育理念、教师期望、学历和自我反思等角度探究与师幼互动质量的关联性。例如，Kagan 等从教师教育理念和价值观角度出发认为，教师坚持以儿童为中心的价值观比坚持以教师为中心的价值观更能长时间、高频率地与幼儿进行互动，教师对幼儿行为的反馈也更为及时（Kagan et al.，1988）。Howes 等（1994）从教师自我反思能力角度出发认为，教师如果能意识到幼儿园生活对幼儿成长的重要意义，那么教师就会倾向于为幼儿提供更加积极的情感和行为支持。还有研究者从客观环境中寻找师幼互动质量的影响因素，包括班级大小、师幼比例、幼儿园环境等

（Mashburn，Pianta，2008）。

综上所述，托儿机构的物理环境、班级的规模、师幼互动比、日常的幼儿和教师之间的互动等因素都会影响托儿机构培育儿童的质量。基于此，美国幼儿学前教育学会制定了高质量的托儿机构所应该具备的要素和标准。

表 4-2　高质量托儿机构的特征和指标

| 范围 | 高质量托儿机构的特征和指标 |
|---|---|
| 物质环境 | 室内环境干净、通风良好。教室空间被划分为设施丰富的活动区域，包括儿童装扮游戏、积木、科学、数学、游戏和拼图、书籍、艺术和音乐。有围栏的户外游戏空间配备，比如秋千、攀爬设施等 |
| 班级规模 | 幼儿园和保育中心儿童的配比不超过1:3，幼儿不超过1:6。例如，如果有12个幼儿，那么至少要有2名保育人员。人员配备要尽量稳定 |
| 日间活动 | 日程表包括积极玩耍、安静游戏、小睡、吃点心和吃饭，日程表要较为灵活，以适应儿童个体发展的需求。气氛要温馨且具有支持性，让儿童感受到有人照顾 |
| 与幼儿的互动 | 保育人员对婴幼儿的反应要及时，同幼儿说话，给他们唱歌或者读书，尊重幼儿的个体兴趣、以包容性刺激的方式与幼儿进行互动 |
| 保育人员资质 | 保育人员需要接受儿童发展、急救和安全方面的培训 |
| 与父母的关系 | 随时欢迎父母到来，保育人员需要经常与父母讨论儿童的行为和发展 |
| 许可证和认证 | 不论是保育中心还是家庭式的托儿服务，都必须得到州或省的许可认证。美国的幼儿认证学会或者全美家庭儿童保育协会所做的认证质量较高。认证保证了托儿机构的质量和行业规范 |

由于高质量托儿机构对儿童发展起到不可忽视的重要作用，不少研究者也相应地发展出评估学前托儿机构质量的标准化的测评工具，例如包含托育机构质量评估指标化的量表和问卷。较有影响力的是课堂评估编码系统（CLASS），CLASS主要针对课堂情境下师幼互动过程进行仔细研究，并在此基础上评估教师行为和课堂组织质量。CLASS不再对课程结构、物质环境等结构性质量因素进行评估，而是直接对这些因素作用下的课堂情境中的教师行为进行观察编码。CLASS聚焦托儿机构教育质量的核心成分，即师幼互动过程，因而得到广泛应用。CLASS包括情感支持（emotional support）、教育支持（educational support）和课堂管理（class organization）三

个维度。情感支持与互动（ES）包含积极氛围、消极氛围、教师敏感性和尊重幼儿发展等评价指标。积极氛围反映教师与儿童互动时所表现的情感联结、尊重与喜爱的程度；消极氛围反映教师与儿童互动时所表现的消极情感，如愤怒、羞辱或攻击；教师敏感性反映的是教师能否意识到儿童的学习及情感需要并给予及时回应；尊重幼儿发展反映的是教师对儿童兴趣、意愿和看法的重视程度。教育支持与互动（IS）包括认知发展、反馈质量和语言示范等评价指标。认知发展反映的是教师的教学方式能否促进儿童思维力的发展，反馈质量考察教师对儿童提问和回答的反馈能否启发其理解、促使其展开延伸性思考，语言示范考察教师的教学语言能否促进儿童的语言理解与表达。课堂管理维度包含行为管理、产出性和教育活动安排等具体的评价指标。行为管理反映教师如何有效监控儿童行为并矫正其不良的课堂行为，产出性反映教师对课堂活动的组织安排能多大程度保证儿童学习时间的最大化，教育安排反映教师对教育活动进度的掌控、对教学材料的运用能否使儿童积极参与并获得最多的学习机会。第五章还将介绍解决儿童发展有关问题时所采用的主要方法。

## 4.4 政策系统：福利政策

儿童福利政策包括众多领域和内容，本书涉及儿童健康医疗政策、儿童保护政策、儿童教育政策、儿童救助减贫政策等，第七章到第十一章将详细介绍我国儿童在健康、保护、教育、环境和救助等多个领域面临的突出问题、福利政策的现状及干预服务模式等内容。为了不与后面章节重复，这一部分的政策系统介绍将采用国家案例形式介绍部分国家为应对儿童贫困和发展问题而采取的福利政策。第一部分以新加坡为案例介绍发展理论影响下新加坡如何促进儿童的减贫和发展，重点介绍其福利支持政策和干预模式。第二部分将以儿童减贫的全球各国实践为案例，重点介绍各国如何有效地将儿童贫困的测度与政策衔接。

### 4.4.1 发展理论影响下儿童减贫与发展的福利政策和干预模式——新加坡案例

根据第三章发展理论部分可知，新加坡面向弱势群体的福利供给和服务传递模式具有较明显的发展主义取向。首先，新加坡政策安排和服务供给模式一直兼具经济发展和社会发展双重属性。新加坡强调社会福利安排要与经济发展有机结合，福利供给服务于经济发展，因而有学者总结新加坡模式具有生产主义福利取向。过去，新加坡主要依靠中央公积金制度和积极住房政策实现福利传递，但由于经济增长放缓、劳动报酬减少、新增劳动力人口减少以及社会整体老龄化趋势越发明显，单靠公积金和住房制度安排无法有效保障弱势人群的基本权益。新加坡于近年来针对贫困群体出台了多项救助计划，例如长期救助项目、中短期救助计划、紧急现金救助计划、家庭教育补贴计划、高龄老人刺激就业计划、持续收入补贴计划等，这些政策都具有以刺激就业和促进经济参与为目标的发展主义取向。

新加坡自 2005 年成立社区关怀基金（Community Care Fund），统筹负责贫困群体的各项福利安排。虽然成立社区基金为弱势群体安排各项福利，但依然强调受助者要承担责任，鼓励受助者要有自力更生的精神，同时也强调家庭支持的重要性。鼓励弱势群体自力更生一直是新加坡十分重视推行的基本理念。其中，社区基金资助的第一大类服务项目为社区增能计划，即主要面向没有工作能力、没有家庭支持来源的困难人群。表 4-3 呈现的是社区增能计划下的三个项目，包括长期救助项目（又称公共救助项目）、中短期救助项目及紧急现金救助项目。新加坡社区基金报告显示，长期救助项目受益家庭户数从 2012 年的 3420 户增加到 2016 年 4387 户，2012 ~ 2016 年 5 年间申请长期救助的贫困群体增长率为 28.3%。社区短期救助项目的受益户数规模更为庞大，从 2012 年的 20572 户增加到 2016 年的 28409 户，增长幅度为 38.1%。从以下三个救助项目中可以明显看出，针对贫困弱势群体的优惠政策中，主要面向无法工作、暂时没有能力工作或者暂时没有经济来源的贫困家庭，这类群体基本以老年人、残疾人或单亲妈妈为主。发展主义理念在救助措施安排中得以体现，即救助对象主要为单靠自食其力依然面临贫困的受助群体。

除以上三大类主要的救助安排外，新加坡还十分强调以刺激就业和以工作为导向的福利制度安排，以下几类项目充分体现了这一发展主义特点。例如，社区基金资助的家庭教育补贴项目 [Home Ownership Plus Education（HOPE）Scheme] 就充分体现了这一取向。该计划面向低收入的年轻父母，家庭月收入低于 1700 新币的困难家庭，年龄在 18 ~ 35 岁的年轻母亲。但

表 4 - 3　面向贫困家庭的救助安排

| 社区增能计划类别 | 社区增能计划受益人群范围 |
| --- | --- |
| 社区长期救助项目<br>（公共救助项目）<br>（community care long<br>term assistance） | 因年老、患病或家庭条件不利无法工作；没有稳定收入来源；仅从中央公积金获得最低金额生活和退休金的老人；子女收入低无法供养父母的老人也可以申请，但需要证明家庭每月收入低于 1900 新币或人均家庭收入低于 650 新币，符合新加坡公民或永久居民身份。 |
| 社区中短期救助项目<br>（community care short-to-<br>medium term assistance） | 因生病、照顾孩子等原因暂时没有工作或经济来源；每月家庭收入低于 1900 新币（家庭人均低于 650 新币）；很少或无法获得家庭支持；没有储蓄存款或其他用于维持生计的资产；属于新加坡公民或永久居住居民可以申请此类项目 |
| 紧急现金救助项目<br>（urgent financial assistance） | 家庭收入低于 1900 新币（或人均家庭收入低于 650 新币）且符合新加坡公民或永久居民身份的困难家庭可以申请社区紧急现金救助项目。申请者会得到现金救助、优惠券和食物救助 |

资料来源：https：∥www. msf. gov. sg/Pages/default. aspx。

HOPE 计划主要以鼓励就业和工作为主，设立工作培训激励补贴，对顺利完成就业培训课程的困难家庭提供 2000 新币（每两年）的培训补贴。同时还提供就业激励补贴，全职工作的母亲将获得 10000 新币的补贴，困难家庭还可以获得住房及相关补贴、儿童教育补贴等。这些举措都与积极工作和就业为获得福利的主要条件。只有完成就业培训计划的年轻父母，才能够获得此项家庭教育补贴。另外两个工作激励计划包括高龄就业刺激计划（Workfare Bonus Scheme，WBS）和持续工作收入补贴计划（Workfare Income Supplement，WIS）。两项计划都鼓励居民有持续工作就业的动力，具有较明显的发展主义特征。

其次，新加坡现行的减贫干预模式也十分注重人力资本和家庭资产积累等干预策略。例如有一系列针对不同年龄儿童的照料补贴计划、儿童早期的干预计划、儿童教育储蓄计划和资产账户制度等多项福利制度安排，这些制度安排都契合了发展理论取向的干预策略。另外，新加坡实行家庭资产账户制度建设，注重儿童资产账户积累。例如，目前实行的婴儿奖金计划（Baby Bonus Scheme），指由政府和父母共同建立儿童发展储蓄账户（Child Development Account），根据子女出生胎次的不同调整账户储蓄额度。新加坡也十分注重儿童发展，强调人力资本早期积累的重要性，目前运行的各类服务安排都旨在为儿童健康发展提供良好保障。新加坡有专门负责儿童发展的机构，即早期儿童发展署（ECDA），这一机构主要负责新加坡幼儿发展，由新加坡教育部（Ministry of Education）和社会家庭发展部（MSF）负责监督。社区基金为家庭贫困儿童提供相应的补贴和福利，包括幼儿照料补贴、幼儿园费用补贴、学生关爱补贴等，表4－4呈现了面向儿童的几种主要福利安排，可以看出贫困家庭儿童获得的补偿和优惠更多。这类政策以促进儿童发展为目标，强调儿童早期的人力资本积累。

表4－4　面向儿童的福利模式

| 社区儿童救助和关爱项目 | 社区照顾成长计划受益人群范围 |
| --- | --- |
| 新加坡幼儿照料补贴项目（Child Care Subsidy） | 新加坡幼儿照料补贴项目主要帮助父母支付部分儿童照料费用，保证家庭能负担得起儿童照料服务的各项开支。所有新加坡儿童及其父母只要在早期儿童发展署（ECDA）登记过，均可以获得此类补贴。此外，家庭月收入低于7500新币还可获得额外补贴。收入越低获得的补贴越多。但享受额外补贴的母亲需每月工作不少于56个小时。2～18个月龄儿童家庭可申请婴儿照料补贴；18个月至7岁儿童家庭可申请儿童照料补贴 |
| 幼儿园费用补贴项目（KiFAS） | 幼儿园费用补贴项目（KiFAS）由新加坡早期儿童发展署（ECDA）负责管理。从2015年1月1日起，KiFAS的受惠家庭扩展至每月家庭总收入为6000新币的所有家庭。有条件获得此类补贴的儿童需在新加坡教育部指定幼儿园就读。低收入家庭可获得更多补贴，每月补贴最高可达160新币 |
| 学生关爱补贴项目（ComCare Student Care Subsidies） | 学生关爱补贴项目面向7～14岁儿童；父母双方每月工作时间至少达到56个小时；家庭每月总收入低于4000新币（或每月人均家庭收入低于1000新币）；儿童为新加坡公民或永久居民。在新加坡学生护理中心进行过登记。如果父母或法定监护人每月工作不满56个小时，需有正当理由且提供书面证明。有效申请包括正在寻找工作、医疗假、监禁、被证明为专职照料人等 |

资料来源：https：//www.msf.gov.sg/Pages/default.aspx。

　　除以上面向儿童的补贴计划之外，针对发育迟缓的残疾儿童，新加坡也出台多项干预措施。新加坡设立儿童发展中心（Child Development Unit）负责儿童发育问题诊断，其前身为1991年新加坡总医院成立的发展评估门诊部（Development Assessment Clinic）。1997年，发展评估门诊部改名为儿童发展中心。目前，新加坡面向残疾儿童的发展服务项目主要分为两类：专业诊断服务和干预提升服务。各医院儿童发展中心主要负责儿童发育问题的专业诊断和评估；诊断评估后的专业干预和服务主要在社区内完成，由专业团队提供服务。服务强调多方协作，整合专业诊断的儿童发展中心、社区卫生服务中心、社区组织、学前教育中心、学校、地区及国际儿童发展中心等多方资源共同服务于儿童发展。表4-5总结了新加坡面向残疾儿童的几类主要干预措施。

表4-5　面向残疾儿童的福利安排

| | |
|---|---|
| 综合儿童照顾项目（Integrated Child Care Programme，ICCP） | ICCP为以下儿童群体提供专项服务：年龄为2~6岁的新加坡公民或永久居民；诊断为中度残疾包括身体、听力、视觉或语言功能损伤或其他发展迟滞问题。此类服务需由妇幼医院、大学综合医院或新加坡总医院儿童发展部的专职医生提出申请。ICCP为有特殊需要的儿童提供良好的成长环境，促进这类儿童与普通儿童一起学习、娱乐和成长，通过早期服务，帮助特殊困难儿童未来能更好地融入新加坡主流社会的教育体系 |
| 儿童早期干预项目（Early Intervention Programme for Infants & Children，EIPIC） | EIPIC为有特殊需要的早期儿童提供康复和教育服务，促进儿童发育并实现其潜能，尽可能克服儿童早期发育迟缓问题。早期干预服务重点为提高儿童的运动技能、交流技能、社会化技能、认知和自我帮助技能。服务面向6岁以下有新加坡公民身份的儿童，被诊断为智力、感知功能、身体残疾的儿童，需专业医生提供申请材料 |
| 发展学习支持计划Development Support（DS）& Learning Support（LS） | 该项计划主要服务于有轻微发展障碍的学前儿童，尤其是在幼儿园一年级和二年级就读的新加坡儿童，提供短期辅导和矫正训练，安排临床专家、治疗师和辅导师到学前教育中心开展服务。着力改善的领域包括：语言能力、识字能力、精细动作能力、社交情感能力等 |

另外，新加坡还十分注重社区发展，强调社区能力建设，通过社区平台将服务和福利传递给有需要的人群，注重以社区为平台整合资源，实现服务和福利传递的精准化和精细化。例如，新加坡的社会家庭发展部通过分散广泛的社会服务办公室（Social Services Offices，SSO）进行资源和信息整合，方便有需要的困难家庭能够及时有效地获取公共服务。社会家庭发展部通过社会服务办公室实现服务传递的一条龙服务。社会服务办公室负责整合公共服务信息，所有援助信息在社会服务办公室即可获取。同时，社会服务办公室也帮助受助者简化申请流程，帮助符合条件的困难群体获得其他相关救助，包括医疗开支补贴、房屋补贴等，而无须再次申请。当受助者需要了解援助信息时，只需在社区就近的服务办公室一个场所内就能获取到所有咨询和帮助，实现信息和服务的高度整合，这些举措能够及时有效地将各类社会服务和福利资源传给困难人群，尤其针对贫困儿童和家庭能够提供较为落地的服务和保障。

### 4.4.2  儿童贫困测量对儿童减贫政策实践的影响

2015 年，联合国儿童基金会针对不同国家办公室职员的一份调查显示了近期各国儿童贫困测量及其影响政策的实践现状（UNICEF，2017）。被调查的 160 多个国家中，65 个国家尚未建立儿童贫困的测量和监测体系，19 个国家虽然建立了儿童贫困的定期监测程序但尚未将儿童贫困纳入国家政策的探讨，其余超过 75 个国家能够定期监测本国儿童贫困状况。建立儿童贫困测量和监测体系的国家中，调查结果显示大约有一半（46%）的国家采用收入法和多维贫困指数测量相结合的方法监测儿童贫困，大约 35%的国家仅通过收入法测度儿童贫困，另外还有 19% 的国家使用多维贫困指数测量方法监测儿童贫困状况。但是值得注意的另外一个现象是，有大约一半（48%）的国家虽然建立儿童贫困的监测系统但并没有进行定期监测，能够定期监测儿童贫困的国家主要集中于中高收入国家和地区，通常监测的周期是每年一次。这些数据呈现了目前全球范围内各国监测儿童贫困的基本情况，以下将主要介绍全球范围内包括发达国家和发展中国家通过多维贫困方法监测儿童贫困的手段及这一手段在各国影响政策实践中的基本状况。

**发达国家和地区：案例国家——瑞典**

发达国家和地区针对儿童贫困的多维监测和现状评估通常采用以相对匮乏为导向的多维贫困测量方法，特别在欧洲国家和地区这种方法较为普遍。近期出版的经济危机与儿童状况报告便使用物质相对匮乏指数方法测算，包括英国、德国、美国、比利时、瑞典、日本、爱尔兰、西班牙、意大利、匈牙利、希腊 11 个国家的儿童贫困状况。根据儿童所在家庭物质匮乏指数的变化情况（child material deprivation index）测算所得，2008～2014年，11 个欧洲国家中有 6 个国家儿童所在家庭物质匮乏指数即儿童贫困率出现了不同程度的上升。其中，英国上升了 5%，西班牙上升了 7%，意大利上升了 8%，匈牙利上升了 9%，爱尔兰上升了 11%，而希腊则上升了 23%。欧洲国家中长期以来表现较好的国家是瑞典，基于相对匮乏指数方法测算的儿童多指标物质匮乏指数显示，瑞典的儿童物质匮乏即贫困率长期以来低于 1% 的水平，多年来瑞典的儿童贫困率都维持在很低的水平，瑞典在欧洲各国中长期处于儿童贫困率最低水平的国家行列。

瑞典是发达国家和地区中儿童贫困率较低的典型，其儿童减贫的成就源自对儿童贫困问题的重视和有关儿童贫困的数据监测。瑞典通过儿童贫困状况的测量数据引发社会各界的广泛关注，并为儿童提供多维度福利供给，有效减少儿童多维度贫困。90 年代经济衰退时期瑞典的儿童贫困率高达 17%，然而当时儿童贫困这一概念很少出现在瑞典的媒体和政府出台的各类政策文件中。直到 2002 年，瑞典的儿童救助会才开始出版第一份有关瑞典儿童贫困状况的监测报告，之后儿童贫困这个概念开始被广泛关注和重视。儿童贫困状况的测量和监测报告的发布引起了瑞典各界包括政府官员、媒体从业者及社会大众的广泛关注，并极大调动了社会各界的广泛力量参与到儿童减贫的进程。对儿童贫困问题的广泛关注和重视、社会各界的广泛关注和倡议及瑞典高福利国家的福利供给，为瑞典儿童贫困率长期处于最低国家行列发挥了十分重要的作用。也正是从 2002 年儿童贫困报告发布的这一年，瑞典开启了一项专门针对儿童的福利改革措施，即为 6 岁以下儿童提供所有儿童都能支付得起的日间照料服务，低收入家庭所需要支付的日间照料费用则更低。除了普通家庭和低收入家庭都能负担得起的高质量儿童照料服务，学校及照料中心也为儿童提供免费的午餐，儿童就学的任何阶段都不需要家庭支付额外的花费和开销（除了大学阶段的课程资料费），18 岁以下儿童的医疗就诊服务也是免费的，瑞典也为所有儿童提供普惠型津贴，另外针对儿童的休闲活动和公共交通也有相应的补贴。这些福利举措为儿童构建了多层次的保护体系和福利供给，为瑞典常年处于儿童贫困率最低水平国家行列奠定了坚实的基础。

### 发展中国家儿童福利政策及干预服务

发展中国家和地区中目前也有不少国家已经采用多维贫困方法监测本国贫困包括儿童贫困的基本状况并用于指导减贫的项目。墨西哥是较早采用多维贫困方法监测贫困状况并引导多维减贫的国家之一。墨西哥国会于 2004 年通过了社会发展普通法，并于 2004 年成立了国家独立社会评价委员会（或社会发展理事会）专门负责本国社会发展领域相关政策的评估工作（Council for the Evaluation，CONEVAL）。社会评价委员会一方面需要负责多维贫困方法的设计，另一方面需要负责本国社会政策评估工作的开展。2009年，墨西哥政府便开始设计适用于本国的多维贫困监测体系，多维贫困监测体系涉及的维度包括收入、社会匮乏和社会融合程度（UNICEF，2017）。

社会匮乏维度依据基本的社会权利框架筛选和确定了六项指标监测贫困状况，包括教育获得情况、医疗照顾状况、社会保障状况、住房状况、居住空间质量状况以及食品安全状况。以上六项指标中如果遭受一个及以上的匮乏或缺失，且收入低于墨西哥政府划定的经济收入贫困线，即为多维贫困人群。如果个人遭受其中三项及以上的匮乏且收入低于最低贫困线，即为极端贫困人群。

### 发展中国家和地区：案例国家——墨西哥

关于多维贫困的定期监测，墨西哥政府也做出了明确规定，即每两年进行一次国家层面的监测，每五年进行一次地方多维监测。墨西哥在促进多维贫困监测和减贫的多方合作方面也较为成功。墨西哥的多维贫困监测体系便是多方共同商议达成的共识，多方代表不仅包括政府最高级别的代表（总统、社会发展部、财政部及其他部门主要负责代表），还包括国家统计部门、社会评价委员会的委员和成员，以及国际和国内专家共同构成的多方对话平台。多方的参与和对话不仅为多维贫困方法在墨西哥本国的具体应用奠定了重要基础，且能够保证多维度监测的结果与后续社会发展相关政策和项目的设计、执行紧密地结合，促进减贫行动有序推进。虽然墨西哥的多维贫困监测体系的指标并非专门针对儿童群体进行设定，但是其中许多维度和指标事实上也覆盖了儿童的基本权利。另外，多维贫困方法的使用和监测结果促使政府采取一系列行动以减少多维贫困率的发生，这对减少和消除儿童贫困也产生了重要影响。例如，为了降低收入指标的贫困发生率，政府出台政策放宽了现行现金转移支付项目对于年龄的限制，将 9 岁以下的所有儿童纳入社会转移支付项目的目标人群。2010～2012 年，多维贫困监测的结果发现食物匮乏人口比例出现增多的现象，墨西哥政府立即启动了应对饥饿的国家行动计划（National Crusade Against Hunger）。同样，获得基本社会保障指标匮乏的人口比例也相应地提高，这一监测结果促使政府为特定人群增加额外津贴项目，弥补现有社会保障漏保人群的基本权利，促进社会保障和安全网能够实现全覆盖，以此降低社会保障的匮乏率。与此同时，墨西哥的社会评价委员会与联合国儿童基金会一同合作增加儿童贫困状况的监测数据。儿童贫困的监测报告显示，2010～2014 年，53.9% 的儿童生活在贫困中，比例远高于全部人口统计下的贫困发生率46.2%，儿童贫困监测报告的结果促使社会各方思考如何将儿童贫困更好地纳入社会发展的目标框架，同时也促使政府、媒体和社会大众广泛关注和思考未来应对儿童贫困问题的具体办法和策略（UNICEF，2016）。

**发展中国家和地区：案例国家——不丹**

不丹政府也是较早在国家层面采纳多维贫困方法监测本国儿童贫困的国家之一。2010 年，不丹政府启动国家多维贫困监测，采用牛津大学设计的多维贫困指数（MPI）方法监测本国贫困状况。2016 年，不丹政府启动专门针对儿童群体的多维贫困指数方法（Child-MPI）监测儿童贫困（Alkire et al.，2016）。不丹的多维贫困指数方法以儿童而非家庭作为基本的分析单位。在维度的设计上，除了参考牛津大学构建的多维贫困指数方法，将健康状况、教育状况和生活水平纳入监测外，不丹儿童多维贫困指数方法还创新性地纳入了第四个维度，即通过儿童生活水平维度监测儿童贫困现状。儿童生活水平维度依据不同年龄儿童的特定需求分别进行界定和测算。例如，针对 0~4 岁儿童，生活水平维度主要考察儿童营养不良的基本状况，针对年龄较大的 5~14 岁儿童，则主要监测儿童是否进行过非法的童工劳动。不丹国家统计局使用儿童多维贫困的分析框架进一步监测不同年龄、性别、地区（农村和城市）、家庭类型和财富状况下儿童遭受匮乏和贫困的差距和不平等状况。这为政府的减贫实践提供了科学有效的实证数据。

**发展中国家和地区：案例国家——哥伦比亚**

哥伦比亚也是较早应用多维贫困方法监测贫困状况的国家之一。2011 年，哥伦比亚政府宣布新的国家发展规划，规划中明确将减贫作为政府的核心目标和努力方向。规划明确了使用多维贫困方法测量本国贫困状况，且明确了具体的多维减贫目标，即到 2014 年多维贫困的发生率减少 13%，2008 年哥伦比亚多维贫困发生率为 35%，到 2014 年政府致力于将这一比例降低到 22%。哥伦比亚的多维贫困指数（MPI-Columbia）包括教育、儿童和青少年基本状况、就业和工作状况、健康状况和公共设施可及性基本状况五个维度。每个维度包含不同的指标，其中儿童和青少年状况维度包括儿童接受教育的基本情况、儿童的学业表现、儿童获得照顾的基本状况以及童工现状。每个维度采取相等的权重，对于每个维度中的具体指标也使用同等权重。哥伦比亚政府不仅将多维贫困发生率的降低纳入国家发展规划战略，而且设定了各个维度和指标上贫困发生率降低的具体目标。多维贫困监测体系的建立促使政府加快制定多维减贫战略。

### 发展中国家和地区：案例国家——厄瓜多尔

厄瓜多尔近几年来也开始应用和实践多维贫困的测度方法，并且将这一方法与消除贫困和促进社会公平的政策实践进行紧密的结合。厄瓜多尔的国家规划和发展处与联合国儿童基金会于 2013 年合作出版了贫困分析报告，报告中着重分析了儿童的多维度贫困现状，其中包括教育、健康、童工、虐待和社会保护等维度（UNICEF，2017）。儿童多维贫困的监测促使政府采取相应的行动和措施。随后的 2014 年，厄瓜多尔便出台了消除贫困及减少不平等的国家战略，战略中明确从多维度入手消除儿童贫困，保障所有儿童都能够享有基本的公共服务和基础设施，包括住房保障、健康服务、获得教育、获得安全饮水及卫生条件。同时，国家计划承诺提供更好的社会保障和照顾服务，特别是加强儿童早期教育服务、消除童工现象、拓宽社会保障的范围等举措也都被列入国家计划。2014 年，厄瓜多尔财政部同时将儿童财政支出预算纳入政府财政预算系统，财务部依据不同年龄组别的财政支出和投入进行分类计算和分析，例如投入到减少社会不平等活动中的财政比例有多少，投入到减少儿童多维贫困的财政规模和比例有多少，等等（Cummins，2016），财务预算的分类计算有助于及时了解财政支出和投入儿童减贫的基本状况。随后 2016 年，厄瓜多尔正式启动了国家多维度贫困计划，计划明确使用多维度法测量儿童贫困状况，包括接受小学和初中教育状况、儿童和青少年工作和就业现状、安全饮水情况以及卫生设施获得的基本情况。

### 发展中国家和地区：案例国家——泰国

泰国于 2010 年发布了本国的儿童贫困国家报告，泰国儿童贫困国家报告包含三个方面的主要内容，即发展政策的系统回顾、儿童贫困及差距监测（主要使用布里斯托大学的多维贫困方法）以及针对儿童多维贫困现状提供相应的政策建议（UNICEF，2017）。泰国的儿童多维贫困监测结果显示，在泰国仍然有许多儿童营养不良，适龄儿童辍学现象也较为严重，另外多维贫困较为严重的儿童主要集中在泰国的东北部地区，多维贫困高发群体主要集中在残疾儿童和少数民族儿童群体。儿童多维贫困的监测结果引起社会的广泛关注，泰国也因此开始增强本国的社会保障体系，并在政策中增加了促进儿童减贫的具体措施和方案，例如面向 6 岁以下儿童实施全面保障津贴制度，全面普惠型的儿童保障津贴制度于 2015 年在泰国正式启动和实施。

由此可见，针对儿童贫困的定期监测不仅能够引发广泛讨论，且能促进本国儿童减贫和发展相关政策、项目的制定，帮助国家尽快采取消除儿童贫困的各项行动。通过对以上不同国家包括瑞典、墨西哥、哥伦比亚、泰国、不丹和厄瓜多尔案例的梳理，不论是发达国家还是发展中国家，各国政府已经开始积极实践多维贫困方法，并使这一方法的分析结果更好地服务于本国儿童减贫的政策制定。多维贫困方法能够将儿童面临的突出问题、困难和挑战以更加直观的方式呈现出来，直接指向现有社会政策和公共服务领域的薄弱环节，促进政府和实践工作者更全面地了解现有政策和服务中的不同，并促进各项政策和制度的改进和完善。各国政府已通过开启和实践多维贫困方法测量本国儿童贫困状况，并将儿童多维贫困的监测结果用于引导儿童减贫和发展的政策实践。

不同国家的案例表明，针对儿童贫困的多维度测量和监测数据能够引发社会对贫困儿童发展的广泛关注，为政府制定减贫政策、发动社会力量广泛参与儿童减贫和发展提供科学可靠的数据和证据。相较于各国儿童多维贫困监测的现状，我国还尚未将多维贫困纳入国家计划。我国出台的有关儿童的各类政策通常将贫困儿童进行类别划分，较多地使用困境儿童、留守儿童、监护缺失儿童、流动儿童等儿童群体概念，对贫困儿童的理解也主要指向低收入儿童。国家的统计和监测指标中依然缺乏针对儿童贫困的具体监测指标。许多研究表明，很多情况下收入法与多维贫困指数法测度下的儿童群体并不匹配，依据收入法界定的许多儿童并非贫困儿童，但非收入贫困的儿童仍然会面临多维度发展的困境和障碍，导致其各项基本权利无法得以实现，影响儿童的成长和发展。

因此，在迈向实现2030年可持续发展目标、消除贫困的进程中，有必要拓展我国儿童贫困测量的范围，逐渐增加儿童多维度贫困现状及程度的测量和监测数据，识别多维度贫困的致贫风险，以数据支撑国家未来的儿童减贫福利政策和干预模式，更好地提升我国儿童发展水平。

# 第五章　儿童发展：研究方法与测量工具

## 5.1　儿童发展研究方法：观察法

观察法是指通过对儿童的行为进行观察，对自然情境中发生的行为和事件进行总结的方法。观察法又可以分为两种形式：第一种为田野法或者自然观察法。例如，对学龄前儿童行为进行自然观察或直接观察。张文新（1999）采用自然观察法对幼儿园小、中、大班儿童的攻击行为的原因、类型以及不同年龄阶段攻击行为的差异进行了考察。根据对儿童攻击行为的观察记录，研究者将儿童的攻击行为原因划分为8种类型：为了获取他人物品（玩具、食物、图片）、为了争夺空间（座位、活动场所等）、为了保护自己的物品、为了帮助好朋友或者受他人的指使、为了游戏或者其他活动的纠纷、他人违反纪律和行为规则、为了报复还击等。但是，直接观察法往往会干扰被观察者的行为表现，导致结果的失真。例如，当研究人员希望通过观察母亲与儿童互动的日常行为研究母亲的育儿行为时，母亲往往会因为有他人在场而表现积极，造成结果不准确。另外一种直接观察的方法是民族志。这种方法通常在人类学领域应用较多，民族志的方法是为了观察了解一个社会群体的基本特征。研究者通常会在某个文化社区停留很长时间并参与日常生活。使用这种方法的研究人员通过让自己长时间待在一个地方成为文化的一部分来降低研究者对研究对象的影响。

另外一种是研究人员不在场的间接观察法，例如通过家庭录像的方式采集信息，间接观察法的目的是避免研究人员在场观察被观察者而造成失真。但是，录像方式也会对被访人的行为产生影响，被访者也会感到不自在，从而导致被录像的行为与日常发生偏误。为了避免研究人员的干扰，另外一种研究儿童的方式是通过培训看护人成为观察人员。例如，因母亲与儿童接触的时间最多，为了了解儿童的行为，事先培训母亲成为观察者，然后通过母亲的观察报告来间接了解儿童的行为。但是这种方法也有弊端，主要表现为母亲掌握了一定的知识后，母亲的行为可能会发生改变，母亲会有意识地干预儿童的行为，造成结果的可靠性和有效性降低。

## 5.2　儿童发展研究方法：访谈法

访谈法也是研究人员了解儿童发展等有关议题时常用的方法。例如，一项研究通过对几百名母亲的访谈，总结儿童母亲的教养实践。访谈采用开放式的问题，了解母亲在儿童喂饭、性别化、依赖程度、儿童攻击性和对儿童的日常控制与要求等方面的基本情况。访谈的对象是儿童的母亲。另外一种是焦点团体访谈法。这种访谈方法通常会让更多访谈对象对研究的问题进行集体探讨，被访者可以相互交谈。研究人员能够观察参与者之间的互动，辨别被访者看问题的角度、思考的逻辑和分析问题的步骤。例如，针对儿童教育的研究者可能会对儿童父母和幼儿教师展开一次焦点团体访谈，请受访者讨论儿童教育的现状、成人对儿童教育的期待等方面的内容。焦点访谈的好处是参与者之间可以进行较为平等的互动。但是，不论是个别访谈还是焦点团体访谈，访谈法都很难保证受访者不会受到研究人员或者其他参与者观点的影响，因而也很难保证结果的完全准确性和可靠性。

## 5.3　儿童发展研究方法：问卷调查法

研究人员通常会使用事先设计好的结构化的问卷或者量表对研究对象进行施测调查。有许多大型的社会调查都包含儿童发展相关问题的信息采集。例如，我国开展的一些大型社会调查包括中国综合社会调查（CGSS）、中国教育追踪调查（CEPS）、中国家庭追踪调查（CFPS）等数据库都包含与儿童发展有关的问题。例如，表5-1呈现了联合国儿童基金会关于儿童发展多重指标的一项大型社会调查项目中所涉及的部分问卷信息。以结构化的、封闭式的问题为主要特点的问卷调查能够快速采集儿童基本情况，这些信息又可以用来分析儿童发育的基本情况。

目前研究人员已经开发出相当多的成熟量表测量儿童的发展状况。例如，针对儿童的智力发育情况，较为有名的智力测验包括丹佛儿童发育筛查测验（DDST）、瑞文智力测验（RIT）、贝利婴幼儿发展量表（BSID）、中国儿童发展量表（3~6岁）、Wechsler智力测验量表等。这些量表通常都包含较多问题项。以贝利婴幼儿发展量表为例，这项量表包括儿童智力发展情况的测度，如儿童的适应性行为、记忆、学习理解能力的测度，也包括语言理解和表达能力的问题项，同时还包括儿童运动基本状况的测度，如评估婴幼儿的身体控制程度、手指的精细操作技能等。针对儿童行为发展情况，较有影响力的量表包括 Achenbach 儿童行为量表（CBCL）、测度儿童孤独倾向的阿斯伯格综合征筛查量表（Asperger Syndrome，AS）。评估儿童情绪状况的量表例如儿童焦虑性情绪筛查量表、儿童抑郁筛查量表等；评估儿童心理健康的长处与困难问卷量表，如青少年亚健康多维测度量表、儿童少年生活质量量表等。还有诸多量表测度的是父母养育方式、家庭社会支持、家庭环境状况等影响儿童发展其他要素的基本情况。例如，以表 5-1 儿童长处与困难量表为例，该表呈现量表中部分问题项，这份量表主要用来评估儿童在与同伴交往、亲社会行为、情绪、心理及行为等多方面的发展状况。

表 5-1　儿童长处与困难量表

|  | 问题项 | 不符合 | 有点符合 | 完全符合 |
|---|---|---|---|---|
| 1 | 我尝试对别人友善，我关心别人的感受 | 1 | 2 | 3 |
| 2 | 我不能安定，不能长时间保持安静 | 1 | 2 | 3 |
| 3 | 我经常头痛、肚子痛或身体不舒服 | 1 | 2 | 3 |
| 4 | 我常与他人分享东西（食物、玩具、笔） | 1 | 2 | 3 |
| 5 | 我觉得非常愤怒及常发脾气 | 1 | 2 | 3 |
| 6 | 我经常独处，通常独自玩耍 | 1 | 2 | 3 |
| 7 | 我通常依照吩咐做事 | 1 | 2 | 3 |
| 8 | 我经常担忧，心事重重 | 1 | 2 | 3 |
| 9 | 如果有人受伤、难过或不适，我都乐意帮忙 | 1 | 2 | 3 |
| 10 | 我经常坐立不安或感到不耐烦 | 1 | 2 | 3 |
| 11 | 我有一个或几个好朋友 | 1 | 2 | 3 |

续表

| | 问题项 | 不符合 | 有点符合 | 完全符合 |
|---|---|---|---|---|
| 12 | 我经常与别人争执，我能使别人依我的想法行事 | 1 | 2 | 3 |
| 13 | 我经常不快乐、心情沉重或流泪 | 1 | 2 | 3 |
| 14 | 一般来说，其他与我年龄相近的人都喜欢我 | 1 | 2 | 3 |
| 15 | 我容易分心，我觉得难以集中精力 | 1 | 2 | 3 |
| 16 | 我在新的环境中会感到紧张，我很容易失去自信 | 1 | 2 | 3 |
| 17 | 我会友善地对待比我年少的孩子 | 1 | 2 | 3 |
| 18 | 我常被指责撒谎或不老实 | 1 | 2 | 3 |
| 19 | 其他小孩或青少年常作弄或欺负我 | 1 | 2 | 3 |
| 20 | 我常自愿帮助别人（父母、老师、同学） | 1 | 2 | 3 |
| 21 | 我做事前会先想清楚 | 1 | 2 | 3 |
| 22 | 我会从家里、学校或别处拿取不属于我的东西 | 1 | 2 | 3 |
| 23 | 我与大人相处比与同辈相处融洽 | 1 | 2 | 3 |
| 24 | 我心中有许多恐惧，我很容易受惊吓 | 1 | 2 | 3 |
| 25 | 我总能把手头上的事情办妥，我的注意力良好 | 1 | 2 | 3 |

前述章节中提及急性应激事件后，需要评估应激源对个体认知、情感和行为造成影响的程度。表5-2也是一份成熟量表，主要用于评估来访者的情感、认知和行为状态，即心理功能三位评定量表（THF），该量表通过对个体认知、情感和行为三方面的测度评定案主的危机程度。

表5-2　心理功能三位评定量表（THF）

| 认知严重程度等级 | 损害程度 | 认知严重程度评定 | 情感严重程度评定 | 行为严重程度评定 |
|---|---|---|---|---|
| 1 | 无损害 | 注意力集中，解决问题及做决定的能力正常，对危机的认知和感知与实际能力相符 | 情绪状况稳定，日常活动情感表达透彻 | 应付危机事件的行为恰当，能保持必要的日常功能 |
| 2~3 | 损害很轻 | 思维集中在危机事件，思想受意志控制，问题解决和做决定的能力轻微受损，对危机事件的认知和感知基本符合现实 | 情感反应适当，对应激事件有短暂的负性情绪流露，但不强烈，情绪稳定，能自控 | 偶尔有不恰当的行为，能保持必要的日常功能 |

| 认知严重程度等级 | 损害程度 | 认知严重程度评定 | 情感严重程度评定 | 行为严重程度评定 |
|---|---|---|---|---|
| 4~5 | 轻度损害 | 注意力偶尔不集中，感到较难控制对危险的思考，解决问题和做决定的能力降低，对危机认知和感知与实际情况有偏差 | 情感反应适当，有较长时间的负性情感流露，能意识到需要，能自我控制 | 日常功能开始减退，效率降低 |
| 6~7 | 中度损害 | 注意力不能集中，较多考虑危险面，解决问题及做决定的能力受影响，对危险的认识和感知与现实有明显距离 | 负性情感增加，情绪波动比较强烈，情感状态虽然稳定但需要努力控制情绪 | 有不恰当行为，没有效率，需要花很大努力才能维持正常功能 |
| 8~9 | 显著损害 | 沉溺于对危险的思考，解决问题和做决定的能力降低，对危险的认知和感知与现实有实质性差距 | 负性情感体验明显，情感与环境不协调，心情波动明显，不能控制 | 行为明显超出对危险的反应，日常功能受损，出现回避等行为 |
| 10 | 严重损害 | 不能集中注意力，丧失解决问题和做决定的能力，对危险的认知和感知与现实不符 | 完全失控或者极度悲伤 | 行为异常，难以预料，对自己和他人有伤害危险 |

# 5.4 儿童发展研究方法：实验法

另外一种常用的儿童发展问题的研究方法是实验法。实验法可以操纵实验环境中自变量条件的变化，观察因变量变化的程度。例如，一项实验室研究试图调查成人的愤怒互动是否会对儿童的调试能力造成影响，4岁和5岁的儿童在母亲的带领下进入实验室，一组进入愤怒的情境中，儿童会看到正在发生冲突的成年人的争吵；另外一组儿童进入到愤怒已经平息的情境中。实验的结果显示，目睹成人通过道歉和妥协平息了争吵的儿童，比目睹成人正在发生冲突的儿童，体验到的痛苦感更少。在该案例中，明显能够看到实验组和对照组的差异。通过实验刺激实验组，并与另外不同于实验组的对照组结果进行对比发现，实验的方法能够更好地说明两个变量之间的因果关系，即到底成人的愤怒是否影响了儿童的调试能力。该案例的实验结果说明成人减少冲突显著影响儿童感受到的痛苦的程度。

除了在实验室进行实验之外，还有一种实验方法是现场实验。现场实验是在真实的生活条件中进行实验的方法。例如，在一项研究中，研究人员将幼儿园儿童分配给不同的女教师，一组女教师对儿童表现热情、主动，另外一组女教师对儿童严肃、冷淡。一段时间后观察教师的不同态度与行为是否对儿童产生影响。结果发现，热情主动地与儿童建立积极情感增加了儿童帮助他人的行为。

以上分别介绍了观察法、访谈法、问卷调查法以及实验法等研究儿童发展问题的基本方法。表 5-3 进一步总结展现几种方法的基本特征、优点和局限性。

表 5-3　儿童问题研究方法一览

| 方法 | 描述 | 优点和局限 |
| --- | --- | --- |
| 观察法（直接观察、民族志、间接观察、训练他人成为观察员） | 通过系统观察研究对象的日常生活和行为收集研究所需要的信息和资料 | 能够观察获得日常行为的信息，但观察者会影响到被观察者的行为，造成偏差 |
| 访谈法（开放访谈、焦点团体访谈） | 访谈的程序比较灵活，通过访谈收集被访者的态度和观点 | 访谈的好处是尽可能丰富地获得被访者关于某个问题的看法，能够了解被访者的态度和观点，但缺点是被访者也可能会受到访员或其他参与者的影响，从而无法真实地回答问题 |
| 问卷调查法（标准化的量表问卷、封闭性问题） | 问卷调查通过事先设计好的问卷量表测试被访者的基本情况 | 能够短时间内收集到研究对象的信息和基本状况，但缺点是问卷调查很难建立变量之间真正的因果联系 |
| 实验法（实验环境法、现场实验法） | 实验法通过实验手段控制自变量从而观察因变量的变化 | 这种方法的好处是能够进行因果关系的推断，现场实验则允许实验在真实的生活中进行。但实验法成本较高，要求也较高 |

## 5.5　儿童发展：干预效果评估方法

针对儿童发展的干预方案是否有效？通过怎样的方法能够科学评估干预方案的成效？这也是在研究和实践领域经常碰到的重要问题。根据干预效果评价的科学规范性，一般将干预方案的效果评估方法分为预实验设计、准实验设计和实验设计三种类型。

　　预实验设计包括单测评估法、重复后测评估法、前测－后测评估法以及定组比较评估法等几种类型。单测评估法主要由针对一个小组的一次干预和一次测量构成。个案评估中没有干预前的数据资料，也没有设计其他小组与干预实验组进行比较。例如，针对儿童社交能力提升的训练，如果希望了解社交技能的训练是否有效果，采用个案评估的方法只需要针对一组儿童展开社交能力训练，然后小组活动结束后进行一次社交能力测量评估，用一次测量评估的结果来评价社交能力干预训练是否有效果。这种个案评估法没有采集干预活动前儿童社交能力水平的信息，而只对干预活动后儿童的社交能力进行评估，无法说明儿童的社交能力是否真的有所提高。

　　重复后测评估法针对一个小组进行干预、包含多次重复后测的评估设计方法。参与者接收干预，干预后进行多次重复的测量。例如，针对儿童社交能力的训练干预，采用纵向个案评估方法就需要对多次社交能力训练后儿童的社交水平进行重复测量评估，以此说明社交能力干预方案的成效。

　　不同于单测评估法、重复后测评估法，前测－后测评估法包含了干预之前的测量和干预之后的测量，即在干预前和干预后分别进行一次测量评估，以此说明干预的效果。例如，针对儿童社交能力的训练干预方案，采用前测－后测评估法就需要对干预之前儿童的社交能力水平进行一次测量，然后社交训练活动结束之后再测量一次，如果后测结果表明社交能力水平确实有了提高，那么就认为社交能力的干预效果是明显的。这种评估方法虽然比前两种方法更加规范，但也存在不足。后测相较于前测效果的提高，并不能充分说明是干预活动带来的。儿童在接受社交能力的干预之前会受到许多未知因素的影响，例如因为要参加社交能力的训练，所以会通过其他途径做好了准备，因此或许其他途径与干预活动共同造成了儿童后测社交水平的提高。由于存在许多未知不可控制的因素，效果中掺杂了许多干扰因素，因此很难将后测的进步或者提高归因于干预训练。

　　定组比较评估法，也被称作单测组间比较法。与单测评估法类似，单测组间比较法只对干预后的情况进行一次测量。不同之处是增加一个对照组的后测结果，将实验组的单次后测结果与对照组的单次后测结果进行对比，从而确定干预是否有效。虽然这种方法增加了对照组，但对照组的增加并非通过随机分配方法设定，也就是说很难直接比较对照组与实验组各方面的条件。因此，即使实验组干预后的测量结果比对照组更好，也很难说明这种好的结果是由干预带来的。另外这一方法也缺少干预之前的测量，因此很难证实干预的成效。

---

单测评估法（干预后 $M_1$）

重复后测评估法（干预后 $M_1$　$M_2$　$M_3$）

前测 – 后测评估法（干预前 $M_1$　干预后 $M_2$）

单测组间比较法（干预后实验组 $M_1$　对照组 $M_2$）

---

**图 1　预实验设计的特点**

　　准实验评估法包括时间序列评估法以及不等控制组设计评估法。时间序列评估法是在干预之前和干预之后不同的时间节点进行多次测量，将不同时间节点的测量数据进行比较以说明干预的效果。不等控制组设计评估法 （Non-equivalent Groups Design，NEGD） 又被称作前测 – 后测随机试验法，这一方法已经基本接近随机分配干预试验法，不同之处是这一方法在分配试验组和控制组时并没有依据随机分配的原则进行分组。由于没有遵循随机分配原则，两组的特征无法保证一致，因此这一方法又被称作不等控制组设计评估法。

　　更为科学规范的试验方法包括前测 – 后测控制组试验，这是典型的实验评估方法。这一方法的特点是保证试验组和控制组的随机分配，因此排除了因两组人群特点的不同从而造成干预效果的结果偏误。由于两组完全是随机分配，两组的测量结果具有可比性。干预前，对两组进行一次测量。干预后，再对两组进行一次测量。随机分配原则减少了选择偏误，能够有效评估一项干预的效果。例如，针对儿童社交能力训练的案例，干预前可以依据随机原则将儿童分组，一组为试验组，另外一组为控制组。对儿童开展社交技能训练之前分别对两组儿童的社交能力展开前测测量，干预活动结束之后再次进行后测测量。由于两组的随机分配原则将未知的因素进行了有效控制，因此试验组结果的变化可以较好地说明是干预活动带来的净效果。另外还有一种评估方法为所罗门四组评估法。四组评估法综合了前测 – 后测评估法和单测评估法。所罗门四组评估法设计四个组进行对比分析，包括前测 – 后测的试验组、前测 – 后测的控制组、后测的试验组以及后测的控制组。这种设计是为了避免前测对干预活动的干扰效应，因此可以通过对比试验组的单独后测结果和试验组的前测－后测结果验证干预所产生的净效应。图2展示了几种评估方法的主要特点。

时间序列评估法

（干预前 $M_1$　$M_2$　$M_3$　干预后 $M_4$　$M_5$　$M_6$）

前测－后测控制组试验（也包括不等控制组设计评估法）

（试验组：干预前 $M_1$　干预后 $M_2$）

（控制组：干预前 $M_3$　干预后 $M_4$）

所罗门四组评估法

（试验组：干预前 $M_1$　干预后 $M_2$）

（控制组：干预前 $M_3$　干预后 $M_4$）

（试验组：干预后 $M_5$）

（控制组：干预后 $M_6$）

**图2　评估方法的主要特点**

# 第六章　儿童发展：国内外实证调查研究

## 6.1　流动儿童心理健康状态：教育差异的影响

### 6.1.1　研究背景

随着社会经济的发展，我国城乡二元制的矛盾日益凸显。受到户籍制度限制，流动儿童群体日益扩大，相关问题日益突出，主要集中在流动儿童心理健康问题和教育问题方面。流动儿童心理健康问题严重影响着社会稳定，制约着个体健康发展，而频繁地被报道的流动儿童校园欺凌、流动儿童辍学等现象则更是引人深思。流动儿童教育问题也影响着我国未来的阶层结构，引起了社会各界和政府部门的高度重视。因此，该领域的研究和这一系列社会问题的解决更是社会经济学学者们的重要课题。国内外的社会学、心理学、教育学等学科的学者们加紧了对这些问题的研究并取得了大量的研究成果。本章将分析学校、家庭、父母等不同环境因素对流动儿童心理健康产生的影响，确定哪些因素对儿童心理影响比较显著，为流动儿童问题的解决提供相应的研究支撑。

本节的研究对象主要是我国的流动儿童群体，具体研究内容为该群体在中小学阶段的心理健康及影响水平的因素。本节根据流动儿童所处环境，将其环境因素分为学校因素、家庭因素（硬件）、父母因素（软件），而自身因素作为环境因素的参照。文章采用国际通用的 SDQ 量表对流动儿童的心理健康水平进行测评，按得分的高低来区分其心理健康水平的高低。本节所采用的数据以流动儿童的重要聚集地——浙江绍兴为例，分别收集了绍兴地区的 8 所中小学共计 800 名流动儿童样本，样本具有较强的代表性和科学性。

本节假设流动儿童心理健康水平受到环境因素和自身状况的双重影响，而环境因素尤为重要。其中，环境因素主要分为学校、家庭硬件、家庭软件（父母）三部分。本节将收集的流动儿童相关状况的调查问卷（来源于 CGSS 的公开资料），整理与转换为以下五方面内容。

1. 筛选问卷当中关于流动儿童心理方面的问题，按照相关心理学常用量表（SDQ 量表）分类，按照回答计分，将得出的流动儿童心理健康水平数值，作为研究的自变量。

2. 筛选问卷中关于流动儿童家庭因素、学校因素、父母因素等数值，将其作为自变量和控制变量。

3. 运用计量软件 Stata 对以上因子进行回归分析、相关性检验，以验证以上三组因素对流动儿童心理健康水平的影响。

4. 检验其他因子对流动儿童心理健康水平的影响，补充前人已有的研究。

5. 通过验证，希望得到心理健康水平和教育环境等环境因素的相关性，以及与其他相关因子的关系，从而在政策建议当中有针对性地提出建议。

### 6.1.2　概念界定及文献回顾

本节的研究对象——流动儿童，与成人心理健康研究不同，儿童心理学具有其特殊性。埃里克森将人的人格发展分为八个阶段，其中与流动儿童相匹配的阶段为学龄期（4～7 岁）、青少年期（7～18 岁）。在学龄期，儿童正处于认知形成和发展的重要阶段，通过对周围危机的解决，增强自信心，并产生初步的自我人格框架；而在青少年期，随着与他人接触的加深和范围扩大，儿童会根据别人的经验对自己的行为产生预期（郝红英，2008）。因而，"儿童 - 青少年时期"的自我认知往往受环境的重要影响，父母的言行、同伴的经验教训等都会对其产生不可估量的影响。

为了对心理健康这一问题进行更为准确的研究，需要将心理健康这一变量量化处理，以便引入计量方法进行定量研究。前人针对心理健康的研究汗牛充栋，利用测量量表进行的定量研究也较多。在心理健康研究中，量表工具共分为两大类：全面的心理健康测评、个别指标的替代。本节首先列举了部分认可度较高、应用较为广泛的几种全面测评心理健康程度的量表；同时大量的研究也将儿童的个别不良心理状态指标作为反映心理健康问题的依据，同样具有较高的认可度。

SDQ 量表全称"长处和困难问卷"，是由美国心理学家 R. Goodman 编制的，以调查 4~17 岁青少年的行为为主要内容。主要通过情绪因子、品行因子、多动和注意缺陷因子、同伴交往因子和社会行为因子 5 个维度的 25 个特性来描述青少年儿童的行为特征，从而反映儿童的心理健康状况。由于 SDQ 量表具有可操作性强、描述较为全面、特征划分科学等优点，其多个子量表及改进版被研究者们运用于不同的研究领域。刘书君（2006）利用 SPSS 软件对不同的数据样本进行检测，认为 SDQ 量表的信度和效度均符合学科研究的标准。罗天竺（2014）依据国情和专家意见改进了 SDQ 量表，整合出了"浙江省儿童发展调查问卷"，并利用其进行数据调查，得出了浙江地区的流动儿童与留守儿童相对于普通儿童具有显著的心理问题的结论。

另外测度儿童的心理量表由中科院王极盛教授编制，全称为"中国中学生心理健康量表"（MSSMHS），是国内应用最广泛的中学生心理健康测试工具之一。该量表具体分为 10 个测量指标，分别测量青少年儿童的强迫症状、偏执、敌对、人际关系中的紧张与敏感、抑郁、焦虑、学习压力、适应不良、情绪不平衡、心理不平衡，较为全面地覆盖了青少年儿童这一阶段的诸多心理状态维度，较好地刻画了其心理健康程度，从而被许多研究机构和学者采纳，应用广泛。张涛（2010）利用这一工具对在扬州市的农民工子弟学校就读的流动儿童进行了心理测评，发现其心理健康水平远远不如城市中学生。肖蕊（2012）则根据课题需求对 MSSMHS 进行一定程度的修订，并将其应用于北京地区的流动儿童的调查研究，得出了几个结论：流动儿童心理健康状况总体不佳，其中来自不同类别学校（农民工子弟学校和允许外来人员就读的普通学校）的流动儿童与本地儿童在心理健康水平上存在显著差异；流动儿童表现出的主要心理问题包括学习压力、情绪不平衡以及人际关系问题。

国内相当一部分文章在研究时直接用"孤独感""抑郁感""受歧视度""疏离感"等心理健康的负面状态作为衡量心理健康程度的指标。周皓（2010）利用 Asher 编制的儿童孤独感自我评定量表对我国的流动儿童孤独感进行测量，刘药斐等（2010）对合肥市流动儿童与城市儿童的孤独感进行了对比测评，发现前者的孤独感显著高于后者；而高文斌（2007）通过"状态特征焦虑问卷"（STAI）对北京市的流动儿童进行调查，发现其心理健康问题具有较高的显著度，与前人的研究相互印证；蔺秀云等（2009）认为流动儿童的歧视知觉在不同学校类型、流动性差别等方面具有显著差距，是影响流动儿童心理健康的重要因素。而张敏（2012）通过对我国近年来的儿童心理健康相关领域的研究梳理后发现，全面的心理健康测量量表测评下的流动儿童心理状态与单个心理负面指标结果一致，即单个的心理状态指标可以作为测评流动儿童心理状态的补充验证。

**流动儿童心理健康问题的研究现状**

张巧玲等（2013）对北京地区的流动儿童进行问卷调查后发现，流动儿童整体的心理健康状况显著劣于本地儿童，同时不同性质的学校之间的流动儿童心理健康状况也有较大差距。裴永光等（2016）发现广州地区的流动儿童在 SDQ 量表上的得分显著低于本地儿童，具有较多的心理问题，且其中父母的育儿态度、学习成绩等因素对 SDQ 量表得分具有较大影响。国内的相关研究多是根据某一地区的某一时间段的问卷样本进行分析，且多来源于外来务工人员聚集地，因而具有较强的可操作性和现实意义。但难以进行较为全面的跨地区、跨时期的比较，缺乏宏观性的研究，而且研究多是从社会学、心理学角度进行该微观问题的解决，而非经济学意义上的宏观考虑。

国外学者也对世界各地的流动儿童心理健康问题给予较大关注。其中，Giovanni 研究了全球大迁移背景下的流动儿童心理健康状况，发现与本地儿童相比，流动儿童具有显著的心理问题，亟须国际社会采取相关措施。另外，流动儿童的心理健康所引发的福利问题、流动儿童心理健康教育问题等逐渐成为全球性的共同课题。各国的学者也纷纷从劳动经济学、人力资本、教育经济学等角度对世界各地的流动儿童、难民儿童等现象进行研究。

**理论视角：城乡二元结构与流动儿童现象的产生**

城乡二元经济结构一般指经济体内以社会化生产为主要特点的城市经济和以小农生产为主要特点的农村经济并存的经济结构。而我国城乡二元经济结构主要表现为：城市经济以现代化的大工业生产为主，而农村经济以典型的小农经济为主；城市的道路、通信、卫生和教育等基础设施发达，而农村的基础设施落后；城市的人均消费水平远远高于农村等。自新中国成立以来，城乡经济获得了巨大的发展，但是社会和经济的城乡二元结构仍然十分明显，造成了城乡之间在经济、社会生活等方面的显著差异，形成了城乡两极分化的格局。在此背景之下，大量的农民为寻求更好的就业机会而进入城市打工，其携带的子女成为流动儿童。其中，教育作为社会的一个子系统，也受到城乡二元结构差异的影响，尤其是流动儿童的教育问题，具体表现在经济发展水平直接影响当地政府对教育投入的多少。由于农村地区经济发展相对落后，长期以来教育经费投入不足，城乡教育积累投入差距日益扩大。另外，城乡经济发展的不均衡也拉大了城乡居民的收入差距。一方面，城镇（发达地区）的居民需求较高，促使学校提供高质量和高水平的教育；另一方面，农村（欠发达地区）居民对教育支付能力不足，从而降低了对教育的有效需求，反过来也制约了农村教育的发展。

流动儿童问题作为在城乡二元结构背景下的特殊现象，其根本解决需要依赖这一结构的妥善转型，因而流动儿童心理健康问题的解决也需要基于这一背景的考虑。

**理论视角：人力资本、社会资本与流动儿童问题的本质**

教育通过丰富知识和提高能力两种途径来形成和积累人力资本，同时还通过提高个人交往、合作能力，拓宽社交范围等方式丰富社会资本（张学敏，2014）。对于流动儿童而言，教育环境所带来的作用不仅仅是学习知识，李惠斌、杨雪冬（2000）认为，还包括通过学校镶嵌于其周围的"功能共同体"来产生与社会、同伴、父母之间的互动关系，从而在更大的范围内享受社会网络、社会信任和规则的影响，积累社会资本。

流动儿童通过就读于城市的学校从而建立起与城市的联系，包括就读于普通公立学校的流动儿童与本地儿童的社会联系，就读于农民工子弟学校的流动儿童之间的社会联系，而这种联系或多或少地能影响用于日后发展的社会资本的形成和积累。流动儿童弱势的本质在于其社会资本的缺乏，而这种缺乏还将通过教育延续至未来。

因此，流动儿童所处的教育环境也是其积累社会资本的途径之一。本节将通过探究人力资本的形成机制来解释流动儿童未来社会资本的积累现象，而流动儿童心理健康问题是其中十分重要的一个方面。

### 6.1.3　影响机制分析

通过对现有的研究总结，影响儿童心理健康状态的主要因素来自以下几个方面：自身心理特征、家庭因素、学校因素、社会因素。本节将对以下几类因素及其影响机制进行具体分析。

**家庭环境的影响**

家庭环境的影响主要体现在父母（长辈）对流动儿童投入的教育资源、重视程度，父母（长辈）本身的言传身教、家庭教育恰当与否，流动家庭的迁移导致的教育中断影响三个方面。申继亮等（2007）的研究认为，流动儿童家庭的社会资本、经济基础远不如城市儿童，从而造成了两者在心理状态上的差距：资本水平越低，自尊心程度越低，受到的心理困扰也越为严重，即心理健康水平越差。宋亚玲（2011）通过对相关家庭环境理论的分析认为，流动儿童的心理健康受到来自家庭物质条件、精神氛围、父母教育方式三个方面的影响。

流动儿童的家庭资源是指流动儿童家庭中能够用于投入流动儿童教育的各种物质、非物质资源，包括学费、补习费、就读渠道的获取等。相对于城市儿童，流动儿童家庭在教育资源方面具有巨大劣势。流动儿童家庭的父母由于受职业、收入限制，在教育投入上力不从心，或者在课外教育资源的获取上也处于弱势，从而造成了客观上的教育资源投入不足。

流动儿童的家庭教育也是重要影响因素之一。流动儿童家庭的父母（长辈）由于受教育水平限制，加上工作强度较大，往往在孩子教育问题上"力不从心"，甚至"无心"。因而流动儿童家庭中父母（长辈）往往采用简单粗暴的教育手段，缺乏对儿童进行长时间的深入的温情沟通，导致流动儿童在心理状态上相对于城市儿童不健康。

流动儿童家庭的城市间迁移常常会打断流动儿童在已读地的环境适应状态，包括社会交往圈子、就读学校的教学进程和强度等。

**学校环境的影响**

学校环境是影响流动儿童心理健康的重要因素。周皓（2012）采用队列分析的方法，研究了流动儿童家庭的迁移行为对流动儿童心理健康的影响。他发现城市儿童的心理健康水平好于公立学校的流动儿童，公立学校流动儿童的心理健康水平又好于流动儿童学校的流动儿童。该结果一方面表明流动儿童家庭的迁移的确对流动儿童的心理健康产生不良影响，另一方面也表明家庭的迁移对儿童的心理健康影响具有异质性，即流动儿童在迁入地所处的学校环境（如公立学校还是农民工子弟学校）不同也会导致影响作用不同。

频繁更换的教育环境会对流动儿童的心理健康产生影响。纽约大学教授通过对广东地区的样本进行研究之后发现频繁的转学会严重影响儿童的学校表现，尤其是从农村地区转入城市地区的外来务工人员子女。同时，程黎等（2007）认为，流动儿童的师生关系、同伴关系往往对流动儿童的问题行为具有显著的预测作用。吴继红（2012）认为，流动儿童除了在学业上具有较大的劣势以外，由于农村地区的素质教育未能跟上，其行为习惯也具有较大的随意性，从而导致其纪律意识、礼貌规范意识较为薄弱，进而使流动儿童成为"坏学生"的代名词。

流动儿童的学习表现和人际关系较差也会带来一定影响。中小学教育中老师往往重视成绩好的学生而忽视成绩差的学生，并且形成马太效应，使得学生间的成绩"沟壑"越拉越大。而流动儿童在其中恰恰是处于弱势的一方。首先，流动儿童多来源于教育资源不甚丰富的乡镇地区，加上常年的转学所导致的课业中断，使得流动儿童的成绩相对于本地城市儿童甚至小城镇本地的儿童都较差。其次，流动儿童由于人生地不熟，加上父母缺乏足够的社会资本，往往受到教育上的不公平待遇却没有能力或渠道申诉，这使得流动儿童的遭遇在短时间内难以解决。另外，由于中小学时期的儿童交际圈受到老师、成绩、家庭的重要影响，成绩不好的、老师不关心的、家庭出身不佳的、新来的儿童都会受到其他儿童的差别对待。流动儿童因此在学校中的人际交往质量不高，而且频繁的转学也使得流动儿童的人际交往突然中断或者很难在短时间内建立，流动儿童变得不愿意再花费时间和精力去建立、维护较高质量的人际关系。而这种习惯又会导致他们变得性格孤僻、缺乏人际交往的锻炼，加剧了流动儿童的社交困难。

流动儿童由于未能养成良好的行为习惯，会存在逃课旷课、乱扔垃圾等行为，即使是无意为之，也被老师和同伴贴上了"没素质"的标签。加上家长的不重视和缺乏足够的耐心教导，这种行为随着年龄的增长而固化，流动儿童逐渐形成叛逆的性格和不羁的行为举止。而这种行为即使不是恶意的，也会往往因为与本地儿童（少年）的行为习惯不一致而成为被排斥的对象，加剧了流动儿童（少年）的孤独感，使其容易脱离本地集体，而单独或形成小团体等。不良行为对流动儿童融入学校环境具有负面效应。

**社会环境的影响**

社会环境的影响主要来自制度和文化认同两方面。王毅杰、史秋霞（2012）研究了我国流动儿童的社会融入情况，通过对分类意识、自我认定、情感归属、农村人自尊四方面的分析，发现流动儿童的社会融入对流动儿童的心理状态具有复杂的影响。沈涛（2011）认为流动儿童的社会融入程度，与儿童的心理健康程度具有显著的正相关性，具体表现在社交行为、文化认同等方面，对流动儿童的心理健康水平具有较强的预测作用。冯帅章、陈媛媛（2012）专门研究了户籍制度对于流动儿童教育绩效的影响，发现户籍制度对流动儿童的教育环境选择至关重要，同时也决定了其教育产出。社会环境的影响又包括以下三个方面，分别为户籍制度的影响、教育制度的影响、社会融入程度的影响。

第一，户籍制度的影响。我国现行的户籍制度使城乡儿童在入读学校、入读费用等方面产生巨大差距。几乎所有城市地区都存在流动儿童专门就读的"农民工子弟学校"，也仅有部分地区允许外来流动儿童入读本地普通学校，但往往手续繁杂、成本高昂、教育资源投入不足，从而导致在户籍制度限制下的流动儿童受到的教育往往要比本地儿童欠缺。

第二，教育制度的影响。教育制度往往与户籍制度挂钩，对流动儿童产生影响。在当今不同的中小学区分等级、资源分割不均的现状下，具有一定规模的流动儿童的学校往往本来就是投入教育资源较少的学校（教育资源较为优质的学校本身就在当地属于稀缺资源，不可能会被相关部门或家长分割给外来人享用），而且受流动儿童学习成绩、行为举止等的影响，这类学校的教育产出质量下滑，影响资源投入量，从而加剧教育资源的不公平分配程度。

第三，社会融入程度的影响。与前两者的硬性制度不同，社会融入属于软性的社会制约。流动儿童的社会融入具体表现在社交行为、文化认同等方面，对流动儿童的心理健康表现具有较强的预测作用。

**自身因素的影响**

流动儿童作为一个群体具有共同特征，但是在流动儿童这一群体内部，其实分别具有不同的特征。由此可见，流动儿童自身的心理特征是偏向积极还是消极，是偏内向还是外向，均能影响流动儿童的社会适应、融合的状况，进而影响其心理状态。流动儿童作为一个群体具有共同特征，但是在流动儿童这一群体内部，分别具有不同的特征。王中会等（2014）采用小学生积极心理品质量表和城市适应问卷考察了北京449名流动儿童的积极心理品质及对学校适应的影响之后发现：积极心理品质水平较高的流动儿童，其学校适应状况也较好。

当然，流动儿童自身的影响也存在一定的异质性。周皓（2016）的研究证实了流动儿童心理健康状态受到的影响具有异质性，他发现越不可能流动的儿童，如果他们流动以后，其心理健康改善的幅度也越大；而父母亲的流动在某种意义上并不会影响留守儿童的心理健康。这些结果反映了人口流动异质性的影响作用。同时，也有学者在研究中根据不同的控制变量进行了异质性的研究。王静（2016）发现，学龄前流动儿童在行为习惯方面主要存在攻击行为、捣乱行为和难以集中注意力等问题；在人际关系方面主要存在同伴的拒斥、教师的命令以及父母的忽视等问题；情绪情感方面主要存在疏离感、敏感和易激惹的问题。

### 6.1.4　模型：教育生产函数与绩效考核

我国学者薛海平（2011）基于 Hanushek 和 Belfield 的教育生产函数，建立了较为符合我国国情的教育生产函数扩展性理论模型，以上介绍的影响机制可以通过这一理论模型展现：

$$A_t = f(T_{t-1}, R_{t-1}, F_{t-1}, P_{t-1}, A_{t-1}, Z_{t-1}, S_{t-1})$$

其中，$A_t$ 代表学生在 $t$ 时期的教育产出；$T_{t-1}$ 代表教师因素，包括教师质量、教师努力程度等；$R_{t-1}$ 代表的是教师以外的其他学校因素，包括硬件设备等；$F_{t-1}$ 代表家庭因素，包括父母社会文化背景等；$P_{t-1}$ 表示同伴因素，包括同伴的学习基础和家庭背景；$A_{t-1}$ 表示学生以前的学业情况；$Z_{t-1}$ 代表学生的心理和行为特征因素；$S_{t-1}$ 代表制度因素，包括与教育相关的统考制度、分权制度等。

教育产出 $A_t$。教育产出为理论的因变量，受到公式中各个因素的影响，主要分为货币化和非货币化两种计算方法。货币化的计算方法主要反映在受教育儿童成年后的收入水平、教育市场的产出价值两大部分；非货币化的计算方法较为复杂，通常包括学校计划目标、教育成绩提升等难以量化的指标体系。

教师因素 $T_{t-1}$。教师作为儿童成长过程中最为重要的主体之一，对儿童的教育产出具有主动性、引导性的影响。教师的积极性和能力水平组成了儿童教育环境中最为重要的一部分，也是家长选择、社会评价一所学校教育环境好坏的决定性因素。

家庭因素 $F_{t-1}$。家庭环境作为儿童智力形成的物质环境、价值观成立的基础环境，对儿童教育产出的影响是基础性的。而其中家长的教育观念和教育行为又是占有重要地位的。

同伴因素 $P_{t-1}$。同伴主要指儿童同校同班学习的伙伴，也可以是生活中接触较深入的同龄人。同伴通过正规或不正规的竞争压力，在某些特殊情境下形成更甚于家长、老师的重要影响力；且长期的私人交往也在潜移默化中形成老师、家长影响之外的社会关系，影响儿童的价值判断与时间安排，从而影响其教育产出。

心理因素 $Z_{t-1}$。心理因素包括先天和后天的两种。先天的心理因素指儿童具有的积极或消极的心态，是包括心理状态初始值、心理韧性、心理阈值等在内的个体差异；后天的指受到家庭、学校、社会等多个层次的环境影响所采取的不同应对态度。该因素也是本节研究的重点。

制度因素 $S_{t-1}$。制度因素具有层次性，包括微观学校层面的准入制度、分班制度、考评制度、竞争制度等，宏观社会层面的户籍制度、学区制度等。这些制度直接或间接地影响了一个地区、一个群体的大量儿童，个体差异较小而群体间差异较大。

与薛海平（2011）不同，本节在其理论基础之上，试图重点强调 $Z_{t-1}$ 的重要性，并将其加于流动儿童群体的背景之中，具有独特的研究意义。一方面，儿童的心理特征及教育环境因素是影响教育产出的重要因素；另一方面，教育环境的不同也会通过心理状态（心理健康水平）来影响教育产出。

教育资源作为中国当下的一种稀缺资源，其配置问题成为我国应用经济学家研究的重要课题。教育生产函数及绩效考核为教育资源的配置提供了判断标准。本节研究了教育资源在不同学校类型之间的分配，有利于教育资源效用的最大化。

### 6.1.5 数据来源

**数据介绍**

本节研究的数据来源为中国综合社会调查（Chinese General Social Survey，CGSS）开放数据平台。CGSS 是我国最早的全国性、综合性、连续性学术调查项目，由中国人民大学中国调查与数据中心负责执行，自 2003 年起，每年一次，对中国各省区市 10000 多户家庭进行连续性横截面调查。CGSS 通过系统、全面地收集社会、社区、家庭、个人多个层次的数据，总结社会变迁的趋势，探讨具有重大科学和现实意义的议题，推动国内科学研究的开放与共享，为国际比较研究提供数据资料，充当了多学科的经济与社会数据采集平台。

此次的流动儿童研究数据样本便是其中的一个部分，即 2010 年浙江绍兴地区的部分流动儿童的相关数据。其中，有效样本数约 800 个，涉及 8 所中小学，针对每个个体均收集了 50 余项数据，较好地反映了该地区流动儿童的状况。调查主要采用分层按比例抽样的方式，按照各个学校的流动儿童比例抽取相应数量的流动儿童样本。调查问卷主要分为儿童卷、家长卷和教师卷，分别从家庭的基本信息，家庭的教育投入（时间和金钱），家庭的物质基础，儿童的学习状态、社交状态、心理状态等几个方面进行数据收集。

浙江作为流动儿童的流入大省，2016 年规模已超 350 万人，占全省儿童数量的近三成，且仍在增长中。其中绍兴地区由于其产业特征和人口结构，拥有省内最大的流动人口存量，相应的流动儿童比例也较高。因此，绍兴地区的流动儿童现象所具有的丰富度和代表性，使得本节研究的数据来源更具可靠性和普适性。另外，关于浙江绍兴地区的流动儿童研究报告较多，调查数据也较为充分，本节所用的 CGSS 就是一份针对该地区流动儿童学校、家庭等环境和心理行为等关系的调查，十分适用于本节的研究。

**变量统计**

该部分的微观数据是本节研究的核心。而该部分的微观数据则通过对某一地区流动儿童的状况进行统计分析，具有研究的深度。在具有一定研究深度的基础之上，本节围绕流动儿童心理健康水平和教育环境之间的关系进行研究。因此，本节所选取的主要变量指标分为以下几类：

基本信息类：主要包括流动儿童的性别、籍贯、学校等，用于区分不同的样本个体。

家庭环境类：主要包括父母的学历、职业和收入，家庭对教育的重视度、期望、投入的资金和时间，家庭的物质条件，亲属关系等，主要描述了流动儿童的家庭环境，用于研究中的变量控制。

学校环境类：主要包括学校性质、年级、班级地位、老师关注度、同学关系、学校学习时间、学习成绩等。从各个主体的角度刻画了流动儿童的学校环境，较为全面；同时，不同的教育环境，包括在以上几个主要因素之中，是本节研究的重点。

心理状态类：问卷中的变量主要是一些关于儿童在情绪问题、品行问题、多动/注意缺陷、同伴交往问题和社会行为五个方面的心理测试问题，基本与 SDQ 量表的五个方面吻合，因而经过筛选与整理，笔者将该部分的 25 个问题综合成为一项心理健康水平指标。其中，心理健康水平采用积分制，得分越高者，心理健康水平越高。

**因变量数据统计**

SDQ 量表作为世界上心理健康应用调查中最为广泛的问卷之一，共分为三个版本——用于大于 17 岁未成年人自我完成的版本、家长版和老师版，分别通过多个角度对 8 ~ 18 岁的青少年儿童进行心理健康测评。目前学界对其有效性已有了较广泛的共识，且在众多国内学者的研究中已经将其本土化，在表达上更符合中国语境，使之能够更好地测评。

本节研究的因变量为流动儿童的心理健康水平。在本节中采用 SDQ 量表测算心理健康水平。和常用的 SDQ 量表相一致，本表采用了五个维度来分析心理健康水平：情绪因子、品行因子、多动和注意缺陷、同伴交往、社会行为。其中，各个方面的具体统计问题略有不同，笔者主要根据国情和调查数据的要求进行调整。其中，对于情绪因子主要通过周末与周中的疲劳感、生活自信度、自尊感等几个维度描述；对于品行因子主要通过被调查样本是否在意达成周围各个群体的期望而引申出来，是一种间接描述；对于多动和注意缺陷方面则根据被调查儿童的学习和生活关注方向和程度来描述；同伴交往部分描述与同学的交往，主要是课堂学习方面的交流；社会行为则是针对整个日常生活中的多个群体的社会性交流，与同伴交往具有重合的关系（受调查问卷的限制），但足以说明这方面的问题。

　　量表采用积分制，且根据各个问题的描述相关性采用了不同的权重和计分方式，并通过代号为"C53""C12R1""C22""C16"等含有负分的变量进行调整，使得心理健康水平的积分具有有序性。详见表6－1和表6－2。

表6－1　心理健康水平的 SDQ 量表构成

| SDQ 量表的五维因子 | | 变量代号 | 很符合 | 符合 | 一般 | 不太符合 | 不符合 |
|---|---|---|---|---|---|---|---|
| 情绪因子 | 从周一到周五，你感到累吗 | C38 | 1 | 2 | 3 | 4 | 5 |
| | 在周六和周日，你感到累吗 | C39 | 1 | 2 | 3 | 4 | 5 |
| | 你觉得你自己生活得乐观向上吗 | C45 | 5 | 4 | 3 | 2 | 1 |
| | 你觉得平时有人看不起你吗 | C53 | | −2 | | 2 | |
| 品行因子 | 你是否在意被父母表扬 | C40 | 4 | 3 | / | 2 | 1 |
| | 你是否在意被老师表扬 | C41 | 4 | 3 | / | 2 | 1 |
| | 你是否在意被朋友们喜欢 | C42 | 4 | 3 | / | 2 | 1 |
| | 你是否在意在学校里得到好的成绩 | C43 | 4 | 3 | / | 2 | 1 |
| 多动和注意缺陷 | 上课时你会走神/注意力不集中 | C13 | | 1 | 2 | 3 | |
| | 你的家庭作业都能按时完成吗 | C14 | | 3 | 2 | 1 | |
| | 你学习上有困难吗 | C12R1 | | −2 | | 2 | |
| | 你是否在意外表看上去很时髦 | C44 | 1 | 2 | / | 3 | 4 |
| 同伴交往 | 在课堂上有没有别的同学打扰你听课 | C15 | | 1 | 2 | 3 | |
| | 你认为自己容易与同学相处吗 | C20 | 5 | 4 | 3 | 2 | 1 |
| | 你觉得大多数同学对你好吗 | C19 | 5 | 4 | 3 | 2 | 1 |
| | 你和同学吵过架吗 | C22 | | −2 | | 2 | |
| 社会行为 | 你是不是能得到较多的表扬或鼓励 | C16 | | 2 | | −2 | |
| | 课堂上老师提问时，你会举手回答吗 | C18 | 4 | 3 | / | 2 | 1 |
| | 你是否收到过绍兴小孩送你的礼物 | C27 | | 2 | | −2 | |
| | 你是否去过绍兴小孩家里玩 | C28 | | 2 | | −2 | |

　　表6－2是心理健康水平 SDQ 量表的细分指标的数据统计。其中"变量名"是变量代号，分别对应调查问卷中的不同问题，在本节中则反映心理健康水平的不同侧面。第二栏是样本数，大部分统计量的有效样本均保持在 790 以上，但是由于 C53 号样本的严重缺失，在 Stata 软件的运行中将无

效样本剔除，最后的心理健康水平汇总只有 454 个有效样本。右四栏为具体的样本数据统计，包括平均值、方差、最小值和最大值。

表 6-2　心理健康水平细分指标统计

| 变量名 | 样本量 | 平均值 | 方差 | 最小值 | 最大值 |
| --- | --- | --- | --- | --- | --- |
| C12R1 | 799 | 0.294118 | 0.455931 | 0 | 1 |
| C13 | 800 | 2.14875 | 0.535707 | 1 | 3 |
| C14 | 800 | 1.2225 | 0.453598 | 1 | 3 |
| C15 | 797 | 2.116688 | 0.663238 | 1 | 3 |
| C16 | 798 | 1.413534 | 0.492776 | 1 | 2 |
| C18 | 798 | 1.677945 | 1.11127 | 1 | 4 |
| C19 | 799 | 1.659574 | 0.850626 | 1 | 5 |
| C20 | 800 | 1.77125 | 0.923303 | 1 | 5 |
| C22 | 799 | 1.316646 | 0.465459 | 1 | 2 |
| C27 | 797 | 1.442911 | 0.497042 | 1 | 2 |
| C28 | 799 | 1.346683 | 0.476212 | 1 | 2 |
| C38 | 796 | 2.782663 | 1.145624 | 1 | 5 |
| C39 | 797 | 3.673777 | 1.148071 | 1 | 5 |
| C40 | 796 | 2.146985 | 1.124794 | 1 | 4 |
| C41 | 798 | 1.994987 | 1.077883 | 1 | 4 |
| C42 | 796 | 1.820352 | 1.018885 | 1 | 4 |
| C43 | 794 | 1.617128 | 0.89809 | 1 | 4 |
| C44 | 797 | 2.897114 | 1.073647 | 1 | 4 |
| C45 | 797 | 1.621079 | 0.933442 | 1 | 4 |
| C53 | 468 | 1.619658 | 0.48599 | 1 | 2 |
| 心理健康 | 454 | 50.67401 | 5.26678 | 35 | 63 |

图 6-1 显示了绝大部分的被调查流动儿童的心理健康水平都在 40 分以上，属于较健康的水平。其中，又以约 52 分水平线为中轴向两侧递减，体现了心理健康水平分布具有类似正态分布的状况。由于样本数量较少，与正态分布的拟合度较低。

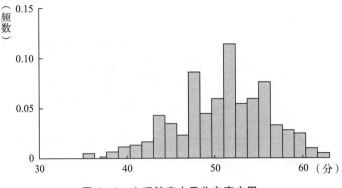

图 6-1　心理健康水平分布直方图

### 6.1.6　自变量数据统计

本节主要统计了研究中的自变量数据特征，主要分为自身因素、家庭环境、学校环境三个层次的变量。其中的分类型和连续型变量分别采用不同的描述方式。表 6-3 显示，研究数据中共有男生样本 448 个，女生样本 352 个，共计 800 个样本。

表 6-3　性别因素统计

单位：%

| 性别 | 样本数 | 占比 |
|---|---|---|
| 男 | 448 | 56 |
| 女 | 352 | 44 |
| 总计 | 800 | 100 |

表 6-4 表示在所调查的 790 个有效样本中，平均年龄为 12 岁，最小 9 岁，最大 16 岁。

表 6-5 介绍了样本中约有 53% 的流动儿童出生在绍兴，约有 43% 的样本出生在非绍兴地区的老家，另有少数出生地为其他外地。

表 6-6 说明了被调查样本主要来源于 11 所不同的学校，分别分布在绍兴市的各个区县，这些学校均接收了不同数量的流动儿童，且包含了民办、公办在内的不同性质的学校，具有一定的代表性。

表6－4　年龄因素统计

单位：岁

| 变量名 | 样本数 | 平均值 | 均值 | 最小值 | 最大值 |
| --- | --- | --- | --- | --- | --- |
| 年龄 | 790 | 12.16329 | 2.061149 | 9 | 16 |

表6－5　出生地因素统计

单位：%

| 出生地 | 样本数 | 占比 |
| --- | --- | --- |
| 绍兴 | 411 | 53.73 |
| 老家 | 329 | 43.01 |
| 其他外地 | 25 | 3.27 |
| 总计 | 765 | 100.00 |

表6－6　学校统计

单位：%

| 学校 | 频数 | 占比 | 累计占比 |
| --- | --- | --- | --- |
| 柯岩中学 | 60 | 7.50 | 7.50 |
| 华甫中学 | 72 | 9.00 | 16.50 |
| 永红小学 | 39 | 4.88 | 21.38 |
| 柯桥学校 | 38 | 4.75 | 26.13 |
| 华舍学校 | 156 | 19.50 | 45.63 |
| 余渚学校 | 200 | 25.00 | 70.63 |
| 阮社学校 | 38 | 4.75 | 75.38 |
| 第八小学 | 57 | 7.13 | 82.51 |
| 项里小学 | 50 | 6.25 | 88.76 |
| 育才学校 | 72 | 9.00 | 97.76 |
| 湖塘小学 | 18 | 2.25 | 100.00 |
| 总计 | 800 | 100 | |

表6－7分为两部分，前面一部分为不同年级样本的占比，其中小学三年级、四年级、五年级、初中一年级、初中二年级的样本人数较多。由于样本抽取的方式为按比例分层抽取，所以该数据中流动儿童毕业班（小学六年级、初中三年级）的学生数较少，说明大部分流动儿童家长选择了将

处于毕业班的流动儿童带去别的学校复习备考的现状。

### 表 6 - 7　年级因素统计

单位：%

| 年级 | 频数 | 占比 |
|---|---|---|
| 小学三年级 | 141 | 17.63 |
| 小学四年级 | 137 | 17.13 |
| 小学五年级 | 114 | 14.25 |
| 小学六年级 | 83 | 10.38 |
| 初中一年级 | 139 | 17.38 |
| 初中二年级 | 147 | 18.38 |
| 初中三年级 | 39 | 4.88 |
| 总计 | 800 | 100 |

本节还统计了其他的变量数据，见表 6 - 8，包括学费和成绩。其中，不同学校的学费差距较大，有免学费的特困生，也有一年学费达 26000 元的民办学校学生，体现了流动儿童这个群体内部极为复杂的组成。在成绩统计中，流动儿童的三门主课平均总成绩约为 223 分，处于较低的水平，未达 240 分的及格线；同时最低的 44.5 分和最高的 297.5 分也说明了流动儿童的成绩差异巨大，流动儿童中既有努力学习、成绩优异的人，也有学习十分困难的学生。

### 表 6 - 8　其他学校环境因素的统计

单位：元，分

| 变量名 | 样本数 | 平均值 | 方差 | 最小值 | 最大值 |
|---|---|---|---|---|---|
| 学费 | 687 | 724.925 | 1822.882 | 0 | 26000 |
| 成绩 | 716 | 223.3683 | 50.8434 | 44.5 | 297.5 |

图 6 - 2 以直方图呈现父母陪伴儿童的时间。大部分父母一周陪伴孩子的时间小于 10 个小时，平均数也低于 10 个小时，说明了流动儿童父母由于工作较忙、工作负担重而在主观或者客观上忽视了对孩子的陪伴，也说明流动儿童在回家后的大部分时间都是远离父母的。这一方面对于流动儿童

的家庭教育、家庭关系不利，另一方面也有儿童人身安全的隐患。

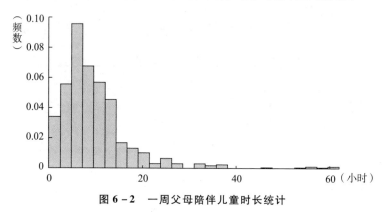

图 6 - 2　一周父母陪伴儿童时长统计

表 6 - 9 统计了流动儿童的住宅面积，平均约为 74 平方米，这对于一个长期居住在绍兴地区的三口之家甚至更大家庭规模的家庭来说显得十分拥挤，家庭住房条件不容乐观。同样，方差较大也显示了不同个体之间住房面积的巨大差异。

表 6 - 9　流动儿童住房条件统计

单位：平方米

| 变量名 | 样本数 | 平均值 | 方差 | 最小值 | 最大值 |
|---|---|---|---|---|---|
| 住房面积 | 711 | 74. 29347 | 86. 33986 | 2 | 1000 |

表 6 - 10 统计了流动儿童家中的电脑使用情况，大部分流动儿童能够使用家中的电脑，且能上网，体现了父母对于孩子教育、娱乐生活的投入（一般来说家长比孩子更少地使用电脑，家中电脑一般由孩子使用）。另外，也有将近 1/3 的流动儿童家庭没有电脑，体现了其物质生活较为匮乏。

表 6 - 10　其他因素统计（以电脑为例）

单位：%

| 家中是否有电脑 | 样本数 | 占比 |
|---|---|---|
| 有 | 523 | 68. 82 |
| 没有 | 237 | 31. 18 |
| 总计 | 760 | 100. 00 |

### 6.1.7 变量关系描述

针对各个自变量与因变量的关系进行简单的描述统计，其中作为自变量的影响因素主要分为四大类：自身因素、父母因素、家庭环境以及学校环境。

首先，从儿童的自身因素来看，表6-11对比了流动儿童心理健康水平的性别差异，其中两组儿童心理指标得分经过 t 检验所得到的 p 值为0.0001，表明女生平均心理健康水平显著优于男生，并且，女生心理健康得分的方差小于男生，说明女生的心理健康水平分布较为稳定。

**表6-11 性别差异与流动儿童心理健康的关系**

| 变量名 | 条件 | 样本量 | 平均值 | 方差 | 最小值 | 最大值 |
|---|---|---|---|---|---|---|
| 性别 | 男 | 262 | 49.83969 | 5.458049 | 35 | 62 |
| | 女 | 192 | 51.8125 | 4.777374 | 38 | 63 |

其次，从父母因素来看，表6-12分别列出了6组不同文化水平的父母对于流动儿童心理健康的影响。理论上认为，父母文化水平的高低决定了其对教育的重视和投入，由表6-12可以看出，若以初中文化水平为界，将父母区分为文化水平较低和较高的两组，则文化水平较高的一组的流动儿童心理健康水平平均数值高于学历较低的一组。由此，当父母的文化水平达到一定程度之后，其对儿童的教育理念便会产生一定的改变，将会对流动儿童的心理健康产生正面的影响。

**表6-12 父母文化水平差异与流动儿童心理健康的关系**

| 变量名 | 条件 | 样本量 | 平均值 | 方差 | 最小值 | 最大值 |
|---|---|---|---|---|---|---|
| 文化水平 | 未上过学 | 3 | 51.33333 | 6.429101 | 44 | 56 |
| | 小学 | 87 | 49.91954 | 5.902736 | 36 | 63 |
| | 初中 | 223 | 50.61435 | 5.32072 | 35 | 62 |
| | 高中或中专 | 92 | 51.70652 | 4.012448 | 38 | 61 |
| | 大专 | 14 | 52.14286 | 6.162631 | 39 | 62 |
| | 本科 | 11 | 50.36364 | 6.313046 | 41 | 60 |

再次，从家庭物质条件来看，表6-13计算了家庭收入（经过对数处理）和儿童心理健康水平的相关系数，二者大致呈现显著的正相关关系，$p$值为0.0133。由此可知，较高家庭收入意味着能够为儿童提供较好的物质和学习条件，提升其学习质量与生活质量，进而提高其心理健康水平，家庭收入与流动儿童心理健康之间存在显著的正相关关系。

表6-13　家庭收入与流动儿童心理健康的关系

| 变量名 | 心理健康水平 | 收入 |
| --- | --- | --- |
| 心理健康水平 | 1.0000 | |
| 收入 | 0.3480 | 1.0000 |
| $p$值 | 0.0133 | |

另外，家庭结构中的子女排行差异在流动儿童的心理健康水平上也有所体现。由表6-14可以看出，排行越靠后，儿童的心理健康水平越高。这一方面体现了中国传统家庭中"关爱幼子"的观念，另一方面也体现了父母在对年长孩子的教育中得出了较为有效的经验，并运用在幼子身上，产生了正的溢出效应。

表6-14　子女排行与流动儿童心理健康的关系

| 变量名 | 条件 | 样本量 | 平均值 | 方差 | 最小值 | 最大值 |
| --- | --- | --- | --- | --- | --- | --- |
| 子女排行 | 老大 | 268 | 50.43657 | 5.199367 | 36 | 62 |
| | 老二 | 121 | 50.95868 | 5.31099 | 35 | 63 |
| | 老三 | 42 | 50.59524 | 4.889309 | 41 | 62 |
| | 老四 | 14 | 51.85714 | 5.005491 | 41 | 59 |
| | 老五 | 7 | 51.42857 | 9.519404 | 35 | 61 |

最后，从学校教育环境因素来看，不同年级之间的心理健康水平存在较大差距。表6-15罗列了从小学三年级到初中三年级流动儿童的心理健康得分情况，发现并不存在随着年龄增长，心理健康水平递增或递减的变化，而是呈现一定的波动性。但总的来看，初中阶段的流动儿童心理健康水平显著低于小学阶段的流动儿童的心理健康水平，这一现象符合少年儿童青春期心理问题频发的现实，但也有可能是更大的升学压力所致。

**表 6 – 15　年级分布与流动儿童心理健康的关系**

| 变量名 | 条件 | 样本量 | 平均值 | 方差 | 最小值 | 最大值 |
|---|---|---|---|---|---|---|
| 年级 | 小学三年级 | 70 | 50.6 | 5.309002 | 35 | 62 |
| | 小学四年级 | 72 | 51.93056 | 4.971259 | 41 | 61 |
| | 小学五年级 | 68 | 50.95588 | 5.035497 | 35 | 63 |
| | 小学六年级 | 49 | 50 | 4.716991 | 39 | 59 |
| | 初中一年级 | 88 | 50.375 | 5.837478 | 36 | 62 |
| | 初中二年级 | 85 | 49.94118 | 5.314744 | 37 | 61 |
| | 初中三年级 | 20 | 50.7 | 4.736199 | 42 | 61 |

此外，由表 6 – 16 可以看出，担任班干部的流动儿童群体的心理健康水平显著高于非班干部群体，经过 t 检验所得到的 $p$ 值为 0.000，这体现了在中小学阶段，成为班干部对提升流动儿童心理健康水平具有重要作用，不但增加了其与老师及班级成员交流的机会，同时班干部本身的工作能够使得儿童获得更多能力上的锻炼，从而变得更加自信。

**表 6 – 16　是否担任班干部与流动儿童心理健康的关系**

| 变量名 | 条件 | 样本量 | 平均值 | 方差 | 最小值 | 最大值 |
|---|---|---|---|---|---|---|
| 班干部 | 是 | 149 | 52.12752 | 4.511679 | 39 | 62 |
| | 否 | 304 | 49.99013 | 5.456389 | 35 | 63 |

基于上文的几类理论影响机制与路径分析，本节将研究的自变量划分为三类环境因素组和一组自身特征因素，并将计量模型设为：

$$Y = \alpha_0 X_0 + \alpha_1 X_1 + \alpha_2 X_2 + \alpha_3 X_3 + \varepsilon$$

其中，$Y$ 表示因变量，即心理健康水平；$X_0$ 表示主要研究的自变量，教育环境因素组；$X_1$ 为控制变量家庭物质条件因素组；$X_2$ 为控制变量家庭父母条件因素组；$X_3$ 为自身特征因素组；$\varepsilon$ 为随机项。上式表示因变量心理健康水平受到三组环境因素及自身特征因子的影响，而本节将要进行的实证研究即基于此线性公式。

本节将对因变量和各个自变量进行回归分析，以检验其相关关系和关系的显著性。为了得出更为细致的结论，本节还将所有统计的自变量分组处理，根据其性质划分为"家庭环境组""父母因素组""学校环境组""自身因素组"。其中，家庭环境组主要包括住房类型、家庭收入等在内的家庭物质条件类的自变量；父母因素组主要包括父母学历、父母陪伴时间等与父母相关的、偏家庭精神方面的软件因素；学校环境组则包括学习成绩、学校类型等学校环境的各个方面；自身因素组则包括性别和年级。而在因变量方面，则是先做一个全面的心理健康水平的回归分析后，将心理健康水平这一因变量分解为五个维度，再次进行回归，分别研究以上的自变量是如何通过某些心理健康的维度来影响总的心理健康水平的。

### 6.1.8　心理健康总水平分析

根据表 6－17 的内容可以得出以下结论。第一，心理健康水平与家庭因素组中相关的因子有是否有电脑（0.1 的显著水平）、排行（0.1 的显著水平）、家庭收入（0.01 的显著水平）。可以看出，家庭收入作为家庭物质条件的基础，在构成儿童家庭条件方面十分重要。第二，心理健康水平和学校环境因素组中相关的因子有成绩（0.05 的显著水平）、班干部（0.05 的显著水平），即儿童成绩和班干部主要影响儿童与学校同伴、老师的关系，对心理健康具有重要影响。第三，心理健康水平与父母因素组中相关的因子仅为父母学历（0.05 的显著水平），即父母自身对儿童的心理疏导、健康教育等方面的帮助，在学历分层上比较明显。第四，心理健康水平与自身因素组中相关的因子有年级（0.1 的显著水平）和性别（0.01 的显著水平），说明了儿童心理健康水平与自身状况的关联性更强，尤其是性别。这也体现了在这一年龄阶段中，男女生生理、心理发育的程度不同，从而导致的心理健康水平的差距尤为显著。

表 6－17　心理健康水平与自变量的回归结果

| 变量名 | （1）心理健康 | （2）心理健康 | （3）心理健康 | （4）心理健康 | （5）心理健康 |
|---|---|---|---|---|---|
| 高级公寓 | － 1.003 (4.002) | | | | － 1.234 (4.741) |
| 工棚 | － 6.071 (5.391) | | | | － 7.815 (5.773) |

续表

| 变量名 | （1）<br>心理健康 | （2）<br>心理健康 | （3）<br>心理健康 | （4）<br>心理健康 | （5）<br>心理健康 |
|---|---|---|---|---|---|
| 平房 | -2.137<br>(1.585) | | | | -4.030<br>(2.707) |
| 普通住宅 | -2.409<br>(1.641) | | | | -3.534<br>(2.826) |
| 电脑 | -0.987*<br>(0.574) | | | | -1.303<br>(0.922) |
| 家庭收入 | 0.855***<br>(0.317) | | | | 0.465<br>(0.540) |
| 排行 | 0.505*<br>(0.295) | | | | 0.706<br>(0.495) |
| 书桌 | 0.359<br>(0.601) | | | | 0.544<br>(0.914) |
| 学校类型 | | -0.0960<br>(1.025) | | | -0.520<br>(1.150) |
| 学费 | | -0.0753<br>(0.294) | | | 0.0283<br>(0.328) |
| 学习时间 | | 0.0438<br>(0.0526) | | | 0.561<br>(0.515) |
| 成绩 | | 0.0168**<br>(0.00806) | | | 0.00244<br>(0.00966) |
| 班干部 | | 1.061<br>(0.796) | | | 1.868**<br>(0.903) |
| 责罚 | | | 0.152<br>(0.182) | | 0.219<br>(0.289) |
| 父母学历 | | | 0.920**<br>(0.370) | | -0.0867<br>(0.661) |
| 父亲陪伴时间 | | | 0.0796<br>(0.0493) | | -0.287<br>(0.425) |

续表

| 变量名 | （1）心理健康 | （2）心理健康 | （3）心理健康 | （4）心理健康 | （5）心理健康 |
|---|---|---|---|---|---|
| 母亲陪伴时间 | | | 0.0239 | | -0.0198 |
| | | | (0.0350) | | (0.0526) |
| 年级 | | | | -0.249* | -0.300 |
| | | | | (0.130) | (0.253) |
| 性别 | | | | -1.961*** | -1.944** |
| | | | | (0.491) | (0.833) |
| 截距 | 46.70*** | 45.70*** | 47.32*** | 52.74*** | 49.25*** |
| | (2.424) | (2.922) | (1.179) | (0.611) | (6.268) |
| 样本数 | 188 | 397 | 380 | 454 | 163 |
| 拟合优度 | 0.045 | 0.036 | 0.026 | 0.042 | 0.133 |

注: *** $p<0.01$, ** $p<0.05$, * $p<0.1$。

### 情绪因子分析

从表6-18的内容可以看出，在不同分组的因子单独比较中，情绪因子与家庭条件、父母因素这两组自变量因素的相关性不显著，而分别与学校环境组中的学费因素、自身因素组中的性别因素具有0.1水平的显著相关性。主要是因为流动儿童在这一阶段，由于自我意识萌芽，有意识地背离家庭束缚，接受学校因素的影响较大。而在学校的相关因素中，学费的多少决定了儿童在学校生活中的硬件条件的好坏，直接决定了其"自尊心"高低的差异；而男女生的心理成熟年龄的差异，即一般来说女生较为早熟，在这个年龄阶段较之男生情绪上的波动更大。因而在数据上显示流动儿童情绪因子在学费、性别这两个问题上具有显著性。

而在控制不同因素组的比较中，不同组的因子显著水平发生了变化。第一，在家庭条件组和学校环境组因素的共同作用下，学费对情绪因子的相关性提升到了0.05的显著水平，而在控制了三组不同的影响因素之后又回落到0.1的显著水平。在控制了这两组因素之后，学费是因变量，其他变量是控制变量，其中家庭条件组是主要的差异来源。在不同的家庭条件下，学费支出乃至学校生活的物质基础差异也更为巨大，由此导致的心理落差、情绪波动等均反映在情绪因素的变化上，这也是两组因素共同作用下显著水平提升的重要因素。第二，之所以控制变量中加入了父母因素之后有所回落，也主要是因为父母的精神支持能够弥补物质条件的匮乏，且父母的精神支持的水平高低与其经济能力无关。第三，在控制了三组因素后，原本在一组因子中不显著的收入水平也变得显著。主要原因可能是在控制了父母因素和学校环境之后，儿童的环境差异主要体现在生活中的物质基础方面，而家庭收入恰恰决定了物质基础的好坏，因而变得尤为显著。

表 6 - 18　情绪因子与自变量回归结果

| 变量名 | （1）情绪因子 | （2）情绪因子 | （3）情绪因子 | （4）情绪因子 | （5）情绪因子 | （6）情绪因子 |
|---|---|---|---|---|---|---|
| 高级公寓 | 2.435 (3.014) | | | | | |
| 工棚 | -0.683 (2.226) | | | | -1.586 (2.455) | -0.451 (2.641) |
| 平房 | 1.243 (0.974) | | | | 0.0717 (1.313) | 0.637 (1.392) |
| 普通住宅 | 1.074 (0.992) | | | | 0.154 (1.336) | 0.772 (1.448) |
| 电脑 | -0.309 (0.345) | | | | -0.468 (0.507) | -0.465 (0.556) |
| 家庭收入 | 0.0613 (0.171) | | | | 0.343 (0.255) | 0.664 ** (0.304) |
| 排行 | 0.0481 (0.160) | | | | 0.0989 (0.228) | 0.0939 (0.242) |
| 书桌 | -0.126 (0.381) | | | | 0.908 (0.573) | 0.643 (0.605) |
| 学校类型 | | -0.0478 (0.441) | | | -0.0409 (0.489) | 0.165 (0.531) |

续表

| 变量名 | (1)<br>情绪因子 | (2)<br>情绪因子 | (3)<br>情绪因子 | (4)<br>情绪因子 | (5)<br>情绪因子 | (6)<br>情绪因子 |
|---|---|---|---|---|---|---|
| 学费 | | − 0. 259 *<br>(0. 137) | | | − 0. 329 **<br>(0. 157) | − 0. 329 *<br>(0. 167) |
| 在校时间 | | − 0. 261<br>(0. 184) | | | − 0. 243<br>(0. 186) | − 0. 195<br>(0. 231) |
| 成绩 | | 0. 00197<br>(0. 00417) | | | 0. 000348<br>(0. 00440) | 0. 00146<br>(0. 00482) |
| 班干部 | | − 0. 286<br>(0. 426) | | | − 0. 551<br>(0. 454) | − 0. 674<br>(0. 486) |
| 责罚 | | | − 0. 0545<br>(0. 0955) | | | 0. 0336<br>(0. 143) |
| 父母学历 | | | − 0. 0588<br>(0. 197) | | | − 0. 173<br>(0. 389) |
| 父亲陪伴时间 | | | 0. 0249<br>(0. 0243) | | | 0. 0209<br>(0. 108) |
| 母亲陪伴时间 | | | 0. 0116<br>(0. 0193) | | | 0. 0267<br>(0. 0275) |
| 年级 | | | | − 0. 0613<br>(0. 0676) | | |
| 性别 | | | | 0. 513 *<br>(0. 263) | | |
| 截距 | 9. 334 ***<br>(1. 213) | 6. 388 ***<br>(1. 622) | 7. 675 ***<br>(0. 646) | 7. 734 ***<br>(0. 324) | 6. 889 **<br>(2. 808) | 3. 443<br>(3. 260) |
| 样本数 | 217 | 398 | 389 | 462 | 197 | 179 |
| 拟合优度 | 0. 034 | 0. 011 | 0. 005 | 0. 010 | 0. 075 | 0. 097 |

注：*** $p < 0. 01$，** $p < 0. 05$，* $p < 0. 1$。

### 品行因子分析

根据表 6 - 19 的内容可以得出以下结论。第一，品行因子与家庭因素组相关的因子有是否住工棚（0. 05 的显著水平）。可以看出，家住工棚的儿童，其居住环境直接影响了儿童的生活环境和接触到的事物，影响了其品行。第二，品行因子和学校环境因素组中相关的因子有成绩水平（0.05 的显著水平）、学习时间（0.05 的显著水平）、是不是班干部（0.1 的显著水平），即在学校的学习成绩较为优异的儿童，或者学习时间较长的儿童具有较高的品行水平；而作为班干部的儿童的品行水平高于非班干部的儿童，体现了班干部的身份对儿童的品行具有约束作用。第三，品行因子与父母因素组、自身因素组暂无显著相关性。

而在控制了不同组的变量之后，显著的因子及显著水平发生了变化。在控制了另外三组的自变量之后，学校环境因素组中的成绩、学习时间，父母因素组中的父亲陪伴时间因子等变得显著。由此，笔者认为，在流动儿童心理健康水平的影响因素中，流动儿童的学习相关情况越佳（成绩越好，学习时间越长），则品行越好；父亲的陪伴和照顾时间越长，流动儿童越能通过感受父亲的关爱与教导而在品行上有所进步。

表 6 – 19　品行因子与自变量回归结果

| 变量名 | （1）品行因子 | （2）品行因子 | （3）品行因子 | （4）品行因子 | （5）品行因子 | （6）品行因子 |
|---|---|---|---|---|---|---|
| 高级公寓 | 2.102<br>(1.735) | | | | 2.705<br>(2.837) | 1.446<br>(2.910) |
| 工棚 | - 4.409 **<br>(2.077) | | | | - 2.561<br>(2.793) | - 3.122<br>(2.938) |
| 平房 | 0.169<br>(0.945) | | | | 1.134<br>(1.394) | 0.436<br>(1.557) |
| 普通住宅 | 0.237<br>(0.954) | | | | 1.334<br>(1.400) | 0.486<br>(1.588) |
| 电脑 | - 0.0558<br>(0.291) | | | | - 0.0605<br>(0.449) | 0.276<br>(0.485) |
| 家庭收入 | 0.00373<br>(0.143) | | | | - 0.0131<br>(0.225) | 0.116<br>(0.253) |
| 排行 | 0.0112<br>(0.141) | | | | - 0.0547<br>(0.218) | 0.0405<br>(0.224) |

续表

| 变量名 | (1)品行因子 | (2)品行因子 | (3)品行因子 | (4)品行因子 | (5)品行因子 | (6)品行因子 |
|---|---|---|---|---|---|---|
| 书桌 | 0.388<br>(0.320) | | | | 0.529<br>(0.494) | 0.743<br>(0.516) |
| 学校类型 | | -0.270<br>(0.430) | | | -0.210<br>(0.471) | -0.331<br>(0.499) |
| 学费 | | 0.0394<br>(0.124) | | | -0.0530<br>(0.143) | -0.0297<br>(0.149) |
| 在校时间 | | 0.104<br>(0.164) | | | 0.0807<br>(0.172) | 0.314<br>(0.211) |
| 学习时间 | | -0.0746**<br>(0.0326) | | | -0.176**<br>(0.0861) | |
| 成绩 | | -0.00828**<br>(0.00385) | | | -0.00766*<br>(0.00416) | -0.00801*<br>(0.00444) |
| 班干部 | | 0.642*<br>(0.373) | | | 0.605<br>(0.398) | 0.419<br>(0.416) |
| 责罚 | | | 0.0371<br>(0.0816) | | | 0.113<br>(0.127) |
| 父母学历 | | | 0.257<br>(0.174) | | | 0.0610<br>(0.326) |
| 父亲陪伴时间 | | | -0.0167<br>(0.0259) | | | -0.200**<br>(0.0898) |
| 母亲陪伴时间 | | | 0.00793<br>(0.0159) | | | -0.000128<br>(0.0227) |
| 年级 | | | | 0.0668<br>(0.0604) | | |
| 性别 | | | | -0.135<br>(0.233) | | |
| 截距 | 14.15***<br>(1.134) | 11.92***<br>(1.463) | 11.84***<br>(0.578) | 12.27***<br>(0.284) | 13.96***<br>(2.612) | 12.75***<br>(2.919) |

续表

| 变量名 | （1）品行因子 | （2）品行因子 | （3）品行因子 | （4）品行因子 | （5）品行因子 | （6）品行因子 |
|---|---|---|---|---|---|---|
| 样本数 | 373 | 693 | 662 | 790 | 349 | 317 |
| 拟合优度 | 0.035 | 0.015 | 0.004 | 0.002 | 0.044 | 0.055 |

注：$^{***}p<0.01$，$^{**}p<0.05$，$^{*}p<0.1$。

### 多动和注意力缺陷因子分析

从表6－20的内容可以得出以下结论：在已统计的所有因素中，仅父母因素组中的责罚频率与儿童的"多动和注意力缺陷"维度显著相关，且呈现负相关关系。笔者认为，多动和注意力缺陷主要受到父母棍棒教育的影响，父母责罚孩子的频率越高，该维度的得分越低，即父母的棍棒教育往往取得适得其反的效果。

表6－20　多动和注意力缺陷因子与自变量回归结果

| 变量名 | （1）多动和注意力缺陷 | （2）多动和注意力缺陷 | （3）多动和注意力缺陷 | （4）多动和注意力缺陷 | （5）多动和注意力缺陷 | （6）多动和注意力缺陷 |
|---|---|---|---|---|---|---|
| 高级公寓 | -0.924 (1.146) | | | | -2.286 (1.840) | -2.307 (1.910) |
| 工棚 | 0.779 (1.371) | | | | 0.133 (1.812) | 0.783 (1.929) |
| 平房 | 0.0349 (0.624) | | | | -1.025 (0.904) | -0.974 (1.022) |
| 普通住宅 | 0.0663 (0.630) | | | | -0.815 (0.908) | -0.567 (1.041) |
| 电脑 | 0.195 (0.192) | | | | 0.351 (0.289) | 0.359 (0.315) |
| 家庭收入 | 0.00724 (0.0932) | | | | -0.0107 (0.144) | 0.118 (0.165) |
| 排行 | 0.00736 (0.0924) | | | | -0.0722 (0.140) | -0.0837 (0.146) |

续表

| 变量名 | （1）多动和注意力缺陷 | （2）多动和注意力缺陷 | （3）多动和注意力缺陷 | （4）多动和注意力缺陷 | （5）多动和注意力缺陷 | （6）多动和注意力缺陷 |
|---|---|---|---|---|---|---|
| 书桌 | 0.0404<br>(0.210) | | | | 0.0791<br>(0.319) | 0.0375<br>(0.338) |
| 学校类型 | 0.338<br>(0.278) | | | | 0.171<br>(0.304) | 0.0978<br>(0.326) |
| 学费 | -0.0133<br>(0.0804) | | | | -0.0398<br>(0.0914) | -0.0148<br>(0.0963) |
| 在校时间 | | -0.0552<br>(0.106) | | | -0.0582<br>(0.112) | |
| 学习时间 | | -0.0149<br>(0.0212) | | | -0.0252<br>(0.0557) | 0.0564<br>(0.138) |
| 成绩 | | 0.00186<br>(0.00250) | | | 0.00221<br>(0.00269) | 0.00266<br>(0.00290) |
| 班干部 | | -0.121<br>(0.241) | | | -0.288<br>(0.257) | -0.330<br>(0.271) |
| 责罚 | | | -0.126**<br>(0.0537) | | | -0.125<br>(0.0832) |
| 父母学历 | | | -0.0700<br>(0.114) | | | -0.240<br>(0.213) |
| 父亲陪伴时间 | | | -0.00265<br>(0.0171) | | | -0.0627<br>(0.119) |
| 母亲陪伴时间 | | | -0.00117<br>(0.0104) | | | 0.00374<br>(0.0149) |
| 年级 | | | | 0.0139<br>(0.0395) | | |
| 性别 | | | | -0.0144<br>(0.152) | | |
| 截距 | 8.417***<br>(0.733) | 8.410***<br>(0.959) | 9.241***<br>(0.381) | 8.606***<br>(0.185) | 9.454***<br>(1.688) | 8.824***<br>(1.912) |

续表

| 变量名 | （1）多动和注意力缺陷 | （2）多动和注意力缺陷 | （3）多动和注意力缺陷 | （4）多动和注意力缺陷 | （5）多动和注意力缺陷 | （6）多动和注意力缺陷 |
|---|---|---|---|---|---|---|
| 样本数 | 376 | 699 | 667 | 796 | 352 | 320 |
| 拟合优度 | 0.008 | 0.004 | 0.009 | 0.000 | 0.025 | 0.040 |

注：$^{***} p < 0.01$，$^{**} p < 0.05$，$^{*} p < 0.1$。

### 同伴因子分析

从表 6 - 21 的内容可以得出以下结论。第一，同伴因子与家庭因素组、父母因素组相关的因子均不显著。笔者认为，流动儿童的同伴关系主要集中于学校，与家庭、父母联系较少。第二，同伴因子和学校环境因素组中相关的因子有学校类型（0.05 的显著水平）、在校时间（0.1 的显著水平），即不同的学校类型中，流动儿童的同伴关系也不同。在数据处理中，已将公立学校设为虚拟变量 1，农民工子弟学校为 0，且相关系数为负，说明在公立学校的同伴关系不如在农民工子弟学校；而在校时间的长短，也意味着与同伴接触时间的长短，时间越长，关系越好。

而在控制了不同组的变量之后，学校类型因子的显著水平未发生变化，而相关系数发生了变化。这说明流动儿童的同伴关系与学校类型的相关性极强。

表 6 - 21 同伴因子与自变量回归结果

| 变量名 | （1）同伴因子 | （2）同伴因子 | （3）同伴因子 | （4）同伴因子 | （5）同伴因子 | （6）同伴因子 |
|---|---|---|---|---|---|---|
| 高级公寓 | 0.107 (1.292) | | | | 0.148 (2.002) | 0.261 (2.059) |
| 工棚 | -0.769 (1.547) | | | | -0.970 (1.970) | -1.575 (2.078) |
| 平房 | 0.217 (0.703) | | | | 0.552 (0.983) | 0.392 (1.101) |
| 普通住宅 | 0.0819 (0.710) | | | | 0.341 (0.988) | 0.140 (1.123) |

续表

| 变量名 | （1）同伴因子 | （2）同伴因子 | （3）同伴因子 | （4）同伴因子 | （5）同伴因子 | （6）同伴因子 |
|---|---|---|---|---|---|---|
| 电脑 | 0.307<br>(0.216) | | | | 0.260<br>(0.315) | 0.214<br>(0.341) |
| 家庭收入 | 0.106<br>(0.105) | | | | 0.130<br>(0.157) | 0.107<br>(0.177) |
| 排行 | 0.0846<br>(0.105) | | | | −0.142<br>(0.153) | −0.0966<br>(0.157) |
| 书桌 | −0.0303<br>(0.237) | | | | −0.117<br>(0.349) | −0.267<br>(0.366) |
| 学校类型 | | −0.711**<br>(0.301) | | | −0.825**<br>(0.331) | −0.537<br>(0.351) |
| 学费 | | −0.126<br>(0.0871) | | | −0.108<br>(0.0995) | −0.132<br>(0.104) |
| 在校时间 | | 0.208*<br>(0.115) | | | 0.184<br>(0.121) | |
| 学习时间 | | −0.00944<br>(0.0230) | | | 0.0141<br>(0.0606) | −0.106<br>(0.149) |
| 成绩 | | 0.000676<br>(0.00271) | | | 0.000196<br>(0.00293) | −0.00149<br>(0.00313) |
| 班干部 | | 0.312<br>(0.261) | | | 0.315<br>(0.279) | 0.328<br>(0.292) |
| 责罚 | | | 0.0323<br>(0.0597) | | | −0.0302<br>(0.0897) |
| 父母学历 | | | 0.0916<br>(0.127) | | | 0.188<br>(0.229) |
| 父亲陪伴时间 | | | −0.00207<br>(0.0189) | | | 0.126<br>(0.129) |
| 母亲陪伴时间 | | | −0.00414<br>(0.0116) | | | −0.00403<br>(0.0160) |

续表

| 变量名 | （1）<br>同伴因子 | （2）<br>同伴因子 | （3）<br>同伴因子 | （4）<br>同伴因子 | （5）<br>同伴因子 | （6）<br>同伴因子 |
|---|---|---|---|---|---|---|
| 年级 | | | | 0.00549<br>(0.0439) | | |
| 性别 | | | | −0.0714<br>(0.169) | | |
| 截距 | 11.81***<br>(0.797) | 10.10***<br>(1.081) | 11.20***<br>(0.422) | 11.44***<br>(0.207) | 10.36***<br>(1.837) | 11.04***<br>(2.062) |
| 样本数 | 375 | 697 | 666 | 795 | 351 | 319 |
| 拟合优度 | 0.030 | 0.007 | 0.001 | 0.000 | 0.043 | 0.037 |

注：*** $p<0.01$，** $p<0.05$，* $p<0.1$。

**社会行为因子分析**

从表6-22的内容可以看出，社会行为维度与父亲陪伴时间（0.05的显著水平）、是否为班干部（0.01的显著水平）、学习时间（0.05的显著水平）等因子具有显著的相关性。其中，与父亲陪伴时间相关可以理解为父亲在陪伴子女的同时也在对儿童进行社会行为的教育，父亲的陪伴对儿童情商、三观的培养具有重要意义；而与是否为班干部相关则是因为该阶段成为班干部的儿童有更多的时间和机会接触老师和其他同学，乃至社会人士，具有锻炼和学习人际交往的优势；而学习时间的长短与社会行为呈现显著的负相关，说明较长的学习时间剥夺了流动儿童与社会接触的机会，具有一定的负面作用，因而不能一味地追求"死读书"。

而在控制了不同组的变量之后，显著的因子及其显著水平发生了变化。第一，在控制了另外三组的自变量之后，学校环境因素组中的学习时间、父母因素组中的父亲陪伴时间因子等变得不显著，而是否为班干部仍然十分显著。第二，家庭居住条件中的平房和普通住宅也变得显著（均为0.05的显著水平），是否有书桌也由原来的0.1显著水平变为0.05显著水平。由此，笔者认为，在流动儿童心理健康水平的影响因素中，家庭的物质条件对于流动儿童的社会行为具有重要影响。而家庭物质条件处于中等水平的儿童社会行为得分较高，处于物质条件水平两端的儿童得分均较低。由此，笔者认为，社会行为的得分高低受到所处阶层的影响，物质生活水平太高和太低的人群都是少数，都或多或少地被疏远，导致其社会行为不够成熟。

表 6 - 22　社会行为因子与自变量回归结果

| 变量名 | （1）社会行为 | （2）社会行为 | （3）社会行为 | （4）社会行为 | （5）社会行为 | （6）社会行为 |
|---|---|---|---|---|---|---|
| 高级公寓 | 1.500 (1.310) | | | | 1.932 (2.127) | 1.266 (2.174) |
| 工棚 | 1.933 (1.568) | | | | 2.859 (2.095) | 3.086 (2.195) |
| 平房 | 0.825 (0.713) | | | | 2.567** (1.045) | 2.407** (1.164) |
| 普通住宅 | 0.508 (0.720) | | | | 2.230** (1.050) | 2.123* (1.187) |
| 电脑 | -0.0455 (0.220) | | | | 0.116 (0.337) | 0.124 (0.362) |
| 家庭收入 | -0.0893 (0.106) | | | | -0.0499 (0.167) | 0.0721 (0.188) |
| 排行 | 0.0748 (0.106) | | | | 0.241 (0.162) | 0.197 (0.166) |
| 书桌 | 0.432* (0.241) | | | | 0.500 (0.370) | 0.817** (0.385) |
| 学校类型 | | -0.319 (0.322) | | | -0.219 (0.352) | -0.120 (0.371) |
| 学费 | | -0.0573 (0.0934) | | | -0.0687 (0.106) | -0.0261 (0.110) |
| 在校时间 | | -0.0435 (0.123) | | | -0.0329 (0.129) | 0.0558 (0.157) |
| 学习时间 | | -0.0503** (0.0246) | | | -0.0279 (0.0644) | |
| 成绩 | | -0.00386 (0.00291) | | | -0.00362 (0.00312) | -0.00180 (0.00331) |

续表

| 变量名 | （1）<br>社会行为 | （2）<br>社会行为 | （3）<br>社会行为 | （4）<br>社会行为 | （5）<br>社会行为 | （6）<br>社会行为 |
|---|---|---|---|---|---|---|
| 班干部 | | 0.897 *** | | | 0.909 *** | 0.854 *** |
| | | （0.281） | | | （0.299） | （0.311） |
| 责罚 | | | 0.00889 | | | 0.0607 |
| | | | （0.0613） | | | （0.0951） |
| 父母学历 | | | − 0.0153 | | | − 0.350 |
| | | | （0.130） | | | （0.243） |
| 父亲陪伴时间 | | | − 0.0412 ** | | | − 0.0766 |
| | | | （0.0194） | | | （0.0669） |
| 母亲陪伴时间 | | | − 0.000116 | | | 0.00793 |
| | | | （0.0120） | | | （0.0172） |
| 年级 | | | | 0.0381 | | |
| | | | | （0.0452） | | |
| 性别 | | | | − 0.0878 | | |
| | | | | （0.174） | | |
| 截距 | 7.828 *** | 6.083 *** | 6.877 *** | 6.367 *** | 4.874 ** | 4.020 * |
| | （0.852） | （1.096） | （0.433） | （0.212） | （1.953） | （2.179） |
| 样本数 | 374 | 695 | 664 | 793 | 350 | 318 |
| 拟合优度 | 0.043 | 0.012 | 0.007 | 0.001 | 0.066 | 0.076 |

注：*** $p < 0.01$，** $p < 0.05$，* $p < 0.1$。

### 6.1.9　研究结论

通过以上的数据描述与回归分析，结合相关的经济学理论，本部分得出以下的初步结论。

1. 通过对样本数据的统计分析，笔者认为，农民子弟学校学生的心理健康水平要优于公立学校，尤其是在同伴因子这一维度上表现得更明显；女生的心理健康水平显著高于男生；住宅条件较好的儿童心理健康程度较好。以上的比较均通过了 t 检验。因此，笔者认为，一定程度的政策措施能够为流动儿童营造良好的成长环境，并通过以上所代表的环境因素等影响儿童心理健康水平，从而在其人力资本的积累过程中发挥积极作用。

2. 流动儿童心理健康水平受到来自学校、家庭、父母等多方面的环境因素影响。学校环境，即教育环境的显著影响因素有学校类型、是不是班干部、学习时间、学习成绩以及影响心理健康水平的同伴因子、情绪因子等。而在心理健康的其他维度指标上，学校环境的影响因子并不显著。其中，是否为班干部在控制了其他学校环境因素之后仍然显著，说明是否为班干部在流动儿童心理健康研究中占据重要地位；而学习成绩、学习时间等因素在控制其他变量之后，变得不显著。因此，笔者认为中小学时期的班干部经历将会使得流动儿童拥有更多的社交机会，能够在同伴维度、社会行为维度等方面获得满足感，从而提升心理健康水平。

3. 家庭物质环境中，家庭收入、是否有电脑、房屋居住类型等是较为显著的因子；父母环境中的父母责罚频率成为影响儿童多动与注意力缺陷的唯一显著的已统计因子。其中，家庭无收入在家庭物质条件中占有基础性地位，在多个测量维度中比较显著，因而是重点研究因素；是否有电脑、房屋居住类型等作为一种间接描述，在现实分析中相关性较低，然而具有相当的显著性，说明物质条件这一总的因素是十分重要的。

4. 家庭软件环境，即父母因素对流动儿童各个维度的心理健康水平具有不同程度的影响。第一，父母学历在心理健康水平的回归计算中较为显著，也是该组中唯一显著的因子。第二，父母对子女的责罚频率在多动和注意力缺陷维度中成为最显著的影响因子，父母对子女的教育态度成为影响儿童心理健康的重要因素。第三，父母陪伴时间的长度和心理健康水平中的社会行为因子呈现正相关。

5. 影响流动儿童心理健康水平的因子在控制不同的变量时，具有不同程度的显著水平，从而说明了不同因子之间具有不同的重要顺序。例如，是否为班干部、家庭收入等因子在回归分析中一直保持在 0.05 以上的显著水平，但是在控制了所有变量之后，就变得不显著了。因此，笔者认为在考虑流动儿童的相关政策时，应考虑到不同政策带来的不同效果及其相互作用，以防止效果抵消甚至引起负面作用。

### 6.1.10 政策建议

政策资金应向农民工子弟学校倾斜。学校环境、同伴关系等作为影响流动儿童心理健康水平的重要因子，具有重要的政策参考价值。不同的学校性质将会对流动儿童心理造成不同影响，本部分的研究结果证明了这一点。因此建议教育部门在对待流动儿童教育问题上应向农民工子弟学校倾斜资金，重视流动儿童的教育环境建设，减少"标签化"对流动儿童的影响。一方面，解决当下的流动儿童群体问题；另一方面，着眼于未来的劳动力人群，为这一部分的劳动力形成打好基础。

流动儿童心理健康问题还受到来自家庭（物质条件）、父母（精神关怀）等多方面的影响，社会应致力于采取相应措施解决该问题。其中，在家庭条件方面，由于住房类型对流动儿童心理健康产生重要影响，政府应支持外来务工家庭居住廉租房等政策优惠房，给流动儿童以更好的生活空间；而在父母关怀方面，本部分的研究发现儿童心理健康与父母学历具有较强的相关性，即父母学历达到高中及以上就能够对儿童的心理健康起到促进作用，因而相关部门及社区应该重点培训和集中帮扶少部分低学历的家长等；而父母的责罚频率对儿童的心理健康也有重要影响，而由于受观念影响，家长自身不可能对此进行反思，需要有关部门出面进行开导与支持。

加强和完善教育绩效的考核。根据教育生产函数理论，流动儿童心理健康水平会对教育产出产生影响。为了提升教育产出效率，在流动儿童这一群体中必须着重支持流动儿童心理健康辅导工作；并且将流动儿童心理辅导纳入学校绩效考核体系，以资源分配为引导，激励施政者重视该工作；在学校教育的过程中，重视学生干部等身份对流动儿童心理健康水平的影响，积极开展多项课外活动，支持学生参与、组织、策划课外活动，发挥学生的主动性，提升流动儿童心理健康水平。总之，通过为流动儿童营造良好的教育环境，包括课内课外，为流动儿童的心理健康成长提供更好的条件。

心理健康水平作为人力资本素质的重要组成部分，在教育阶段就应该得到相应的重视，即心理健康教育需要取得更重要的地位。在人力资本的形成过程中心理健康教育具有基础性的作用，对于劳动力价值的充分发挥具有重要影响。现今的教育体系并不十分重视心理健康教育，尤其是在流动儿童学校，由于教育资源的匮乏而舍弃了本应更加重视的心理教育。这种倒置的现状应该得到改善。心理健康教育应该在流动儿童所在的农民工子弟学校、有流动儿童就读的普通公立学校得到更为突出的重视，这也是分配教育资源时应考虑的重点。

在社会行为维度上，教育部门与学校管理层应当重视流动儿童在与社会接触中的心理健康状态变化，尤其是与老师、本地儿童接触过程中的心理健康状态变化。学校作为流动儿童社会生活的主要平台，伙伴交往、人际交往大多发生于此，因此学校方面对流动儿童的重视可以极大地改善其社交环境。学校和老师应摒弃学生的家庭条件、生活习惯等差异，在对所有学生一视同仁的大前提下，对处于弱势的流动儿童稍加关注，这样便可以消除流动儿童焦虑、自卑、孤僻等负面情绪，提升其心理健康水平。

在同伴交往方面，流动儿童的同伴关系营造是与教育工作者相关性最小的，也是最难以把控的一个方面，而这个方面对流动儿童而言恰恰是最重要的。因此，这就为流动儿童心理健康教育增加了难度。单单从学校层面出发的措施往往会导致适得其反的结果，有关方面需要开拓思维与视野。现今社会上已有专门从事心理干预工作的教育组织，如素质拓展组织、儿童乐园等机构，通过社会干预手段对流动儿童的生活状态、心理状态形成积极影响，提升其心理健康水平。学校层面可以选择与这类机构合作，重点在流动儿童的伙伴关系角度进行突破，加强儿童（青少年）伙伴关系的建设，提升其团队意识等。

## 6.2　我国居民收入对儿童健康的影响研究

### 6.2.1　研究背景及意义

儿童健康一直是发展中国家研究健康问题的重点，这是因为儿童的健康状况通常被视为反映国民健康状况及生活水平的一个敏感的、重要的指标。发展中国家贫困地区普遍存在儿童健康问题。发展中国家有将近1/3的5岁以下儿童生长迟缓。在中国，儿童营养健康同样也是很重要的问题。习近平总书记在2015年中国发展高层论坛上发表演讲强调2020年中国贫困人口全部脱贫，强调中国坚持开发式扶贫方针，把发展作为解决贫困的根本途径，既扶贫又扶志，调动扶贫对象的积极性，提高其发展能力，发挥其主体作用。而切断贫困代际传递即为非常重要的一个方面。而儿童时期的健康状况最终会影响个人终身的收入乃至成就。努力提高城乡儿童健康水平，缩小城乡儿童健康状况的差距，是建设和谐社会的重要内涵。而正确认识儿童健康状况的影响因素是有效提高儿童健康水平的前提。儿童时期的营养不良会导致发育迟缓和儿童消瘦，影响儿童知识和技能的学习效果，这样的儿童成人后极可能工作能力低下，并因此而导致收入微薄，甚至食品营养无保障，如此这般，又把类似的循环传递给下一代。因此，近年来包括中国在内的发展中国家的政府和公众越来越重视儿童的营养、健康和教育，并把这类人力资本投资作为切断贫困代际传递的主要干预手段。

家庭社会经济地位作为影响儿童成长的环境因素之一，对儿童的发展起着不可忽视的重要作用。家庭社会经济地位涉及的方面很广，包括父母的受教育程度、职业类型、社会地位、经济收入等，其中经济收入是反映家庭社会经济地位水平的一个重要指标。贫困对儿童的影响并不是直接的，而是通过那些伴随贫困而来的消极因素，如父母不健康的教育方式、长期处于高压下的生活等，对儿童的身心健康产生非常重要的影响。

基于上述情况，我们需要深思如下问题：影响儿童健康的重要因素是什么？这些因素通过什么渠道对儿童健康产生影响？鉴于此，本节通过对前人理论的分析及现在数据的实证分析，对关于居民收入与儿童健康的理论假设加以检验，并提出相关的政策建议，希望能达到改善儿童健康水平、提高劳动力价值的目的，从而促进我国减贫事业的发展，促使我国走向全面小康社会。

### 6.2.2　研究的主要内容

本节主要研究关于儿童营养健康的四个问题：第一，儿童营养健康状况的变化趋势；第二，儿童营养健康状况的区域、人群差异及差距的变化趋势；第三，收入因素对儿童营养健康状况的影响；第四，其他因素对儿童营养健康状况的影响，包括个人因素、家庭因素、水和卫生因素及父母因素。本节由六部分组成，具体结构如下。

第一部分即绪论部分论述本节的研究背景、研究意义、主要内容、可能存在的创新点、研究方法以及技术路线图。

第二部分即文献综述，分别论述了国内外对儿童健康影响的研究内容，分为收入因素对儿童健康的影响、收入通过其他渠道对儿童健康的影响以及其他因素对儿童健康的影响，还包括中文文献中对农村留守儿童健康问题的研究内容。

　　第三部分即理论分析，分别论述了本节所假设的收入因素及不同渠道对儿童健康的影响机制，包括个人因素即年龄、性别和民族，家庭因素即城乡位置和家庭中孩子的数量，水和卫生因素即饮用水是否干净和是否拥有冲水马桶，父母因素即父母的受教育程度和是否患有重大疾病。

　　第四部分为描述性统计，包含数据来源、整理以及对数据变化趋势的描述。数据来源包括中国营养健康调查的问卷分析和数据情况以及世界卫生组织儿童生长标准的数据，同时对本节数据整理的过程进行描述。变化趋势部分基于 1991 年到 2009 年的调查数据分析，主要分为 5 大方向，分别为全国儿童营养健康指标变化趋势、男女儿童营养健康指标变化趋势、城乡儿童营养健康指标变化趋势、东中西部儿童营养健康指标变化趋势及全国儿童严重发育不良指标变化趋势。

　　第五部分为实证分析，分别使用 logistic 回归探讨了收入对儿童营养健康指标的影响，以及收入因素通过个人因素、家庭因素、水和卫生因素及父母因素这四个渠道对儿童营养健康指标的影响；同时也探讨了收入因素对儿童严重发育不良指标的影响。

　　第六部分为结论及政策建议，通过对上述分析和总结得出结论，并提出针对性的政策和建议，同时也探讨了本节研究的不足之处。

### 6.2.3　研究方法及技术路线图

　　本节以经济学及前人的研究内容作为理论基础，重点采用文献分析、理论分析、计量经济学分析、经验分析等研究方法，以 Stata 作为分析软件，形成本节独有的研究方法体系。本节的具体技术路线图如图 6 - 3 所示。

### 6.2.4　可能存在的创新点

　　本节通过对前人理论的分析及对现在数据的实证分析，对 1991 年到 2009 年的全国儿童营养健康状况进行大跨度的变化趋势分析；分别将身材矮小率、消瘦率及发育不良率三个指标作为营养健康指标，参与回归，因此本研究比其他研究更为丰富全面；同时比较了不同人群及地域间的健康指标变化趋势，揭示了不同性别、城乡间及不同地区的儿童营养健康指标的不同变化趋势及不平等的健康状况；对前人所有的可能机制加以总结，并提出本节的假设；同时运用实证数据对关于居民收入以及其他因素与儿童健

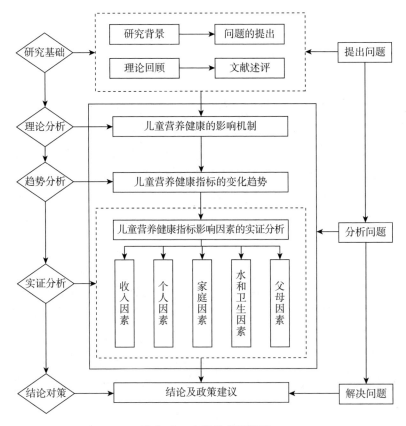

图 6 - 3　本节技术路线图

康的影响理论的假设加以检验，并对这些机制的效果进行比较得出结论。

### 6.2.5　文献回顾

**国外研究现状**

部分学者研究了收入对健康的直接影响。Goode 等（2014）利用中国营养健康调查数据来研究家庭收入对儿童健康的影响。他们发现在中国儿童的整体样本中儿童健康及家庭收入是存在年龄梯度的。0～12 岁的梯度中，父母的健康意识、家庭的卫生条件和营养摄入量是影响儿童健康的几个渠道。到 17 岁时，通过对这些传输渠道的控制，梯度的效果得到了增强。他们发现，中国贫困家庭的儿童更容易患上几种慢性疾病，但不具备可以有效解决的健康条件。而收入梯度对中国农村的儿童健康影响更大。Paxson、

Schady（2007）认为经济危机是一个非常重要的政治问题。他们发现在 20世纪 80 年代后期的秘鲁经济危机中，婴儿的死亡率增加了 2.5%，代表着有多于 17000 名的儿童死于这场经济危机。他们证实了经济各方面尤其是医疗方面的崩溃导致了婴儿死亡率的提高。Baird 等（2016）使用 59 个发展中国家的不同寻常的 170 万个出生的大数据来调查短期收入波动是否会影响婴儿死亡率。他们发现人均国民生产总值与婴儿死亡率存在巨大的负关系。女性死亡率相比男性死亡率对经济的负面冲击更为敏感，这表明保护女性幼儿的政策在经济低迷时期尤为重要。Baeten 等（2013）利用中国营养健康调查数据来检验收入分配及收入流动性与贫富间健康差距的关系，计算并比较 IRHI 数据。他们得出在 1991～2006 年 IRHI 数据增加了超过两倍，并且在老龄层中上升得更多。研究结果表明中国的健康差距与收入不平等有关，特别是关于老年人的数据中，我们可以得知替代性收入和退休金是一个减小中国贫富健康差距的重要政策杠杆。但也有一部分学者认为收入对健康并没有影响。Gao 等（2014）利用 2007 年中国城市家庭收入调查数据和倾向得分匹配的方法，研究了领取生活保障是否有助于低收入家庭进行更多的人力资本投资。他们发现，在教育及健康方面，接受生活保障的家庭与其他同龄人的支出是相似的，即生活保障对儿童健康并没有太大影响。

也有一部分研究者集中研究其他因素对儿童健康的影响。Chen、Li（2009）使用收养儿童的大样本数据来考察产妇教育对幼儿健康的影响。由于收养的孩子基因与父母无关，所以他们的教育效果最有可能为培育的结果。他们发现，即使控制了收入、兄弟姐妹的数量、环境的健康与否及其他的社会经济变量，母亲的教育仍是对儿童健康最重要的影响因素。此外，母亲对收养儿童的健康教育与对亲生孩子的健康教育是相似的，这表明母亲对儿童的健康教育主要是产后培育。他们还发现社会经济地位与儿童的健康存在因果关系。Luo 等（2011）利用在中国西北地区针对 4000 余名小学生随机发放的结构化问卷调查及标准化测试收集的数据，显示适龄儿童在宁夏、青海贫困地区的贫血患病率，并分析个人、家庭及学校的影响因素。他们发现，父母在外工作、在学校吃住的孩子和父母受教育水平较低的孩子有更大的贫血可能。

### 国内文献综述

我国国内关于居民收入与儿童健康关系的研究刚刚兴起，大部分研究全体人群的健康，少部分研究儿童健康问题且其中大部分集中在留守儿童与家庭收入和父母照料之间的关系上。陈在余（2009）运用 2000 年到 2006 年中国营养健康调查数据，探究了父母外出工作对农村留守儿童健康的影响。研究发现，父母外出工作对 0～5 岁的较小儿童的健康并没有十分显著的影响，这部分儿童健康状况主要受家庭收入即医疗卫生条件的影响；但父母外出工作对 6～18 岁的少年儿童健康具有十分显著的影响，且表现为负面影响，即父母在外工作的儿童健康状况较差，尤其是母亲不在家对留守儿童健康的负面影响更为显著，而且儿童健康并不受家庭收入因素的影响。因此对于青少年来说，家庭收入水平的提高及父母的亲自照料可以引起营养条件的改善，对青少年健康的影响更加显著。顾和军和刘云平（2012）使用中国家庭营养健康调查数据，探究了母亲的劳动供给行为对于中国农村儿童健康的影响，重点研究了全职和兼职母亲在儿童不同的年龄阶段进入劳动力市场对于儿童健康的影响。研究结果显示，母亲是否参与工作与母亲照顾儿童的时间并没有显著的关系，部分从事兼职工作的母亲反而由于工作的灵活性可以更加充分地照顾儿童；此外，母亲的收入会对儿童健康产生正面影响，但从事兼职工作的母亲收入对儿童健康的影响并没有从事全职工作的母亲收入的影响显著。在控制儿童健康对于母亲劳动供给的反作用之后发现，母亲在儿童 0～2 岁阶段进入劳动力市场会对儿童健康产生负面影响，但影响在统计上并不显著。解垩（2009）利用中国营养健康调查数据，计算了与收入相关的健康不平等情况，研究结果表明我国存在倾向于富人的健康不平等，并且农村地区的健康不平等程度总体上高于城市地区，即收入越高的家庭儿童越健康，同时农村的儿童普遍没有城市的儿童健康；并且随着时间的推移、城市经济的快速发展，城乡间的儿童健康差距在变大。胡琳琳（2005）利用第三次国家卫生服务总调查的自评健康和收入数据，计算了我国及各样本县区的健康集中指数，发现城市居民的自评健康状况高于农村居民的自评健康状况，并且与居民收入存在正向影响关系；邓曲恒（2010）利用中国社会科学院经济研究所 2006 年的城镇住户调查数据，基于收入的健康不平等程度对我国城镇居民进行了分析，发现我国城市居民的健康程度高于乡镇居民，城乡间居民健康仍然存在不平等的关系。

同时也有小部分论文研究其他因素对儿童健康的影响。宋月萍（2007）使用 2000 年中国营养健康调查数据，分析了农村儿童家庭环境及社区环境因素对农村儿童健康的影响，探究了农村的基础设施及医疗卫生条件与儿童健康间的影响关系。研究发现，中国农村儿童的健康状况与家庭的经济状况、农村的基础设施情况有十分显著的关系，而农村医疗卫生条件的改善对儿童健康的影响并不十分显著。目前，中国农村不同社会经济特征的家庭在获得社区卫生医疗服务上存在不公平性，社区卫生医疗服务非但未能有效保护农村弱势家庭儿童的健康，反而会扩大农村内部儿童健康状况的差距。宋月萍和张耀光（2009）利用中国第四次卫生服务调查的原始数据，分析我国农村人口流动与留守儿童健康卫生服务利用之间的关系。研究发现，与其他农村儿童相比，留守儿童存在"高患病率，高就诊率"的特征，存在"医疗服务替代日常护理、收费治疗替代家庭照料"的卫生服务过度使用现象；同时，留守儿童与谁在一起生活将会对是否能利用医疗卫生设施有十分重要的影响，并且会有不同的被照顾状况，仅母亲外出的留守儿童，其患病风险最高，就诊率最低，处于最为不利的境地。

本节将不局限于对农村留守儿童健康状况及影响因素的探究，还分析家庭收入及多种不同渠道对全体儿童健康指标的影响，以及以上文献中提及的父母照料、母亲的劳动供给行为、营养供给和医疗条件等渠道的影响。本节的研究将基于中国营养健康调查数据及世界卫生组织儿童生长标准的数据，对不同省份、不同地区的城乡儿童健康指标进行充分的对比和分析。本节通过对前人理论的分析及对现在数据的实证分析，对从 1991 年到 2009 年大跨度的全国儿童营养健康状况变化趋势进行分析；同时比较不同性别、不同地区及城乡儿童的三个健康指标的变化趋势，揭示我国不同区域不同人群间的营养健康的不平等状况；本节对关于居民收入与儿童健康的影响理论的假设加以检验，同时实证检验个人因素、家庭因素、水和卫生因素及父母因素这四个渠道对儿童健康的影响理论的假设。

### 6.2.6 居民收入对儿童营养健康的影响：理论分析

**收入因素对儿童营养健康的影响机制**

近年来，有越来越多的研究专注于家庭收入与儿童心理及生理健康间的关系，即收入越高的家庭儿童营养健康状况是否越好。一些科学家在小孩 3 ~ 5 岁时，运用收入－需求比对他们的家庭经济状况进行了调查，并连续 12 年对他们进行追踪，用功能磁共振对他们的大脑环路进行了测量，结果发现学龄前的家庭经济状况对学龄内的大脑内连接具有显著的影响，家庭经济条件差的儿童更容易抑郁。Hill 等（2014）发现儿童时期的社会经济地位将会对进食管理产生很大影响，即小时候经济条件较差的儿童，会在不饿时也会去吃东西，从而造成肥胖。研究表明，相较于家庭富裕者，低收入家庭的成员在儿童期和成年期的健康问题较多，比如，新生儿容易出现早产和生产体重较轻的问题，儿童患哮喘的概率较高，成人患糖尿病及心血管疾病的风险较高等。麦吉尔大学健康与社会政策研究所的研究人员通过分析"学龄儿童健康行为"的数据发现，与家境富裕的同龄人相比，低收入家庭的青少年同样面临着更多生理和心理上的问题。Currie 和 Stabile（2003）通过对面板数据的回归分析发现社会经济地位与儿童健康的作用途径存在两种解释：第一，低收入家庭的儿童不能很好地从不良健康状况的冲击中康复，即在面对同样的疾病或其他健康问题时高收入家庭的儿童更易于康复；第二，与高收入家庭的儿童相比，这些儿童在成长过程中更容易遭受更多的不良健康的冲击，即会更容易出现身体或心理上的健康问题。Currie 等（2007）使用 1997 年至 2002 年的英国健康调查数据，对 16 岁以下儿童样本进行实证研究，表明家庭收入对儿童主观健康指标的影响尽管微小但依然显著，但并未对血压等生理健康指标产生影响，因此，该研究指出在英国家庭收入并不是影响儿童健康的主要因素。家庭收入对儿童健康的影响一般为间接影响，即通过儿童的营养摄入、医疗卫生条件等渠道来影响儿童健康。本节将把家庭收入作为基础因素，分别研究个人因素、家庭因素、水和卫生因素及父母因素这四个渠道对儿童健康的影响。

### 个人因素对儿童营养健康的影响机制

年龄、性别等个人因素均会对儿童营养健康产生影响。大部分研究集中于年龄与儿童营养健康的关系，表明家庭收入对儿童健康的影响将随着年龄的增长而逐渐增强。Condliffe 和 Link（2008）使用 1997 年和 2002 年美国家庭收入动态追踪调查数据及美国医疗费用小组 1996 年到 2002 年的调查数据，发现低收入家庭的儿童相较于高收入家庭的儿童更容易受到健康问题的影响，并且此影响会随着年龄的增长而增强，且高收入与低收入家庭应对健康问题的处理方式并不相同，低收入家庭的儿童更不容易得到康复而且更容易产生一些连锁的健康问题，并且这种负面影响会随着时间累积而变强。Chen 等（2010）使用 1989 年到 2006 年的中国营养健康调查数据，将 HAZ 即世界卫生组织儿童生长标准中的身长/身高数据作为儿童健康指标进行分析，结果表明收入对儿童健康具有十分显著的正向影响，同时随着儿童年龄的增长而增强。但也有小部分研究与上述论文得到的结论并不相同。Cameron 和 Williams（2009）通过对印度尼西亚家庭生活调查数据中 0～14 岁的儿童样本的分析，发现收入对儿童健康存在正影响，即收入较低的家庭儿童健康水平较差，但并没有发现其与年龄变化的关系。

另外，研究表明，我国大部分地区的男女童发展都是不平衡的，尤其在健康方面，更是存在很大差异。对婴儿死亡率的研究结果显示，我国一些地区的婴儿死亡率中存在比较严重的不正常性别差异，即女婴的死亡率高于男婴，这种现象暗示了在营养和患病方面对女婴存在显著的忽视倾向。2000 年对在校中小学生的检查结果显示，在发育不良和低体重问题上，存在显著的性别差距，即女生中发生发育不良和低体重的比例无论城乡都高于男生。而且比较 1995 年和 2000 年的调查结果发现，这种性别差距并没有明显的缩小趋势。而本节将会进一步分析儿童本身的年龄、性别对儿童自身健康的影响。

**家庭因素对儿童营养健康的影响机制**

家庭因素也同样对儿童健康有一定的影响。从近几年的情况来看，我国儿童健康平均水平与世界卫生组织在 2007 年提供的儿童健康标准仍有一定差距；我国儿童与社会经济地位相关的健康不平等程度仍然较高，并有继续扩大的趋势，突出表现为城乡间的不平等。改革开放以来，经济增长虽然使儿童能够更多地消费营养品和得到医疗保健服务，但是同年龄、同性别的儿童在身高、体重等方面出现显著的城乡差异。《2012 中国卫生和计划生育统计年鉴》的数据显示，2011 年我国婴儿死亡率为 12.1‰，分别比 1991 年和 2001 年降低了 75.9% 和 59.7%，但是城市和农村的婴儿死亡率分别为 5.8‰ 和 14.7‰。同时，很多研究表明，与多子女家庭相比较，独生子女家庭与双子女家庭更利于孩子的健康，可见家庭规模越大，对儿童健康的影响越不利，但极小化的家庭规模即独生子女家庭却并不明显有益于儿童的健康，独生子女的身高并没有显著高于双子女家庭的儿童，尤其对于处于中、高分位的儿童而言，处于双子女家庭更利于他们的健康。但也有研究表明家庭人口数量尤其是孩子的数量较多会减少父母对任一孩子的经济投入和照料时间并可能降低照料的质量。本节将分析家庭的城乡位置、家庭的孩子数量对儿童健康的影响。

**水和卫生因素对儿童营养健康的影响机制**

社区是社会的基本单位，大量的儿童健康投资是通过社区进行的。社区环境包括社区卫生医疗服务和基础设施两个方面，已有研究表明，社区基础设施的改善，例如交通路况、厕所状况、用水状况的改善等，会对儿童健康状况产生重要影响。联合国儿童基金会指出，恶劣的卫生状况、不干净的水源使得儿童易患腹泻及某些传染性疾病。安全饮用水指供人生活的、不会对健康产生明显危害的饮用水和生活用水。生活中的饮用水如果达不到安全要求，水中存在的有毒物质在人们饮水、用水时通过饮入、呼吸、皮肤接触等方式进入人体，从而对人体健康产生影响。此外，家庭厕所类型也会影响儿童的健康。世界卫生组织的研究调查显示：全球有 11 亿人没有获得安全饮用水，24 亿人没有改善的卫生设施，包括 9.8 亿儿童在内的 26 亿人没有家用厕所。封进和余央央（2007）利用 1997 年和 2000 年的中国营养健康调查数据研究中国农村的收入差距与健康的关系，发现饮用自来水的居民自评健康显著好于饮用非自来水的居民。王小万（2005）用 2003 年全国卫生服务调查数据，以及 1993 年、1998 年和 2003 年湖南省三次卫生服务调查数据，指出饮用自来水的居民患慢性病的概率要低于饮用非自来水的居民。Goode 等（2014）的研究表明饮用水是否干净及是否拥有冲水马桶均对儿童健康有正向显著影响。本节将进一步分析是否饮用干净的饮用水、是否拥有冲水厕所的卫生因素对儿童健康的影响。

**父母因素对儿童营养健康的影响机制**

最后，本节将父母因素作为最后一个影响儿童健康的渠道。Khanam 等（2009）通过建立收入与儿童健康梯度关系的计量经济学模型，对澳大利亚的儿童健康数据进行分析，发现父母的健康状况尤其是母亲的身体健康状况会对儿童健康有十分显著的影响，并可以对收入因素影响儿童健康产生替代效应。Edwards 和 Grossman（1978）的研究表明，家庭收入、父母受教育程度、母亲的工作状况是影响儿童营养健康状况的重要因素，家庭收入的提高会直接改善儿童的物质生活状况，父母的知识水平与其对儿童的照顾具有正影响，有工作的母亲虽然能够增加家庭收入但也会减少其照料孩子的时间从而对儿童健康产生不利的影响。Chen 和 Li（2009）通过对中国被领养儿童的数据研究发现母亲的受教育程度对儿童健康具有显著的正面影响，由于被领养儿童与其母亲并不存在遗传学上的联系，在控制了家庭收入因素、是否有干净的自来水因素即是否拥有冲水厕所等卫生因素的影响后，母亲的受教育程度仍然对儿童健康产生十分重要的影响。本节将详细分析父母的受教育程度及父母的健康状况对儿童健康的影响。

### 6.2.7 数据来源

#### 中国营养健康调查数据

中国营养健康调查数据是由北卡罗来纳大学教堂山分校、美国国家健康营养研究所与疾病预防控制中心共同得出的，旨在研究营养与健康的作用，及计划生育政策和中国的社会经济转型对人口营养健康状况的影响。调查涵盖了在地理位置、经济发展、公共资源和健康指标方面差别很大的九个省份，包括黑龙江、辽宁、山东、江苏、河南、湖北、湖南、广西、贵州。将上述九个省份的县按照收入分层（高、中、低），采取加权抽样的办法，随机选择四个县，并选择省会城市、其他大城市及低收入的城市。中国营养健康调查的数据收集主要集中在 1989 年、1991 年、1993 年、1997 年、2000 年、2004 年及 2009 年。由于 1989 年收集的第一轮数据只包括了家庭、社区、健康、计划生育设施，而后来又增加了社区等变量，所以本节将放弃使用 1989 年的数据而只使用 1991 ~ 2009 年的数据。

#### 中国营养健康调查

从 1993 年开始收集临床营养状况和身体功能数据。1997 年起增加了老年人的体力及日常活动数据。中国营养健康调查需要收集三天内详细的家庭食品消费信息。此外，所有家庭成员都将提供三天完整的个人食品摄入量。成人和儿童都将接受包括体重、身高等身体健康调查。

本节主要使用儿童的身高及体重的数据，同时将计算出的 BMI（体重/身高）作为三个因变量的基础数据。

#### 个人调查

自 2004 年起，所有涉及个人生活方式、健康状况、婚育状况及形体状况等个人行为活动的调查都被移动到个人问卷调查中，并区分了成人及儿童调查问卷。6 岁以上的儿童及成年人都需要提供做家务、照顾孩子及从事其他体力活动的时间，以及软饮料和加糖果汁的消费情况。12 岁以上的青少年及成年人都需要填写关于吸烟状况及饮食的问卷，同时提供茶、咖啡和酒的消费情况。12 岁以上的青少年及 52 岁以下的妇女需要提供结婚、离婚、丧偶和是否与 6～18 岁的儿童生活的情况。通过成人及儿童的调查问卷确定一个家庭的构成即父母与孩子的关系。本节将使用个人问卷中的性别、年龄、民族等数据作为控制变量参与回归。

**家庭调查**

在家庭调查问卷中，中国营养健康调查参考了完整的家庭构成，调查了各个成员家庭活动（例如，照顾儿童或老人及其他家庭活动等）及经济活动的时间分配。同时问卷也调查了家庭成员在过去一年中的收入、水资源状况、家里的条件和一些耐用消费品（如房子、汽车）的所有权。在调查后期，加入了非货币性政府补助，如国家住房补贴等数据是一个非常重要的进步。卫生服务方面的调查包括了家庭所选择的保险中配套可选的医疗服务和卫生设施条件的详细数据，同时也对家庭成员的病史、疫苗接种情况及计划生育情况进行了调查。本节将使用家庭调查中的家庭收入数据作为自变量，同时将家庭位于城市或农村、父母的受教育情况及是否患有重大疾病、饮用水是否干净及是否拥有冲水厕所等数据作为控制变量。

**世界卫生组织儿童生长标准**

本节将使用世界卫生组织 0～18 岁的儿童生长标准中的身高、体重及BMI 数据来确定中国儿童是否达标。

WHO 标准制定的一个重要理论基础是："只要提供正确的喂养方式、良好的卫生服务和健康的环境，任何地区儿童的生长发育潜能都能得到充分发挥，都能在身高、体重和发育方面达到一个相似的标准。"即婴幼儿成长的最重要决定因素不是遗传和种族，而是营养、哺育方式、环境和医疗保健。在研究指标选择上，标准中除年龄别身长/身高、年龄别体重等数据，并绘制了各项生长指标的百分位数曲线和 z-scores 曲线。

**年龄别身高/身长**

线性生长标准一部分以长度（年龄别身长，0～24 个月）为基础，另一部分以高度（年龄别身高，2～18 岁）为基础。WHO 在区分性别的同时，将身高数据精确到月份。本节将使用比标准身高小两个标准差的数据作为身材矮小的标准，将比标准身高小三个标准差的数据作为身材严重矮小的标准。同时 WHO 也提供了比标准值高出 1~3 个标准差的数据，以此作为研究巨人症及发育过快等问题的基础。

**年龄别体重**

体重标准指在区分性别的同时，将年龄主要区分为 0~5 岁、5~10 岁两个年龄段，同样将数据精确到月份的变化。由于 10 岁后的儿童体重变化较大、不易控制，所以体重标准仅为 0~10 岁的数据。本节将使用比标准体重小两个标准差的数据作为消瘦的标准，将比标准体重小三个标准差的数据作为严重消瘦的标准。同时 WHO 也提供了比标准值高出 1~3 个标准差的数据，以此作为研究肥胖等问题的基础。

**身高/身长别体重（BMI 指数）**

身体质量指数以身高及体重数据为基础，在区分性别的同时，将年龄主要区分为 0~5 岁、5~18 岁两个年龄段，同样将数据精确到月份的变化。本节将使用比标准身体质量小两个标准差的数据作为发育不良的标准，将比标准身体质量小三个标准差的数据作为严重发育不良的标准。同时 WHO 也提供了比标准值高出 1~3 个标准差的数据，以此作为研究肥胖等问题的基础。

### 6.2.8　数据整理

本节选取了世界卫生组织儿童生长标准中比标准值低两个及三个标准值的数据，并把儿童出生月份作为同一变量与中国营养健康调查的数据及世界卫生组织的儿童生长标准数据结合起来，将中国营养健康调查中的身高、体重及计算出的 BMI 数据作为三个不同的因变量。

按照男女性别区别、家庭的城乡区别及不同地域的区别进行三个指标对比，画出折线图，得出定性分析结论；同时根据对比三个指标的正常数据与恶化版数据，画出折线图，得出定性分析结论；最后，将三个指标分别与上文提到的自变量（中国营养健康调查数据中家庭收入数据）及控制变量进行分组回归，得出家庭收入及其他变量对儿童健康的影响关系。

表 6-23 即本节所整理的数据结果。我们可以看出中国儿童中身材矮小的儿童占比为 12.08%，消瘦儿童比例为 6.79%，发育不良的儿童比例为 4.49%，其中儿童体重数据为 0~10 岁而其他两项数据为 0~18 岁。性别这

一变量中，1 代表男童，2 代表女童，而女童占比为 48.8%，低于男童；民族 1 代表汉族，民族 2 代表少数民族，其中少数民族儿童仅占 15.9%，远少于汉族儿童数量；城乡数据中 1 代表城市，2 代表农村，农村儿童占比为 45.1%，较少于城市儿童；饮用水数据中 1 代表没有干净的饮用水，0 代表拥有干净的饮用水，其中没有干净的饮用水的家庭仅占 12.3%，远低于拥有干净饮用水的家庭；厕所情况这一变量中，0 代表没有可以冲水的厕所，1 代表有可以冲水的厕所，其中拥有可以冲水的厕所的家庭即卫生条件较好的家庭占比为 54.8%；父母的受教育程度中 1 代表小学以上程度，2 代表小学以下程度，其中父亲受教育程度为小学以下的比例为 24.7%，母亲受教育程度为小学以下的比例为 38.2%，可以看出总体来说父母受教育程度较高的家庭比较多；父母健康状况这一变量中 1 代表父母双方均健康，2 代表父母中至少一方有重大疾病，其中父母患有重大疾病的家庭比例仅为 8.1%。

表 6 - 23　数据结果

| 变量 | 数量 | 均值 | 标准差 | 最小值 | 最大值 |
| --- | --- | --- | --- | --- | --- |
| 身材矮小 | 5942 | 0.1208347 | 0.3259625 | 0 | 1 |
| 消瘦 | 2797 | 0.0679299 | 0.2516706 | 0 | 1 |
| 发育不良 | 5942 | 0.0449344 | 0.2071774 | 0 | 1 |
| 家庭人均收入的自然对数 | 5914 | 8.892712 | 0.901837 | 1.37238 | 10.42925 |
| 性别 | 5945 | 1.487973 | 0.4998974 | 1 | 2 |
| 年龄 | 5942 | 10.06183 | 4.882425 | 0 | 17.97 |
| 民族 | 4326 | 1.158807 | 0.3655385 | 1 | 2 |
| 城乡 | 5691 | 1.450536 | 0.497591 | 1 | 2 |
| 孩子数量 | 5942 | 1.560081 | 0.6661118 | 1 | 3 |
| 饮用水 | 5934 | 0.1231884 | 0.328681 | 0 | 1 |
| 厕所情况 | 5936 | 0.5475067 | 0.4977799 | 0 | 1 |
| 父亲受教育程度 | 4889 | 1.24729 | 0.4314808 | 1 | 2 |
| 母亲受教育程度 | 4222 | 1.382283 | 0.4860028 | 1 | 2 |
| 父母健康状况 | 5764 | 1.080847 | 0.2726231 | 1 | 2 |

数据来源：中国营养健康调查数据（1991～2009 年）。

### 儿童营养健康指标的变化趋势

图 6－4 展示了全国低于世界卫生组织标准的儿童比例变化趋势。身材矮小的曲线代表发育障碍、身体短小的儿童（即低于世界卫生组织儿童标准身高减去两个标准差后的身高）比例变化趋势，从图 6－4 中可以看出这一比例从 1991 年到 2009 年逐年大幅下降。1991 年全国身材矮小儿童所占比例高达 23.19%，1993 年占比为 19.5%，1997 年占比为 15.01%，2000 年占比为 12%，2004 年占比为 9.58%，2006 年占比为 8.2%，而 2009 年占比仅为 5.84%。消瘦曲线代表中国消瘦儿童（即低于世界卫生组织儿童标准体重减去两个标准差后的体重）比例变化趋势，从图 6－4 中看出这一数据大幅低于中国身材矮小儿童的比例，并在 1991 年到 2000 年大幅下降，在 2000 年到 2006 年期间又有了小幅上升，最终在 2006 年到 2009 年期间有较大幅度的下降。1991 年全国体重偏轻儿童所占比例为 12.29%，1993 年占比为 11%，1997 年占比为 8.49%，2000 年占比为 6.35%，2004 年占比为 6.99%，2006 年占比为 7.11%，而 2009 年占比为 4.49%。发育不良的曲线代表身体质量指数偏低（即低于世界卫生组织 BMI 指数减去两个标准差后的数值）的儿童比例变化趋势。从图 6－4 中可以看出，低于这一指数标准的儿童比例并不高，在 2004 年的调查中到达低谷的峰值，总体呈现下降趋势，但整体比例变化并不大，在 5% 附近波动。1991 年发育不良儿童的比例为 5.29%，1993 年占比为 5.43%，1997 年占比为 5.41%，2000 年占比为 4.93%，2004 年占比仅为 3.69%，2007 年占比为 4.82，而 2009 年所占比例为 4.83%。从图6－4的数据曲线中可以看出，虽然我国儿童的身高和体重低于世界标准的比例较高，但身体质量指数较为缓和。

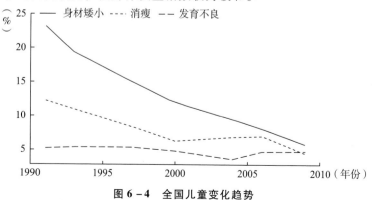

**图 6－4　全国儿童变化趋势**

**男女儿童矮小率变化趋势**

图 6 - 5 展示了男女儿童矮小率的变化趋势。从图 6 - 5 中可以看出，男女儿童身高低于世界标准的比例从 1991 年到 2009 年总体呈现出大幅下降趋势，且女童比例除去 2004 年、2009 年外均低于男童的占比。但女童在 2000 年到 2004 年期间进入一段平缓期而后又迎来大幅下降，而男童在 2004 年到 2007 年期间下降速度变慢，在 2007 年时反超女童的比例。1991 年身材矮小的男童占比 24.1%，而女童占比 22.22%；1993 年身材矮小的男童占比 20.16%，女童占比 18.79%；1997 年身材矮小的男童占比 15.6%，女童占比 14.46%；2000 年身材矮小的男童占比 13.01%，女童占比 10.87%；2004 年身材矮小的男童占比 9.14%，而女童占比 10.09%；2006 年身材矮小的男童占比 8.33%，而女童占比 8.05%；2009 年身材矮小的男童占比下降到 5.37%，女童占比下降到 6.4%。

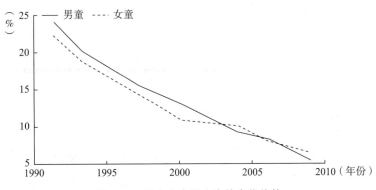

**图 6 - 5　男女儿童矮小率的变化趋势**

**男女儿童消瘦率变化趋势**

图 6 - 6 呈现了男女儿童消瘦情况的变化趋势。中国消瘦男童的比例从 1991 年到 1993 年出现小幅上升，然后从 1993 年到 2004 年期间出现大幅下降，但在 2004 年到 2006 年期间出现较大幅度上升，在 2006 年后又持续下降。而消瘦女童的比例在 1991 年到 1993 年期间大幅下降，然后从 1993 年到 1997 年期间下降速度变缓，1997 年到 2000 年期间下降幅度增大，并从 2000 年到 2004 年间出现大幅增长，最终在 2004 年后持续走低。1991 年消瘦的男童占比 11.1%，而女童占比 13.61%；1993 年消瘦的男童占比 11.41%，女童占比 10.53%；1997 年消瘦的男童占比 8.26%，女童占比 8.88%；2000

年消瘦的男童占比 6.7% ，女童占比 6.24% ；2004 年消瘦的男童占比 4.94% ，而女童占比上升到 9.59% ；2006 年消瘦的男童占比 6.2% ，而女童占比 8.27% ；2009 年消瘦的男童占比下降到 3.72% ，女童占比下降到 5.42% 。

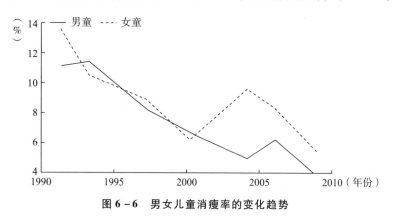

图 6 - 6　男女儿童消瘦率的变化趋势

### 男女儿童发育不良变化趋势

图 6 - 7 展现了男女儿童发育不良的变化趋势。中国身体质量指数偏低的男童比例变化较大，从 1991 年到 1997 年持续升高，但在 1997 年到 2004 年期间大幅下降，2004 年到 2006 年又大幅上升，2006 年后趋于平稳。而女童的变化趋势则与男童不同。发育不良的女童比例从 1991 年到 1997 年期间呈现下降趋势，但下降速度较为缓慢，1997 到 2000 年期间又小幅上升，后在 2000 年到 2004 年期间大幅下降，2004 年到 2006 年期间出现约 1.5% 的上升，并在 2006 年后趋于平稳。1991 年发育不良的男童占比 5.44% ，而女童占比 5.12% ；1993 年发育不良的男童占比 5.81% ，女童占比 5.02% ；

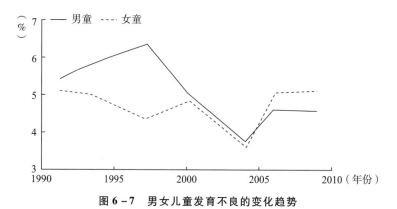

图 6 - 7　男女儿童发育不良的变化趋势

1997 年发育不良的男童占比 6.35%，女童占比 4.84%；2000 年发育不良的男童占比 5%，女童占比 4.84%；2004 年发育不良的男童占比 3.76%，而女童占比为 3.6%；2006 年发育不良的男童占比 4.62%，而女童占比上升到了 5.06%；2009 年发育不良的男童占比下降到 4.58%，女童占比下降到 5.12%。

**城乡儿童矮小率变化趋势**

城乡儿童身高低于世界标准的比例均呈现出总的下降趋势（见图 6-8）。农村儿童整体下降速度快，从 1991 年到 2009 年将近下降了 19%。而城市儿童在 1991 年到 1993 年及 1997 年到 2000 年出现快速下降，而在 1993 到 1997 年及 2000 年到 2006 年期间下降幅度较小，并在 2006 年后又提高了下降速度。1991 年，农村儿童中身高低于世界标准的儿童比例远高于城市中身高低于世界标准的儿童比例，城市儿童占比 18.14%，而农村儿童占比 24.96%；1993 年城市身材矮小儿童占比 14.38%，农村儿童占比 21.2%；1997 年城市身材矮小儿童占比 13.31%，农村儿童占比 15.67%；2000 年城市身材矮小儿童占比 8.92%，而农村儿童占比 13.11%；2004 年城市身材矮小儿童占比 7.88%，农村儿童占比 10.17%；2006 年城市身材矮小儿童占比 7.87%，农村儿童占比 8.31%；而在 2009 年，城乡身材矮小儿童比例趋于相近，城市儿童占比 5.31%，农村儿童占比 6.01%。

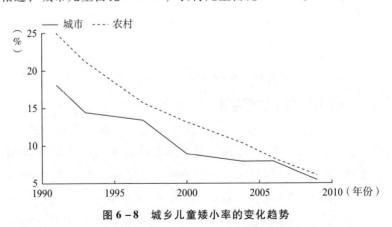

**图 6-8　城乡儿童矮小率的变化趋势**

**城乡儿童消瘦率变化趋势**

图 6-9 呈现了城乡儿童消瘦的变化趋势。城市消瘦儿童比例变化趋势较为复杂，1991 年到 1993 年期间比例小幅上升，1993 年到 1997 年小幅下

降，而 1997 年到 2000 年大幅下降，到达最低值，而后又反弹上升，2004 年到 2006 年期间出现较大幅度下降，在 2006 年后持续走低。农村儿童消瘦儿童比例变化趋势较为简单，1991 年到 2000 年持续下降，2000 年到 2004 年间趋于平缓，2004 年到 2006 年期间小幅上升，2006 年后出现较大幅度下降。1991 年，农村中儿童体重低于世界标准的儿童比例远高于城市中体重低于世界标准的儿童的比例，城市儿童占比 7.44%，而农村儿童占比 14.13%；1993 年城市消瘦儿童占比 8.9%，农村儿童占比 11.72%；1997 年城市消瘦儿童占比 7.59%，农村儿童占比 8.9%；2000 年城市消瘦儿童占比下降到 3.89%，而农村儿童占比 7.32%；2004 年城市消瘦儿童占比 6.69%，农村儿童占比 7.2%；2006 年城市消瘦儿童占比 4.53%，农村儿童占比 7.92%；而在 2009 年，城乡消瘦儿童比例趋于相近，城市儿童占比 3.88%，农村儿童占比 4.68%。

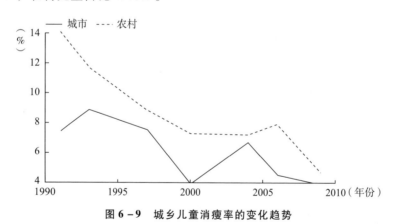

图 6-9　城乡儿童消瘦率的变化趋势

### 城乡儿童发育不良率变化趋势

图 6-10 呈现了城乡儿童发育不良的变化趋势。城市中身体质量指数偏低的儿童所占比例从 1991 年到 1997 年上升幅度较大，1997 年到 2000 年大幅下降，2000 年到 2006 年持续上升，2006 年后呈现下降趋势。而农村中身体质量指数偏低的儿童所占比例在 1991 年到 2000 年波动下降，2000 年到 2004 年出现 2% 的大幅下降，到 2006 年又出现较大幅度上升，2006 年到 2009 年平缓上升。1991 年，农村中儿童发育不良比例低于世界标准的儿童比例远高于城市中发育不良的儿童比例，城市儿童占比 4.25%，而农村儿童占比 5.65%；1993 年城市发育不良儿童占比 4.38%，农村儿童占比 5.77%；

1997 年城市发育不良儿童占比 4.84%，农村儿童占比 5.63%；2000 年城市发育不良儿童占比 3.81%，而农村儿童占比 5.33%；2004 年城市发育不良儿童占比 4.6%，农村儿童占比 3.37%；2006 年，城乡发育不良儿童比例趋于相近，城市发育不良儿童占比 4.86%，农村儿童占比 4.81%；而在 2009 年，城市发育不良儿童占比 4.31%，农村儿童占比 4.99%。

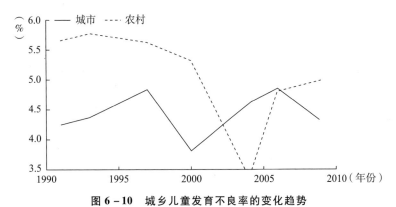

图 6-10 城乡儿童发育不良率的变化趋势

本节根据自然条件、经济状况等将问卷调查地区分为四个部分，分别为东部（山东、江苏）、中部（河南、湖北、湖南）、西部（贵州、广西）及东北部（黑龙江、辽宁）。

**东中西部儿童矮小率变化趋势**

中国各地身高低于世界标准的儿童比例各不相同，但均呈现波动下降的趋势（见图 6-11）。西部的儿童占比远高于其他地区，其中又以中部的儿童占比居中，东部、东北部地区儿童占比较低，且东北部地区儿童占比低于东部地区儿童比例。1991 年，地区最大差距将近 22%，西部身材矮小儿童占比 34.93%，中部地区儿童占比 20.53%，东部地区儿童占比 16.47%，东北部地区儿童占比 11.04%；1993 年，西部身材矮小儿童占比 28.92%，中部地区儿童占比 17.92%，东部地区儿童占比 13.94%，东北部地区儿童占比 8.78%；1997 年，西部身材矮小儿童占比 24.12%，中部地区儿童占比 12.35%，东部地区儿童占比 10.01%，东北部地区儿童占比 8.8%；2000 年，西部身材矮小儿童占比 22%，中部地区儿童占比 10.76%，东部地区儿童占比 6.8%，东北部地区儿童占比 4.62%；2004 年，西部身材矮小儿童占比 18.52%，中部地区儿童占比 7.4%，东部地区儿童占比 4.94%，东北部地区儿童占比 4.17%；2006 年，西部身材矮小儿童占比 16.49%，中部地区儿童占比 5.51%，东部地区儿童占比 4.05%，东北部地区儿童占比 3.82%；2009年，地区差异缩小到 6%，西部身材矮小儿童占比 8.67%，中部地区儿童占比 4.9%，东部地区儿童占比 4.51%，东北部地区儿童占比仅为 2.62%。

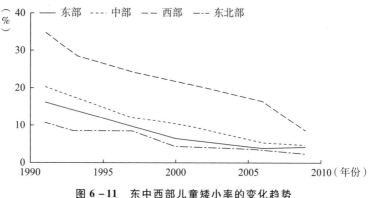

**图 6-11 东中西部儿童矮小率的变化趋势**

图 6-12 呈现了东中西部儿童消瘦率的变化。西部地区消瘦儿童比例从 1991 年到 2000 年呈现持续下降趋势，从 2000 年到 2006 年小幅上升，2006年后出现下降趋势。中部地区消瘦儿童比例从 1991 年到 2004 年出现较大幅度的波动下降，在 2004 年后变化相对趋于平稳。地区间差异呈现缩小趋势。东部与东北部地区消瘦儿童比例变化趋势接近，同年数据差距小，东部地区在 2006 年后比例趋近于 0。1991 年，地区最大差距超过 18%，西部地区消瘦儿童比例为 21.68%，中部比例为 11.72%，东部比例为 3.54%，东北

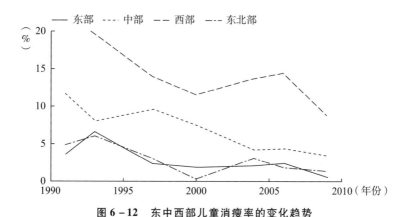

**图 6-12 东中西部儿童消瘦率的变化趋势**

部比例为 4.78%；1993 年，西部地区消瘦儿童比例为 19.75%，中部比例
为 8.09%，东部比例为 6.6%，东北部比例为 6.09%；1997 年，西部地区
消瘦儿童比例为 13.99%，中部比例为 9.61%，东部比例为 2.37%，东北部
比例为 3.06%；2000 年，西部地区消瘦儿童比例为 11.54%，中部比例为
7.57%，东部比例为 1.79%，东北部比例为 0.37%；2004 年，西部地区消
瘦儿童比例为 14.36%，中部比例为 4.44%，东部比例为 1.86%，东北部比
例为 2.39%；2009 年，地区差异缩小到 8%，西部地区消瘦儿童比例为
8.62%，中部比例为 3.46%，东部比例为 0.5%，东北部比例为 1.33%。

　　图 6 - 13 呈现了儿童发育不良率的变化趋势。西部地区身体质量指数偏
低的儿童比例波动明显，1991 ~ 1993 年及 2004 ~ 2006 年均有较大幅度上
升，而 1993 ~ 2004 年则缓慢下降，2006 年后趋于平稳。中部地区身体质量
指数偏低的儿童比例，从 1991 年到 1993 年小幅下降，而后到 2000 年缓慢
上升，从 2000 年到 2004 年大幅下降，并从 2004 到 2006 年小幅上升，最后
趋于平稳。东部地区发育不良的儿童比例在经历了 1991 年到 1993 年的小幅
上升后，1993 ~ 2004 年波动下降到达全国各地区各年份中的最低值，并从
2004 年到 2006 年大幅上升，后平缓下降。东北部地区发育不良的儿童比例
随年份波动次数多，1993 年到 2004 年波动较大。1991 年，地区最大差异约
为 4%，西部地区发育不良儿童比例为 6.97%，中部地区比例为 5.26%，
东部地区比例为 2.94%，东北部地区比例为 4.88%；1993 年，西部地区发
育不良儿童比例为 8.27%，中部地区比例为 4.29%，东部地区比例为 4.16%，
东北部地区比例为 4.15%；1997 年，西部地区发育不良儿童比例为 7.19%，

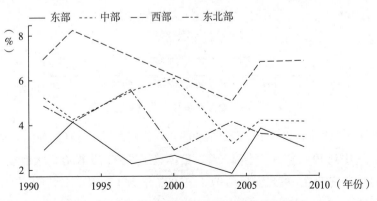

**图 6 - 13　东中西部儿童发育不良率的变化趋势**

中部地区比例为 5.53%，东部地区比例为 2.3%，东北部地区比例为 5.62%；2000 年，西部地区发育不良儿童比例为 6.33%，中部地区比例为 6.1%，东部地区比例为 2.63%，东北部地区比例为 2.9%；2004 年，西部地区发育不良儿童比例为 5.04%，中部地区比例为 3.2%，东部地区比例为最低的 1.85%，东北部地区比例为 4.17%；2006 年，西部地区发育不良儿童比例为 6.86%，中部地区比例为 4.21%，东部地区比例为 3.84%，东北部地区比例为 3.61%；2009 年，西部地区发育不良儿童比例为 6.87%，中部地区比例为 4.16%，东部地区比例为 3.01%，东北部地区比例为 3.5%。

**全国儿童严重发育不良指标变化趋势**

本节将指标低于世界卫生组织标准值减去三个标准差所得到的数值的儿童比例认为是恶化版的儿童比例，本节将对比恶化版数值与第一节中得到的普通版数值。

从图 6-14 中可以看出，身材严重矮小的儿童比例远低于普通身材矮小的儿童比例，除了从 1991~1997 年有了小幅下降，整体趋于平稳，并没有巨大改变。身材严重矮小的儿童比例 1991 年为 5.72%，1993 年为 4.48%，1997 年为 2.94%，2000 年为 2.81%，2004 年为 2.95%，2006 年为 2.75%，2009 年为 2.36%。

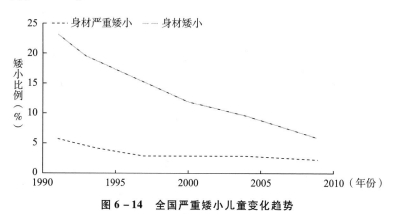

**图 6-14 全国严重矮小儿童变化趋势**

从图 6-15 中可以看出，严重消瘦的儿童比例远低于普通消瘦的儿童比例，除了从 1991 到 1993 年有了小幅下降，整体趋于平稳，并没有巨大改变。严重消瘦的儿童比例在 1991 年为 1.97%，1993 年为 1.36%，1997 年为 1.44%，2000 年为 1.17%，2004 年为 1.12%，2006 年为 1.16%，2009 年为 0.79%。

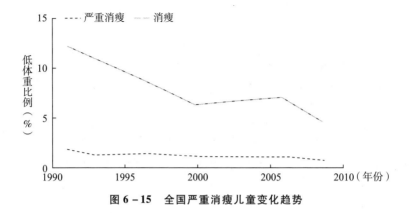

**图 6 - 15　全国严重消瘦儿童变化趋势**

从图 6 - 16 中可以看出，身体质量指数更低的严重发育不良儿童比例远低于普通身体质量指数的儿童比例，1993 ~ 1997 年有了小幅上升后持续降低，整体趋于平稳，并没有巨大改变。严重发育不良的儿童比例在 1991 年为 1.13%，1993 年为 1.09%，1997 年为 1.33%，2000 年为 1.19%，2004 年为 1.14%，2006 年为 1.02%，2009 年仅为 0.7%。

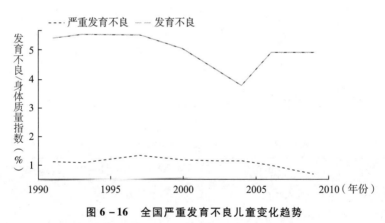

**图 6 - 16　全国严重发育不良儿童变化趋势**

### 6.2.9　营养健康指标与收入的相关性分析

本节将探讨身材矮小儿童、消瘦儿童及发育不良儿童与不同家庭收入组间的关系。表 6 - 24、6 - 25、6 - 26 分别列出了这些儿童不同的年龄组与家庭收入组间的关系。年龄组分为 0 ~ 18 岁、0 ~ 5 岁、5 ~ 18 岁三档，同时将收入按照四分位分成高于 75% 的高家庭收入组、位于 50% ~ 75% 的较高家庭收入组、位于 25% ~ 50% 的较低家庭收入组及低于 25% 的低家庭收入组。表 6-24、6-25、6-26 均能显示家庭收入越高的家庭儿童越健康的结论，然而并不是最富的人相关关系最紧密，反而是中间组比较紧密；0~5 岁和 5~18 岁的结果有的是相反的，体现出年龄层上的异质性。同时，儿童中很少出现很矮但是很胖、很高但是很瘦的情况。

表 6-24  身材矮小儿童与家庭收入分组的关系

| | 身材矮小 | 0~18 岁 | 0~5 岁 | 5~18 岁 |
|---|---|---|---|---|
| 家庭收入 | 收入高于 75% | -0.0273 | 0.0619 | -0.0564 |
| | 收入在 50%~75% | -0.0532 | -0.0329 | -0.0593 |
| | 收入在 25%~50% | -0.0684 | -0.1313 | -0.0562 |
| | 收入低于 25% | -0.0078 | -0.0335 | 0.0011 |

数据来源：中国营养健康调查数据（1991~2009 年）、世界卫生组织儿童生长标准。

表 6-25  消瘦儿童与家庭收入分组的关系

| | 消瘦 | 0~18 岁 | 0~5 岁 | 5~10 岁 |
|---|---|---|---|---|
| 家庭收入 | 收入高于 75% | -0.0524 | -0.1353 | 0.0004 |
| | 收入在 50%~75% | -0.0545 | -0.0141 | -0.0784 |
| | 收入在 25%~50% | 0.0205 | -0.0007 | 0.0364 |
| | 收入低于 25% | -0.0537 | 0.0568 | -0.1312 |

数据来源：中国营养健康调查数据（1991~2009 年）、世界卫生组织儿童生长标准。

表 6-26  发育不良儿童与家庭收入分组的关系

| | 发育不良 | 0~18 岁 | 0~5 岁 | 5~18 岁 |
|---|---|---|---|---|
| 家庭收入 | 收入高于 75% | 0.0004 | -0.0113 | 0.0033 |
| | 收入在 50%~75% | 0.0459 | 0.0717 | 0.0420 |
| | 收入在 25%~50% | 0.0482 | 0.0008 | 0.0591 |
| | 收入低于 25% | -0.0206 | 0.0380 | -0.0368 |

数据来源：中国营养健康调查数据（1991~2009 年）、世界卫生组织儿童生长标准。

### 6.2.10  回归分析

在上一节家庭收入与儿童健康的相关性分析中，并没有考虑儿童本身、家庭及父母的因素对健康的影响。在本节中，将使用 logistic 回归框架考察家庭收入与儿童健康之间的关系。本节将运用下面的线性模型进行回归分析。

$$Y_{ist} = \alpha + \beta \ln(\text{income})_{ist} + \gamma X_{ist} + \eta_s + \lambda_t + \varepsilon_{ist}$$

β 记录了家庭收入与儿童健康的关系，$X_{ist}$ 代表了影响儿童健康的个人、家庭及父母因素的控制变量，$\eta_s$ 及 $\lambda_t$ 分别代表省份及年龄的固定效应。

**营养健康指标的收入影响因素分析**

表 6 - 27 展示了不同年龄段的儿童健康与家庭收入的基本回归结果，可以得出家庭收入与儿童身材矮小和消瘦具有十分显著的关系。儿童身材矮小及消瘦均与家庭收入呈现负相关的关系，即家庭收入越高，不健康的儿童越少。每当家庭收入上升 1%，身材矮小的儿童将减少 0.166%，消瘦的儿童将减少 0.192%。同时，通过回归结果可以得出 5~18 岁年龄段的儿童健康受家庭收入的影响更大，而 0~5 岁的儿童是否健康基本不受家庭收入的影响。发育不良受家庭收入的影响并不显著，而表 6 - 27 中的相关系数多为正数，说明正相关关系并不显著；同时身体质量指数由身高体重计算而得出，说明身高和体重均影响显著时，叠加在一起便不显著。

**表 6 - 27　三指标与家庭收入的回归关系**

| 变量 | 身材矮小 | | | 消瘦 | | | 发育不良 | | |
|---|---|---|---|---|---|---|---|---|---|
| | 0~18 岁 | 0~5 岁 | 5~18 岁 | 0~18 岁 | 0~5 岁 | 5~10 岁 | 0~18 岁 | 0~5 岁 | 5~18 岁 |
| 家庭收入 | -0.166*** | -0.0841 | -0.182*** | -0.192** | 0.00961 | -0.271*** | 0.0298 | 0.215 | -0.0102 |
| | (0.0464) | (0.0888) | (0.0547) | (0.0797) | (0.156) | (0.0979) | (0.0744) | (0.220) | (0.0799) |
| 样本数量 | 5914 | 1170 | 4744 | 2784 | 1105 | 1614 | 5914 | 1170 | 4744 |

数据来源：中国营养健康调查数据（1991~2009 年）、世界卫生组织儿童生长标准。

\*\*\* $p < 0.01$，\*\* $p < 0.05$，\* $p < 0.1$。

**营养健康指标的个人影响因素分析**

表 6 - 28 进一步研究了儿童健康与儿童个人因素之间的关系。首先，家庭收入与年龄对全体儿童的身材矮小具有十分显著的影响而性别及民族对儿童健康的影响较弱一些。0~5 岁儿童健康基本不受这些个人因素影响，但 5~18 岁的儿童受个人因素的影响较大。在加入了性别、年龄和民族后，家庭收入对全部儿童矮小的影响降低了，每当家庭收入上升 1%，全部身材矮小的儿童将会降低 0.151%，而 5~18 岁的矮小儿童比例将会降低

0.279%；儿童的年龄每增长 1 岁，全部矮小儿童的比例将降低 0.0437%，5～18 岁的矮小儿童比例将会降低 0.0435%；而女生相较于男生而言，全部身材矮小的儿童比例将会下降 0.187%，5～18 岁的身材矮小儿童比例将会下降 0.19%；汉族身材矮小儿童的比例比少数民族多了 0.256%，而 5～18 岁的汉族身材矮小儿童比少数民族儿童多了 0.268%。

表 6 - 28　三指标与儿童个人因素的回归关系

| 变量 | 身材矮小 | | | 消瘦 | | | 发育不良 | | |
|---|---|---|---|---|---|---|---|---|---|
| | 0～18 岁 | 0～5 岁 | 5～18 岁 | 0～18 岁 | 0～5 岁 | 5～10 岁 | 0～18 岁 | 0～5 岁 | 5～18 岁 |
| 家庭收入 | - 0. 151 *** | - 0. 0612 | - 0. 166 *** | - 0. 279 *** | - 0. 133 | - 0. 349 *** | - 0. 106 | - 0. 0498 | - 0. 141 * |
| | - 0. 0527 | - 0. 105 | - 0. 0619 | - 0. 0907 | - 0. 179 | - 0. 11 | - 0. 0792 | - 0. 301 | - 0. 0836 |
| 性别 | - 0. 187 * | - 0. 202 | - 0. 190 * | - 0. 132 | - 0. 537 | - 0. 0365 | - 0. 350 ** | - 0. 468 | - 0. 355 ** |
| | - 0. 0966 | - 0. 201 | - 0. 111 | - 0. 189 | - 0. 38 | - 0. 224 | - 0. 152 | - 0. 486 | - 0. 161 |
| 年龄 | - 0. 0437 *** | - 0. 0347 | - 0. 0435 *** | 0. 108 *** | - 0. 0635 | 0. 0573 | 0. 0279 * | - 0. 289 | 0. 00392 |
| | - 0. 0102 | - 0. 075 | - 0. 0155 | - 0. 0376 | - 0. 133 | - 0. 0774 | - 0. 0164 | - 0. 177 | - 0. 0224 |
| 民族 | 0. 256 * | 0. 209 | 0. 268 * | - 0. 543 ** | - 1. 870 *** | - 0. 111 | - 0. 833 *** | - 0. 988 | - 0. 856 *** |
| | - 0. 135 | - 0. 297 | - 0. 152 | - 0. 276 | - 0. 622 | - 0. 327 | - 0. 283 | - 0. 649 | - 0. 322 |
| 样本数量 | 4307 | 724 | 3583 | 1851 | 697 | 1127 | 4307 | 517 | 3583 |

数据来源：中国营养健康调查数据（1991～2009 年）、世界卫生组织儿童生长标准。

*** $p < 0.01$，** $p < 0.05$，* $p < 0.1$。

其次，在加入了个人因素后，家庭收入对消瘦儿童的影响变大了，对 5～18 岁儿童消瘦的影响更为巨大，年龄对全体儿童的影响仍然十分显著，民族的影响也较为显著，而性别的影响并不显著。每当家庭收入上升 1%，全部消瘦儿童的比例将会下降 0.279%，而 5～18 岁的消瘦儿童比例将会下降 0.349%；每当年龄增加 1 岁，全部消瘦儿童的比例将会上升 0.108%；汉族的全部儿童消瘦比例比少数民族少了 0.543%，而在 0～5 岁的儿童中，汉族消瘦儿童的比例比少数民族少了 1.87%。

最后，在加入了个人因素后家庭收入对 5～18 岁的儿童的影响变得显著，年龄、性别、民族的影响效果逐渐增强。发育不良的女孩比男孩的比例低了 0.35%，在 5～18 岁的梯度中差别达到 0.355%；年龄每增加 1 岁，发育不良的儿童将减少 0.0279%；而汉族发育不良的儿童比少数民族少了

0.833%，在 5～18 岁的梯度中差别则更为明显。

总体来说，0～5 岁的儿童的健康状况受个人因素影响较小，可能是因为 0～5 岁儿童过于幼小，生活上还没有自理能力，更多地依靠家长的照顾，但同时因为年龄小对家庭收入的依赖度也比较小。

**营养健康指标的家庭影响因素分析**

表 6－29 展示了儿童健康与家庭因素之间的关系。首先，加入了家庭因素后，家庭收入对儿童身高的影响显著性变小，是否为城市家庭对矮小儿童的影响十分显著，而孩子数量的影响也较为显著，其中对 5～18 岁的儿童影响十分显著。每当家庭收入上升 1% 个单位，全部矮小儿童所占的比例将会下降 0.1%，基本为 5～18 岁儿童的变化；而农村的全部矮小儿童比例比城市多了 0.710%，农村 0～5 岁矮小儿童比例相较于城市而言多了 0.387%，而 5～18 岁的农村矮小儿童比例多了 0.802%；孩子数量多于 1 个时，身材矮小的儿童比例多了 0.166%，而在 5～18 岁的梯度中出现矮小儿童的比例多了 0.223%。

**表 6－29 三指标与家庭因素的回归关系**

| 变量 | 身材矮小 | | | 消瘦 | | | 发育不良 | | |
|---|---|---|---|---|---|---|---|---|---|
| | 0～18 岁 | 0～5 岁 | 5～18 岁 | 0～18 岁 | 0～5 岁 | 5～10 岁 | 0～18 岁 | 0～5 岁 | 5～18 岁 |
| 家庭收入 | －0.100 ** | －0.0692 | －0.101 * | －0.155 * | 0.0803 | －0.249 ** | 0.0383 | 0.198 | 0.00125 |
| | －0.0493 | －0.0938 | －0.058 | (0.0838) | (0.167) | (0.102) | －0.0774 | －0.225 | －0.0833 |
| 城乡 | 0.710 *** | 0.387 ** | 0.802 *** | 0.433 ** | 0.548 * | 0.497 ** | 0.0144 | －0.291 | 0.1 |
| | －0.102 | －0.194 | －0.121 | (0.185) | (0.333) | (0.230) | －0.147 | －0.375 | －0.16 |
| 孩子数量 | 0.166 ** | 0.0567 | 0.223 *** | 0.0332 | 0.127 | －0.102 | －0.0218 | 0.00786 | －0.0541 |
| | －0.0704 | －0.139 | －0.0836 | (0.125) | (0.222) | (0.163) | －0.111 | －0.281 | －0.122 |
| 样本数量 | 5665 | 1090 | 4575 | 2658 | 1037 | 1568 | 5665 | 1090 | 4575 |

数据来源：中国营养健康调查数据（1991～2009 年）、世界卫生组织儿童生长标准。
*** $p < 0.01$，** $p < 0.05$，* $p < 0.1$。

其次，增加了家庭因素的影响后，城乡因素替代了收入的影响，城乡差异即家庭收入对儿童是否消瘦的影响降低了，所以城乡问题对儿童是否消瘦具有十分显著的影响。每当家庭收入上升 1 个单位时，消瘦儿童的比例将降低 0.155%，其中 5 ~ 18 岁的儿童将下降 0.249%；而城市消瘦儿童比农村消瘦儿童占比少了 0.433%，其中 0 ~ 5 岁消瘦儿童比例少了 0.548% 及 5 ~ 18 岁消瘦儿童比例少了 0.497%。

最后，增加了家庭因素后，家庭收入及家庭因素对儿童是否发育不良的影响均不是太显著。总体来说，家庭位于城市还是农村对儿童健康的影响较为显著，可能是因为农村的经济条件相较于城市较差，所以儿童的营养状况较差。

### 营养健康指标的水和卫生影响因素分析

表 6 - 30 展示了家庭饮用水及卫生情况对儿童健康的影响。加入了饮用水和是否有冲水厕所的因素后，家庭收入对身材是否矮小的影响效果降低了，但是否有冲水厕所对儿童身材矮小有十分显著的影响，饮用水是否干净的影响也比较显著。每当家庭收入上升 1%，身材矮小的儿童将会减少 0.122%，其中 5 ~ 18 岁的儿童将会减少 0.133%；在饮用水不干净的情况下，身材矮小的儿童比饮用水干净的条件下身材矮小的儿童多 0.307%，其中 0 ~ 5 岁的儿童多 0.408%，5 ~ 18 岁的矮小儿童多 0.284%；而在有冲水厕所即卫生条件较好的情况下，身材矮小的儿童相较于卫生条件较差的家庭少了 0.455%，其中 5 ~ 18 岁的比例相差 0.577%。而儿童消瘦及发育不良与是否拥有干净的饮用水和抽水厕所并没有显著的关系。

表 6 - 30　三指标与水和卫生因素的回归关系

| 变量 | 身材矮小 | | | 消瘦 | | | 发育不良 | | |
|---|---|---|---|---|---|---|---|---|---|
| | 0 ~ 18 岁 | 0 ~ 5 岁 | 5 ~ 18 岁 | 0 ~ 18 岁 | 0 ~ 5 岁 | 5 ~ 10 岁 | 0 ~ 18 岁 | 0 ~ 5 岁 | 5 ~ 18 岁 |
| 家庭收入 | $-0.122^{**}$ | $-0.0617$ | $-0.133^{**}$ | $-0.173^{**}$ | $0.0317$ | $-0.252^{**}$ | $0.0350$ | $0.200$ | $-0.00164$ |
| | $(0.0480)$ | $(0.0920)$ | $(0.0565)$ | $(0.0817)$ | $(0.163)$ | $(0.0993)$ | $(0.0756)$ | $(0.226)$ | $(0.0812)$ |
| 饮用水 | $0.307^{**}$ | $0.408^{*}$ | $0.284^{**}$ | $-0.0444$ | $-0.0119$ | $-0.0439$ | $-0.236$ | $-0.190$ | $-0.254$ |
| | $(0.120)$ | $(0.246)$ | $(0.138)$ | $(0.241)$ | $(0.436)$ | $(0.293)$ | $(0.218)$ | $(0.636)$ | $(0.234)$ |
| 厕所情况 | $0.455^{***}$ | $0.0689$ | $0.577^{***}$ | $0.275$ | $0.193$ | $0.330$ | $0.171$ | $-0.188$ | $0.241$ |
| | $(0.108)$ | $(0.216)$ | $(0.126)$ | $(0.196)$ | $(0.358)$ | $(0.237)$ | $(0.149)$ | $(0.405)$ | $(0.160)$ |
| 样本数量 | 5906 | 1166 | 4740 | 2780 | 1101 | 1614 | 5906 | 1166 | 4740 |

数据来源：中国营养健康调查数据（1991 ~ 2009 年）、世界卫生组织儿童生长标准。

*** $p < 0.01$，** $p < 0.05$，* $p < 0.1$。

### 营养健康指标的父母影响因素分析

表6-31展示了儿童健康与父母因素的影响关系。从表6-31中可以看出添加了父母因素的影响后，收入对儿童身材矮小的影响效果降低了，父母的受教育情况对儿童的身高有十分显著的影响。每当家庭收入上涨1%，身材矮小的儿童比例将降低0.14%，其中以5~18岁的变化较为显著；父亲受教育程度在小学以上时，身材矮小的儿童比例降低0.431%，其中5~18岁的儿童变化较为显著，变化比例高达0.487%；而如果母亲受教育程度为小学以上时身材矮小的儿童比例将降低0.35%，其中0~5岁的身材矮小的儿童比例降低了0.598%，5~18岁的身材矮小的儿童比例降低了0.372%。

表6-31　三指标与父母因素的回归关系

| 变量 | 身材矮小 | | | 消瘦 | | | 发育不良 | | |
|---|---|---|---|---|---|---|---|---|---|
| | 0~18岁 | 0~5岁 | 5~18岁 | 0~18岁 | 0~5岁 | 5~10岁 | 0~18岁 | 0~5岁 | 5~18岁 |
| 家庭收入 | -0.140** | -0.0249 | -0.147** | -0.0809 | 0.0291 | -0.128 | 0.0131 | 0.0824 | -0.0137 |
| | (0.0566) | (0.114) | (0.0659) | (0.102) | (0.199) | (0.124) | (0.0855) | (0.312) | (0.0906) |
| 父亲受教育程度 | 0.431*** | 0.139 | 0.487*** | 0.467* | 0.0242 | 0.471 | 0.245 | 0.264 | 0.195 |
| | (0.139) | (0.366) | (0.155) | (0.266) | (0.600) | (0.313) | (0.224) | (0.870) | (0.234) |
| 母亲受教育程度 | 0.350*** | 0.598** | 0.372** | 0.615*** | 0.326 | 0.778*** | 0.203 | -0.0260 | 0.169 |
| | (0.129) | (0.281) | (0.150) | (0.234) | (0.448) | (0.285) | (0.191) | (0.718) | (0.200) |
| 父母健康状况 | -0.211 | 0.488 | -0.331 | 0.527 | 0.256 | 0.701* | 0.130 | 0.932 | -2.57e-05 |
| | (0.181) | (0.383) | (0.210) | (0.328) | (0.650) | (0.401) | (0.236) | (0.685) | (0.253) |
| 样本数量 | 3900 | 674 | 3226 | 1737 | 559 | 991 | 3900 | 674 | 3226 |

数据来源：中国营养健康调查数据（1991~2009年）、世界卫生组织儿童生长标准。

\*\*\* $p<0.01$，\*\* $p<0.05$，\* $p<0.1$。

母亲的受教育程度同样对儿童体重的影响十分显著，父母健康状况对5~18岁的儿童体重有非常轻微的影响。母亲受教育程度高于小学程度时，消瘦儿童的比例相较于母亲受教育程度低的儿童降低了0.615%，其中5~18岁的差别高达0.778%。

之所以出现以上情况，可能是因为儿童与母亲相处的时间多于与父亲相处的时间，母亲的学历较高将给儿童带来较好的影响。

### 营养健康指标的影响因素分析

当控制本节研究的所有因素对儿童健康的影响时，家庭收入的影响变得微乎其微，而儿童自身的年龄、城乡、家庭的孩子数量与父亲的受教育程度对儿童身材是否矮小的影响十分显著（见表6-32）。每当年龄上涨一岁，身材消瘦的儿童比例将下降0.0697%，其中5~18岁的矮小儿童比例每增长一岁将降低0.0633%，受年龄的影响十分显著；城市矮小儿童比例与农村矮小儿童比例相比少了0.51%，其中5~18岁的儿童少了0.573%，影响十分显著；孩子数量较多的家庭中出现身材矮小儿童的比例比独生子女家庭中出现矮小儿童的比例提高了0.325%，其中5~18岁的梯度中受孩子数量的影响十分显著，比例高了0.336%；同时，当父亲受教育程度较高时，矮小儿童比例相较于其他家庭低了0.6%，其中5~18岁的矮小儿童受其影响十分显著，比例低了0.572%。

表6-32　三指标与所有因素的回归关系

| 变量 | 身材矮小 | | | 消瘦 | | | 发育不良 | | |
|---|---|---|---|---|---|---|---|---|---|
| | 0~18岁 | 0~5岁 | 5~18岁 | 0~18岁 | 0~5岁 | 5~10岁 | 0~18岁 | 0~5岁 | 5~18岁 |
| 家庭收入 | -0.0555 | 0.0151 | -0.0630 | -0.212* | -0.136 | -0.295** | -0.0925 | -0.307 | -0.106 |
| | (0.0645) | (0.132) | (0.0745) | (0.112) | (0.234) | (0.141) | (0.0916) | (0.441) | (0.0963) |
| 性别 | -0.104 | -0.465* | -0.00812 | 0.0278 | -0.594 | 0.108 | -0.419** | -0.645 | -0.417** |
| | (0.113) | (0.251) | (0.129) | (0.222) | (0.486) | (0.263) | (0.173) | (0.690) | (0.181) |
| 年龄 | -0.0697*** | -0.116 | -0.0633*** | 0.116** | 0.0234 | 0.105 | 0.0303 | -0.250 | 0.00140 |
| | (0.0131) | (0.0935) | (0.0191) | (0.0466) | (0.172) | (0.0928) | (0.0204) | (0.241) | (0.0264) |
| 民族 | -0.01000 | 0.0484 | -0.0648 | -0.446 | -1.304* | -0.252 | -0.645** | 0.0803 | -0.822** |
| | (0.170) | (0.375) | (0.194) | (0.336) | (0.786) | (0.391) | (0.324) | (0.889) | (0.358) |
| 城乡 | 0.510*** | 0.348 | 0.573*** | -0.0713 | 1.534* | -0.283 | -0.118 | 0.246 | -0.120 |
| | (0.157) | (0.343) | (0.180) | (0.320) | (0.797) | (0.380) | (0.217) | (1.159) | (0.225) |
| 孩子数量 | 0.325*** | 0.0871 | 0.336*** | -0.0954 | 0.333 | -0.462* | 0.0334 | -0.0834 | 0.0145 |
| | (0.0945) | (0.209) | (0.109) | (0.199) | (0.408) | (0.253) | (0.152) | (0.626) | (0.159) |
| 饮用水 | 0.0278 | -0.0424 | 0.0544 | -0.00236 | -0.130 | -0.0226 | 0.0128 | -0.620 | 0.0520 |
| | (0.156) | (0.366) | (0.176) | (0.324) | (0.724) | (0.382) | (0.255) | (1.162) | (0.264) |

续表

| 变量 | 身材矮小 | | | 消瘦 | | | 发育不良 | | |
|---|---|---|---|---|---|---|---|---|---|
| | 0~18岁 | 0~5岁 | 5~18岁 | 0~18岁 | 0~5岁 | 5~10岁 | 0~18岁 | 0~5岁 | 5~18岁 |
| 厕所情况 | 0.0992 | -0.201 | 0.188 | -0.000959 | -1.528** | 0.363 | 0.468** | 0.0394 | 0.512** |
| | (0.163) | (0.358) | (0.187) | (0.330) | (0.736) | (0.389) | (0.221) | (1.131) | (0.228) |
| 父亲受教育程度 | 0.600*** | 0.353 | 0.572*** | 0.553* | 0.296 | 0.607* | 0.143 | 0.838 | 0.105 |
| | (0.155) | (0.424) | (0.170) | (0.305) | (0.793) | (0.349) | (0.256) | (1.085) | (0.267) |
| 母亲受教育程度 | 0.141 | 0.443 | 0.0992 | 0.576** | -0.133 | 0.910*** | 0.0636 | 0.134 | 0.0474 |
| | (0.152) | (0.338) | (0.173) | (0.288) | (0.677) | (0.340) | (0.228) | (1.131) | (0.236) |
| 父母健康情况 | -0.127 | 0.404 | -0.253 | 0.604* | -0.215 | 0.978** | 0.143 | 0.408 | 0.0954 |
| | (0.191) | (0.409) | (0.220) | (0.357) | (0.820) | (0.432) | (0.257) | (0.914) | (0.272) |
| 样本数量 | 3113 | 446 | 2650 | 1181 | 342 | 763 | 3113 | 273 | 2650 |

数据来源：中国营养健康调查数据（1991~2009年）、世界卫生组织儿童生长标准。

*** $p < 0.01$，** $p < 0.05$，* $p < 0.1$。

对于消瘦儿童来说，当控制所有变量后，家庭收入的影响同样降低，儿童年龄和母亲受教育程度影响较大，而父亲受教育程度的影响较小，其中0~5岁的儿童受民族、城乡及卫生条件等因素的影响较小。年龄每上涨一岁，消瘦儿童的比例上升0.116%；当母亲受教育程度较高时，消瘦儿童比例相较于其他家庭低了0.576%，其中5~10岁的矮小儿童受其影响十分显著，比例低了0.91%；而在父母一方有重大疾病的家庭中，消瘦儿童出现的比例相较于父母健康的家庭高了0.604%，其中对5~18岁的儿童影响更为显著，比例差别高达0.978%。

而对于发育不良的儿童来说，比较显著的影响因素主要为性别、民族及以是否有冲水厕所所代表的家庭卫生状况等。女性发育不良儿童所占比例比男性发育不良儿童所占比例高0.419%，基本均为5~18岁儿童的变化；少数民族发育不良儿童比例比汉族发育不良儿童比例低了0.645%，其中5~18岁的发育不良儿童低了0.822%；而拥有冲水厕所的家庭比没有冲水厕所的家庭中发育不良的儿童比例低了0.468%，基本为5~18岁儿童的变化。

**严重发育不良的收入影响因素分析**

从表6-33中可以看出影响儿童严重矮小的十分显著的因素为年龄和父亲受教育程度；年龄每增加一岁，出现严重矮小的儿童比例将降低0.137%；

当父亲受教育程度较高时，严重矮小儿童比例相较于其他家庭低了 0.958%。

孩子数量、是否拥有冲水厕所及母亲的受教育程度对儿童出现严重消瘦情况具有较为显著的影响，而性别及父母健康状况的影响较小。孩子数量较多的家庭中出现严重消瘦儿童的比例比独生子女家庭中出现严重消瘦儿童的比例高了 1.194%；拥有冲水厕所的家庭比没有冲水厕所的家庭中出现严重消瘦的儿童比例低了 2.579%；当母亲受教育程度较高时，严重消瘦儿童比例相较于其他家庭低了 1.859%；而在父母一方有重大疾病的家庭中，出现严重消瘦儿童的比例相较于父母健康的家庭高了 1.524%；女童中具有严重消瘦问题的女童比例比严重消瘦的男童占比高了 1.176%。

父母健康情况对儿童出现严重发育不良具有十分显著的影响，性别和民族也具有较为显著的影响。在父母一方有重大疾病的家庭中，严重发育不良儿童出现的比例相较于父母健康的家庭高了 1.406%；具有严重发育问题的女童比例比严重发育不良的男童占比低了 0.922%。

表 6 – 33    儿童严重不健康与所有因素的回归关系

| 变量 | 严重矮小 | 严重消瘦 | 严重发育不良 |
|---|---|---|---|
| 家庭收入 | – 0.132 | – 0.287 | – 0.195 |
|  | (0.113) | (0.264) | (0.198) |
| 性别 | 0.226 | 1.176 * | – 0.922 ** |
|  | (0.210) | (0.654) | (0.421) |
| 年龄 | – 0.137 *** | – 0.174 | 0.00874 |
|  | (0.0236) | (0.124) | (0.0457) |
| 民族 | 0.191 | 0.0120 | – 2.493 ** |
|  | (0.291) | (1.037) | (1.100) |
| 城乡 | 0.0766 | 0.0716 | 0.134 |
|  | (0.303) | (0.987) | (0.472) |
| 孩子数量 | 0.267 | 1.194 ** | – 0.0820 |
|  | (0.171) | (0.552) | (0.339) |
| 饮用水 | – 0.227 | 1.236 | – 0.206 |
|  | (0.314) | (0.851) | (0.590) |

续表

| 变量 | 严重矮小 | 严重消瘦 | 严重发育不良 |
|------|---------|---------|-------------|
| 厕所情况 | - 0.303 | - 2.579 ** | 0.818 |
| | (0.308) | (1.144) | (0.498) |
| 父亲受教育 | 0.958 *** | 0.926 | 0.976 |
| 程度 | (0.293) | (0.828) | (0.651) |
| 母亲受教育 | 0.131 | 1.859 ** | - 0.693 |
| 程度 | (0.302) | (0.915) | (0.632) |
| 父母健康 | - 0.392 | 1.524 * | 1.406 *** |
| 情况 | (0.410) | (0.810) | (0.408) |
| 样本数量 | 2936 | 949 | 3113 |

数据来源：中国营养健康调查数据（1991～2009年）、世界卫生组织儿童生长标准。

*** $p < 0.01$，** $p < 0.05$，* $p < 0.1$。

### 6.2.11 结论与建议

本节使用中国营养健康调查数据及世界卫生组织儿童生长标准考察了家庭收入与儿童健康之间的关系。

第一，全国儿童营养健康指标中矮小率、消瘦率及发育不良率均呈现大幅下降的趋势，且各指标间的差距变小。其中，身材矮小率下降幅度最大为17%，消瘦率下降幅度为7%，而发育不良比例较低且较为平稳。这表明，我国儿童身高及体重虽然低于世界标准，但身体质量指数较为正常。

第二，男孩的营养健康指标大体上低于女孩的营养健康指标，男童的变化幅度较大，均呈现大幅下降趋势，身材矮小率均从1991年大于20%下降到2009年的5%左右，消瘦率均从1991年的11%左右下降到4%左右，发育不良率整体偏低但呈现波动下降的趋势；这说明很多家庭更加重视男童的问题，重男轻女问题仍然存在。农村的营养健康指标低于城市的营养健康指标，总体呈现波动下降趋势，但差距大幅缩小；其中，身材矮小率的城乡差距由7%下降到1%，消瘦率的城乡差距由6.5%大幅波动下降到1%，发育不良率的城乡差距由1.4%剧烈波动下降到0.6%；这说明中国的城乡发展差异虽得到改善，但仍然存在，需要国家大力发展扶持。西部的营养健康指标最差，其次为中部，东部和东北部地区营养健康指标数据相近，总体呈现下降趋势，但各地区的差距在缩小。其中，身材矮小率的最大差距由东北部地区与西部地区间的22%下降到了6%，消瘦率的最大差距由西部与东部地区间的18%大幅波动下降到西部地区与东部地区间的8%；这说明，由经济及自然因素的差异所造成的地区间区别均会对儿童的营养健康产生影响，西部地区儿童不健康比例较高，而东北部地区儿童偏向又高又瘦，中部地区儿童较为健康，而东部地区由于其本身的经济发展程度高，自然条件好，多平原适于耕种等，儿童营养健康水平较高。全国严重发育不良指标均远低于普通发育不良的指标，但严重矮小率、严重消瘦率及严重发育不良率变化均不大，较为平稳，这说明尽管我国特别不健康的儿童数量为少数，但仍需要国家的关注及社会的重视。

第三，收入和营养健康的关系十分重要，可以看出收入越高儿童的营养健康状况越好，但同时，收入在中间部分的人相关关系最紧密。0～5岁和5～18岁的结果有的是相反的，5～18岁的儿童健康受家庭收入的影响较大，体现出年龄层上的异质性。同时，儿童中很少出现很矮但是很胖、很高但是很瘦的极端情况。

第四，本节也探究了其他影响因素对儿童健康的影响，及个人因素、家庭因素、水和卫生因素及父母因素对儿童健康产生的影响。其中，我们可以看出男孩的健康程度明显比女孩高，与上文结果相符，说明我国重男轻女的思想根深蒂固；0～5岁的儿童的健康状况受个人因素影响较小，可能是因为0～5岁儿童过于幼小，生活上还没有自理能力，更多地依靠家长的照顾，但同时因为年龄小对家庭收入的依赖度也比较小；少数民族人民，在基因上偏高，但多位于中西部地区，自然条件差，所以多呈现身高高于汉族儿童但整体偏瘦的状况。在家庭因素中，城市儿童指标明显优于农村儿童，其中城乡差别对0～18岁儿童的矮小率及消瘦率影响均十分显著，与上文结论相呼应，说明城乡问题仍是政府改善儿童健康的重中之重。孩子数量少的家庭指标明显优于孩子数量多的家庭，但对儿童矮小率的影响最为显著，可以看出优生优育政策的科学性。在水和卫生因素中，拥有干净饮用水及冲水厕所的家庭的儿童更为健康，且均对儿童是否矮小的影响显著，这说明改善地区饮用水及卫生条件也是亟待解决的问题之一。而父母的受教育程度及健康程度同样会对儿童健康造成正影响，其中母亲受教育程度对儿童健康的影响明显高于父亲受教育程度对儿童健康的影响，这与前人研究的结论相符，但父母是否拥有重大疾病对儿童健康的影响并不非常显著。

**相关政策建议**

第一，政府应当对我国的收入体系进一步完善，建立起更加健全的分配机制，以这样的方式确保城乡居民收入差距缩小，扩大中等收入群体的规模，让落后地区的收入得到提升，缩小收入差距，这是解决儿童健康不平等问题的重点所在。第二，要进一步强化落实学校以及幼儿园对于儿童培养的责任，不仅要保证文化教育的水平，而且要重视对儿童在生活上的照顾，重视培养儿童的生活能力，要建设更高水平的医务团队以及心理咨询队伍，这样才能从身心两方面确保儿童的成长。此外还要对社区医疗机构以及医院进行强化，为儿童的父母和其他家庭成员提供更丰富的育儿知识，培训他们的育儿技能，以多种形式让家庭能够有更加科学合理的儿童照顾能力。第三，要对社区的医疗机构进行合理规划，通过合理安排儿童医院、儿科等科室，对医疗资源进行优化配置和整合，让儿童医疗服务的供给更加有效，更加合理。要增进社会保护能力，例如，为儿童设置强制性的社会性医疗保险，为儿童的疾病医疗提供更好的支付水平，在地区和制度之间要实现更加简单的医保转移程序，此外也可以鼓励市场资金进入儿童医疗保险行业。第四，对学校以及社区的环境进行改善，一方面，要严格禁止污染源出现在学校和社区周边，另一方面，也要强化环卫的投入，对生活垃圾进行及时、规范的处理，尤其是要重点改善城乡结合部的医疗条件。第五，要求政府加大宣传以及监管力度，要让男女平等、人人平等的观念深入人心，确保所有的儿童都能够得到平等的医疗保健服务。在少数民族以及落后地区，更要加强相关的教育和宣传，让儿童的家庭照顾更加科学合理。第六，要对当前落后地区的生活和饮水情况进行改善，在这些地区抓紧建设医疗卫生体系，确保医疗水平得到提升，不同地区之间的医疗能力得到平衡。尤其是要缩小各省之间、城乡之间的医疗水平差距。第七，要重点发展落后地区，重点提升这些地区的医保覆盖程度以及医保待遇，确保贫困家庭也能够得到及时有效的医疗服务；提供财务支持，减少贫困地区儿童的医疗支出，确保儿童能够得到免费的必要保健服务如疫苗接种等。第八，建议由政府提供一定的就业机会，帮助降低事业人口数量，对农村的教育条件进行改善，对农民的文化水平进行提升，以这种方式确保经济的发展速度。

### 6.2.12 不足与展望

第一，由于世界卫生组织的儿童生长标准是根据全球儿童的数据计算出来的，其中有些标准可能与中国国情并不完全相符。第二，中国营养健康调查问卷的复杂性，导致本节所使用的很多数据均存在缺失值，完整的样本数量并不多。其中，家庭收入的调查大多基于被调查者的回忆，没有完整的记账或其他证据证明，所以不可避免地会出现低估、高估或不准确的情况。第三，本节所选取的影响因素并不完全，存在一些遗漏变量，无法将所有影响儿童营养健康的数据纳入回归方程中，如儿童出生时的健康状况及父母的遗传情况等，因此本节所得出的结论并不完善，可能存在误差。第四，本节选择与世界卫生组织儿童生长标准数据比对后所得出的儿童矮小指标、消瘦指标及发育不良指标，这些指标无法全面反映儿童的健康状况，比如儿童是否患病等数据并没有被纳入回归的过程，可能会造成结果的不准确。第五，由于笔者对理论及数据分析的知识掌握得不够多，在实证研究中使用的模型较为简单，变量选取的涉及面也不够广泛，缺乏相关检验，所以很多分析中还存在缺陷。在未来的研究中，希望可以选择更为科学的数据及回归过程，将完整的影响因素进行回归以得到更为准确的结果。

## 6.3 农村儿童受教育状况及影响机制研究

### 6.3.1 研究背景

随着我国现今工业化及城镇化的发展，大批农村剩余劳动力流向城镇，城镇经济飞速增长。然而由于我国现阶段城镇化发展过程中城乡二元结构、户籍制度等不完善，很多农民工受到不平等待遇，往往存在工资较低、生存压力大、子女难以入学等一系列问题。因此大多数进城务工人员子女只能留在农村，进而出现"留守儿童"这一特殊群体。留守儿童是指父母双方或一方外出到城市工作，而自己留在原农村生活的儿童（16周岁以下的未成年人）。近年来留守儿童的规模不断扩大并已然成为一个突出的社会问题。为此，2009～2010 年多个地区相继出台保护留守儿童权益的相关条例，2016 年国家颁布的文件中也明确提出了关爱留守儿童，强调家庭监护主体的责任，加大学校的保护和教育部门的管理力度，并引导农民工回乡就业，以此体现对留守儿童的关爱。

留守儿童由于生活条件有限、缺乏家庭照顾以及容易受到各种环境的影响，其心理、学习、生活等各方面与非留守儿童相比存在差异。近年来媒体关于留守儿童上学困难、失学辍学的现象报道频繁，其中不仅包括家庭抚养能力弱、文化水平低、教育意识淡薄的因素，当地学校不重视、相关部门不作为等也是关键因素。因此，本节采用实证研究的方法分析留守儿童与非留守儿童的受教育情况差异及其影响因素，利用中国家庭动态跟踪调查（2014）数据，描述留守儿童与非留守儿童在入学率和学习成绩表现上所存在的差异，并建立多元回归模型探究"留守"这一因素对儿童的学习成绩及入学率的影响，以及儿童个人、父母、家庭和学校这些不同因素的影响机制。

### 6.3.2 文献回顾

研究农村留守儿童的教育问题，不同研究领域的学者分别有不同的侧重方向。首先，教育学者提出农村留守儿童的教育缺失表现在三个方面：学校教育、家庭教育和社会教育。农村地区留守儿童与非留守儿童的关键区别在于父母是否在家，因为父母外出打工导致留守儿童家庭不完整，家庭缺失严重，其家庭教育受到影响，这样相比较家庭方面的教育差异尤其明显。其次，从心理学的视角分析农村留守儿童的受教育情况也有很多研究结论。许多学者认为农村留守儿童在心理方面有所缺失，长期的留守环境容易造成其心理不健康，从而影响学习。主要结论包括：缺乏父母的关注及与父母的沟通，留守儿童可能存在性格缺陷，表现为冷漠、内向、孤独、自卑等（周宗奎等，2005）；同时农村留守儿童缺少父母的关爱，监护人的教养监护方式不当、监管不力、文化素质欠缺等方面也影响着他们的心理健康和学习状况。最后，社会学的研究则更多地侧重在留守儿童的行为上，认为留守儿童在社会行为方面也存在问题，部分留守儿童约束能力较差，缺乏社会责任感，甚至有的沾染恶习，出现道德上的偏差等（吴霓，2006），这也是家庭教育缺失所带来的社会问题。

以上几个方面的研究大部分得出了相似的研究结论，认为农村留守儿童的受教育状况因为各种原因受到不良影响。如叶敬忠、王伊欢（2006）对陕西、宁夏、河北和北京地区部分留守儿童学习情况的调查研究显示，父母外出打工对留守儿童的学习成绩确实存在不良的影响，很多孩子的成绩在父母外出打工后都出现了下降。唐春兰（2007）也通过调查发现大多数留守儿童成绩平平，中等偏下、较差的共占 68.2%。影响因素主要体现在：父母外出务工明显增加了留守儿童的劳动负担，而且隔代监护人的文化水平相对较低，并不能为农村留守儿童提供有效的学习辅导（丁杰、吴霓，2004）；家庭亲情的缺失导致留守儿童心理健康受到影响，从而严重影响了留守儿童的受教育状况。不过，这些研究大多从农村留守儿童相关状况出发，带着问题色彩关注其受教育状况，这些研究得出的结论是父母外出带来的影响是负面的。

另一方面的研究得出的结论则是农村留守儿童的受教育状况受父母外出的影响是不明显的。朱科蓉等（2002）通过对湖南、河南和江西三省抽样调查得出父母外出务工对孩子的学习动机、学习兴趣、学习态度与学习行为会产生一定程度的影响，但对留守儿童的成绩不存在影响的结论。陈欣欣等（2009）认为父母外出对留守儿童的成绩没有负面影响，吴霓（2006）的研究也有着相似的结论，认为留守儿童的学习成绩并没有因为父母外出而明显低于非留守儿童。胡枫、李善同（2009）的研究结果则说明父母外出务工的汇款反而能在一定程度上减轻对留守子女学习的负面影响。

此外，一些研究者也根据农村留守儿童的受教育情况对其特点进行了分析，认为父母外出务工对不同年龄、性别留守儿童的社会行为的影响不同，其行为表现也具有一定的异质性。胡枫、李善同（2009）发现留守儿童中女生的成绩高于男生，并认为男孩在缺少父母严厉的监管后，可能会形成自由散漫的习惯，而女生可能会有更高的自律性。家庭收入对女孩的受教育意愿产生显著的正面影响，家庭收入越高，女孩就会产生越强的受教育意愿（谭金梅，2012）。另外，调查数据的分析研究显示，农村留守儿童中小学阶段的儿童入学率高于初中年龄段的留守儿童，高龄留守儿童的入学比例较低；单独与父亲一起居住的农村留守儿童比同龄的非留守儿童更容易失学，而与母亲居住的农村留守儿童相比较之下有更低的失学率。这说明在农村地区，母亲外出后，子女得到的支持和照料比其他留守儿童更少（段成荣等，2013）。

当然，得出不同研究结论的原因主要是研究者所考虑的影响机制不同。本节将针对农村留守儿童的受教育状况进行原因分析，并与同一时期相同地区的非留守儿童的相应指标进行对比。由于影响留守儿童受教育因素中学校条件、社会因素等的影响并不重要，所以将影响因素的重点集中在家庭方面和留守儿童自身方面。在进行受教育结果的衡量上综合考虑儿童的就学状况、学生的学习成绩等。在分析影响留守儿童受教育状况的因素中综合考虑留守儿童自身的年龄性别因素、留守儿童的家庭状况、家庭经济状况和父母外出的程度、父母受教育程度等，最终讨论留守现象对儿童在受教育方面产生的影响，并针对结果提出相关对策和建议。

### 6.3.3　理论框架

**教育生产函数**

基于 Hanushek 和 Belfield 的教育生产函数，建立了较为符合我国国情的教育生产函数扩展性理论模型：

$$A_t = f(T_{t-1}, R_{t-1}, F_{t-1}, P_{t-1}, A_{t-1}, Z_{t-1}, S_{t-1})$$

其中，$A_t$ 代表学生在 $t$ 时期的教育产出，$T_{t-1}$ 代表教师因素，包括教师质量、教师的努力程度等；$R_{t-1}$ 代表的是教师以外的其他学校因素，包括硬件设备等；$F_{t-1}$ 代表家庭因素，包括父母的社会文化背景等；$P_{t-1}$ 表示同伴因素，包括同伴的学习基础和家庭背景；$A_{t-1}$ 表示学生以前的学业情况；$Z_{t-1}$ 代表学生的心理和行为特征因素；$S_{t-1}$ 代表制度因素，包括与教育相关的统考制度、分权制度等。

教育产出为理论的因变量，受到公式中各个因素的影响，主要分为货币化和非货币化两种计算方法。货币化的计算方法主要反映在受教育儿童成年后的收入水平、教育市场的产出价值两大部分；非货币化的计算方法较为复杂，通常包括了学校计划目标、教育成绩提升等难以量化的指标体系。本节采用的是入学率与成绩等非货币化指标。

而在众多的影响因素中，制度因素具有层次性，包括微观学校层面的准入制度、分班制度、考评制度、竞争制度等；宏观社会层面的户籍制度、学区制度等。这些制度直接或间接地影响了一个地区的大量儿童，个体差异较小而群体间差异较大。而本节重点考察的便是户籍制度影响下的"留守"因素，对于其他影响因素则作为控制变量与次要的影响机制进行分析。

**学习动机理论**

学习动机是指直接推动学生学习的一种内部动力，是激励和指引学生学习的一种需要。学生的学习受多方面因素的影响，其中主要受学习动机的支配，也与学生的学习兴趣、学习的需要、个人的价值观、学生的态度、学生的志向水平以及外来的鼓励有关。如果学生因学习而得到强化（如得到好成绩、教师和家长的赞扬等），他们就会有较强的学习动机；相反如果学生的学习受到了惩罚（如遭到同学或教师的嘲笑），则会产生避免学习的动机。在学习动机的形成中，除了与个人的自身需要、目标结构、个人的价值观念以及个人性格与兴趣爱好等有关外，外部环境因素尤其是家庭因素对学生学习动机的形成具有重要意义。

学习动机很大程度上反映了父母的要求、态度、期望和职业，本节所研究的留守儿童因为受到特殊家庭条件的影响，一方面，缺少了亲子教育，留守儿童在学习上遇到问题并不能得到及时的反映，父母对其学习的关心程度和鼓励不够而影响了他们的学习动机；另一方面，多数留守儿童父母在外从事的劳动可能是生活环境较差、较为辛苦、工资较低的工作，这对留守儿童的学习动机和学习目的也产生消极影响。

### 6.3.4　数据来源与变量描述

**数据来源**

本文采用的数据来自北京大学中国社会科学调查中心开展的中国家庭动态跟踪调查（China Family Panel Studies，CFPS）。2010 年，中国家庭动态跟踪调查开始其基线调查，采用多阶段抽样设计，在全国 25 个省份抽取家庭进行问卷调查，调查数据涉及个体、家庭、社区三个层次，问卷内容涵盖了中国社会、经济、人口、教育和健康等多个维度的信息。此后，每两年进行一次追踪调查，本节所用数据是最新一期 2014 年调查数据，样本共计 14219 户，包括所有 10 岁及以上家庭成员面访样本，10 岁以下儿童样本（由父母或主要看护人代答），采集的个体样本共计 55600 人。

CFPS 抽样框分为 5 个大省样本和 25 个小省市样本两部分。样本量包括全国共 160 个区县，每个区县含 4 个村居，每村居 25 户；在上海、辽宁、河南、甘肃和广东各抽取 1600 户，其他小省共 8000 户，将样本村居分为四个类型，通过扩大样本抽样法进行多阶段分层指标排序抽样；分不同主题、不同阶段进行调查，涉及社会、经济、教育、健康、心理、环境等多个方面。CFPS 原始数据库由村居、家庭经济库、家庭关系库、成人、少儿五部分组成。家庭关系数据包括本人、父亲、母亲、配偶及孩子的主要背景信息，其中，通过儿童问卷可以了解到父母与子女分离的情况，同时包含少儿学习成绩，而通过成人问卷可以了解父母的受教育水平等，该数据库为本节的研究提供了良好的数据支持。本节选择农村家庭，且年龄段在6～16周岁的儿童作为研究对象。

**主要变量描述**

根据数据信息，将儿童组按照父母在家的时长和类型，分为非留守组、单父亲外出组、单母亲外出组和父母均外出组，其中父母双方在家超过八个月则被定义为非留守儿童，相反父母任意一方在家少于八个月的则被定义为留守儿童。样本选取的 9337 个农村 6～16 周岁儿童中，有 5176 名属于留守儿童，约占儿童总数的 55.44%。

因变量包括儿童的在学率，在本节中根据儿童上学状况来衡量其教育获得情况，以"是否在上学"作为被解释变量，父母代答问卷中的相应问题则是"孩子目前是否正在上学/幼儿园/托儿所？" 1 表示正在上学，0 表示辍学。此外，孩子的语文成绩和数学成绩，以家长对儿童的成绩评判分为 4 = 优、3 = 良、2 = 中、1 = 差四个等级，而孩子的年级排名，分别表示为5 = 前 10%、4 = 前 25%、3 = 前 50%、2 = 前 75% 和 1 = 后 25% 五个等级。

主要的自变量包括四部分，儿童自身因素、父母因素、家庭因素和学校因素。儿童自身因素包括：儿童的年龄、性别（0 = 女，1 = 男）、儿童周末和工作日在家劳动的时间、儿童周末和工作日花在学习上的时间；父母因素包括父母迁移模式，分为父母双方在家、父亲外出、母亲外出和父母双方外出四种状态；根据取值范围，定义父母任意一方 8 个月至全年在家（1～3）为非留守，在家 7 个月及以下（4～7）为留守。取 8 个月以上的原因在于，这个时间节点可以说明该儿童是父母外出务工的留守儿童。关于儿童父亲受教育水平和母亲受教育水平，其中父母受教育水平用学历等级表示，分为 1 = 文盲、2 = 小学、3 = 初中、4 = 高中/中专、5 = 大专、6 = 本科、7 = 硕士和 8 = 博士 8 个等级。父母关心孩子教育和父母与孩子主动沟

通的程度，从高到低分为 1~5 五个等级。家庭因素包括：儿童的家庭成员
数量和家庭人均年收入（元）。学校因素主要是学校是不是重点学校（1 =
是，0 = 否）；对学校的满意程度，分为 5 = 非常满意、4 = 满意、3 = 中立、
2 = 不满意和 1 = 非常不满意五个等级。表 6 - 34 列出了本节使用的所有变
量的基本统计信息。

表 6 - 34　主要变量描述

| 变量 | 样本量 | 均值 | 标准差 | 最小值 | 最大值 |
| --- | --- | --- | --- | --- | --- |
| **因变量** | | | | | |
| 是否在上学 | 10818 | 0.9505454 | 0.2168253 | 0 | 1 |
| 儿童数学成绩 | 8927 | 2.735633 | 1.009039 | 1 | 4 |
| 儿童语文成绩 | 8908 | 2.77885 | 0.9651114 | 1 | 4 |
| 儿童排名 | 3683 | 3.481944 | 1.195177 | 1 | 5 |
| **自变量** | | | | | |
| 过去一年与父亲同住时长（月） | 10814 | 3.412521 | 2.208932 | 1 | 7 |
| 过去一年与母亲同住时长（月） | 10809 | 2.795911 | 2.228146 | 1 | 7 |
| 父亲最高学历 | 8623 | 2.052186 | 1.023869 | 1 | 7 |
| 母亲最高学历 | 8623 | 1.638293 | 0.8797337 | 1 | 6 |
| **控制变量：父母因素** | | | | | |
| 父亲学历 | 8623 | 2.052186 | 1.023869 | 1 | 7 |
| 母亲学历 | 8623 | 1.638293 | 0.8797337 | 1 | 6 |
| 父母关心儿童教育 | 9039 | 3.58845 | 0.8791199 | 1 | 5 |
| 父母与儿童沟通 | 9039 | 3.69355 | 0.8434126 | 1 | 5 |
| **控制变量：儿童因素** | | | | | |
| 工作日学习时长 | 4797 | 7.902439 | 2.836425 | 0.4 | 23 |
| 周末学习时长 | 4797 | 3.58522 | 2.432 | 0.2 | 14 |
| 儿童年龄 | 10818 | 10.38806 | 2.920647 | 6 | 15 |
| 儿童性别 | 10818 | 0.550379 | 0.4974785 | 0 | 1 |
| **控制变量：家庭因素** | | | | | |
| 家庭人均年收入 | 1026 | 8798.384 | 8998.731 | 0.25 | 103754 |
| 家庭人数 | 10813 | 5.387219 | 1.880536 | 1 | 17 |

续表

| 变量 | 样本量 | 均值 | 标准差 | 最小值 | 最大值 |
|---|---|---|---|---|---|
| **控制变量：学校因素** | | | | | |
| 学校是不是重点学校 | 5086 | 0.2058592 | 0.4043678 | 0 | 1 |
| 儿童对学校的满意程度 | 5086 | 3.982108 | 1.000037 | 1 | 5 |

### 6.3.5 实证分析结果

**受教育结果的描述性分析**

首先，留守儿童与非留守儿童均有较高的在学率，留守儿童为95.92%，非留守儿童则为95.16%，反映出留守儿童的入学比高于非留守儿童，可能的原因是外出务工的家庭改善了留守儿童的生活条件，一定程度上减轻了上学负担，因此辍学比例较低。

其次，子女的成绩表现主要根据家长对他们的语文成绩与数学成绩的满意程度来划分，数值越高则表明成绩表现越好。另外还参考孩子在年级的排名表现，同样是数值越高表明排名越靠前。图6-17、图6-18、图6-19对比了留守儿童与非留守儿童在这三项指标上的结果，可以看出两组儿童在学习成绩上存在差异。在学习成绩等级中，获得优和良的留守儿童的比例要低于非留守儿童；同样排名靠前的儿童中留守儿童的比例也要低于非留守儿童。相反，成绩较差的儿童中留守儿童的比例比非留守儿童高。由此可见，留守儿童在学习上相较非留守儿童存在一定的劣势。

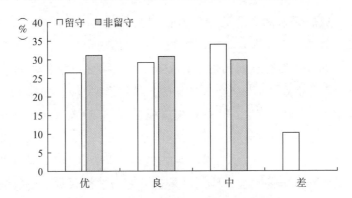

图6-17 留守与非留守儿童语文成绩比较

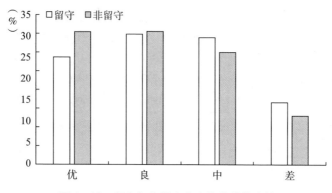

图 6-18　留守与非留守儿童数学成绩比较

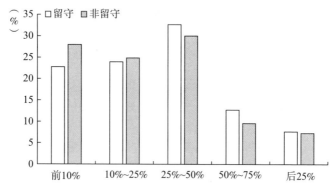

图 6-19　留守与非留守儿童成绩排名比较

**儿童教育影响因素的回归分析**

　　本节的回归分析以儿童是否留守作为主要自变量，以儿童的自身因素、父母因素、家庭因素和学校因素为其他控制变量，来检验儿童的上学率、语文成绩、数学成绩和排名的影响机制。为了体现留守与否对儿童成绩表现的影响，本节采用逐步回归法进行分析，模型（1）仅控制儿童是否留守；模型（2）考虑加入儿童个人特征的差异；模型（3）控制儿童的父母特征；模型（4）检验家庭因素的影响；模型（5）则加入学校因素；最终模型（6）控制上述所有解释变量。

　　首先，表6-35列出了入学率的回归结果，由于单纯比较留守儿童和非留守儿童是否在上学的状况，因此对是否上重点学校和对学校的满意程度等因素不进行控制。单独考察儿童是否留守在家时，模型（1）显示留守状况显著地影响儿童入学率，且系数为正，说明留守儿童的入学率反而高于非留守儿童。然而模型（1）并未控制其他影响因素对儿童入学率的作用，在模型（2）至模型（5）中逐步加入儿童个人因素、父母因素及家庭因素后，儿童的留守状况与儿童的入学率并没有显著关系，即两组儿童的入学率并不存在显著差异。此外，从模型（2）至模型（4）的各因素逐步回归结果看，儿童自身因素对上学率的影响较为显著，其中性别因素的影响结果表明，女童的入学率高于男童；然而随着儿童年龄的增加，入学率有所下降。另外，在控制父母因素的模型中，父母关心儿童教育的程度越高，儿童越倾向于上学；父亲的受教育程度越高，儿童越容易入学。原因可能是接受越多教育的父母对儿童的教育越加重视，越倾向于给儿童提供受教育的机会。而单独控制家庭因素的模型中，家庭人数对儿童的入学率没有显著影响；但家庭人均收入的增加对儿童是否入学有显著的积极作用。当控制所有可能的影响因素之后，模型（5）的回归结果显示，儿童个人因素及家庭因素依然对儿童的入学率有显著影响，然而父母的沟通与监督作用却被削弱。其中，家庭成员数量在模型（5）中对儿童是否上学体现为显著的负面影响，这说明家庭成员越多，家庭中需要入学的儿童可能也越多，家庭需要承担的教育负担越重，因此这种家庭中的部分儿童可能失去上学机会。

表 6 – 35　影响入学率的因素回归分析

| 变量 | （1） | （2） | （3） | （4） | （5） |
|---|---|---|---|---|---|
| 是否留守 | 0.0186 *** (0.00422) | 0.00226 (0.00365) | 0.0342 *** (0.00473) | 0.0083 (0.00763) | 0.00461 (0.00416) |
| 儿童年龄 | | − 0.00848 *** (0.00109) | | | − 0.00723 *** (0.00127) |
| 儿童性别 | | − 0.0223 *** (0.00361) | | | − 0.0229 *** (0.00412) |
| 工作日学习时长 | | 0.00311 *** (0.000674) | | | 0.00207 *** (0.000773) |
| 周末学习时长 | | − 0.000643 (0.000775) | | | − 0.00124 (0.00088) |
| 父母关心儿童教育 | | | 0.0272 *** (0.00376) | | 0.00393 (0.00329) |

续表

| 变量 | （1） | （2） | （3） | （4） | （5） |
|---|---|---|---|---|---|
| 父母与儿童沟通 | | | 0.00655 *<br>（0.00389） | | 0.00524<br>（0.00333） |
| 父亲学历 | | | 0.00651 **<br>（0.00261） | | 0.000371<br>（0.00225） |
| 母亲学历 | | | 0.00278<br>（0.00307） | | − 0.00298<br>（0.00274） |
| 家庭人数 | | | | − 0.000217<br>（0.00199） | − 0.00232 *<br>（0.00128） |
| 家庭人均收入（ln） | | | | 0.0153 ***<br>（0.00308） | 0.00502 *<br>（0.00288） |
| 常量 | 0.940 ***<br>（0.00314） | 1.079 ***<br>（0.0138） | 0.799 ***<br>（0.0126） | 0.822 ***<br>（0.0289） | 1.055 ***<br>（0.0212） |
| 观察值 | 10645 | 4756 | 7240 | 2901 | 3518 |
| 拟合优度 | 0.002 | 0.022 | 0.026 | 0.009 | 0.023 |

注：*** $p < 0.01$，** $p < 0.05$，* $p < 0.1$。

其次，表6-36列出了数学成绩的影响因素回归结果。其中，主要变量，即留守儿童的留守现状显著影响了其数学成绩，系数为负，且模型（1）至模型（6）的结果均在1%的水平上显著，有效证明了父母外出会对子女的数学成绩产生负面影响的假设。此外，从各因素的逐步回归结果看，模型（2）中，儿童的性别对学习成绩有较为显著的影响，男童的数学成绩好于女童；从儿童的年龄阶段看，随着儿童年龄段的增长，儿童的数学成绩呈现下降的趋势，这可能与儿童所处的学习阶段相关；同时儿童平均每天投入学习的时间长度也对成绩有着明显的正面影响。另外，单独控制父母因素的模型（3）显示，父母关心儿童教育情况对数学成绩有显著的正面影响。在控制家庭因素的情况下，模型（4）显示儿童家庭人数对儿童数学成绩的负面影响并不显著，家庭收入的增加则给儿童学习成绩带来较为显著的正面影响，与关于儿童上学率的分析相似，即更好的家庭经济条件给儿童带来更好的生活条件和学习条件。模型（5）新加入了学校因素，可以看出重点学校的学生数学成绩显著好于非重点学校；学生对学校的满意程度也显著影响着学生的数学成绩，并且这一指标在一定程度上能够反映学校的教育情况和对学生的照料情况，学生的学校环境，一定程度上影响着他们的学习态度，从而影响他们的学习成绩。当控制所有可能的影响因素之后，模型（6）的回归结果与逐步回归的各结果表现一致，且相较于模型（3），父母与儿童的沟通程度以及父母的学历对儿童的数学成绩表现出了显著的积极影响，这也从侧面证明了留守儿童成绩较差的一方面原因是与父母相处时间和沟通较少。

表 6 - 36　影响数学成绩的因素回归分析

| 变量 | （1） | （2） | （3） | （4） | （5） | （6） |
|---|---|---|---|---|---|---|
| 是否留守 | -0.144 *** (0.0408) | -0.154 *** (0.03) | -0.466 *** (0.0934) | -0.144 *** (0.0408) | -0.178 *** (0.0288) | -0.140 *** (0.0349) |
| 儿童年龄 | | -0.0643 *** (0.009) | | | | -0.0638 *** (0.0108) |
| 儿童性别 | | 0.0548 * (0.0297) | | | | 0.0668 * (0.0345) |
| 工作日学习时长 | | 0.0199 *** (0.00558) | | | | 0.0245 *** (0.00648) |
| 周末学习时长 | | 0.0336 *** (0.0064) | | | | 0.0245 *** (0.00738) |
| 父母关心儿童教育 | | | -0.338 *** (0.0741) | | | -0.00852 (0.0276) |
| 父母与儿童沟通 | | | -0.013 (0.0767) | | | 0.140 *** (0.0279) |
| 父亲学历 | | | 0.0412 (0.0515) | | | 0.0598 *** (0.019) |
| 母亲学历 | | | 0.0926 (0.0606) | | | 0.0612 *** (0.0231) |
| 家庭人数 | | | | -0.0116 (0.0108) | | -0.011 (0.0169) |
| 家庭人均收入（ln） | | | | 0.0357 ** (0.0164) | | 0.0416 (0.0256) |

续表

| 变量 | （1） | （2） | （3） | （4） | （5） | （6） |
|---|---|---|---|---|---|---|
| 学校是不是重点学校 | | | | | 0.116 *** (0.0354) | 0.0833 ** (0.0425) |
| 儿童对学校的满意程度 | | | | | 0.0643 *** (0.0144) | 0.0615 *** (0.0172) |
| 常量 | 2.551 *** (0.155) | 3.200 *** (0.114) | 5.722 *** (0.248) | 2.091 *** (0.393) | 2.436 *** (0.0612) | 2.202 *** (0.186) |
| 观察值 | 2410 | 4658 | 7240 | 2410 | 5010 | 3421 |
| 拟合优度 | 0.008 | 0.027 | 0.009 | 0.008 | 0.014 | 0.06 |

注：*** $p < 0.01$，** $p < 0.05$，* $p < 0.1$。

再次，表 6-37 列出了语文成绩的影响因素回归结果。儿童语文成绩的影响机制与数学成绩有许多相似之处，其中，主要变量，即留守儿童的留守现状显著影响到了其语文成绩，系数为负，且模型（1）至模型（5）的结果均在 1% 的水平上显著，有效证明了父母外出会对子女的语文成绩产生负面影响的假设。此外，从各因素的逐步回归结果上看，模型（2）中，儿童的性别对其学习成绩依然有较为显著的影响，但与数学成绩的影响机制正好相反，男童的语文成绩相比女童更差，这可能是因为儿童在认知、情绪与社会性方面存在固有的两性差异，女生表现为较强的语言能力，而男生则在算数推理方面更具有优势；从儿童的年龄阶段看，随着学习阶段的上升，语文成绩呈现下降的趋势；与数学成绩的影响机制相同，儿童平均每天投入学习的时间长度对语文成绩有明显的正面影响，且儿童在周末付出的学习时长收益更加明显。在控制了父母因素的模型（3）中，与数学成绩相似，父母与儿童的沟通程度对儿童的语文成绩影响显著，父母的学历也有着显著的积极影响。模型（4）单独控制家庭因素的结果对儿童语文成绩的影响并不显著。而模型（5）所考察的学校因素的影响机制类似于数学成绩，重点学校学生的语文成绩显著好于非重点学校，学生对学校的满意程度也对学生语文成绩有正面影响。当控制所有可能的影响因素之后，模型（6）的回归结果在儿童个人因素及父母因素方面与逐步回归的各结果表现一致，然而相较于模型（4）和模型（5），模型（6）的家庭因素进一步得到了体现，但学校的影响力却被削弱。

表 6 – 37　影响语文成绩的因素回归分析

| 变量 | （1） | （2） | （3） | （4） | （5） | （6） |
|---|---|---|---|---|---|---|
| 是否留守 | – 0. 129 *** | – 0. 0760 *** | – 0. 0840 *** | – 0. 103 *** | – 0. 181 *** | – 0. 0517 |
|  | （0. 0207） | （0. 0278） | （0. 025） | （0. 0395） | （0. 0289） | （0. 0324） |
| 儿童年龄 |  | – 0. 0555 *** |  |  |  | – 0. 0576 *** |
|  |  | （0. 00832） |  |  |  | （0. 01） |
| 儿童性别 |  | – 0. 275 *** |  |  |  | – 0. 261 *** |
|  |  | （0. 0275） |  |  |  | （0. 032） |
| 工作日学习时长 |  | 0. 0130 ** |  |  |  | 0. 0150 ** |
|  |  | （0. 00516） |  |  |  | （0. 006） |
| 周末学习时长 |  | 0. 0256 *** |  |  |  | 0. 0194 *** |
|  |  | （0. 00592） |  |  |  | （0. 00684） |
| 父母关心儿童教育 |  |  | 0. 00387 |  |  | – 0. 00429 |
|  |  |  | （0. 0203） |  |  | （0. 0255） |
| 父母与儿童沟通 |  |  | 0. 0643 *** |  |  | 0. 116 *** |
|  |  |  | （0. 021） |  |  | （0. 0258） |
| 父亲学历 |  |  | 0. 0442 *** |  |  | 0. 0306 * |
|  |  |  | （0. 0138） |  |  | （0. 0176） |
| 母亲学历 |  |  | 0. 0809 *** |  |  | 0. 0519 ** |
|  |  |  | （0. 0163） |  |  | （0. 0214） |
| 家庭人数 |  |  |  | – 0. 00389 |  | – 0. 0886 ** |
|  |  |  |  | （0. 0105） |  | （0. 0393） |
| 家庭人均收入（ln） |  |  |  | 0. 0253 |  | 0. 0186 * |
|  |  |  |  | （0. 0158） |  | （0. 0101） |
| 学校是不是重点学校 |  |  |  |  | 0. 110 *** | 0. 0207 |
|  |  |  |  |  | （0. 0354） | （0. 025） |
| 儿童对学校的满意程度 |  |  |  |  | 0. 0645 *** | 0. 00659 |
|  |  |  |  |  | （0. 0144） | （0. 0226） |
| 常量 | 2. 849 *** | 3. 406 *** | 2. 318 *** | 2. 621 *** | 2. 436 *** | 2. 753 *** |
|  | （0. 0155） | （0. 105） | （0. 0688） | （0. 149） | （0. 0612） | （0. 183） |

| 变量 | （1） | （2） | （3） | （4） | （5） | （6） |
|---|---|---|---|---|---|---|
| 观察值 | 8754 | 4654 | 5987 | 2407 | 5001 | 3419 |
| 拟合优度 | 0.004 | 0.035 | 0.017 | 0.004 | 0.014 | 0.052 |

注：$^{***}p < 0.01$，$^{**}p < 0.05$，$^{*}p < 0.1$。

最后，表6-38列出了成绩排名的影响因素回归结果。儿童在校排名的影响机制与儿童成绩有相同之处，其中，主要变量儿童的留守现状显著影响到了其成绩排名，系数为负，有效证明了父母外出会对子女的成绩排名产生负面影响的假设。此外，从各因素的逐步回归结果看，模型（2）中，男生的整体排名比女生更低；与成绩的影响机制有所不同，儿童每天投入学习的时间长度对排名的上升没有明显影响，但儿童在周末每多投入一小时的学习时间，对排名上升的作用是显著的。模型（3）单独控制父母因素，结果显示父母与儿童的沟通程度对儿童的排名影响显著，但父母学历的影响程度则被明显削弱。另外，模型（5）的结果表明，学校是不是重点学校对儿童的在校排名影响也是显著的。当控制所有可能的影响因素之后，在儿童个人因素及父母因素方面模型（6）的回归结果与逐步回归的各结果表现一致。

表6-38  影响成绩排名的因素回归分析

| 变量 | （1） | （2） | （3） | （4） | （5） | （6） |
|---|---|---|---|---|---|---|
| 是否留守 | -0.153*** | -0.116*** | -0.139*** | -0.115 | -0.169*** | -0.0945** |
|  | (0.04) | (0.0399) | (0.0459) | (0.076) | (0.0399) | (0.0459) |
| 儿童年龄 |  | -0.139*** |  |  |  | -0.119*** |
|  |  | (0.0119) |  |  |  | (0.0142) |
| 儿童性别 |  | -0.362*** |  |  |  | -0.354*** |
|  |  | (0.0393) |  |  |  | (0.0452) |
| 工作日学习时长 |  | 0.00218 |  |  |  | -0.00484 |
|  |  | (0.00719) |  |  |  | (0.00827) |
| 周末学习时长 |  | 0.0276*** |  |  |  | 0.0326*** |
|  |  | (0.00835) |  |  |  | (0.0095) |

续表

| 变量 | (1) | (2) | (3) | (4) | (5) | (6) |
|------|-----|-----|-----|-----|-----|-----|
| 父母关心儿童教育 | | | 0.0532 | | | 0.0845 ** |
| | | | (0.0362) | | | (0.0367) |
| 父母与儿童沟通 | | | 0.171 *** | | | 0.108 *** |
| | | | (0.0372) | | | (0.0374) |
| 父亲学历 | | | − 0.0122 | | | − 0.0231 |
| | | | (0.0249) | | | (0.0248) |
| 母亲学历 | | | 0.0587 * | | | 0.0509 * |
| | | | (0.0303) | | | (0.0303) |
| 家庭人数 | | | | 0.0282 | | 0.0169 |
| | | | | (0.0218) | | (0.0243) |
| 家庭人均收入（ln） | | | | 0.0133 | | 0.00974 |
| | | | | (0.031) | | (0.0348) |
| 学校是不是重点 | | | | | − 0.314 *** | − 0.297 *** |
| | | | | | (0.0501) | (0.0575) |
| 儿童对学校的满意程度 | | | | | 0.0232 | − 0.0207 |
| | | | | | (0.0199) | (0.0228) |
| 常量 | 3.567 *** | 5.396 *** | 2.670 *** | 3.308 *** | 3.562 *** | 4.572 *** |
| | (0.0304) | (0.151) | (0.124) | (0.302) | (0.085) | (0.245) |
| 观察值 | 3661 | 3459 | 2725 | 1018 | 3566 | 2511 |
| 拟合优度 | 0.004 | 0.065 | 0.028 | 0.004 | 0.016 | 0.086 |

注：$^{***}p<0.01$，$^{**}p<0.05$，$^{*}p<0.1$。

## 6.3.6　结论和政策建议

本节利用中国家庭动态跟踪调查数据，研究留守儿童与非留守儿童受教育情况的影响因素，在研究的样本范围内得出留守儿童在成绩表现上比非留守儿童更差，但在整体入学比例上二者相差不大的结论。第一，家庭收入对儿童的学习成绩影响是正面的，留守儿童的家庭对比之下更容易支付儿童的上学费用，但收入带来的正面影响并不能抵消留守儿童缺少与父母的沟通或缺少父母的监督与帮助给学习成绩带来的负面影响。第二，父母的受教育程度对子女的成绩有显著的影响，不论是留守儿童还是非留守儿童，父母受教育水平越高，子女的成绩越好，并且母亲的受教育程度对儿童学习的影响程度更大。第三，随着儿童年龄阶段的上升，儿童的学习表现越容易受到留守因素的负面影响，特别是进入中学阶段的儿童更加需要良好的家庭教育条件、家人的关心和指导。因此，父母外出务工对留守儿童教育情况产生消极影响，这一现象要求我们重视农村地区留守儿童的受教育问题，留守儿童的健康成长不仅关乎留守儿童的个体及其家庭，也关乎社会的和谐、可持续发展，是一个需要学校、政府部门等社会各界共同关注解决的问题。

解决留守儿童的受教育问题，最重要的是减少留守儿童的数量。在当前的户籍制度下，父母进城务工而子女不容易随父母进入城市生活学习，非户籍人口无法享受保障性住房和子女在城市公立学校平等就学的权利，各级政府可以通过土地制度改革等措施，降低城市房价或控制城市房价的增长，为外来人口提供可支付的住房；改革户籍制度，让在城市打工多年的农民工有机会获得城市户口并定居下来，逐步取消与户籍相联系的就业、医疗、教育等政策，通过公共财政体制改革和教育体制改革让外来人口的孩子可以享受平等的受教育的权利，放开农民工子女在城市就学的条件和进入门槛，打破城乡隔绝的教育资源垄断，开放公立学校，让农民工及其子女在满足条件的情况下享有与市民同等的公共服务待遇，让流动儿童能享受到同等的城市教育资源，这也对促进城镇化水平提升、人力资本提升具有重要作用。虽然改革户籍制度、促进教育资源公平是解决留守儿童问题的根本方法，但目前我国的制度改革是一个长时间的过程，在逐步推进制度改革的同时，可以通过加大对农村地区和城市农民工子女的教育投资力度，改善他们的教育资源，加大对这些学校建设的扶持力度，提高学校的师资、教育水平。

在学校层面，重视学校的作用，充分发挥学校的教育优势，加强学校、老师等对留守儿童的关注与帮助。留守儿童的家庭处于一个不完整的状态，家庭功能不能得到很好的发挥，学校是除了家庭以外儿童活动时间最长的地方，在学校层面弥补留守儿童家庭的照料缺失非常重要。学校需要建立留守儿童档案，了解留守儿童的基本情况，详细了解留守儿童的个人信息、

父母和照料人的信息，以及留守儿童的家庭住址、上学路途情况等，定期
跟留守儿童的父母、照料人沟通情况。学校应给予留守儿童更多的关怀，
留守儿童的班主任与留守儿童及时沟通交流，询问留守儿童生活学习上的
困难；并保持与留守儿童家长或监护人之间的联系，向家长或监护人即时
反映学生的学习和思想动态，与家人一起帮助留守学生解决学习上和心理
上的问题。对那些由于父母外出后，在学习和行为上出现异常的学生要给
予特别关注。对于那些家庭关爱缺位的留守学生要多加关爱，对学习成绩
出现下降的学生要加强辅导，并进行心理上的教育和辅导。

　　在政府层面，地方各级政府要对于生活困难、无人监管的留守儿童进
行帮助和扶持，在村镇等建立对留守儿童进行特别照料的机构；加强建设
农村寄宿制学校，充分发挥学校的教育监管功能。同时，相关部门要建立
完备的农村基础教育数据库，健全留守儿童教育问题监测机制。

　　在父母层面，父母和监护人要意识到家庭教育对儿童的重要性，多考
虑孩子的照顾问题和教育问题，如果外出务工，尽量把孩子带在身边；如
果缺乏条件，也应当增加回家的次数或者通过各种通信工具多与子女进行
沟通和交流；对于很少回家的父母，应当与儿童监护人进行交流，积极询
问儿童在家的生活和学习情况，尤其是在监护人的选择上，既要保证监护
人对孩子的生活进行照顾，也要保证监护人对孩子的学习、心灵进行照顾。

# 6.4　不同测度方法下我国儿童贫困
水平及程度的比较研究

## 6.4.1　前言

　　截至 2016 年 8 月，我国城市最低生活保障人数约 1528.2 万人，约 876.7
万户家庭生活在低保线以下；农村低保人数约 4523.4 万人，2647 万户，共
计约 6051.6 万人达不到以家庭人均收入作为衡量贫困标准的最低生活保障
线。[①] 其中有多少比例的儿童生活在低保贫困线以下？以家庭收入为标准测
度的儿童贫困呈现怎样的地域性差异？儿童作为特殊群体，其需求有别于

---

　　① 数据来源：中华人民共和国民政部统计月报，网址：http://www.mca.gov.cn/article/sj/。

成人，以收入法作为标准识别及确定需要获得社会救助的贫困儿童可靠吗？收入差距以外儿童获得的教育程度、营养健康、照顾看护、社会保障等诸多维度的差异也是造成儿童多重脆弱性和能力发展不足的重要因素，因而，如果采用以反映儿童多重能力发展的多维贫困指数法测度我国儿童贫困程度和现状又会呈现怎样的差异？正式的人口统计数据或已有的研究报告中都较少提供针对贫困儿童的测度数据，对于应当采用何种方法测度儿童贫困及不同测度方法下儿童贫困的程度也鲜有分析和比较。然而为实现精准扶贫的战略目标，制定有效的儿童减贫策略十分有赖于对贫困现状、规模、程度及特点等一系列问题的准确把握和测度。因此，本节将基于中国家庭追踪调查这样一个具有全国代表性的数据，采用收入法和多维贫困指数法对我国儿童贫困水平及程度进行测算分析和比较。6.4.2 将主要对儿童贫困测度方法的国内外文献进行述评，6.4.3 将主要介绍采用的数据及方法，6.4.4 将主要呈现分析结果，6.4.5 进行总结。

### 6.4.2　文献述评

已有的测度儿童贫困的通常做法是划定一条贫困线作为标准判断儿童是否贫困，如果儿童所在家庭收入低于划定的贫困线则为贫困儿童（Olinto et al.，2013）。例如，Newhouse 等（2016）采用世界银行近期调整的每天1.9 美元贫困线并基于全球微观数据库中有关 89 个国家的实证分析，测算出 18 岁以下家庭收入低于每天 1.9 美元的儿童比例为 19.5%，是成人贫困率的两倍还要多。除利用较为广泛的绝对贫困线以外，对于发达国家或地区儿童贫困水平的测度，大量研究则依据家庭收入中位数的一定比例（40%、50% 或 60%）划定一条相对收入贫困线（Bradshaw et al.，2012；Bradbury & Jantti，2001；Dang，Forster，& Pellizzari，2000）。

然而，不论是绝对贫困线还是相对贫困线，以收入为基础测度儿童贫困的方法受到多方面的质疑和挑战。首先，收入只能反映人类发展和贫困的一个方面，难以反映收入之外其他维度的贫困。收入差距之外的教育、医疗卫生、住房、社会保障等公共服务的差距也是贫困人口脆弱性的体现。特别是对于儿童来说，其基本需求的满足不仅依赖于家庭收入，更有赖于家庭外部的公共产品及服务供给等外部资源。正如 1995 年哥本哈根宣言所提到的，"贫困是人类需求严重匮乏的一种情形，包括食物、饮用水、卫生设施、健康、居住条件、教育和信息，它不仅仅依赖于收入，而且还依赖于是否有机会获得社会服务"。基于此概念中涉及的七个贫困维度以及儿童经历贫困程度的不同，Gordon 等（2003）在每个维度上发展出相应的贫困指标并比较发展中国家儿童贫困的状况及程度。而阿玛蒂亚·森提出的"能力贫困"概念框架也为儿童贫困的多维度测度进一步提供了理论支撑。能力贫困视角下贫困的测度不仅包括收入维度，还包括健康、教育和参与社会等能够反映多种可行能力的贫困维度。根据森的能力贫困分析框架，牛津大学发展出多维贫困指数法测度贫困并将其应用于儿童贫困的测度研究中（Alkire & Santos，2010）。

其次，收入法测度的有效性也受到质疑。例如对印度和秘鲁等国家的研究表明，许多在教育、健康等方面贫困的人口并非收入贫困人口（Santos et al.，2015）。儿童贫困领域的学者也指出，非收入贫困的儿童可能也面临生存和发展的挑战，而收入贫困的儿童其生活质量也未必最差，收入法未必能有效测度儿童贫困的现状（Gordon & Nandy，2012；De Neubourg et al.，2012）。另外，由于收入法通常未能考虑家庭内部分配不均等情况，以及儿童可以支配的收入也会受到来自家庭结构的挑战，因而越来越多的研究者转向采用多维度测度的方法对儿童的贫困程度及生活水平进行直接的分析和测算（Barrientos & DeJong，2006；Boyden，Hardgrove & Knowles，2012；Chzhen，De Neubourg，Plavgo & De Milliano，2016；De Milliano & Plavgo，2014；De Neubourg et al.，2012；Gordon et al.，2003；Roelen & Notten，2011；Singh & Sarkar，2014；UNICEF，2011；Alkire & Roche，2011）。尽管多维度测度儿童贫困的已有研究针对维度和指标的加权方式有所不同，但都摒弃收入单一视角分析儿童贫困，通过选取多维度和指标并设定临界值的方法考察儿童实际的生活水平。

相较于其他国家儿童贫困领域中大量的实证分析与研究，我国儿童贫困领域的测度研究还非常少。为数不多的个别研究主要采用收入法进行测度和分析（王作宝，2014；张时飞、唐钧，2009；Lu & Wei，2002）。例如，基于中国综合社会调查（CGSS）2006 年的调查数据，王作宝（2014）采用家庭收入中位数的 50% 的相对收入贫困线和每人每天 1.25 美元的绝对贫困标准对我国各省城乡儿童的整体贫困水平进行测度和比较分析。但是，正如前文所述，收入法是测度儿童贫困的间接方法，这种方法是否能够准确测度和反映我国儿童贫困的状况还有待进一步的验证，特别是需要与多维贫困指数法测度下的结果进行对比分析。虽然近年来已有个别研究将多维度测度方法应用于我国全体贫困人口的估计和测度中（Yu，2013；邹薇、方迎风，2011；王小林、Alkire，2009），但还缺少对儿童贫困状况和程度的实证研究，这十分不利于有效的儿童减贫战略和政策的制定。本节将采用具有全国代表性的调查数据，基于收入法和多维贫困指数法对我国儿童贫困的现状及程度进行测算和对比。接下来将对数据和方法进行简要的介绍。

### 6.4.3 方法及数据

本节的研究目的是通过不同测度方法测算我国儿童贫困的现状，即采用以家庭收入贫困线作为衡量儿童贫困与否的收入法和以反映儿童实际生活水平的多维贫困指数法测度和分析儿童的贫困状况。研究对象为 16 岁以下的儿童。结合本节的研究目的和研究问题，将采用 2014 年的中国家庭追踪调查数据（CFPS）进行实证分析。首先，CFPS 关注中国居民的经济与非经济福利，调查问卷共有社区、家庭、成人、少儿四种问卷类型，涵盖包括家庭经济活动、生活环境、社区环境、父母受教育程度、教育及健康状况、儿童身体健康、教育获得、认知发展等多方面的信息，可以满足本节利用收入法和多维贫困指数法对儿童贫困进行专门研究和测度的需要。其次，CFPS 是一项全国性、大规模的社会跟踪调查项目，抽样过程中通过多阶段区域层次上的隐含分层，抽取入选的样本村/居，在村/居层面上按照随机起点循环等距抽样方式抽取家户样本。CFPS 抽取样本覆盖 25 个省份，人口覆盖中国总人口数的 94.5%，由于覆盖范围比较广泛，因而 CFPS 可以被看作具有全国代表性的样本，能够保证全国范围内测度结果的准确性。

**测度方法**

CFPS2014 年的调查数据是从 2014 年 7 月开始，因而对于收入法测度下贫困线的标准，本节将采用民政部公布的 2014 年第 3、4 季度不同省份城市和农村的最低生活保障线。根据《社会救助暂行办法》中有关最低生活保障的规定，若共同生活的家庭成员人均收入低于当地最低生活保障标准，国家将对其给予最低生活保障。因此，家庭人均收入低于最低生活保障线的儿童被认定为收入法测度下的贫困儿童。

与收入法不同，多维贫困指数法的首要步骤是根据既定的原则或程序选取能够反映儿童基本生活水平的贫困指标。本节构建维度和指标的依据及程序如下。

首先，基于联合国《儿童权利公约》中有关儿童基本生存及发展权利的条约规定及国际社会对儿童贫困概念的界定，同时结合我国儿童发展纲要的基本原则和要求，本节将从儿童健康、营养状况、照顾与看护情况、儿童受教育情况以及儿童所在家庭生活条件五个维度测度儿童贫困。

其次，结合已有儿童贫困领域的国际及国内研究，本节在每个维度上选择和发展相应的指标。表 6 - 39 呈现了 5 个维度、20 个具体指标及临界值定义。在过往的研究中儿童贫困的指标往往较少涉及儿童照顾与看护状况，然而已有研究表明儿童照顾的缺失会显著影响儿童的心理、社会和认知发展，导致儿童出现学习动力不足、自卑、抑郁等问题。另外，城乡二元体制发展不均衡、农村劳动力外流也使得留守儿童成为我国当前各界都十分关注的弱势群体，而留守儿童面临的主要问题是与父母的长期分离，而长期与父母分离也会对儿童造成各种身心伤害。因而，在儿童照顾与看护维度中，主要从儿童被成人照管的情况以及儿童与父母亲的分离情况四个指标分析儿童是否在这一维度经历贫困。

除此之外，纳入本节的多维贫困测度的指标还同时具有以下几方面的特性。

（1）指标的有效性。除指标选取需要依据既定原则以外，指标的效度也需要被检验。效度通常被认为是测量的有效度或准确度，指测量工具或测量手段能够准确测出所要测量的变量的程度，即测量标准或指标能够如实反映某一概念真正含义的程度。具体到本节所关注的贫困研究中，效度指构建的测量指标是否能如实反映或准确测算儿童贫困。为了检测每个指标的效度或准确度，本节采用 logistic 回归分析模型将外在指标与所选指标的关系进行检验。后述内容将呈现效度统计检验的分析结果。

（2）指标的客观性。指标主要用于反映儿童的贫困状况和水平，选取的指标需要是能够反映儿童生活水平或质量的客观指标而非主观评判指标。

（3）指标的适用性。为测度全国范围内儿童贫困状况，多维贫困指标应尽可能考虑在全国的适用性和代表性，具有地方特殊性的指标可在国家儿童指标体系基础上相应地增加。

（4）指标的时效性。贫困指标反映的是某一段时间内儿童的基本生活水平，未来需要根据国家社会经济的变化情况进行适时的调整或修改。

表6-39　儿童多维贫困指标的选择及依据

| 儿童健康 | 贫困的临界值定义 |
|---|---|
| 1. 生病后的处理情况 | 生病（发热、腹泻）后既不找医生看病，家人也不找药或买药赋值为1 |
| 2. 疾病状况 | 过去一个月生过病赋值为1 |
| 3. 社会或商业医保 | 现在没有任何社会或商业医保赋值为1 |
| 4. 医院诊所设施 | 居住的村/居地界内没有任何医院/卫生院/诊所赋值为1 |
| 儿童营养 | |
| 5. 低体重 | 儿童体重低于世界卫生组织公布的对应年龄儿童体重标准的2个标准差以下（<2SD）（适用于10岁以下儿童） |
| 6. 身高不足 | 儿童身高低于世界卫生组织公布的对应年龄儿童身高标准的2个标准差以下（<2SD）（适用于全体儿童） |
| 儿童照顾与保护 | |
| 7. 白天照管情况 | 白天没有得到以下任何一方的照管，包括托儿所/幼儿园、保姆、爸爸或妈妈、爷爷或奶奶、外公或外婆赋值为1 |
| 8. 晚上照管情况 | 晚上没有得到以下任何一方的照管，包括托儿所/幼儿园、保姆、爸爸或妈妈、爷爷或奶奶、外公或外婆则赋值为1 |
| 9. 与父亲分离情况 | 过去12个月与父亲几乎没有在一起居住的时间，即一年到头几乎见不到父亲赋值为1 |
| 10. 与母亲分离情况 | 过去12个月与母亲几乎没有在一起居住的时间，即一年到头几乎见不到母亲赋值为1 |
| 11. 户口情况 | 没有户口（指在中国没有落户也没有其他国籍）赋值为1 |
| 儿童教育 | |
| 12. 小学初中教育状况 | 6岁以上16岁以下没有上学赋值为1 |
| 13. 幼儿园教育状况 | 2岁以上6岁以下没有上幼儿园或托儿所赋值为1 |
| 14. 上学距离 | 从住地到学校/幼儿园/托儿所的距离大于或等于5公里赋值为1 |
| 15. 上学时间 | 上学/幼儿园/学前班/托儿所的单程时间超过60分钟赋值为1 |
| 家庭情况 | |
| 16. 安全用水 | 家庭做饭用水最主要的水源非自来水/桶装水/纯净水/过滤水/井水赋值为1 |
| 17. 卫生厕所状况 | 家庭最常用卫生间/厕所的类型非室内冲水厕所/室外冲水厕所/冲水公厕赋值为1 |

续表

| 家庭情况 | 贫困的临界值定义 |
| --- | --- |
| 18. 做饭燃料 | 家庭做饭最主要燃料非灌装煤气/液化气/天然气/管道煤气/电则赋值为1 |
| 19. 用电情况 | 家里通电情况为经常断电或没有通电赋值为1 |
| 20. 住房困难状况 | 家里有以下住房困难情况赋值为1，包括12岁以上子女与父母同住一室/老少三代同住一室/12岁以上异姓子女同住一室/有的床晚上架起白天拆掉/客厅里也架起睡觉的床 |

### 6.4.4　分析结果及讨论

**多维贫困指标效度检验**

表6－40呈现的是多维贫困指标效度检验的分析结果。如方法部分所述，为检验贫困指标是否准确、真实地测量贫困这一概念，需要找到同样能够反映贫困概念的外在指标进行检验，考察指标间的关系是否符合预期的命题或假设。本节采纳两种外在指标测度：家庭收入和儿童自我评价的健康状况。本节希望通过数据检验多维贫困指标与外在指标的关系是否符合预期，即是否家庭收入越低，儿童越倾向于遭受多维的贫困与匮乏。儿童越遭受多维的贫困与匮乏，那么儿童也就越倾向于认为自己有较差的健康状况。如果两者的关系能够符合其中一条预期的假设，说明构建的多维贫困是有效的指标，能够较好地反映或测度贫困；如果两者的关系不符合任何一条预期的假设，说明构建的多维贫困指标是没有效度的。

从回归分析的结果可以看出，构建的20个多维指标中，有14个指标与家庭收入有显著关联且关联性符合预期假设。例如，在涉及儿童健康的指标中，家庭收入与儿童是否享有社会或商业医疗保险有显著关联，家庭收入越高，儿童没有保险的概率越低；在营养维度中，低体重与身高不足两个指标都与家庭收入有显著关系，且家庭收入越高，儿童越不容易出现低体重或身高不足的问题。在教育方面，家庭收入的增加会显著提高儿童接受义务教育和上幼儿园的概率。家庭维度方面的各项指标也均与家庭收入有显著关联。家庭收入的提高会显著改善儿童的基本生存条件，例如减少不干净用水、不洁净厕所和燃料的使用等。

另外，有4个指标与儿童自评健康状况有显著关联且关联性符合预期。在照顾维度中，儿童白天或夜晚是否有人照顾这两个指标与儿童对自身的健康评价状况有显著关联。儿童白天没有人照顾，自评健康状况为"差"
的概率将会增加至4.8倍；儿童晚上没有人照顾，自评健康状况为"差"
的概率将会增加至4.9倍。这说明有人照顾对于儿童的健康评价或自我感受
会有较大的影响。然而这两个指标与家庭收入却没有显著关联。这个结果
也说明，家庭收入并不能完全决定儿童的生活质量或福祉水平，儿童的福
祉水平（或贫困与否）十分有赖于被他人照顾或照料的程度。是否接受义
务教育也与自评健康显著相关。儿童没有接受义务教育，其对自己健康状
况的评价为"差"的概率增加至4.2倍。这说明，对于儿童来说，教育的
重要性不仅体现在知识积累或智力培养上，也体现在儿童对自我的评价上。
家庭住房是否有困难也显著影响儿童自我健康评价。家庭住房有困难的儿
童，自我健康评价为"差"的概率增加至1.37倍。这反映出住房质量差会
显著影响儿童对自我健康状况的评价。

表 6-40　多维贫困指标与外在指标 logistic 回归效度检验结果

| 贫困指标/变量 | 全部样本 | 效度检验系数 1 | 效度检验系数 2 |
|---|---|---|---|
| 1. 生病后处理情况 | 7883 | 1.08（0.36） | 1.25（0.71） |
| 2. 疾病状况 | 7884 | 1.01（0.71） | 0.93（0.66） |
| 3. 社会或商业医保 | 7488 | 0.84（0.00）*** | 0.80（0.22） |
| 4. 医院诊所设施 | 7129 | 0.96（0.15） | 0.66（0.14） |
| 5. 低体重 | 5071 | 0.79（0.00）*** | 1.12（0.87） |
| 6. 身高不足 | 7215 | 0.76（0.00）*** | 0.74（0.1） |
| 7. 白天照管情况 | 7880 | 0.97（0.35） | 4.84（0.00）*** |
| 8. 晚上照管情况 | 7879 | 0.96（0.18） | 4.90（0.00）*** |
| 9. 与父亲分离情况 | 7883 | 0.91（0.00）*** | 1.37（0.23） |
| 10. 与母亲分离情况 | 7885 | 0.89（0.00）*** | 1.16（0.61） |
| 11. 户口情况 | 7890 | 0.82（0.00）*** | n/a |
| 12. 小学初中教育状况 | 7883 | 0.76（0.00）*** | 4.2（0.00）*** |
| 13. 幼儿园教育状况 | 7883 | 0.85（0.00）*** | n/a |
| 14. 上学距离 | 7562 | 1.13（0.01）*** | 1.22（0.54） |
| 15. 上学时间 | 7893 | 0.77（0.00）*** | 1.71（0.36） |
| 16. 做饭用水 | 7878 | 0.78（0.00）*** | 0.78（0.29） |

续表

| 贫困指标/变量 | 全部样本 | 效度检验系数 1 | 效度检验系数 2 |
|---|---|---|---|
| 17. 卫生厕所状况 | 7657 | 0.59（0.00）*** | 1.06（0.69） |
| 18. 做饭燃料 | 7893 | 0.58（0.00）*** | 1.13（0.38） |
| 19. 用电情况 | 7893 | 0.71（0.00）*** | 1.01（0.98） |
| 20. 住房困难状况 | 7893 | 0.77（0.00）*** | 1.37（0.05）** |

注：$p < 0.1$ *，$p < 0.05$ **，$p < 0.01$ ***（*、**、*** 分别代表在 10%、5% 和 1% 的统计水平上显著，未标星号代表不显著）。

### 收入法测度与多维贫困指数测度下的儿童贫困现状比较

根据效度评价标准，共有 16 个指标通过效度检验。多维贫困指数测度下的我国儿童贫困水平如何？收入法测度下的儿童贫困状况如何？两种测度方法测算下的儿童贫困状况是否存在差异？这一部分将重点就两种不同测度方法下的儿童贫困状况进行比较分析。

图 6 - 20 呈现的是通过有效性检验的贫困指标和低保收入贫困线以下全国儿童贫困水平。采用收入法测度得出有 19.6% 的儿童所在家庭人均收入水平低于贫困线，但低保线下儿童实际的生活水平如何却无从得知。但是多维贫困指数测度方法可以呈现儿童生活水平和发展状况的丰富信息。从单个多维度指标儿童贫困的发生率来看，儿童在涉及健康、营养状况、照顾与看护情况以及家庭维度的指标中表现较差。例如，26.2% 的儿童缺乏基

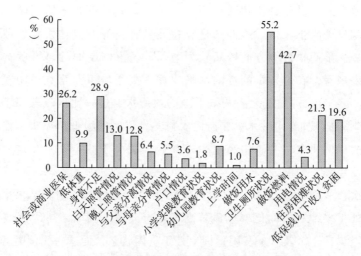

图 6 - 20　收入指标和有效性贫困指标上儿童贫困水平

本的医疗保险，28.9% 的儿童身高不足，约有 13% 的儿童白天或晚上得不到成人的陪伴和照顾，55% 的儿童家庭所在卫生条件较差，43% 的儿童家庭使用不清洁燃料做饭，21% 的儿童所在家庭有住房困难情况。另外，6.4% 和 5.5% 的儿童长期无法与父母亲见面，8.7% 的适龄儿童没有接受早期教育。这表明，我国儿童发展面临的突出问题表现在营养状况不良，获得父母或其他成人的照料看护不足，社会保障水平不足，家庭物质匮乏较为严重以及早期教育情况不容乐观方面。

表 6 - 41 首先呈现的是不同测度方法下我国农村与城市儿童贫困的水平差距及显著性检验统计值。表 6 - 41 的分析结果提供了以下重要发现。首先，根据民政部公布的 2014 年我国农村与城市分省份的最低生活保障线这一收入贫困指标的测算分析，我国农村儿童贫困发生率为 19.5%，而城市儿童贫困发生率为 20.1%，显著性检验所得两者差距不显著，但收入法下城市贫困儿童的比例却略高于农村。

然而，多维贫困指数方法的测算结果却提供了相反的结论。首先，农村儿童的实际生活水平或生活质量在 14 项单维度贫困指标上都显著低于城市儿童，且在某些指标上还存在较大差距。例如，在反映儿童营养水平的两项重要指标上，农村儿童的低体重和身高不足比例高达 11.8% 和 35.2%，均显著高于城市儿童。相较于城市儿童，有更高比例的农村儿童缺乏成人足够的照顾，一年内几乎见不到父亲或母亲的比例也很高。另外，虽然接受义务教育的农村儿童比例已经趋近于城市，但是没有上幼儿园的农村儿童比例却显著高于城市。这都凸显农村儿童在营养及身体发育、被照料状况以及接受早期教育等方面依然较为薄弱。从家庭层面的多维度贫困指标测算结果来看，农村儿童的贫困水平要显著高于城市儿童且差距较大。依然有 10.8% 的农村儿童无法获得干净的饮用水，这一比例显著高于城市儿童，即 2.2%。拥有可冲水的厕所的农村儿童比例明显低于城市。使用不清洁能源的比例在农村儿童中高达 56.7%，显著高于城市儿童在这一指标上的贫困发生率，即 19.9%。

其次，从 16 项贫困指标累加后所得儿童贫困指数的测算结果来看，农村儿童处于多维贫困的比例也显著高于城市儿童。例如，高达 79.7% 的农村儿童至少在 2 个及以上贫困指标上处于贫困状态，而这一比例显著高于同等情况下的城市儿童。在 3 个及以上指标上处于贫困的儿童比例高达

57.1%，而这一比例的城市儿童仅有 25.9%。这都反映出，农村儿童的实际生活水平或生活质量相较于城市儿童还存在显著差距。然而这些差距通过低保收入贫困线测度方法却未能被甄别出来，表明收入法无法反映出儿

表 6－41　不同测度方法下我国农村和城市儿童贫困
水平的差距及显著性水平检验

单位：%

| 儿童贫困指标及指数 | 全国水平 | 农村贫困水平 | 城市贫困水平 | 显著性水平 |
|---|---|---|---|---|
| 社会或商业医保 | 26.2 | 28.7 | 22.1 | 0.000 *** |
| 低体重 | 9.9 | 11.8 | 6.9 | 0.000 *** |
| 身高不足 | 28.9 | 35.2 | 19.3 | 0.000 *** |
| 白天照管情况 | 13.0 | 13.5 | 12.3 | 0.11 |
| 晚上照管情况 | 12.8 | 13.3 | 11.9 | 0.063 * |
| 与父亲分离情况 | 6.4 | 7.2 | 5.0 | 0.000 *** |
| 与母亲分离情况 | 5.5 | 6.5 | 3.8 | 0.000 *** |
| 户口情况 | 3.6 | 4.2 | 2.7 | 0.000 *** |
| 小学初中教育状况 | 1.8 | 2.1 | 1.4 | 0.02 ** |
| 幼儿园教育状况 | 8.7 | 9.8 | 6.9 | 0.000 *** |
| 上学时间 | 1.0 | 1.4 | 0.4 | 0.000 *** |
| 做饭用水 | 7.6 | 10.8 | 2.2 | 0.000 *** |
| 卫生厕所状况 | 55.2 | 70.6 | 30.9 | 0.000 *** |
| 做饭燃料 | 42.7 | 56.7 | 19.9 | 0.000 *** |
| 用电情况 | 4.3 | 5.5 | 2.4 | 0.000 *** |
| 住房困难状况 | 21.3 | 21.6 | 20.5 | 0.25 |
| 累加后贫困指数≥2 | 67.6 | 79.7 | 49.1 | 0.000 *** |
| 累加后贫困指数≥3 | 44.8 | 57.1 | 25.9 | 0.000 *** |
| 累加后贫困指数≥4 | 24.8 | 33.6 | 11.3 | 0.000 *** |
| 累加后贫困指数≥5 | 11.1 | 16.0 | 3.6 | 0.000 *** |
| 累加后贫困指数≥6 | 4.2 | 6.3 | 0.9 | 0.000 *** |
| 低保线下收入贫困率 | 19.6 | 19.5 | 20.1 | 0.54 |

注：$p < 0.1$ *，$p < 0.05$ **，$p < 0.01$ ***（*、**、***分别代表在 10%、5% 和 1% 的统计水平上显著，未标星号代表不显著）。

童真实的生活水平和贫困状况。因而，要保证扶贫对象识别和帮扶的精准，亟须通过多维贫困指数方法对贫困对象进行精确的识别和测度。

表 6 – 42 呈现的是基于 CFPS2014 年调查数据测算所得不同测度方法下各省儿童贫困率以及数据中受到政府救助的儿童比例。数据测算结果提供了以下几个有意义的结论。

首先，低保线下儿童贫困发生率显著高于受到政府救助的儿童比例（除北京和天津外）。除北京、天津外，其余 23 个省份都或多或少存在一定比例的儿童"应保未保"，即家庭人均收入符合最低生活保障标准但事实上却并未获得低保或其他形式的社会救助。图 6 – 22 更清晰地呈现了全国及各个省份儿童"应保未保"状况。在全国范围内，有 19.6% 的儿童家庭收入低于最低保障线，但实际上真正获得社会救助的儿童比例不足 12%，有大约 7.7% 的漏保儿童。从各省份分析情况来看，部分省份例如河北、山西、安徽、福建、江西、山东、广东以及广西应保未保的儿童比例甚至超过 10%，表明我国多数省份漏保的儿童比例偏高。结果表明，低保等社会救助项目存在大范围的漏保现象，反映出低保等扶贫救助资金的发放不够精准，未能发放给需要的人群。

其次，比较两种方法下儿童贫困的测算结果可以发现，越是较为贫穷的省份，儿童多维贫困发生率越高，而对应的儿童收入贫困率却越低。例如，甘肃省和四川省的儿童贫困率为 21.1% 和 37.1%，然而叠加 16 项具有效度的贫困指标后，当多维贫困指数超过 3 个、4 个的情况下，即同时在多重指标上处于贫困临界值以下，甘肃省儿童多维贫困率高达 75.1% 和 49.4%，四川省则高达 68.5% 和 51.4%。平均匮乏指数结果也显示，甘肃和四川两省平均匮乏指数最高，分别为 3.6 分和 3.5 分，这表明两个省份多数儿童实际的生活水平较差，在多项贫困指标上处于贫困状态。除此之外，同样西部的贵州省、云南省和陕西省的平均匮乏指数和不同临界值下的多维贫困发生率也都较高，明显高于江苏和浙江等东部省份，东西部省份儿童贫困水平差异较大。然而，仅靠低保收入的贫困线测度无法将处于多重贫困或匮乏状态中的儿童有效识别出来。换句话说，仍然有较高比例的儿童，按照现行各地公布的低保贫困线标准不符合被救助的要求，但其实际的生活水平较差，需要获得政府和社会的救助或帮扶。

表 6-42 不同测度方法下各省份儿童的贫困状况

单位：%

| 省份 | 平均匮乏值数 | 多维贫困指数≥2 | 多维贫困指数≥3 | 多维贫困指数≥4 | 低保线下儿童贫困发生率 | 获得政府救助儿童比例 | 应保未保儿童比例 |
|---|---|---|---|---|---|---|---|
| 全国水平 | 2.4 | 67.6 | 44.8 | 24.8 | 19.6 | 12.0 | 7.7 |
| 北京市 | 1.1 | 28.1 | 3.1 | 3.1 | 6.1 | 7.9 | -1.8 |
| 天津市 | 1.2 | 31.8 | 15.9 | 4.6 | 4.7 | 14.9 | -10.2 |
| 河北省 | 2.3 | 68.0 | 40.8 | 17.1 | 21.6 | 5.2 | 16.3 |
| 山西省 | 2.7 | 72.7 | 51.0 | 30.2 | 27.1 | 8.8 | 18.3 |
| 辽宁省 | 2.4 | 73.0 | 46.4 | 21.7 | 12.1 | 5.5 | 6.6 |
| 吉林省 | 2.5 | 68.9 | 47.8 | 27.8 | 17.1 | 9.5 | 7.6 |
| 黑龙江省 | 2.1 | 62.3 | 34.3 | 20.6 | 13.3 | 8.4 | 4.9 |
| 上海市 | 0.9 | 25.0 | 7.3 | 0.8 | 4.8 | 4.8 | 0.0 |
| 江苏省 | 1.2 | 29.9 | 13.2 | 5.6 | 11.4 | 3.2 | 8.2 |
| 浙江省 | 1.5 | 48.5 | 20.4 | 7.8 | 6.9 | 2.7 | 4.2 |
| 安徽省 | 2.4 | 65.7 | 43.8 | 27.0 | 20.2 | 6.1 | 14.0 |
| 福建省 | 1.9 | 58.5 | 28.5 | 13.1 | 23.3 | 7.8 | 15.5 |
| 江西省 | 1.9 | 54.1 | 29.0 | 12.6 | 17.3 | 5.8 | 11.4 |
| 山东省 | 2.0 | 62.0 | 34.7 | 12.8 | 16.5 | 5.9 | 10.6 |
| 河南省 | 2.2 | 64.3 | 38.0 | 18.0 | 12.6 | 10.9 | 1.7 |
| 湖北省 | 1.9 | 54.0 | 31.0 | 17.2 | 9.5 | 7.9 | 1.7 |
| 湖南省 | 1.9 | 55.4 | 35.3 | 17.4 | 12.1 | 7.6 | 4.6 |
| 广东省 | 2.1 | 60.5 | 36.3 | 18.3 | 26.1 | 4.4 | 21.7 |
| 广西壮族自治区 | 2.5 | 69.0 | 48.3 | 28.5 | 24.6 | 11.2 | 13.4 |
| 重庆市 | 2.0 | 60.3 | 30.9 | 14.7 | 18.8 | 9.3 | 9.5 |
| 四川省 | 3.6 | 83.4 | 68.5 | 51.4 | 37.1 | 36.2 | 0.9 |
| 贵州省 | 3.1 | 79.5 | 63.5 | 40.3 | 36.5 | 30.8 | 5.7 |
| 云南省 | 2.9 | 83.7 | 60.3 | 31.9 | 22.9 | 13.5 | 9.4 |
| 陕西省 | 2.5 | 74.3 | 45.6 | 24.0 | 14.2 | 10.5 | 3.7 |
| 甘肃省 | 3.5 | 91.8 | 75.1 | 49.4 | 21.1 | 20.5 | 0.5 |
| 显著检验 | 0.00*** | 0.00*** | 0.00*** | 0.00*** | 0.00*** | 0.00*** | n/a |

注：$p<0.1$ *，$p<0.05$ **，$p<0.01$ ***（*、**、*** 分别代表在10%、5%和1%的统计水平上显著，未标星号代表不显著）。

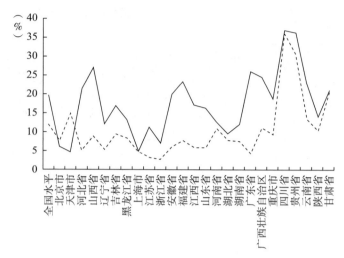

**图 6 – 21　全国及各省份低保线下儿童贫困发生率及实际获得救助的儿童比例**

图 6 – 22 呈现的是两种测度方法下儿童贫困发生率的不匹配差距值。如果按照较为严格的多维贫困指数如 4 个及以上取值来计算，即儿童在至少 4 个及以上的有效贫困指标中处于缺失或匮乏状态，两者测度的儿童贫困比例在全国范围内仍然相差 5.2%。也就是说，有 5.2% 的儿童面临多维度的匮乏和缺失，属于贫困状态较为严重的群体，但依据收入法却未能被识别为贫困儿童。这反映出两种方法的测度结果不匹配。各省份测度结果显示，

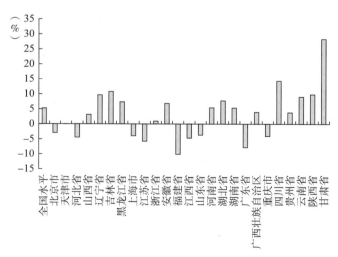

**图 6 – 22　多维贫困指数测度下儿童贫困发生率（贫困指数大于 4）与收入法测度下儿童贫困发生率的差值比较**

经济较为不发达的西部省份例如四川省和甘肃省在两种测度方法下的儿童贫困率不匹配差距高达 14.3% 和 28.3%。这说明相当比例的儿童依据低保线标准不属于贫困儿童，但其实际的生活水平较差，面临多重贫困和匮乏，应当尽快被纳入社会救助和保障的范围。

### 6.4.5　结论

基于中国家庭追踪调查数据，本节采用不同测度方法对儿童贫困的水平及程度进行实证分析和比较。多维贫困指数测度下选取的指标涉及儿童健康、营养状况、儿童照顾与看护、获得教育及家庭生活水平五个领域。共有 16 个指标通过效度检验，其中 14 个指标与家庭收入有显著关联，而 4 个指标与儿童自评健康状况有显著关联。其中，值得注意的是，儿童被他人照顾的情况与家庭收入没有显著关联，但却显著影响儿童对自我的健康评价。这表明，单纯采用家庭收入作为衡量儿童贫困与否的标准无法真正反映儿童的基本需求是否被满足。对儿童福祉水平产生重要影响的维度和指标在单一收入法视角下则被忽略。通过进一步的测算发现，儿童发展在多方面仍然面临突出问题且农村及西部省份儿童面临的多维度匮乏及贫困状况更加严重，突出表现为营养不良导致的发育迟滞比例偏高、缺乏父母或成人照料看护的儿童比例偏高、儿童获得的社会保障水平不足、家庭物质匮乏较为严重的儿童比例较高以及儿童早期的受教育程度有待提高。

因而，多维贫困指数测度方法呈现了我国儿童面临的多重贫困现状及脆弱性，需要综合性的社会救助和扶贫策略以促进各维度和指标下儿童贫困的有效缓解。例如，针对营养不良造成的儿童发育迟滞问题，已有研究表明儿童食品和营养的摄入、社区和家庭层面的儿童看护、饮用水以及卫生条件、母婴护理等多方面问题都会综合影响到儿童的发育状况（常素英，2013）。为有效改善儿童营养不良，可以借鉴已有国家经验采取以社区为基础的综合营养干预计划。例如孟加拉国的苗壮成长项目以社区为基础进行整合型干预，通过采用不同层次的综合干预手段改善儿童营养状况，比如增强看护人对水和卫生情况的了解、普及健康疾病知识、发展社区工作员定期对家庭和母亲进行访问、开展主题广泛的营养健康教育实践、为如何喂养儿童提供指导和帮助。而针对儿童早期教育不足，包括美国、新加坡、古巴、法国、瑞典以及澳大利亚等很多国家已经拥有相对成熟的儿童早期教育计划，例如美国的佩里学前项目和儿童启蒙法等早期项目通过为贫困儿童提供家访服务和亲子互动指导、对儿童进行启蒙指导、培养儿童社会交往技能等措施有效缓解贫困家庭儿童早期教育投入的不足；古巴为 0～5 岁儿童提供综合性早期服务和跨代服务等，致力于改善贫困儿童早期教育落后的状况；经济合作与发展组织成员国将工作重点放在使儿童普遍享有保育和教育服务并对儿童早期发展进行大量的公共投资上（杨一鸣，2013）。尽管我国在多项儿童发展指标上已经取得很大进步，例如儿童死亡率或入学率等方面的大幅度下降或改善，也相继出台一系列政策例如 20 世纪 90 年代以来三次颁布中国儿童发展纲要，2015 年国务院又发布《国家贫困地区儿童发展规划（2014—2020 年）》，致力于集中连片特殊困难地区儿童的减贫，但真正实现儿童脱贫的战略目标，还需未来较长时间内加大对儿童的公共投资，通过发展综合型社会救助项目缓解儿童多维度贫困现状。

另外，通过进一步分析和比较低保贫困线和多维贫困两种测度方法下儿童的贫困状况及程度，可以发现，收入法无法准确测度儿童贫困的水平和程度。收入法测度下的农村与城市儿童贫困率比较接近，没有显著差别，然而多维贫困指数测度方法的结果却显示，不论是在各维度贫困指数水平方面抑或是在叠加贫困指数水平方面，农村儿童与城市儿童都存在明显的差距。这表明两种方法测度下的儿童贫困水平及程度存在不匹配的状态。特别是在农村地区，儿童多维度贫困发生率远高于收入贫困率，表明存在相当比例的儿童因以家庭收入作为标准而不属于被救助的对象，但其实际的生活水平较差，在多方面处于匮乏和缺失的状态，应当被纳入社会保障的范围。而各省份的测度结果也表明，收入法测度下的儿童贫困程度偏低，特别是在经济不发达的西部省份，儿童多维度贫困发生率较高，两种方法的测度结果不匹配。另外，仍然存在较高比例的儿童家庭人均收入低于低保收入贫困线，但却未能获得相应社会救助的情况，应保未保的情况较为普遍，这反映出现行低保社会救助项目在精准识别贫困人口以及精准发放保障金方面存在漏洞。因而，为更加精确识别和帮助我国贫困儿童脱贫，构建行之有效的社会救助政策体系，需要结合多维贫困指数方法对我国儿童贫困的程度及特点进行识别和测度。已有国家已经采用多种方法监测本国儿童贫困的水平和程度。例如，英国政府 2010 年制定专门的儿童贫困法案，其中规定政府每三年制定儿童减贫策略并及时监测本国儿童贫困状况

（HM Government，2014）。英国政府采用多种方法定期测度本国儿童的贫困状况，包括相对贫困线测度法即定期考察生活水平低于当年所有家庭中位数收入 60% 的家庭中的儿童比例；绝对贫困线测度法以 2010/2011 家庭收入为基数，调整往后年份贫困线测度儿童贫困程度；低收入与多维贫困指数相结合的测度方法考察同时面临多维度贫困和低收入的儿童比例；长期贫困测度法考察过往四年中至少有三年收入水平一直低于家庭中位数收入 60% 的家庭中的儿童比例等。这一做法可以为未来我国儿童贫困水平及程度的定期监测提供参考和借鉴。

本节的实证研究结果表明，以收入法衡量儿童贫困无法准确有效反映儿童实际生活水平的差距，家庭收入差距以外儿童面临的营养不良、早期教育不足、父母或成人照顾及看护不足、社会保障水平不足以及家庭物质匮乏等诸多方面的差距是构成贫困儿童脆弱性及多重能力匮乏的重要因素，严重影响儿童能力的发展。多维贫困指数测度方法能够有效识别儿童在多方面存在的生活质量不足和差距，可以有效弥补传统收入法的不足。为能够有效缩小贫困与非贫困儿童的多重差距，需要构建能够反映儿童多重脆弱性的多维贫困指标体系，通过多维测度方法识别和监测我国儿童贫困水平及程度，并基于多维测度的结果制定有效的综合型社会救助政策体系，帮助儿童尽快实现脱贫目标。

# 第七章 儿童救助与发展：国内外
# 福利政策及服务模式探析

## 7.1 儿童救助与发展：问题及现状分析

联合国《儿童权利公约》中规定儿童年龄为 0~18 岁，我国最高人民法院在《关于拐卖人口案件中婴儿、幼儿、儿童年龄界限如何划分问题的批复》中规定："六岁以上不满十四岁的为儿童。"我国统计年鉴定期统计了我国 0~14 岁儿童人口数。《中国人口和就业统计年鉴（2017）》的统计数据显示（见表 7-1），从 2013 年到 2016 年我国人口总数从 13.6 亿增长到 13.8 亿，其中 0~14 岁儿童人口数量由 2013 年的 22329 万人上升到 2016 年的 23008 万人，儿童人口数量增加了 679 万人。

表 7-1 2013~2016 年总人口数和 14 岁以下人口数及占比

| 年份 | 总人口（万人） | 0~14 岁人口数（万人） | 占比（%） |
| --- | --- | --- | --- |
| 2013 | 136072 | 22329 | 0.164097 |
| 2014 | 136782 | 22558 | 0.164919 |
| 2015 | 137462 | 22715 | 0.165246 |
| 2016 | 138271 | 23008 | 0.166398 |

资料来源：《中国人口和就业统计年鉴（2017）》

图 7-1 显示了我国 0~14 岁人口占总人口的比重变化趋势。2013 年至 2016 年，我国 0~14 岁儿童人口数量占总人口的比重呈上升趋势，儿童人口占总人口的比重由 2013 年的 16.4% 上升到 2016 年的 16.7%，其中 2016 年儿童人口数量占总人口的比重上升趋势尤为显著。

儿童作为社会成员的重要组成部分，儿童的发展和成长对个人、家庭

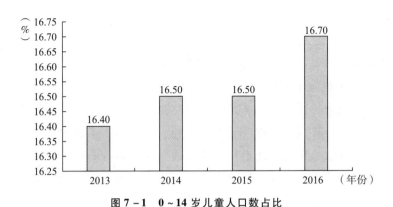

**图 7 - 1　0 ~ 14 岁儿童人口数占比**

资料来源：《中国人口和就业统计年鉴（2017）》

以及社会等都有着深远的影响。儿童期的良性发展和健康成长关系到国家和社会的未来发展，对社会发展具有基础性的作用。儿童问题将会对社会的平稳运行和快速发展产生不利的影响，尤其是近年来日益严重的儿童问题已经引起了社会各界的广泛关注。当前儿童面临的诸多问题受多方面因素影响。

首先，自改革开放以来，我国的社会经济处于快速发展阶段，计划经济时期单位制的社会保障功能随着时代发展逐渐弱化，传统家庭结构变迁及家庭功能不断被削弱。伴随单位制瓦解而来的是原有体制保障的缺失，给家庭稳定的保障型福利带来冲击。经济转型及市场化过程又加剧服务的商品化，也增加了家庭结构的不稳定性。目前我国的家庭结构发展具有以下特点：一是家庭数量居世界之首，共有 4.3 亿家庭户，占世界家庭户总数的 1/5 左右；二是家庭规模日益小型化，平均家庭户规模为 3.02 人；三是家庭类型更加多样化，核心家庭比重持续下降，单亲家庭、丁克家庭、隔代家庭等新型家庭结构伴随着经济结构转型正在快速增长。家庭结构和家庭功能的转型是造成儿童贫困及面临诸多发展瓶颈型问题的重要因素之一。

其次，现代化进程加快推动着社会结构变迁，流动人口持续增加。2015 年，我国流动人口规模达 2.47 亿人，占总人口的 18%，相当于每 6 个人中就有 1 人是流动人口。在未来一二十年内，我国仍处于城镇化快速发展阶段，按照《国家新型城镇化规划（2014—2020 年）》，2020 年我国仍有 2 亿以上的流动人口。"十三五"时期，人口继续向沿江、沿海、沿主要交通线地区聚集，超大城市和特大城市人口继续增长，中部和西部地区省内流动农民工比重明显增加。流动人口大潮给现代家庭稳定性造成冲击，家庭人口分离及留守家庭大量出现。留守儿童、流浪儿童以及流动儿童等特殊儿童群体增多。

另外，复杂的社会环境及其他社会问题对儿童产生影响。现阶段我国处于复杂的社会转型期，社会矛盾的激化、社会不平等的加剧都在不同程度上影响着儿童的发展。儿童作为社会成员中的特殊群体，他们在成长过程中处于未成熟状态，缺少独自解决问题的能力和应对困难的技巧。在这种社会问题凸显的环境中，儿童极易受到各种社会问题的影响，从而产生特殊儿童群体。目前特殊儿童群体主要包括如残疾人儿童、农村留守儿童、单亲家庭儿童、贫困儿童、流浪儿童、流动儿童等，他们是儿童这一弱势群体中的特殊弱势群体，这类群体的出现很大程度上受到社会环境和其他社会问题的影响。

为解决儿童问题，国家和政府需要大力推进救助体系。社会救助又被称为社会救济、社会援助，是公民因各种原因难以维持最低生活水平时，由国家和社会按照法定的程序给予物款接济和服务，使公民生活得到基本保障的制度。现代意义上的社会救助多指由国家和有关社会机构，按照规定的标准，向无收入、无生活来源也无家庭依靠并失去工作能力者，向生活在"贫困线"或最低生活标准下的个人或家庭，向遭受严重自然灾害和不幸事故遇难者及其家属实施的一种低标准的救济和帮助（乐章，2016）。儿童救助作为社会救助的重要组成部分，是为无收入、无生活来源也无家庭依靠的儿童，向生活在"贫困线"或者最低生活标准下的儿童或者家庭，向遭受自然灾害和不幸事故遇难家庭的儿童提供的救助和帮助。

我国的儿童救助有着悠久的历史，古代的儿童救助主要以生活贫困的儿童或者孤儿等为救助对象，儿童救助是一种以家庭为主、政府为辅的儿童救助模式。政府主要为社会上部分无家可归的儿童提供居住场所，保障无依靠儿童的基本生活。我国古代的这种儿童救助虽然是一种低水平、发展迟缓的救助措施，但在当时也一定程度上保障了孤儿、流浪儿童等困境儿童的基本生活。随着社会发展和时代的进步，儿童救助的范围不断扩大，儿童救助体系也不断得到发展和完善，现在我国儿童救助的对象主要包括无收入、无生活来源也无家庭依靠的儿童，生活在最低生活标准下的儿童及家庭遭遇不幸事故和灾难的儿童，儿童救助不仅为儿童提供物质保障，也注重儿童发展和精神文化需要。现阶段我国儿童救助的发展和进步一方面得益于政府职能在救助体系中的有效发挥，另一方面更是为了解决日益凸显的儿童问题的现实需要。

正如上述，我国的儿童救助是一个不断发展的过程，儿童问题的产生受到各种因素的影响。我国的儿童救助经历了从发展缓慢、不成熟到服务水平提高、救助体系不断健全完善的过程。儿童救助工作作为儿童福利制度下不可缺少的组成部分，对促进儿童成长发展具有重要影响，也对建立和完善儿童福利制度具有建设性作用，近年来政府对儿童发展的关注度逐渐提高，为保障儿童发展和成长出台了一系列关于儿童的社会政策和法律法规。

2011 年国务院印发的《中国儿童发展纲要（2011—2020 年）》，将儿童福利纳入国家的重要议事日程，各地方也据此制定了关于儿童发展的相关纲要和发展规划，自此我国儿童福利制度在全国范围内开始得到推进和发展。2010 年孤儿生活补贴制度的实施标志着我国现代正式的儿童福利制度开始建立起来，自此国家开始逐步推进儿童福利服务体系建设，对儿童在医疗卫生、贫困补贴、教育发展、保护救助等方面的项目进行重点建设并出台了一系列的相关法律法规。目前我国已经建立了基本的儿童福利制度体系。

我国的儿童福利制度虽然已经建立起来，同时作为儿童福利中的重要组成部分的儿童救助在中国也逐渐受到重视，得到了发展，但目前儿童福利体系在我国尚处于建设时期，还有待进一步完善和发展。儿童救助工作的发展与社会的实际发展状况之间存在差距，救助事业的发展远落后于社会经济政治的发展，这些问题都需要解决。儿童救助工作体现了对特殊儿童的关心和保护，但要在具体救助过程中体现科学性和规范性，而我国目前的儿童救助在救助管理体系中存在程序不规范、方法缺少科学性、管理方式存在缺陷和漏洞等问题。总之，我国的儿童救助工作在现阶段得到了有效的发展和推进，但在这一发展过程中还有许多问题和不足，在此我们首先将对儿童救助过程中产生的问题进行具体的分析。

### 7.1.1　为儿童提供的救助与实际的需求之间存在差异

在实际开展过程中我国的儿童救助工作提供的服务和实际需要间存在

差异。救助的工作模式还只是停留在摸索阶段，集中救助制度不能解决儿童的身心问题和适应性问题。流浪儿童救助不只是满足儿童起码的衣食和生活需要，还应该关注教育对流浪儿童在生理和心理方面的重要作用，应在流浪儿童救助中引入教育的因素（尚晓媛、吴文贤，2006）。从目前流浪儿童保护的种种举措来看，主要是主动发现－劝说入站－严密看管以防出站－护送回家或进行寄养安置这样一个程序化流程，在这个过程中，忽略了流浪儿童不同的流浪背景、不同的生理心理特征、不同的流浪环境等对他们成长发展的不同影响（赵川芳，2017）。

儿童救助在现阶段主要是针对特殊儿童群体所提供的一些具体的服务，满足儿童当前的基本需求，包括为残障儿童提供医疗服务，为流浪儿童提供住所或让其可以回家，帮助被拐卖儿童寻找到父母，为贫困儿童提供生活补助等救助活动。儿童救助工作更多的是提供物质方面的服务，儿童作为一个处于特殊发展时期的社会群体，其生理上不成熟、心理上脆弱、性格方面不健全，仅仅通过提供物质需要是无法解决这些问题的，更需要家庭和社会等多方面的关心，满足儿童在心理上的需要。因此，在提供儿童救助服务时需要关注儿童在精神以及情感上的需要，救助工作不仅仅是提供基本的物质保障，还要满足特殊儿童在精神上的独特需要。例如针对困境儿童成长发展所面临的突出问题和困难，2016 年《国务院关于加强困境儿童保障工作的意见》中提出加强困境儿童的分类保障，其中包括保障困境儿童的基本生活、保障基本医疗、强化教育保障、落实监护责任、加强残疾儿童福利服务这五个方面，为困境儿童提供家庭经济困难补助，为重病、重残儿童提供医疗上的救助，对困境儿童进行教育资助，保障儿童受教育的权利，保障孤儿得到妥善安置等。这是我国儿童救助事业上的一大进步和发展，体现了政府对困境儿童的关注和重视，但是意见中关于儿童发展方面的关注还是有所欠缺的，特别是对于留守儿童、流浪儿童等特殊儿童群体，他们在精神情感上希望得到社会的重视和家人的关怀，片面地解决住房安置、日常照顾和生活保障问题并不能解决儿童的问题。尽管儿童救助会为困境儿童提供补助，但容易忽略这些特殊儿童群体产生的社会原因和家庭原因，尽管这些措施在一定程度上会缓解儿童问题的严峻情况，但无法从深层次上解决这些问题。

### 7.1.2　儿童救助过程中程序不规范，专业人才队伍有待进一步建设

当前儿童救助工作过程中还存在程序不规范、专业人才队伍有待进一步建设的问题。虽然我国的流浪儿童救助中心得到了发展，取得了一定的效果，但总体上还存在救助能力缺乏专业性、流浪儿童无法真正回归社会的问题（薛在兴，2005）。服务于困境儿童的社会组织和专业人员严重缺乏，服务不足并缺少专业性，难以提供有效的服务保障（乔东平，2015）。目前我国的儿童福利体系建设正处于起步发展阶段，儿童福利、儿童保护、儿童救助等项目还处于建设时期，从事儿童救助的专业人才队伍建设也处于发展阶段，在救助过程中缺少专业人员，实际提供救助服务的人员主要是志愿者或者是进行过救助服务培训的人员，这些救助服务人员没有系统、专业的理论知识和足够的专业训练，提供的儿童救助服务也缺少专业性和科学性。另外，由于我国儿童救助体系不成熟，救助工作无法提供完善的儿童救助程序和救助监管评估，救助过程中的规范性更是无法得到保障。

马斯洛的需要层次理论强调人的需要分为五个层次：生理的需要、安全的需要、爱和归属的需要、尊重的需要以及自我实现的需要。儿童期作为人类成长发展过程中的特殊时期，它对人们未来的发展具有基础性的作用，儿童期需要的满足对人未来的良性健康发展也有重要影响。儿童期的需要是多层次的，儿童不仅仅要满足生理以及安全上的需要，他们对于爱和归属、尊重以及自我实现的需要也要获得的满足。因此在儿童救助中仅仅帮助困境儿童解决基本的生理和物质上的需要是不够的，还要保障儿童深层次的需要得到满足。这就要求救助人员在救助工作的理论、素养、价值观以及专业伦理方面有较高的专业性和科学性，要求救助人员在救助过程中关注儿童的实际需求，探寻导致儿童面临困境的诱因，帮助儿童消除问题产生的因素。在我国实际的儿童救助中，儿童救助工作人员大多是政府中从事救助工作的相关人员，他们更多的是根据自己多年从事救助工作的经验总结出一些方法和技巧。虽然根据实践经验总结出来的方法和技巧具有实用性，但仅仅根据通过自身的经验总结出来的方法进行救助具有局限性，如在具体救助工作中可能会把存在相似问题的救助对象看作一类群体，忽略了每个救助对象都有自己的独特性，忽略了每个救助对象在其生活的环境中会受到包括社会、家庭、个人以及思想观念等多种因素的影响，

而在实际生活中这些因素对塑造个人的独特性有重要作用。

### 7.1.3 儿童救助体系发展落后，儿童救助立法建设需要进一步推进

儿童救助虽然得到了发展，具有良好的发展前景，但相比于经济、政治的发展状况，救助体系的发展要远远落后，关于儿童救助方面的立法工作也有待加强。当前我国的流浪儿童救助体系亟须完善（杨钊、蒋山花，2006）。当前流浪儿童机制出现的问题主要集中在缺乏经费、部门管理责任不清晰以及缺少统一领导等方面，针对流浪儿童的救助工作需要通过建立专门的政府部门进行领导和管理（薛在兴，2005）。

2015 年，中国人均国内生产总值达到 49351 元，北京等地区的人均GDP 更是超过一万美元，即将达到发达国家水平。虽然我国的经济水平在快速提高，但儿童生活保障津贴、福利服务、儿童救助保护以及儿童的教育发展、儿童医疗卫生状况的发展要远远落后于我国现在的社会、经济、政治发展水平。

关于儿童救助方面的政策法规在近几年才有所发展，例如 2014 年中华人民共和国国务院公布的《社会救助暂行办法》、2016 年国务院颁布的《国务院关于加强困境儿童保障工作的意见》、2016 年国务院发布的第 13 号文件《国务院关于加强农村留守儿童关爱保护工作的意见》以及 2011 年《国务院办公厅关于加强和改进流浪未成年人救助保护工作的意见》等一系列关于保护困境儿童的相关法规。

可以看出，关于儿童救助的立法建设虽然得到了发展，出台了一系列的政策法规，但儿童救助的相关政策目前还不够完善，社会的快速发展导致儿童救助方面虽然有社会政策上的支持，但政策是否能够适应不断发展的社会现状以及能否达到政策制定的预期效果还有待商榷；在救助的实践活动中对政策进行的调整等都让救助政策具有很大的不稳定性和临时性的特点。

另外，在实际工作中，我国政府部门关于社会救助的职责划分不够清晰，导致工作中出现各部门相互推诿的现象，救助体系中各部门责任模糊，在实践活动中监督机制的实际作用并没有得到有效的发挥，各部门对于救助工作无法达到统一的认识且各部门各自为政更是导致救助工作效率低下，这种现象使得救助工作难以达到预期的效果。儿童的救助体系目前尚存在较多问题，这就需要进一步加强儿童救助体系的建设和完善。

我国儿童救助很大程度上是借鉴国外儿童救助的相关政策和法律法规，儿童救助管理体系的建设也主要是依赖国外的相关儿童救助管理制度，在管理方面仍旧落后于国外的管理制度体系。

### 7.1.4 救助中资金的筹备、社会救助服务机构的管理、设备的提供等方面存在问题

近年来儿童救助机构数量呈现逐年上涨的趋势。数据显示，从 2011 年到 2016 年我国儿童福利机构的数量总体上呈上升趋势，儿童福利机构增加了 68 个，儿童福利机构的床数增加了 3 万张；全国流浪儿童救助保护中心的数量在 2014 年达到最大值 345 个，流浪儿童救助保护中心的数量总体上保持稳定，全国流浪儿童救助保护中心的床数增加了 0.2 万张，全年救助无着落流浪乞讨未成年人次数呈明显下降趋势。图 7 - 2 呈现的是社会服务机构床位数的变化情况，一定程度上反映了社会服务机构的发展状况，2013 年社会服务机构的床位数达到最大值，在 2014 年和 2015 年出现下降趋势，但在总体上是稳定增长的，儿童救助机构为儿童提供的救助床位数在总体上也是呈现增长趋势的，机构床位数的增加从侧面反映出社会服务机构的发展状况。截至 2016 年底，全国共有社会组织 70.2 万个，比上年增长 6.0%；吸纳社会各类人员就业 763.7 万人，比上年增长 3.9%。接收各类社会捐赠 786.7 亿元。全年共查处社会组织违法违规案件 2363 起，其中取缔非法社会组织 16 起，行政处罚 2347 起。

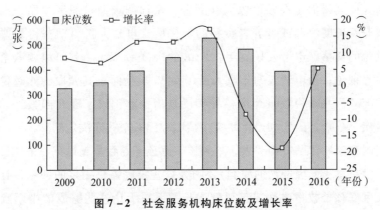

**图 7 - 2　社会服务机构床位数及增长率**

数据来源：中华人民共和国民政部《2016 年社会服务发展统计公报》。

根据民政部统计报告数据，总体上全国儿童救助机构的数量呈现上升趋势，2016 年儿童福利机构提供的床位数相较于 2011 年上涨了 50%，救助无着落者的次数在救助工作者的不断努力下出现了明显下降趋势。

近年来虽然儿童救助机构得到了快速的发展和进步，但在儿童救助机构的发展过程中存在相关法律法规不够完善、管理混乱、收费不合理的现象，更有不法商人利用救助机构牟取暴利。民间的社会救助机构在发展过程中得到的政策支持有限，缺少足够的救助资金和专业的人才，提供给儿童的救助服务质量不高，居住设施简陋，承接政府项目困难导致非营利性的社会救助机构的发展受到了严重的制约。

## 7.2　儿童救助与发展：国内外福利政策及服务模式探析

### 7.2.1　国外儿童救助政策的发展水平和研究现状

二战后，英国的儿童救助政策主要是对有困难的家庭给予帮助，让这些家庭能够更好地照顾儿童，对于处于非正常家庭的孩子为其提供公共服务。1948 年英国颁布了《儿童法案》，该法案致力于儿童日常照顾的服务，帮助开展关于儿童的医疗卫生、照顾保护等服务。儿童税收抵免（child tax credit，CTC）是英国目前所有针对贫困儿童的社会救助政策中，数额最大、最重要的政策，由税务局根据家庭收入状况决定税收抵免的具体额度。如果申请人或其伴侣正在领取收入补助金、家计调查型求职者津贴、家计调查型就业及援助津贴或者养老金补贴等，那么申请人将自动获得领取儿童税收抵免的资格。申请人只要年收入在 6420 英镑以下，就可以领取全额的儿童税收抵免；当申请人的年收入高于 6420 英镑时，其领取的儿童税收抵免将被削减。儿童税收抵免的最终额度是由家庭因素、婴儿因素、小孩因素、残疾小孩额外因素和严重残疾小孩额外因素来共同决定的。

法国在家庭津贴方面要求，如果该家庭孩子的数量超过了一个（仅有一个孩子没有享受此项补贴的权利），则为这些家庭提供一定的补贴，补贴额度与该家庭孩子数量之间成正比例增长关系，无论这些家庭的婚姻状况是否良好，或父母的收入水平高低，家庭津贴会一直持续到孩子 16 岁时。妇女怀孕后就可以享受此项津贴，从怀孕的第 3 个月起就可以每月得到津贴

（1991 年是每月 134 美元），直到孩子出生 3 个月大，收入为中低水平的家庭可以享受到最小的孩子 3 岁为止，面向所有的母亲，不考虑收入状况和孩子的数目。

在德国，根据社会救济法的规定，德国每个处于困境中的居民，都可以要求提供社会救济，其中救济的内容包括生活费用补助或者如残疾、伤病等特殊生活状况的补助和照料。德国政府于 2010 年再度变更关于儿童津贴和免税补贴的法律。从 2010 年 1 月 1 日起，德国将变更现有儿童补助津贴和免税金额补贴的法律政策，规定每月儿童补助津贴将增加 20 欧元：拥有两个孩子以下的家庭，其月津贴将由每个孩子 164 欧元上升到 184 欧元。拥有两个孩子以上的家庭，第三个孩子的月津贴由 170 欧元上升到 190 欧元，第四个孩子的月津贴由 195 欧元上升到 215 欧元。德国政府同时对生育多个孩子的家庭实行免税补贴政策，并且在 2010 年还将进一步提高免税金额。2010 年，平均每个孩子将获得 984 欧元的免税金额补贴，每对夫妇将因此获得总计 7008 欧元的儿童免税金额补贴（现行法律规定为 6024 欧元），单亲家庭将获得 3504 欧元的儿童免税金额补贴（现行法律为 3012 欧元）。

加拿大儿童税收福利是加拿大政府对有资格的家庭中不满 18 岁的儿童提供的一种免税的、按月支付的现金帮助，其中包括国家儿童福利补助（NCBS）和残疾儿童福利补助（CDB）。该福利通常在每月的 20 日发放。加拿大儿童税收福利（CCTB）由基本福利、国家儿童福利补助（NCBS）以及残疾儿童福利补助（CDB）组成。残疾儿童指经过医生证明，在体能和智能上有严重和永久性缺陷而需要特殊护理、治疗和教育的儿童。对于有资格申请残疾儿童福利的孩子，以其家庭的年净收入为基础，每月可收到不超过 191.66 加币的补助，当该家庭年净收入超过 36.378 加币时，该福利补助就会开始减少。加拿大扶贫救助政策较为具体，对各类受困对象、帮困模式、救助金额标准都有明文规定并严格执行。对低收入家庭及儿童，政府按照规定给予免税待遇的同时，每个 6 岁前儿童还能够申请最高 6400 加元/年的补助，6~17 岁少年儿童能申请最高 5400 加元/年的补助。联邦政府还联合地方政府和机构制订困难儿童教育补助计划和反虐待儿童法规。地方政府为了改善社会环境、争取选民支持，大多积极致力于救助弱势群体，保护和扶持贫困人口，特别是困难儿童。

美国在儿童领域制定了详细的福利政策。在收入保障方面美国颁布了

"抚养未成年子女家庭援助计划"（AFDC），该计划旨在帮助"父母一方丧失劳动能力、死亡、长期离家出走或失业家庭"里的孩子。"抚养未成年子女家庭援助计划"由联邦健康与人文服务部及各州的人文服务局共同管理。联邦机构审批州计划和拨款、提供技术支持、评估各州实施该计划的运作情况、制定标准、收集和分析有关数据。各州制定受助资格，每月寄支票。该计划的费用支出和覆盖范围非常大，1988 年，370 万家庭中有 1090 万人，包括 730 万儿童（几乎是每 9 个儿童中就有 1 个）平均每月接受援助，总金额达 170 亿美元。其中，联邦政府平均支付 AFDC 成本的 55%，州政府支付 40%，其余由地方政府支付。

除此之外，美国政府还通过"所得税收抵免"为低收入工人家庭提供补助，保障这些家庭孩子的基本生活。为了确保受益者是低收入家庭，所得税收抵免给受助工人支付的工资额有一个上限。超过这一限度，所得税收抵免将按比例逐步减少，直到最后达到"收支平衡点"时，所得税收抵免减少为零。1994 年，有一个孩子的家庭收入是 7750 美元，可获得 26.3% 的所得税收抵免，即最多可以减少 2038 美元的收入所得税额，这也是家庭收入在 7750～11000 美元的家庭所能享受到的最高减免额。超过这一限额，所得税收抵免将减少，直至最后为零。有两个或两个以上孩子的家庭可以享受更多的所得税收抵免。

另外，美国还出台了食品券计划（food stamp），这对保障儿童健康成长和发展，获得足够的营养具有重要作用。食品券计划要求食品券的接受者必须是家庭毛收入低于联邦贫困线 130% 的人，或者净收入（适当扣除某些收入、与工作有关的必要开支、自己掏钱的医疗费用以及超出的住房开支等）低于贫困线的人。尽管这项资助并不考虑婚姻状况和有无孩子，但是对面临饥饿的家庭及其儿童具有重要的保障作用。

### 7.2.2　我国儿童救助政策的研究现状及发展水平

**我国儿童救助政策的发展历程综述**

中国的儿童救助可以追溯到古代，具有悠久的历史。在我国唐宋时期就出现了相关的救助机构。在我国唐朝，出现了首个比较完备的机构即悲田养病坊，这是专门为孤寡幼贫的人提供救助的机构，为社会上孤寡幼贫群体提供资金上的支持，保障这类群体的基本物质生活；在宋朝，设立了慈幼局、福田院等，为儿童提供居住场所，是一种临时的收容场所。

在明清时期政府对儿童的救助逐渐发展，儿童救助工作开始由政府主办向民间转移，在民国期间出现了受西方思想影响的针对儿童救助保护的公益活动。清朝在地方志中有大量关于儿童救助的文献，在余治所辑《得一录》（华文书局，1969）中收录了保婴会、抚教局的相关章程，具有重要的史料价值。清政府在实行"新政"之后制定了首都城市管理方面的39种单行法规，《创办京师内城贫民教养院章程》《外城初级教养工厂章程》都有涉及儿童救助的内容。《中华民国法规大全（第一册）》（商务印书馆，1936）中的"各地方救济规则"是民国政府颁发的关于救助工作的文件，其中就有关于保护儿童、救助困境儿童的相关政策法规。

从唐朝的儿童救助悲田养病坊到宋朝的慈幼局、福田院，民国时期出现的育婴堂等儿童救助机构以及近几年政府出台的一系列加强对特殊群体儿童的救助政策都体现了社会对儿童这一弱势群体的重视。特别是近几年，政府加大对社会弱势群体的关注，关于特殊儿童出台了一系列的政策支持，加大对儿童的救助补贴，保障儿童的基本生活。总体上看，政府对儿童的支持力度在加大，从最初提供少量的物质保障到逐步增加救助补贴，关注儿童精神情感上的需要，设置专门的机构提供资源，建立和完善儿童救助体系，我国关于儿童救助的政策也在不断完善。

**当前我国儿童救助保障政策的研究现状综述**

2003年6月，国务院颁布了《城市生活无着的流浪乞讨人员救助管理办法》，其中就包括关于儿童救助保护的相关规定，为生活无着落的流浪乞讨儿童提供相关的政策支持。一方面，保障了流浪儿童的基本生活权益，体现了对儿童权益的重视；另一方面，意见的出台也对社会的稳定发展、社会秩序的维护具有重要作用。2006年民政部等中央19个部门下发的《关于加强流浪未成年人工作的意见》强调应及时将特殊困境儿童送到流浪未成年人救助保护机构，确保儿童能够得到保护和救助（民发〔2006〕11号）。2011年颁发《国务院办公厅关于加强和改进流浪未成年人救助保护工作的意见》。2011年，《国务院办公厅关于加强和改进流浪未成年人救助保护工作的意见》中要求相关部门要积极开展活动，推进儿童救助体系发展，促进儿童接受救助。

在孤儿救助保障方面，2010年下发了《国务院办公厅关于加强孤儿保障工作的意见》（国办发〔2010〕54 号），针对孤儿安置、基本生活、教育、医疗康复、成年后就业、住房等政策措施做了全面安排。颁布了《民政部财政部关于发放孤儿基本生活费的通知》（民发〔2010〕161 号），中央财政安排 25 亿元专项资金补助各地发放孤儿基本生活费。全国孤儿最低养育标准逐步落实。

2014 年中华人民共和国国务院公布的《社会救助暂行办法》，2016 年国务院颁布的《国务院关于加强困境儿童保障工作的意见》，都体现了对困境儿童的救助保障政策的有力推进。2016 年《国务院关于加强困境儿童保障工作的意见》中提出，儿童是家庭的希望，是国家和民族的未来。意见中强调要努力解决儿童生存发展面临的突出问题和困难，意见规定："对于法定抚养人有抚养能力但家庭经济困难的儿童，符合最低生活保障条件的纳入保障范围并适当提高救助水平。对于遭遇突发性、紧迫性、临时性基本生活困难家庭的儿童，按规定实施临时救助时要适当提高对儿童的救助水平。对于其他困境儿童，各地区也要做好基本生活保障工作。"意见中要求，对于困难的重病、重残儿童，城乡居民基本医疗保险和大病保险给予适当倾斜，医疗救助对符合条件的适当提高报销比例和封顶线；对于家庭经济困难儿童，要落实教育资助政策和义务教育阶段"两免一补"政策；对于失去父母、查找不到生父母的儿童，纳入孤儿安置渠道，采取亲属抚养、机构养育、家庭寄养和依法收养方式妥善安置；对于 0~6 岁视力、听力、言语、智力、肢体残疾儿童和孤独症儿童，加快建立康复救助制度，逐步实现提供免费手术、配置康复辅助器具和康复训练等服务的目标。

2016 年发布的《国务院关于印发国家人口发展规划（2016—2030 年）》的通知中，将儿童作为发展规划的重点人群，要求民生保障体系更加健全，老年人、妇女、儿童、残疾人、贫困人口等群体的基本权益得到有效保障，生活水平持续提高，共建共享能力明显增强。

**我国各地区儿童救助政策的综述**

自新中国成立以来，我国各省和地区也陆续颁布了一系列保障儿童各项权益的法律法规，各地区根据各自发展状况及儿童救助保障工作的现状也相继发布了关于儿童救助方面的意见方法以及管理办法。表 7-2、表 7-3 分别是 2011 年至 2018 年我国部分地区出台的救助孤儿和困境儿童的相关法规政策和措施，在此进行总结。

表 7-2 整理了我国各地孤儿救助政策，汇总了从 2011 年到 2018 年我国各省市针对孤儿所提供的救助补贴和资金救助政策。根据表 7-2 中的信息可知，我国各省市逐步提升了孤儿的救助标准，针对孤儿的基本生活保障标准都在原有的基础上有所提升，部分省份针对孤儿这一弱势儿童群体建立了专项的托底救助基金和专门的救助保障体系，以此来推动和促进孤儿生活保障工作的开展，提升儿童福利水平。

表 7-2　我国各地孤儿救助政策汇总

| 时间 | 省份 | 相关政策举措 |
|---|---|---|
| 2011 年 | 江苏省 | 江苏省泗洪县在 2011 年将孤儿和社会散居孤儿的社会保障标准分别提高至每人每月 1210 元、720 元 |
| 2012 年 | 山东省 | 下发《关于提高孤儿基本生活费标准的通知》 |
| 2013 年 | 四川省 | 四川省凉山州在全省率先建立孤儿和特殊困难儿童救助保障体系 |
| 2013 年 | 安徽省 | 规定社会散居孤儿最低养育标准每人每月不低于 600 元，福利机构集中供养孤儿每人每月不低于 1000 元 |
| 2013 年 | 四川省 | 机构养育孤儿基本生活最低养育标准提高至每人每月 1130 元，社会散居孤儿每人每月 678 元 |
| 2015 年 | 天津市 | 发布《天津市民政局关于调整社会散居孤儿和艾滋病病毒感染儿童基本生活费标准的通知》 |
| 2015 年 | 江苏省 | 江苏省昆山市将机构养育孤儿基本生活保障补贴提升至每人每月 1920 元，散居孤儿每人每月 1340 元 |
| 2015 年 | 江苏省 | 江苏省盐城市财政安排 1679 万元托底救助专项基金用于孤儿及困境儿童生活保障工作 |
| 2016 年 | 山东省 | 山东省建立了救助孤儿制度、提高孤儿等困境儿童的基本生活发放标准 |
| 2016 年 | 安徽省 | 安徽省巢湖市落实孤儿基本生活保障民生工程 |
| 2016 年 | 黑龙江省 | 黑龙江省发布通知，提高全省孤儿的基本生活最低标准 |
| 2017 年 | 广西壮族自治区 | 广西壮族自治区提高孤儿养育津贴标准，扩大儿童保障范围 |
| 2017 年 | 湖南省 | 湖南省将提高孤儿生活费最低标准 |
| 2018 年 | 广东省 | 广东省印发《关于提高我省 2018 年至 2020 年孤儿基本生活最低养育标准的通知》 |

资料来源：北京师范大学中国公益研究院。

表 7 – 3 是我国各省市在 2012 年到 2018 年发布的关于困境儿童的部分救助政策或措施。各省市根据本地区发展状况和条件分别建立了关于困境儿童的生活补贴制度、发布关于保障困境儿童基本生活的最低补助标准；同时为了有效保障困境儿童的基本生活，部分省市出台了关于困境儿童分类标准的实施意见和困境儿童最低补助标准通知。各地区相继出台针对困境儿童的救助实施方案，对进一步保障困境儿童的基本生活、推动儿童福利制度的发展具有重要作用。

表 7 – 3  我国各地困境儿童救助政策汇总

| 时间 | 省份 | 相关政策举措 |
|---|---|---|
| 2012 年 | 重庆市 | 2012 年 10 月 1 日起首次建立事实无人扶养的困境儿童生活补贴制度 |
| 2013 年 | 安徽省 | 安徽省为贫困残疾等困境儿童提供健康补贴，设定最低补助标准 |
| 2013 年 | 海南省 | 海南省政府将修订《海南省重度残疾人生活补贴实施方案》 |
| 2014 年 | 陕西省 | 陕西省依据困境儿童的困难程度增发"分类施保"补助金 |
| 2014 年 | 浙江省 | 浙江省民政厅和财政厅联合下发《关于推进困境儿童分类保障制度的通知》 |
| 2015 年 | 江苏省 | 江苏省盐城市民政局出台了《关于做好全市困境儿童基本生活补贴发放工作的通知》 |
| 2015 年 | 黑龙江省 | 黑龙江省哈尔滨市自 2015 年起建立《南岗区探索建立适度普惠型儿童福利制度工作方案》 |
| 2015 年 | 北京市 | 残联将符合条件的孤独症儿童纳入社会救助、儿童福利和残疾人优待政策范围 |
| 2015 年 | 江苏省 | 泰州市发布《困境儿童分类保障实施意见》，救助保障约 3000 名困境儿童 |
| 2015 年 | 山东省 | 山东省财政安排 8600 多万元支持各地做好生活无着落的流浪乞讨人员救助 |
| 2015 年 | 贵州省 | 贵州省儿童福利和收养中心拟将符合条件的艾滋病儿童及其家属纳入生活补贴范围 |
| 2015 年 | 青海省 | 青海省将全省所有重病儿童、重残儿童及困难家庭儿童等困境儿童纳入生活补贴范围 |
| 2015 年 | 甘肃省 | 下发《甘肃省贯彻落实国家贫困地区儿童发展规划（2015—2020 年)》实施方案 |
| 2016 年 | 浙江省 | 浙江省台州市出台《台州市人民政府办公室关于加快推进适度普惠型儿童福利体系建设的实施意见》 |
| 2016 年 | 黑龙江省 | 黑龙江省出台《黑龙江省推进国家贫困地区儿童发展工作实施方案任务分工方案》 |

续表

| 时间 | 省份 | 相关政策举措 |
|------|------|------------|
| 2016 年 | 江苏省 | 江苏省泰州市出台《困境儿童分类保障制度》 |
| 2016 年 | 北京市 | 北京市出台《北京市人民政府关于加强困境儿童和留守儿童的保障工作的实施意见》 |
| 2017 年 | 河南省 | 河南省出台《关于加强农村留守儿童关爱保护工作的实施意见》 |
| 2018 年 | 河北省 | 河北省提出对六类儿童进行分类保障 |
| 2018 年 | 上海市 | 上海市建立并实施《困境儿童基本生活费保障制度》 |

资料来源：北京师范大学中国公益研究院。

近几年来，我国各地区相继出台了关于儿童救助的社会政策，这些政策的出台体现了我国近几年加快儿童救助体系的建设，提高儿童在物质生活的补贴和救助力度，加大对儿童基本权益的保护，致力于保障儿童获得良好的社会家庭环境，推动儿童发展成长。各地区对儿童救助政策的落实重点是向贫困儿童的生活救助倾斜，保障儿童获得基本的物质需要。但在政策的具体落实过程中还存在程序不规范、忽略儿童因个体差异性需要而有不同需要的问题。各地关于困境儿童的社会救助政策的出台是儿童救助体系发展的体现，也是社会对儿童关注度加大的显现。

## 7.3　儿童救助与发展：服务模式探析

### 问题解决模式和康复治疗服务模式

社会工作介入儿童救助的几种模式中，传统的救助模式有两个，其中一个是问题解决模式。根据国家在福利供给中的职能，将社会福利制度分成"补缺型"或者"残余型"和"制度型"。

传统上我国的救助措施就是"补缺型"，即只有在家庭和市场无法为个人提供所需要的福利时，政府和国家才会产生作用为个人提供福利，满足个人的需要。问题解决模式的理论基础是精神分析理论、行为主义理论、功能学派理论，它关注的是服务对象的缺陷和不足，这种视角下容易给服务对象贴标签，强化服务对象的问题和缺陷。问题解决模式下，儿童及其家庭被认为是没有能力和资源去解决问题的社会弱势群体，困境儿童的存在是一种严重的社会问题，需要借助国家和政府的力量才能够解决问题。

社会对儿童的救助过程就是解决社会问题的过程。

社会救助中的另一个传统的救助模式就是康复治疗服务模式，康复治疗服务模式认为困境儿童的出现与儿童自身的身体、心理、性格和认知等有关，认为他们因为自身原因出现认知、行为上的偏差，处于困境状态，需要社会救助，对于这些处于困境中的儿童，康复治疗服务模式认为应当对儿童进行矫正和治疗，以改变和恢复儿童符合社会规范和要求的认知和行为，帮助儿童得到身体上的康复和治疗。在这种模式下，困境儿童被看作有着认知、行为偏差的群体，被社会贴上"有问题的人"的标签。

**以人为本的救助模式**

以人为本的救助模式是在传统的社会救助模式下发展出来的一种新的救助模式。"以人为本"的人本主义理论是由美国的心理学家卡尔·罗杰斯提出来的，他认为每个人都有一种先天的自我实现能力，每个人都是有潜能的，那些暂时遇到问题的人是因为他们的潜能没有得到很好的发挥，应当相信他们有能力去解决问题。以人为本的救助模式强调被救助者是有能力解决问题的，当前被救者所出现的问题是因为他的潜能没有得到有效的发挥，在救助过程中注重被救助者自身能力的发展，强调对被救助者除了提供基本的保障满足其需要外，还应当要注重对人文的关怀。

陈某，年龄15岁，女，住在江西省某县。陈某称自己跑出来玩，后在街上流浪，被警察送至救助站，其不知道自己家的具体地址，又没有家里的联系方式，但很想回家。救助站工作人员在与她多次接触后，仍只知道她是江西省某县人这一条线索，因范围太大，无法确定，也无法核实。案主系现在的父母领养的，家里有兄弟姐妹（系父母亲生），与父母关系不好，经常遭到打骂，父母曾经试图强迫案主嫁人。案主有一个奶奶，离自己家不远，一直以来都是奶奶在抚养她，案主与奶奶关系很亲密，那次被强迫嫁人没能成功，也是因为奶奶偷偷将其救走。还有外公外婆对案主也不错，但住得相对远一些。

罗杰斯的人本治疗法相信人能直接地披露自己的意见和情绪，能正确地评估自己的经历及周围的事物，重整自我概念与经验。要想实现这些目标，在以上案件中，社会工作者在看待案主时要充满关怀，而非看到案主的问题。社工与案主的关系是充满情感的关系，此关系允许案主毫无畏惧地表达内在的情绪，使案主能与社工有深切和真挚的情绪交流及心灵上的

索。通过对服务对象的内在分析，社会工作者发现服务对象的个体体验水平存在功能不良的问题，在之后的晤谈中帮助其了解个体内部的加工过程，探讨每一个水平，寻找生命历程中每一个时期功能偏差的内容，引导其转化并以一种可接受的恰当方式进入当前生活，帮助服务对象积极地确认自我，进而将个体体验水平转化为更加开放、更加自由、更加健康的模式。服务对象在社会工作者的引导下，逐渐敢于说出自己对生活以及学习的想法，对参与青少年活动等的感受与收获，可以正视自身的一些不足，也能对自己的优点进行运用，与社会工作者的关系也更加紧密。

**创新工作模式**

"创新工作模式"一词已经成为民政系统未成年人社会保护工作的重点和方向。相关部门依托国务院和民政部制定和颁布的《关于加强流浪未成人工作的意见》《关于加强和改进流浪未成年人救助保护工作意见》《中华人民共和国未成年人保护法》《中华人民共和国预防未成年人犯罪法》等一系列相关保护儿童权益的法律法规和意见，紧紧围绕儿童的权益保护和发展需要，为进入儿童保护处的儿童提供积极和有效的帮助保护平台，以期增加他们未来生存和发展的机会，减少风险和伤害，为帮助他们树立正确的人生观和价值观奠定基础。

由于人力、物力等各方面的限制，仅依靠自身能力，儿童保护工作无法做到面面俱到。因此需要寻找合法、有经验和高质量的社会力量，在儿童保护处的整体指导和管理下，充分发挥他们的特长、优势和灵活性，与儿童保护处形成互助互补的关系，共同为未成年人社会保护工作贡献各自的力量。

例如在救助儿童会中的一个关于儿童救助的案例，小毅（化名）是一个来自四川仁寿县的 16 岁男孩。他出生的时候，家里还算富裕，可就在他9 岁的时候，父母却因为贩毒被抓。从那以后，家里就只剩下他和外婆、哥哥，三人相依为命。家庭剧烈的变动给他的打击很大，他试图自杀过，在学校也变得异常敏感并且无法融入。于是 15 岁的时候他便辍学了，整日把自己关在房间里玩游戏、上网，也不和外婆和哥哥说一句话。后来救助儿童会的儿童保护项目官员从小毅所在的社区处了解到了这个情况，工作人员立即联系了仁寿县未成年人保护中心并且和他们商量该如何帮助这个孩子。经过一番讨论，为了让小毅得到更加专业的帮助，仁寿县未成年人保护中心出面联系了仁寿友爱社会工作服务中心，社工服务中心的两名社工杜刚、曾琴全面接手，对小毅提供一对一的咨询和辅导。

工作人员通过采用创新工作模式帮助小毅，小毅得到关怀，改变过去的看法和认识。"爸妈进了监狱后，我的生活发生了天翻地覆的变化。我打过两份工，一份是在发廊，主要是帮人洗头，可是对我来说真的很难，干了两天我就辞职了。另一份是在餐馆，这个工作对我来说也并不容易。"从学校辍学，也无法在社会上立足。小毅对自己的未来很迷茫。性格内向的小毅从不愿意与陌生人聊起自己的家事，社工们长久的陪伴却让他逐渐打开了心扉，鼓励他学会认识自己，积极帮助小毅寻找身边可以利用的社会资源，促进小毅健康成长和发展。

目前我国正处于从传统社会向现代社会变迁的时期，许多结构性社会问题不能得到有效解决，在社会结构变化及家庭功能缺失日益严重的情况下，我国关于儿童的问题可能还会更加严峻。在运用社会工作模式介入特殊儿童的救助工作中，要注意儿童救助的工作思路、工作方法以及工作者角色的转变，使用任何理论模式时都要注意应该结合我国的国情，在具体的实践中进行救助。

# 第八章　儿童教育与发展：国内外福利政策及服务模式探析

## 8.1　儿童教育与发展：问题及现状分析

　　教育对一个国家人力资本及综合国力的发展程度有重要影响。现阶段，我国实行的是九年制义务教育政策。自该政策实施起，我国的受教育人数明显增多，受教育水平也紧随着提高，极大地增进了儿童福利。但是，现阶段的儿童教育也出现了一些尚未完善的地方，主要体现在以下几个方面。第一，学校教育的资源不足，体现较为明显的是学龄前儿童受教育资源不足。在全面实施二孩政策的背景下，幼儿园预计缺口近 11 万所，幼儿教师和保育员预计缺口超过 300 万人（杨顺光、李玲、张兵娟、殷新，2017）。第二，我国的教育资源一直存在分配不均的难题，东部和西部地区、城市和农村地区等不同地区之间在教育资源供给方面仍然存在巨大差距，导致西部或者农村地区儿童受教育水平低，影响了这些儿童未来可获得的教育和职业成就。第三，教育资源针对一般儿童设立，许多特殊儿童的教育需求难以得到满足。第四，教师的教育质量良莠不齐，教师的监管不全面。第五，家庭教育仍然是重点和难点，许多家长的教育方式和养育理念仍面临较多问题，国家和地区还未出台健全的法规和政策对家庭教育进行管理和监督。第六，部分地区和家庭因为贫困，儿童教育中断甚至终止的现象仍然存在。第七，留守儿童教育的问题尚未彻底得到解决。第八，教育提前化的趋势愈加严重，造成许多儿童在学龄前承受高负荷学习压力，学前班、奥数班等的过度教育也增加了儿童和家长的负担。以下将分别对上述问题展开具体论述。

**教育资源及教育公平问题**

　　总体而言，我国现在的教育分配不均问题主要体现为城乡资源分配不均、东西部教育资源分配不均、公办学校与民办学校等优质教育与一般教育资源分配不均。同时，阶层分化、购买学区房等资源富集的现象，让学区房成为社会阶层复制与社会阶层再生产的工具，从而导致义务教育的异化并引起社会焦虑。

在城乡教育资源分配方面，城市化进程加快，农村人口往城市迁移，人口的转移与集聚、就业、人的身份转化与社会融入、公平正义与社会权益都对教育产生了很大影响（雷培梁，2016）。城市农民工子弟学校的收费贵、学生多等问题，说明城市里的学校，在一定程度上，没有协调好农村儿童和非农儿童的教育资源分配。例如，国家统计局 2015 年的数据显示，全国城市普通高中学校有 6425 所，而农村普通高中学校有 668 所。2016 年的数据显示，全国普通小学在校学生有 9913.0126 万人，普通小学教职工有554 万人，平均 17.89 个学生就配有 1 名教职工，然而民办普通小学在校生有 756.3291 万人，民办普通小学教职工却只有 25.6868 万人，平均 29.44名学生才配有 1 名教职工。学生教师配比差距明显。农民子女在教育上的弱势表现在阶层的差异造成就读学校存在差距，以及子女学业表现的机会和结果存在差异（霍翠芳，2013）。

在优质教育与一般教育分配方面，国内教育资源主要集中在城市，以一二线城市较多，城市内部的优秀教育资源往往又集中在私立学校和名牌公办学校，私立学校的收费很贵，且门槛较高，普通家庭子女无力承担高昂的入校费。名牌公立学校中，学区房的热度仍然只增不减，许多家庭因无力承担学区房高昂的房费且又交不起私立学校的学费，只能放弃在优秀学校就读的机会。义务教育及义务教育之后的阶段，仍然存在教育公平方面的问题，家庭条件较好的儿童在教育方面一般领先其他儿童，这些儿童会选择出国或者入读名牌高中，而其他孩子只能上普通学校。部分儿童因家庭贫困，接受义务教育后选择辍学。

伴随着经济快速发展，我国城市化进程速度加快，对农村人口的吸收效应加大。因此，有必要对未来农村人口变化情况提前进行判断和准备，避免"有校无生"的情况出现（王维平等，2018）。另外，还需要及时了解人口迁徙的方向和切入点，及时调整规划，让有限的教育资源配置起来。针对乡村教育落后的情况，可以从解决县城学校大班入学问题入手，统筹农村师资、教育公用经费等资源，促进县城教育发展，推进城乡教育一体化进程，促进教育公平。针对高校农村生源下降的问题，通过支持贫困地区农村孩子报考重点大学计划，提供部分优惠措施，在职业教育上加大投入力度，甚至对有些高校的涉农专业可以免收学费。

**特殊儿童的教育问题**

特殊儿童因天生或者后天原因，在身体、心理上与健全儿童存在一些差异，部分儿童面临着教育和就学的难题。目前我国 18 岁以下残疾儿童有 1289 万人，正处于义务教育阶段的特殊儿童有 750 万人（刘云廷，2013）。2016 年的数据表明，全国的特殊教育学校有 2080 所，在校生有 49.1740 万人。目前大部分残疾或情况较为特殊的儿童会选择在一些残疾学校和特殊学校就读，情况较为轻微的儿童可以选择在一般学校读书。

国家已为特殊儿童提供教育机会，但目前也存在特殊儿童遭受教育歧视、特殊教育的老师数量少、教育的专业化程度不足等问题。国内现在特殊儿童学校开办得较少，普通学校对于特殊儿童的歧视现象依然存在，有的学校会拒绝接收特殊儿童。特殊儿童在教育方面往往处于不利地位，甚至会失去受教育的机会。受教育权利平等、教育过程公平、教育结果公平对于特殊儿童十分重要（朱楠、王雁，2011）。

发达国家在特殊教育方面往往有较为明确的立法及保障。例如，英美等诸多发达国家均已出台特殊教育立法，针对特殊教育可以从法律上做出明确规定，从而促进各级政府和相关机构、学生家长和监护人的实施责任与义务，明确资金投入比例与路径，保障专业人员的培养与使用，破解特殊教育发展瓶颈（程永波，2018）。特殊儿童心理较为脆弱，自尊心容易受到伤害，希望得到老师和家长的关爱，但是又不希望被差别对待。没有受过专业训练的教师，更容易因理念上的疏忽给儿童造成伤害。因此，面对特殊儿童教育，保证教师的专业化程度也是十分重要的。

由于中国对特殊儿童的教育政策还处在逐步健全完善的阶段中，特殊儿童教育正面临着六大转变：①从特殊教育政策、条例向特殊教育法规、法律方面转变；②从三类残疾儿童教育向特殊儿童教育转变；③从特殊学校教育形式逐渐向融合教育形式转变；④从过分重视特殊教育硬件投入向满足残疾儿童需求转变；⑤从城市发达地区特殊教育学校建设向中西部地区特殊教育学校建设转变；⑥从专门的特殊高校师资培养向普通大学开设特教专业培养方式转变（彭霞光，2010）。针对特殊儿童教育，有必要通过社会建构起重视特殊儿童教育需求的文化，并将特殊儿童的教育纳入社会普通教育计划，让特殊儿童建立一种融入主流社会的归属感（江秀娜，2012）。

### 家庭教育有待完善

除了学校正规教育外，家庭是儿童成长和生活的重要场所。家庭教育中，父母的言行举止对儿童的情绪和行为有重要影响。家庭教育是十分重要的环节。许多家庭仍然尚未形成良好的养育儿童的方式和方法，例如较多采取独裁式、放纵式、溺爱式等养育方式，造成儿童较多出现心理或行为方面的问题，对儿童的成长造成极为不利的影响。目前针对父母和家庭还没有相关的专业教育课程。目前我国也缺少家庭教育的法律和法规，有必要通过立法推动家庭教育环节的完善。

### 学龄前教育资源不足

我国现在实行九年制义务教育，主要包括小学六年以及初中三年的学习日程。在九年制义务教育阶段，免学费和杂费，一定程度上减轻了家庭的经济负担。但 0～3 岁幼儿阶段或 3～6 岁学龄前阶段的教育资源不足，缺口较大。目前早教机构及幼儿园，在监管、教育内容和质量、资源分配、收费标准、托管的安全性等方面依然存在较多问题，幼儿园教师在数量及质量方面还亟待提高（程志龙，2014）。儿童早期教育也给较多家庭带来压力。首先，幼儿园上学放学时间，较容易与父母上下班时间冲突，给不少家庭带来烦恼和压力。其次，由于父母工作压力大，不少儿童通常由祖父母辈或聘请保姆照料，但祖父母辈较少经过专业的学习和训练，部分缺乏科学的教育观念和理念，造成隔代监护和养育难题（邵源春、赵晓蓉，2017）。另外，入学难和入学贵的问题依然困扰着不少家庭。公办幼儿园往往招收有当地户口的儿童，有片区范围，不属于公办幼儿园报名范围之内的儿童入学会比较困难，而民办幼儿园往往收费较贵，教师质量也良莠不齐，给部分家庭的择校带来困扰。

伴随着我国二孩政策的出台和实施，儿童早期教育的缺口问题亟待解决，有必要建立教学质量和环境较好、价格又被普通家庭所接受的普惠型早教机构，加强对 0～3 岁或者 3～6 岁婴幼儿早教市场和早教机构的监管，提升我国的学前教育水平。首先，政府可以通过购买社会服务方式，政府出资，机构承办，在社区试点建立部分普惠型早教机构。其次，加强政府部门对早教机构的监管也十分重要，需要降低课程价格，起到"惠民"的作用，提高儿童早期教育的福利供给水平。针对早教机构的监督和管理，也可以通过制定严格标准选择试点合作机构，对合作机构的教学环境、硬件设施、师资力量等进行监管，并通过儿童早教机构或政府官网对机构的资质进行公示。对早教机构定期进行教学质量评估，公示评估结果，对一些教学质量不达标、整改不到位的机构提出整顿的意见。另外，政府可以设定统一教学标准，从"普惠型"早教机构试点，积极组织开展早教教研工作，建立系统、统一的教育体系，与幼教、小教衔接，让孩子自然过渡到幼儿园、小学教育阶段（郭文圣，2018）。

**留守儿童的教育问题**

根据第六次全国人口普查资料的分析，留守儿童生活中隔代养育较为普遍，规模达到33%，另有29%生活在单亲家庭，24%生活在单亲隔代家庭。在学龄前教育阶段，留守儿童的入园率表现较差。国家卫生和计划生育委员会流动人口司"2013年全国流动人口动态监测"数据显示，城镇户籍学龄前儿童的入园率已经达到77.6%，流动儿童入园率达到70.6%，而农村留守儿童的入园率仅为65.5%。除学龄前教育方面的差距外，部分研究者提出因长期与父母分离且缺乏父母看护，留守儿童在学业成绩和学业方面的表现相对较差（蔡镜，2015）。另外，在情感和行为方面，留守儿童也容易出现情感缺失、心理脆弱、行为偏差等一些不良情况。针对留守儿童群体，国家从政策和源头上保障儿童利益，保障城乡儿童享有同等的发展机会，即城乡儿童公共服务的均等化很有必要（王谊，2011）。对我国义务教育尤其是农村教育的供给进行优化和创新，也是解决农村留守儿童教育困境的出路（涂晓明、叶忠、涂建明，2009）。

**儿童教育的提前化，儿童负担重**

在许多家长观念之中，学业依旧是竞争大头，在孩子进入学龄期之前，家长就已经为孩子做好了学业上的准备，更有"幼儿园小学化"的说法，生怕孩子输在起跑线上。目前上名校、奥数课外班之类的现象层出不穷，针对孩子学业上的弱项进行补课，对于优秀的孩子也进行补课，导致儿童学业压力大、负担重。大多数家长更加注重孩子的学业成绩，除了在正常的学校课时之外，还会给孩子安排各种各样的学业教育，如上周末、节假日等补习学校；平时的教育中，有大班化的教育，也存在一对一、小班化的教育。为了弥补孩子在学校的课堂教育中的不足，发挥孩子在课业上的特长，家长还给孩子额外报奥数班、口算班之类的课程。很多家长为了让孩子赢在起跑线上，甚至不惜重金给孩子报名双语幼儿园。然而，市场上的辅导班及兴趣班大多以市场为导向，以追求经济利益为目标，质量上良莠不齐，也存在专业性不强等诸多问题，许多家长难以分辨市场化机构的好坏，儿童在这些学校进行补习，可能不适合自身情况，甚至还会出现越补越差的现象。针对现在的教育提前化，教育部也出台政策促进学前教育发展，确保 2020 年普惠型幼儿园占比达到 80%，实施好第三个"学前教育三年计划"，包括加强顶层设计、加强监管、加强安全管理、综合治理小学化倾向、加强师资队伍建设、加强学前教育立法（陈宝生，2018）。面对学前教育小学化的倾向，从学前教育的监管力度和教师素质入手，改变家长的教育观念和教养方式，树立科学的教学理念，对教育制度进行改变和创新（赵裕如，2017）。

## 8.2 儿童教育与发展：福利政策探析

从宏观层面来说，实施儿童教育福利政策可以有效地缓解资源分配的不平等现象，消除教育中的城乡二元差别，保障弱势的儿童平等地获得受教育的权利，政策保障儿童受教育的机会平等和起点平等，这对于出身贫困的儿童来说是极其重要的，是他们缩小阶层差距的关键环节，改善自身及家庭的贫困状况，从而促进社会公平和整体福利水平的提高，减少社会差距，促进阶层流动。

从微观层面来说，第一，儿童教育政策的实施不仅可以保障一般儿童的权利，还可以给特殊儿童提供福利和保障，提供更加全面的福利，保障特殊儿童拥有相同的教育机会。第二，实施儿童教育政策，可以从源头上弥补现在存在的儿童教育上的不足，制定相关的法律，完善现存儿童教育上的程序，加强对学校和机构的监管力度。第三，儿童教育政策保障留守儿童的基本生活，在一定程度上对留守儿童的安全及学业有所照顾，对于留守儿童的心理及情感的诉求进行回应。第四，对于过早让孩子参与社会竞争这个现象，政策的实施可以有效减少教育提前化的现象，减轻儿童与家长的压力。以下将呈现国内外儿童教育领域的主要政策措施。

### 8.2.1 国外儿童教育政策

儿童教育政策属于儿童福利体系的一部分，儿童教育往往体现了一个国家的综合实力，保障教育公平是十分重要的政策落实点。教育政策的主要目标是保障儿童平等受教育的权利，有效减少教育不公平现象，对处于贫困和弱势的儿童，应当加大教育的优惠和扶持力度。

从义务教育的历程来说，1619 年，德意志魏玛邦公布的法令是实施义务教育开端，规定父母必须让 6～12 岁的儿童入学。18～19 世纪，国外进入普遍性的义务教育立法阶段，如 1852 年、1853 年美国马萨诸塞、纽约两州的《强迫义务教育法》，1870 年英国的《初等教育法》，1881 年法国的《费里法》等（李赐平，2005）。在义务教育的年限方面，泰国在 1990 年普及了九年制义务教育；美国施行 12 年义务教育制度；法国在小学以及初中阶段属于义务教育的年限范围内；日本 1947 年的《学校教育法》规定了 9 年制的义务教育。综述，据可查的 171 个国家中，义务教育的平均年限为 8 年；非洲的平均年限已达 7.2 年；北美洲、欧洲主要发达国家的平均年限为 10～12 年（王璐，2009）。

在学前教育方面，1899 年艾伦·凯出版的《儿童的世纪》推动了学前教育的发展，世界各国对学前教育也都十分重视。英国政府规定针对 5 岁以下儿童设立保育学校；美国对幼儿的帮助从 2 岁扩大到 4 岁；德国从 1995 年起，就免费对 9 个月大的婴儿赠送书籍等礼包。土耳其、以色列、西班牙、朝鲜、澳大利亚、奥地利等国家，都延长对学前教育教师的培养时间，并重视教师在职培训（黄静潇，2005）。

在特殊儿童保护方面，发达国家一般先从法律层面出发，强调家长的参与，且重视政府高度覆盖的福利和对特殊儿童的财政保障。如 2000 年，美国提供了 12% 残障儿童教育开支。除此之外，还引进非政府组织，对特殊儿童的教育和保护提供帮助（安秋玲，2012）。

在家庭教育政策方面，西方国家的家庭教育政策多与家庭保障政策和学龄前儿童政策融合在一起，目标是促进儿童的健康成长，尤其是 6 岁以下儿童。通常以立法为起点，明确规定管理体系和监督机制，服务对象包括绝大部分学龄前儿童，设置了集看护、教育、营养、健康为一体的看护体系。

流动儿童和留守儿童教育问题也受到各国重视。资料显示，美国将流动儿童受教育的年龄界定在 3～21 岁，美国基于人权保护政策的法律环境，赋予流动儿童受教育的权利；并建立流动儿童教育管理生态系统，促进流动儿童教育发展（周国华、陈宣霖，2015）。以色列对流动儿童的教育通过改革义务教育来保障，年龄划分在 3～18 岁。

表 8-1 整理了代表性国家和地区在儿童教育方面的福利政策。

表 8-1　代表性国家儿童教育政策一览

| 主要职能 | 国家、地区或组织 | 政策出台时间 | 政策名称 |
|---|---|---|---|
| 保障教育公平 | 日本 | 1947 年 | 《儿童福利法》 |
| | 英国 | 1948 年 | 《儿童法案》 |
| | 瑞典 | 1960 年 | 《儿童及少年福利法》 |
| | 加拿大 | 1983 年 | 《儿童托育法案》 |
| | 美国 | 2002 年 | 《NCLB 法案》 |
| 特殊儿童教育 | 美国 | 1968 年 | 《残疾儿童早期教育援助法》 |
| | | 1975 年 | 《所有残疾儿童教育法》 |
| | 英国 | 1970 年 | 《缺陷儿童教育法案》 |
| | | 2001 年 | 《特殊教育需求和障碍法》 |
| 学前教育 | 美国 | 1936 年 | 《社会安全法案》 |
| | | 1958 年 | 《国防教育法》 |
| | | 1979 年 | 《儿童保育法》 |
| | | 1981 年 | 《开端计划法案》 |
| | | 1987 年 | 《0～8 岁儿童早期方案中的发展适宜性教育》 |
| | | 1990 年 | 《儿童早期教育法》 |
| | 英国 | 1918 年 | 《费舍法案》 |
| | | 1944 年 | 《1944 年教育法》 |
| | 日本 | 1926 年 | 《幼稚园令》 |
| | 瑞典 | 1975 年 | 《学前教育法》 |
| | 韩国 | 1961 年 | 《儿童福祉法》 |
| 家庭教育 | 新加坡 | 2002 年 | "学校家庭教育计划"（SFE） |
| | 瑞典 | 1975 年 | 《学前教育法》 |
| | 美国 | 1981 年 | 《开端计划法案》 |

续表

| 主要职能 | 国家、地区或组织 | 政策出台时间 | 政策名称 |
|---|---|---|---|
| 留守与流动儿童教育 | 美国 | 1966 年 | "流动儿童教育计划"（MEP） |
| | | 1988 年 | 《学校促进法案》 |
| | | 1994 年 | 《改进美国学校法案》 |
| | 印度 | 2009 年 | 《儿童免费义务教育权法》 |
| | 以色列 | 2001 年 | 《义务教育法》 |

### 8.2.2　国内儿童教育政策发展水平及研究现状

**全国性儿童教育发展历程及相应政策**

中国的教育发展演变大约经历了三个过程，1991 年至 2000 年，基本实现了九年制义务教育的全面覆盖；2001 年至 2012 年，推动教育的均衡发展，重视教育的公平、公正；2012 年至今，我国在教育的质量与教育公平方面持续推进（丁蓓，2013）。

也有学者将中国的义务教育划分为四个阶段：第一阶段为 1949 年至 1986 年，这一阶段属于教育的起步阶段。1949 年的《共同纲领》中，首次提出将普及教育，新中国成立后 1956 年的《1956 年到 1967 年全国农业发展纲要（修正草案）》中，第二次提出普及义务教育。1966 年至 1976 年，因为十年"文化大革命"，我国的义务教育事业受到了严重打击，1982 年第五届全国人大第五次会议通过的"宪法"纲领中普及初等义务教育，这是一次巨大的飞跃，1986 年，国家颁布《中华人民共和国义务教育法》，明确从法制上规定了义务教育。

第二阶段，1986 年至 1995 年，是义务教育的发展阶段。1992 年的十四届全国人民代表大会上，提出了 20 世纪末基本普及义务教育和扫除文盲，又在 1994 年提出通过"三步走"普及义务教育。

第三阶段，1996 年至 2005 年，是义务教育繁荣时期，1995 年发布了《关于进行"国家贫困地区义务教育工程"项目规划和可行性研究的通知》，1998 年启动了《国家贫困地区义务教育工程》，这是新中国成立以来最大的全国性的教育投入专项基金，2001 年针对学校的乱收费现象，发布了《关于坚决治理农村中小学乱收费问题的通知》，并在同年开始实施免除学杂费和书本费、对住宿学生补贴生活费的"两免一补"政策，2003 年《国务院关于进一步加强农村教育工作的决定》提出，到 2007 年，争取全国的贫困学生都能享受到"两免一补"。

第四阶段，从 2006 年至今，我国的义务教育制度正处于完善期，在 2006 年的第十届全国人大常委会第二十二次会议上，新修订的《中华人民共和国义务教育法》，更是将儿童教育的福利提到了更高的层次上（王俊元，2012）。从我国义务教育的发展历程可以看出，我国对于儿童的教育十分重视，并在逐步实施和完善的过程中不断进步，义务教育的实施，对儿童的教育发展起到了十分重要的作用，促进了儿童在教育上拥有平等的机会，对促进教育公平有着非常重要的意义。

中国政府从《中华人民共和国义务教育法》开始，对一般及特殊儿童的教育进行了法律政策方面的保障，并对大多数的教育已经或正在进行完善；对于儿童教育方面的问题，如特殊儿童的教育、家庭教育、学前儿童的教育、留守儿童的教育等，也在逐渐调整。相关福利政策见表 8 - 2。

表 8 - 2　全国性儿童教育法律法规汇总

| 类型 | 时间历程 | 政策名称 |
|---|---|---|
| 教育资源及教育公平 | 1986 年 | 《中华人民共和国义务教育法》 |
| | 1995 年 | 《关于进行"国家贫困地区义务教育工程"项目规划和可行性研究的通知》 |
| | 1998 年 | 《国家贫困地区义务教育工程》 |
| | 2003 年 | 《国务院关于进一步加强农村教育工作的决定》 |
| | 2006 年 | 《中华人民共和国义务教育法》新修订 |
| | 2007 年 | "两免一补" |
| | 2015 年 | 《关于修改〈中华人民共和国教育法〉的决定》第二次修正 |
| 特殊儿童的教育 | 1986 年 | 《中华人民共和国义务教育法》 |
| | 1994 年 | 《残疾人教育条例》《关于开展残疾儿童少年随班就读工作的试行办法》 |
| | 1989 年 | 《关于发展特殊教育的若干意见》 |
| | 2008 年 | 《中华人民共和国残疾人保障法》 |
| | 2009 年 | 《国务院办公厅转发教育部等部门关于进一步加快特殊教育事业发展意见的通知》 |

续表

| 类型 | 时间历程 | 政策名称 |
|---|---|---|
| 特殊儿童的教育 | 2015 年 | 《特殊教育补助资金管理办法》 |
| | 2016 年 | 《"十三五"加快残疾人小康进程规划纲要》 |
| | 2017 年 | 新《残疾人教育条例》<br>《关于做好残疾儿童少年义务教育招生入学工作的通知》 |
| 家庭教育 | 2010 年 | 《全国家庭教育指导大纲》 |
| | 2012 年 | 《关于指导推进家庭教育的五年规划（2011—2015 年）》 |
| | 2015 年 | 《教育部关于加强家庭教育工作的指导意见》 |
| 学龄前儿童教育 | 1999 年 | 《关于深化教育改革，全面推进素质教育的决定》 |
| | 2007 年 | 《国家教育事业发展"十一五"规划纲要》 |
| | 2010 年 | 《国务院关于当前发展学前教育的若干意见》 |
| | 2011 年 | 《关于加大财政投入支持学前教育发展的通知》 |
| | 2016 年 | 《幼儿园工作规程》 |
| | 2017 年 | 《教育部等四部门关于实施第三期学前教育行动计划的意见》 |
| 留守儿童的教育 | 1996 年 | 《城镇流动人口中适龄儿童少年就学办法（试行）》 |
| | 1998 年 | 《流动儿童少年就学暂行办法》 |
| | 2003 年 | 《关于进一步加强农村教育工作的决定》 |
| | 2006 年 | 《国务院关于解决农民工问题的若干意见》<br>《教育部关于教育系统贯彻落实〈国务院关于解决农民工问题的若干意见〉的实施意见》 |
| | 2007 年 | 《关于贯彻落实中央指示精神积极开展关爱农村留守流动儿童工作的通知》 |
| | 2010 年 | 《国家中长期教育改革和发展规划纲要（2010—2020 年）》 |
| | 2011 年 | 《中国儿童发展纲要（2011—2020 年）》 |
| | 2013 年 | 《关于加强义务教育阶段农村留守儿童关爱和教育工作的意见》 |

### 地方性儿童教育政策研究

我国各省份在儿童教育领域也相继出台了一系列政策。例如，针对贫困地区儿童教育问题，安徽省将重点攻坚国家集中连片特困地区，国家和省扶贫开发重点县，皖北地区等教育基础薄弱、普及程度较低的地区，对家庭经济困难学生、残疾学生、进城务工人员随迁子女等特殊群体提供补助和保障。四川省出台《关于进一步加强控辍保学提高义务教育巩固水平的通知》，保障对儿童进行义务教育，避免儿童因为上学困难而辍学。针对普通高中大班额比例高、职业教育招生比例低、办学条件差、学校运转困难等突出问题，为进一步巩固、普及高中阶段教育成果，提高高中阶段教育普及程度和教育教学质量，宁夏于2018年全面深化考试招生制度改革，逐步建立中等职业学校和普通高中统一招生平台，坚持优质普通高中招生名额的60%分配到区域内初中学校，招生名额适当向区域内农村学校倾斜，本地优质普通高中学校招生时要向建档立卡贫困家庭倾斜的办法。2017年，甘肃省发布《甘肃省教育综合改革重点推进事项实施方案》，对于贫困学生进行精准扶贫；2018年陕西省发布了《陕西省人民政府关于统筹推进县域内城乡义务教育一体化改革发展的实施意见》，推动各地建立健全民办学校助学贷款业务扶持制度，提高家庭经济困难学生获得资助的比例。上海为帮助新疆农村幼儿园解决教学资源不足难题，向对口支援的新疆莎车县、巴楚县、叶城县以及泽普县农村幼儿园送去教学资源，这些资源补齐了新疆农村非学前专业教师专业能力不足的"短板"。河北省财政厅、省教育厅下达2018年省级专项补助资金5.03亿元和奖励资金控制额度3亿元，用于薄弱中小学改造。各地政策有利于针对每个地区的情况，让贫困儿童在教育上获得平等，减少教育上的不公平现象。

关于特殊儿童教育问题，北京市印发《北京市特殊教育提升计划（2017—2020年）》，优先保障九年制义务教育阶段的残疾儿童就近入学，以"就近适宜""安置入学"方式普及残疾学生高中阶段教育；上海市出台了《上海市特殊教育三年行动计划（2018—2020年）》，将在未来三年，针对特殊儿童做好保障，推动教育建设；在提高特殊儿童的入学率方面，个别省出台了相应的政策，保障特殊儿童的利益。

针对学龄前儿童教育，2012年，江苏省提出了《江苏省学前教育条例》，并且南京市下发了《关于学前教育普惠优质发展的实施意见》，加快配套建设学前教育资源，推进幼儿园服务制度，按照学龄儿童的人数进行幼儿园的建设匹配，解决"入园难"问题。河北省决定，年内省级财政将安排3亿元专项资金支持学前教育发展，资金使用适当向农村、边远地区、少数民族地区、贫困地区倾斜。内蒙古建立健全确保学前教育可持续发展的体制机制，扩大普惠性学前教育资源，提高公办幼儿园提供普惠性学前教育服务能力，积极引导和扶持民办幼儿园提供普惠性服务，履行发展和监管学前教育的主体责任，加强幼儿园师资队伍建设，规范幼儿园管理，进一步提升农村牧区幼儿园和城镇薄弱幼儿园办园质量。每个地区也相继出台一些惠民政策，大多数是建立普惠性的学校，减轻儿童家长的资金负担，提高对现在市场上存在的学前儿童教育的监管水平，通过完善学前教育，总体提高教师水平和办学机构的质量，促进儿童健康成长。

　　针对留守儿童的父母不在身边，容易造成关爱缺失、安全保障问题及学业辅导问题等，各地对留守儿童也相继出台一些政策。例如，江苏省妇联在 2013 年先后印发了《江苏留守流动儿童安全守护行动实施方案》《关于在全省开展"儿童安全守护集中行动月"活动的通知》《关于开展困境儿童暑期安全隐患排查摸底及信息统计报送工作的通知》，针对留守儿童教育及安全方面开展的活动，有了一定的效果（杨舸，2016）。表 8-3 展示了代表性地区的儿童教育政策。

表 8-3　代表性地区儿童教育政策一览

| 名称 | 时间 | 地区 | 政策 |
|---|---|---|---|
| 儿童教育资源及公平 | 2016 年 | 山东省 | 《青岛市教育扶贫实施方案》 |
| | | 河北省 | 《关于进一步完善城乡义务教育经费保障机制的通知》 |
| | 2017 年 | 甘肃省 | 《甘肃省教育综合改革重点推进事项实施方案》 |
| | | 云南省 | 《云南省教育事业发展"十三五"规划》 |
| | | 贵州省 | 《贵州省教育精准扶贫学生资助实施办法》 |
| | | 广东省 | 《广东省人民政府关于统筹推进县域内城乡义务教育一体化改革发展的实施意见》 |
| | 2018 年 | 四川省 | 《关于进一步加强控辍保学提高义务教育巩固水平的通知》 |
| | | 陕西省 | 《陕西省人民政府关于统筹推进县域内城乡义务教育一体化改革发展的实施意见》 |
| 特殊儿童教育 | 2016 年 | 浙江省 | 《杭州市特殊教育提升计划（2016—2020 年）》 |
| | | 北京市 | 《残障儿童全纳教育公众认知与倡导方向调研报告》 |
| | | 湖南省 | 《关于义务教育阶段适龄残疾儿童少年送教上门的实施意见》 |
| | 2017 年 | 北京市 | 《北京市特殊教育提升计划（2017—2020 年）》 |
| | | 山东省 | 《关于加强困境儿童保障工作的实施意见》 |
| | | 海南省 | 《海口市残疾人保障办法》 |
| | | 福建省 | 《宁德市"十三五"加快残疾人小康进程规划纲要》 |
| | | 上海市 | 《上海市特殊教育三年行动计划（2018—2020 年）》 |

续表

| 名称 | 时间 | 地区 | 政策 |
|------|------|------|------|
| 学龄前儿童教育 | 2016 年 | 四川省 | 《关于进一步加快学前教育发展的实施意见》 |
| | | 浙江省 | 《杭州市学前教育第二轮三年行动计划（2016—2018 年）》 |
| | | 安徽省 | 《关于修订合肥市幼儿园教育收费管理实施办法的通知》《安徽省学前教育条例》 |
| | | 甘肃省 | 《关于大力促进学前教育改革发展的意见》 |
| | 2017 年 | 浙江省 | 《浙江省学前教育条例》 |
| | | 广西壮族自治区 | 《广西教育事业发展"十三五"规划》 |
| | | 山东省 | 《青岛市第三期学前教育行动计划（2017—2020 年）》 |
| | 2018 年 | 江苏省 | 《江苏省学前教育条例》《关于学前教育普惠优质发展的实施意见》 |
| 留守儿童的教育 | 2013 年 | 江苏省 | 《江苏留守儿童安全守护行动实施方案》《关于在全省开展"儿童安全守护集中行动月"活动的通知》 |
| | 2016 年 | 内蒙古自治区 | 《关于进一步加强义务教育阶段留守儿童教育管理工作的通知》 |
| | 2017 年 | 浙江省 | 《丽水市教育局关于进一步做好进城务工人员随迁子女义务教育工作的通知》 |
| 家庭教育 | 2016 年 | 北京市 | 《0—6 岁儿童家庭教育指导服务现状调查报告》《关于指导推进家庭教育的五年规划（2016—2020 年）》 |
| | 2017 年 | 贵州省 | 《贵州省未成年人家庭教育促进条例》 |
| | | 湖北省 | 《家庭教育指导与服务"十三五"规划》 |

## 8.3　儿童教育与发展：服务模式探析

### 认知行为治疗模式

如理论章节所介绍的，每个人从儿童时期就开始从生活事件中学习经验、形成个体的认知和行为，但有些观念和认知是僵化和消极的。僵化和消极的认知观念可以被分为三大类，包括极度渴求成功和完美主义、极度渴求他人的喜爱和认同、强烈的控制欲和主导欲。有僵化消极认知的个体会更容易形成低效能感、低自尊水平以及对生活产生失望和消极的态度。

治疗师应该通过帮助受访者确认歪曲的思维，帮助他们以更加现实的方式构建自己的期望。在治疗抑郁和低效能感的受访者时，通常采取以下几种策略，包括挑战受访者的基本观念、指出思维中的错误观念、对事件再次进行归因、最终探讨解决问题的方法。

认知行为治疗模式以求助者的认知和行为作为分析的起点，是对认知疗法和行为疗法的综合运用，主要探讨求助者不良行为产生的外部条件、机制以及具体发展过程，以便指导、调整或矫正其不良的行为方式，使其更好地适应外部环境。在儿童教育方面，认知行为治疗模式认为，儿童的问题一方面是由认知引起的，儿童错误的认知导致儿童在情绪以及行为上出现问题；另一方面，儿童的行为也会影响儿童的思维和情绪。应用在儿童的教育上，主要是通过对儿童认知的改变或者儿童行为的改变，达到教育儿童的目标（许莉娅，2013）。

**理性情绪治疗模式**

理性情绪疗法（rational emotive therapy，RET）也是通过改变非理性的认知观念来帮助受访者解决问题的。通过教导和驳斥等介入方法帮助受访者建立理性的认知，从而提升个体的自我价值感，帮助个体摆脱不良的信念系统。理性情绪治疗模式认为靠自由联想和反映感受等非指导性治疗技术很难改变求助者的非理性理念，而这些非理性理念恰恰是影响求助者情绪的重要因素，同时它们对求助者的情绪起着非常重要的作用。对于儿童来说，他们的非理性信念会导致他们在行为和情绪上出现问题，要针对非理性的信念对儿童进行教育。

假设人的存在具有价值，这是人先天具有的本性，使人趋向于成长和自我实现。该理论中，A 代表引发事件，指求助者所遇到的当前事件，事件的形式既可以是具体的事件，也可以是求助者的思想、感受、行为或对以前事件的回忆；B 代表求助者的信念系统，指求助者对引发事件的认知和评价，既可以是理性的，也可以是非理性的；C 代表引发事件之后出现的各种认知、情绪和行为；因此，有效的帮助是对求助者的非理性信念系统进行质疑，即对求助者的非理性信念系统进行质疑，D 即对非理性信念进行识别和辩论；帮助求助者克服各种非理性信念，最终使求助者的情绪和行为困扰消除，形成一种有效的理性生活方式，达到目标 E。

举例来说，留守儿童小孙跟着爷爷奶奶生活，父母在城市里面打工，约定好每个周末父母会给小孙打电话，但是有个周末父母因为太忙忘记了给小孙打电话，小孙打电话过来时父母也是匆匆挂断了，小孙认为父母对自己有些厌烦了，不管他了，觉得沮丧，是个没人要的孩子了，上课也不再认真听讲，学业成绩下滑。针对上面小孙的情况，社会工作者所要做的就是针对小孙的不合理信念进行识别，即"小孙认为父母不管他了"，对此进行辩论，改变小孙不合理的信念，让小孙意识到父母不是不爱他了，这是自己的错误想法，要学会理性的生活方式。

理性情绪治疗模式强调社会工作者要积极主动地介入辅导的过程，社会工作者可以采取开放的态度综合运用各种辅导技巧；但是理性的具体含义还是十分模糊的，过分强调工作者介入辅导的过程，容易忽视对儿童内心的感受和理解。

**结构家庭治疗模式**

结构家庭治疗模式认为，家庭是一个系统，在这个系统中，每个家庭成员都有他特定的角色和功能，他们彼此信赖，彼此影响，单独地了解每一位家庭成员，并不能完全达到对家庭的了解，只有通过观察家庭成员的具体交往过程，才能真正了解家庭成员的关系和相处方法。结构家庭治疗模式注重的是交往的过程，而不是谈话的内容，认为问题是家庭结构的不完整造成的，必须解决家庭结构才能解决家庭问题。家庭是儿童成长和教育的一个重要场所，不良的家庭问题会对儿童的心理、行为、情绪等造成影响。

当家庭结构出现问题时，会对孩子的成长造成不利的影响，因而需要通过改变病态的家庭结构，让家庭发挥正常的功能。如出现了三角缠这样的病态家庭结构，三角缠是一种非直接的互动，即通过第三方来实现双方的互动。举个例子：小明的爸爸和妈妈有时候会吵架，当他们彼此吵架冷战的时候，会让小明来充当二人的使者，让小明来传话，甚至有的时候会打骂小明发泄心中的不满，这时候对于小明来说，他明明没有做什么，却受到了伤害。此时，就要改变这种病态的家庭结构，让父母了解并意识到，他们两个人的问题应该让他们自己去解决，而不是将小明也牵扯其中。

针对这些病态的家庭结构，为了儿童健康发展，要改变家庭的交往方式。结构家庭治疗法认为家庭出现问题是因为家庭结构不良，解决问题也集中在完善家庭结构上。父母的教育方法很重要，要改变家庭不正当的价值观，在儿童教育和交往的过程中也要注意儿童的看法。

### 发展性模式

发展性模式关注的是个人的社会功能性，而非病理因素，重视自我实现，而非治疗过程。从名称上就可以看出，发展性小组的专业目标主要定位于促进小组成员个人的成长与发展，这种小组专业目标不是病理性的治疗与康复，也不是社会性的抗争与倡导，所侧重的是成员个体的自我了解以及自我发展，最终推动小组成员达到自我的最大化发展。发展性模式是儿童教育过程中最常见的一种小组工作模式，在儿童的兴趣能力培养、道德素质的提高等方面组织发展性小组十分必要（刘梦，2013）。与其他小组不同，发展性小组主要的服务对象不是社会，而是小组成员，即儿童；服务内容不是治疗，而是自我探索。从不同的发展性小组的发展方式来看，成长小组在专业目标上出现了明显的共同取向，都是以小组个体成员的发展为专业目标，主要活动内容集中于人际交往、问题解决、沟通方式、价值观念、认识自我、了解他人等成长性主题之上，通过小组活动，促进小组成员了解自我，发掘潜能，实现自我。

例如某个社区开展了夏令营活动，招收了一组年龄相近的儿童，其主要目的就是让儿童在经历了一学期辛苦的学习后，能够放松，并顺便在冬令营和夏令营中学习一些新的东西。对于儿童而言，夏令营的开展帮助他们摆脱现在流行的、呆板的两点一线假期模式，使其合理地安排自己的假期时间，健康地度过一个充实而又有意义的假期，同时他们还能在小组活动中结交新的朋友，拓展他们的人际交往圈，通过活动了解当前的社会。类似这样的夏令营小组就是发展性小组。发展性小组能够运用于不同状况的小组，在这类小组中，组员不会被贴上标签，没有压力。

### 社区教育模式

社区教育是以社区为依托，以全体社会成员为教育对象，以社会主义教育、政治思想和科学文化教育为主要内容的一种教育形式，是社区文化建设的基础，有家庭式教育、公民教育、成人教育、健康教育、思想政治教育、训练社区领袖教育等。社区教育是运用本社区教育、文化等资源，面向本社区全体公民，以促进本社区人的发展与社区发展为目标的各类教育活动。儿童在社区中与朋辈群体进行交往，在儿童成长的过程中，游戏是一个必不可少的活动，从以自我为中心逐渐发展到合作游戏，社区作为生活共同体，提供了非常好的场所。

社区教育立足大教育观念，以社区内全体成员为教育对象，包括社区内的儿童。社区教育模式将社区内教育与社区发展相结合。现在较多社区的"四点半课堂"便是以社区教育模式为背景而开展的，"四点半课堂"的主要任务是帮助儿童完成家庭作业，小班化的设计有利于管理，便于社会工作者兼顾到每一个有需要的学龄期儿童，及时地给予回应；对于每个学龄期儿童的个性化有所了解，在课后的家庭作业完成的过程中，便于针对个别学龄期儿童开展辅导，比如在某社区的"四点半课堂"中，社会工作者会对英语说读有困难的学生加强此方面的训练，做作业时会优先让儿童做英语说读方面的训练，社会工作者会着重带领他说读，或者和其余的都做相同作业的学龄期儿童一起阅读，力图让儿童提高英语说读水平。

社区教育模式依托社区，能够充分运用社区的资源，动员社区内的居民对社区内的儿童进行教育，便于社区内的儿童参加活动，让社区的居民充分参与，增加社区的凝聚力，形成相互帮助的社区氛围。

**特殊介入模式**

**大周制与代理家长制模式**

此种模式主要针对的是留守儿童，留守儿童的主要问题是父母不能随时陪伴在身边，从而带来一系列问题。大周制模式主要是将法定的上课时间相连，并同时调整休息日，如两周上 10 天的课，剩下 4 天休息；代理家长制模式是指让学校老师的角色中加入家长的角色，老师可以代替家长对儿童的学业、安全、素质等方面进行教育（勇宁、严莹、吴新慧，2017）。除此之外，用优势视角看待留守儿童也是非常重要的，面对留守儿童的特殊心理需求应关注优势、淡化问题；心理健康服务与学校德育相结合；提高教师的心理健康水平和开展心理健康服务的能力；整合和创新服务手法（高万红、杨月明，2014）。健全学校社会工作制度，促进农村学龄儿童的社会性成长，推动城乡资源均等化（崔效辉、晏凤鸣，2013）。

举例说明：小杨的父母在城里打工，小杨平时跟着农村的老人一起生活，老人的文化水平不高，在小杨的学业帮助上指导较少，小杨因此成绩并不算太理想，由于想念父母，也有些郁郁寡欢，在学校实行了大周制和代理家长制之后，小杨每两周上课 10 天，可以休息 4 天，老师以及学校的社会工作者平时也对类似小杨的学生多进行辅导和关心，小杨在上完了 10

天的课程后，可以去城里找父母团聚。

这种模式对于儿童学业成绩的提高、心理情感的满足、安全的保护等帮助很大，但这种模式对于学校和老师来说是较大的负担，学校无法配备足够的老师对儿童进行看护，对于老师来说负担较重，容易产生倦怠。

**分班教育与融合教育模式**

由于特殊儿童的生理方面区别于正常儿童，对于特殊儿童实施分校或分班教育，配备合适的老师，对特殊儿童的不同需要进行教育；而融合教育模式主要是让特殊儿童与一般儿童一起参加教育，不做区别看待，不强调特殊性，让特殊儿童在心理上得到平等的满足（张晶晶，2017）。小欢是某特殊学校的一名聋哑儿童，在这个学校某个班级中的学生，都是和她一样的聋哑儿童，老师会根据他们这个班的特点进行教学。阿才是某小学某班级的一位特殊儿童，他在一次地震之中丧失了一条右腿，但是他和其他学生一起上课，老师并没有将他当成特殊人群而区别看待。分班教育能够有效针对某种特殊儿童的不同需要，但是容易让儿童产生差别对待情感；融合教育模式虽然没有特意强调特殊性，但是对老师的素质、专业化水平要求较高。

**全纳教育模式**

全纳教育是一种全新的教育理念和一种持续的教育过程，它接纳所有学生，反对歧视排斥，促进积极参与，注重集体合作，满足不同需求，建立全纳社会（黄志成，2003）。对于特殊儿童来说，全纳学校可起到重要的平台作用。第一，在教育方面，全纳学校要求所有的儿童在一起接受教育；第二，在社会方面，全纳学校可以通过所有儿童在一起接受教育来改变人们对待个体差异的态度；第三，在经济方面，建立所有儿童在一起接受教育的全纳学校，要比建立专门针对特殊儿童的不同类型学校要经济得多（黄志成，2004）。

在云南省的J县，有智力障碍的儿童晓彬经常被老师视为头疼的对象，老师萌生过让晓彬去特殊学校上学的念头。老师王雪接受全纳教育课程之后，开始改变意识，深入了解特殊儿童的需求，掌握科学的应对方法，对晓彬提供帮助，并与晓彬的家长进行沟通。在一段时间之后，晓彬在行为和学习上有了进步，也更有自信。

全纳教育对特殊儿童而言，通过接纳、平等地对待他们，能够尽可能地减少他们的心理障碍，根据每个儿童的特点和需要，设置不同课程以适应儿童的特性，而不是统一化的模式，并减少社会及同龄人对特殊儿童的歧视和排斥，达到共同成长的目的。全纳教育对于一般儿童同样有用，面对标签化的情况尤其适用，目的都是减少歧视和平等，共同进步。

### "家学" 早教模式

针对学前儿童的教育问题，有学者提出了"家学"早教模式，家学早教模式将早教机构移植到小区中，采用社区化模式，为孩子及其父母提供便利的社区化早教服务（裴昌帅、张荟，2015）。学龄前的教育场所是重要的，但又不仅仅限制在机构场所内，而是要让家长融合参与进来，根据每个儿童自身的特点，让家长和儿童共同参与学习，同时兼顾到家长的"家"的角色和早教机构的"学"的角色。

在"家学"早教模式中，机构往往选择在社区中，距离儿童和家长的居住地较近，能够减少儿童和家长的出行时间，更加便利的地方，这种模式注重的是机构中老师和家长的共同参与。孩子在学龄前阶段，对父母的依恋感较强，容易产生分离焦虑，儿童与家长同时参与，能够尽可能地减少儿童的焦虑现象，早教机构也能充分了解家长的教育方式，让儿童和家长通过活动增进情感上的交流。通过更新家庭教育观念，增强家长的学习意识，实施家庭素质教育；培养家长终身学习的动机与能力；挖掘家庭教育资源；通过建立社会支持系统来建立"学习型"家庭，促进家庭成员和家庭一起成长、发展（邹强，2008）。

# 第九章　儿童托育与发展：国内外福利政策及服务模式探析

## 9.1　儿童托育与发展：问题及现状分析

第八章介绍了我国当前儿童教育领域出现的主要问题，其中提及学龄前儿童早期教育的难题。本章将进一步介绍儿童早期教育领域的突出问题。

随着社会节奏的加快和生活质量的不断提高，我国家庭托育问题逐渐凸显。目前我国大多数地区的学前教育设计只涵盖3～6岁的儿童，对于3岁以下婴幼儿托育服务的供给存在严重的缺位现象，全面二孩政策的实施使得这一缺位现象变得更加突出，0～3岁婴幼儿的托育难题已成为影响二孩生育的一个重要因素（李沛霖、王晖、丁小平，2017）。健全托育产业对降低孩子的生养成本、化解职场与家庭之间的矛盾起到积极的作用，甚至能够实现职场与家庭的"共赢"。在商业化与现代化气息浓厚的今天，二孩的生养成本和照料负担已成为影响大多数女性生育意愿的两大因素。另外，目前我国人口老龄化现象日益突出，在国家大力发展老年产业的前提下，老年人的物质精神生活得到了有力的保障，"老有所养"的观念已深入人心，相比老年产业的蓬勃发展，"幼有所托"的观念却得不到重视，托幼问题虽然已经成为全民关注的社会问题，但是国内托育产业的滞后发展也成为一个不争的事实。如何改善0～3岁婴幼儿的托育现状、缓解职场父母孩子的照料负担、消除生育焦虑，如何把握"老有所养"与"幼有所托"之间的平衡成为亟待解决的重点问题。

习总书记在十九大报告中强调我国社会主要矛盾已发生转变，报告中指出，家庭和职业的平衡关系是当前中国女性面临的主要矛盾，解决女性家庭与职业的矛盾冲突，是提升女性生育水平、化解女性生育焦虑的关键要素，只有国内托育市场成熟，中国女性的家庭与职业的平衡关系方能得到改善。但是，目前中国社会的托育服务体系仍存在托育资源短缺、供需不平衡等问题，中国家庭对托育体系日益增长的现实需要与现阶段中国不成熟的托育市场也形成了主要的矛盾冲突。因此培育一个成熟健康的托育体系不光要化解女性家庭与职业的矛盾冲突，还要特别关注与重视目前我国托育体系中存在的供需不平衡的现象。以下将具体阐述儿童早期托育方面的主要问题。

**我国婴幼儿入托率低**

据统计，我国婴幼儿在各类托育机构的入托率仅为4.1%，远低于一些发达国家50%的比例，城市3岁以下儿童的入托率不到10%，虽然各省份之间存在差异，但也远低于一些发达国家50%的比例（吴苏贵、钱洁、李显波，2018）。国际经验显示，0~3岁婴幼儿的入托率与女性就业率呈正相关，欧美发达国家女性就业率普遍在70%~90%，其背后是完备的儿童托育保障体系（王晖，2016）。

托育服务是家庭发展计划的重要影响因素之一，托育服务业的规划发展将关系到女性职业发展、儿童的健康成长、家庭计划的全面落实等诸多细节，应受到重视。虽然中国儿童人数近年来有所下降，但学龄前儿童规模依旧庞大，全面二孩政策落地后，新增新生儿约250万人（刘金鑫、范君晖、章瑞，2017）。在现有庞大幼儿群体与增量叠加的情况下，托育服务的需求将与日俱增。多项调查结果显示，中国超过1/3的父母对托育服务有需求并且要求高，近80%的婴幼儿父母希望孩子在家庭周边入托；超过一半的父母希望孩子进入师资力量雄厚和安全性较好的公立幼托机构。但是实际情况却大相径庭，近80%的婴幼儿主要由祖辈参与日间看护，并没有被送去幼托机构（徐建谈，2018）。目前，婴幼儿在各类托育机构的入托率比较低，与欧洲、亚洲许多发达国家相比，差距较为明显。随着人口老龄化程度的加深、延迟退休政策的出台，隔代照料将面临更大困难，另外加上祖辈健康等因素，他们照顾子孙心存忧虑。提高我国0~3岁婴幼儿入托率是发展我国托幼事业的重要途径。

**社会托育服务供需不平衡现象严重**

我国双职工家庭对托育机构服务的需求较大、要求较高，其与我国托育机构数量少、增速慢之间的矛盾日趋尖锐。祖辈照料压力大，科学育儿理念提升，女性越来越关注职业发展，托育机构的短缺对家庭的生育计划的影响大大促进对托育需求的增加。目前我国托育机构数量短缺，难以应对全面二孩政策实施后的人口增长态势。全面二孩政策的实施使我国对托育机构的需求量大增，在我国经济体制改革的过程中，依托机关、企事业单位开办的幼儿园和托儿所寥寥无几，福利性的托育服务体系已全面崩溃，公办托育机构的萎缩现象严重。部分公办幼儿园虽设有幼托班，但是仅仅限于招收两岁以上幼儿，0～2岁的公办托育机构出现空白。部分提供全日制托育服务的私立托育机构因收费昂贵，家长往往望而却步，不但未达到缓解家庭照料负担的目的，反而加重了家庭的经济负担（王卉、许红，2011）。

由于我国入托难、入托贵的现象较为突出，0～3岁婴幼儿主要由祖辈照看，少数母亲也为了照料子女，放弃职业回归家庭。托育体系的滞后发展在一定程度上遏制了婴幼儿出生数量的增长。中国人口与发展研究中心就0～3岁儿童托育服务情况开展的专题调研结果显示，中国城市方面0～3岁以下婴幼儿入托率不到10%。虽然农村与城市的发展差距较大，但是无论农村地区还是城市地区，入托率都呈现较低水平，托儿所数量严重不足，托育服务缺乏规范管理，供需矛盾尖锐仍然是我国托育体系完善过程中亟待解决的问题（杜凤莲，2008；叶飞龙，2017）。

**家庭对托育需求多元化与托育机构单一化之间的矛盾**

随着中国的经济发展和社会进步，人口素质越来越受到政府和家庭的重视。年轻父母对幼托机构的需求与以往相比大不相同，科学喂养和早期教育是保障婴幼儿身心健康发展的重要组成部分，父母对幼托机构的要求更加严格，倾向于为自己的孩子寻找资源配置高的幼托机构，家长们把教学质量、照顾程度、师资力量甚至是交通的便利性作为考虑选择幼托机构的指标。因此很多年轻父母在比较中心式幼儿托育机构托育和居家托育后指出，使用居家托育的满意情形高于中心式幼儿托育机构。目前针对我国0～3岁以下婴幼儿的公共托育机构已不是我国大城市年轻家庭最迫切需求的托育机构，早教机构、家庭式托育、保姆等日益成为一些家庭的首要选择（王卉、许红，2011）。部分家庭面临着祖辈育儿观念冲突、祖辈身体不好无法帮带孩子、自己工作忙没有时间带孩子等情况。这些家庭希望托育机构分担养育任务，儿童能接受更为专业的早期教育，托育机构能培育儿童的社交能力。家庭对托育服务的期望，不仅仅限于婴幼儿的日常照护，还在于培养儿童的自理能力。随着未来延迟退休政策的出台，祖辈照料资源将逐渐减少，生育第二个子女时，随着祖辈年岁增高，健康状况下降等，婴幼儿照料的困难愈加严峻。尤其对于那些没有父母可以帮扶的家庭来说，寻找托育机构、努力平衡工作与子女照护之间的矛盾成为重要的选择，而是否有专业的、令人放心的托育服务成为他们关注的重点。

### 现有托育机构的发展水平参差不齐

目前我国较发达地区0~3岁托育机构主要以早教中心、幼托班、托儿所和亲子幼儿园的形式存在。这些托育机构的教育与发展水平参差不齐，缺乏统一的规划与领导，托育机构拓展托育的能力不足，服务内容不明确。例如，我国大部分亲子园与早教中心都以辅助家长提高对孩子的照料能力为主要目的，把指导重点放在生活照料上，没有形成营养、保健和心理教育的一体化体系（王卉、许红，2011）。在机构用书方面，大部分幼托班和托儿所存在托育教材缺乏的现象，托育教材的设定分为两个层面，分别是以保育员为中心的指导性教材和以婴幼儿为中心的开发性教材。迄今为止，我国较发达地区的早教指导中心以及部分以教育学和心理学为主的高校都出过不少关于0~3岁儿童心理发展和亲子活动的方案，甚至出版了一系列的教师参考用书，但部分机构所使用的婴幼儿书目阶段性特点不明显，1岁儿童与3岁儿童同用一本书的现象较为常见，没有根据儿童的基本阶段的特点来区分和设置书目。

在托育服务的人员设置方面，目前国家颁布的政策中没有关于0~3岁婴幼儿教师与保教员师资的要求与标准，0~3岁的婴幼儿处于快速成长期，自我保护性差，对专业性和科学性的托育要求较高。我国缺少发展从业人员的培训标准和内容，没有建立常态化的培训机制，师资队伍的质量难以保证，特别是中小城市和农村地区保育人员的无证上岗现象比较严重，人员素质参差不齐，虐童现象时有发生，各种教师与保育事件层出不穷（康丽颖，2016）。大部分园区没有专业职称评价体系和培训机制，教师发展空间受限，导致真正有能力、专业技术水平较高的幼师与保育人员积极性受挫；难以保证教师队伍的稳定，不利于婴幼儿的健康成长和教师的自身发展（薛素珍，1982）。从我国托育机构的地区发展水平来看，农村地区托育机构发展严重滞后。新中国成立后，得益于集体经济的发展，托育服务曾在我国农村地区得到了很大的发展，但是随着社会主义市场经济在中国的发展，公益性托育机构在农村地区迅速退场，私立机构价格昂贵，使大部分农村家庭望而却步，由祖父母照料的隔代养育模式迅速发展起来，留守儿童数量也逐渐增加。

**全面二孩政策下双薪家庭的"工作－育儿"平衡困境凸显**

受传统性别分工理念的影响，我国传统社会的男女各司其职，分工明确，不存在工作与家庭之间的角色冲突与转换。随着社会的不断发展与进步，女性受教育水平提高，女性地位呈不断上升的趋势，与此同时，家庭对经济功能的要求逐步提升，女性普遍就业以及女性独立意识的发展使广大女性纷纷跻身职场，双就业家庭取代男性养家模式成为目前的主流模式，工作、家庭冲突愈发明显（张亮，2014）。当今社会中，传统的性别分工理念仍然存在，与现代化社会中要求女性经济独立的趋势产生冲突，中国女性在为家庭做出经济贡献的同时也被赋予了育儿、养儿的使命，当代社会政策理论将职业女性就业与家庭平衡的困境视为新的社会风险，并将成功兼顾工作与育儿双重责任的女性称为"超级妈妈"（杨小艳等，2015；陶园园，2017；钟晓慧、郭巍青，2018）。2016年腾讯新闻客户端上发放"中国人二孩生育意愿调查问卷"，在收回的近十万份的调查问卷中，有四万家庭没有生育二孩的意愿，"全面二孩政策"的出台并没有激起较高的生育欲望，这与之前的设想相差甚远。调查显示，部分职业女性希望却不敢生二孩，担心自己的工作和事业受到影响，认为生育会阻碍职业生涯提升或职业晋升，对未来的"二孩生活"充满恐惧感，具体表现在：劳动力市场上的性别歧视减少了女性的平等就业机会，国家生育待遇保障的不足增加了女性的生育压力，现阶段托幼服务的欠缺加剧了女性照料家庭的负担（李宝芳，2018）。因此，中国全面二孩政策下的双薪家庭的"工作－育儿"难以平衡现象愈发突出。

**托育服务事业顶层设计意识缺乏、相关法律政策缺位**

我国托育服务体系面临着顶层制度设计短缺的问题，截至目前，我国现已颁布的法律法规中缺少专门针对0～3岁婴幼儿托育和保教服务的条款，国家对于托育和保教机构的相关法律和规章制度还没有确立，缺少具体的措施及实施办法；地方政策中也只有极少数文件提到婴幼儿托育的问题，由于我国托育系统缺少相应的法律规范和政府支持，因此我国目前0～3岁儿童托育体系并没有明确的目标定位和政府职责定位（刘鸿雁，2016）。现代托育服务体系因我国顶层设计的短缺存在较大问题，我国曾经通过国有企业、企事业单位内部系统建立过托儿所体制。随着经济体制的改革，我国公立的托儿所体制逐渐瓦解，目前0～3岁儿童托育服务究竟是公共福利还是商业服务仍未形成社会共识。法律体系的不健全，政府部门缺少财务投入的依据，使托育服务得不到国家的保障，一些商业组织反而把托育当作一个巨大投资市场，谋取利益，这导致大量提供高价服务的幼托班收费极高，工薪家庭无力支付。

托育服务的行政主管部门不明也是导致我国托育事业发展缓慢的一个重要因素，我国各地方教委、卫计委、妇联等部门关于托育行业的职责不明确、服务分散、权利与义务交叉现象严重，很难形成统一的合力（叶飞龙，2017）。准入机制的缺乏对我国当前托育机构的发展起到了很大的制约作用，就目前的托育机构来看，很多只是通过工商部门注册，大多数都是"无证经营"，顶层设计的短缺导致我国大多数新兴的托育机构难以获得运营许可，"黑园"的数目不断扩展，造成整个行业发展的失范。

由于相关法律法规和政策不健全，婴幼儿托育服务缺乏规范管理，尚无明确的审批和管理部门，由于缺乏准入、评定、考核等标准，市场上托育服务的质量参差不齐。在缺少监管的情况下，托育机构鱼龙混杂，无证经营及不合规的机构较多，场地规范标准、从业人员准入条件、卫生许可要求、质量监管等在很多地方还处于无序状态，这不利于0～3岁儿童的成长（舒心萍，2017；刘中一，2016）。少数具有办学许可的民办托育机构，名额长期供不应求。一些在工商部门注册的早教机构，从事婴幼儿托育服务属于违规服务，随时有关门的风险。而家庭作坊式的托育机构，可能存在安全隐患，威胁到孩子的人身安全。目前大多数托育机构设置在社区内，有的甚至建在民宅中，这给邻里的日常生活带来了很大的不便，邻里矛盾也不断加深。相反，面对庞大的托育服务需求，一些拥有经验的专业人员希望创办0～3岁婴幼儿托育机构，有心提供更加正规、专业的托育服务，但因不符合准入机制及标准而变得有心无力（吴江，2018；孙艳艳，2015）。法律法规和政策支持缺位、幼托服务体系目标不明、部门职责不清、托育机构建立和服务标准双双缺失，使社会办托育服务的积极性受到极大遏制。因此，顶层设计的缺失是目前0～3岁婴幼儿托育服务体系发展的较大瓶颈。

## 9.2　儿童托育与发展：国内外福利政策探析

### 9.2.1　国内外婴幼儿托育服务的发展水平

受 18 世纪西方工业革命和妇女运动的影响，大部分妇女纷纷走向工作岗位，逐渐完成了由家庭妇女到工厂工人之间的角色转换，随后西方的托育体系也开始萌芽。直到 20 世纪初期，原有的私立托育机构和各种自发性的托育组织已不能满足西方社会对托育服务的需要，因此由政府主导的公立托育机构迅速发展起来，得到了双薪家庭的重视与支持（刘中一，2017）。20 世纪 70 年代以来，国际社会对幼儿成长发展的重视度不断提升，实施了大量相关的社会福利项目，托育项目被提上日程并得到了进一步的推进与发展，托育机构由最初单一的照料服务逐渐发展成为集教育与照料为一体的功能性机构，西方托育体系的性质开始发生质的变化。进入 21 世纪之后，西方国家的托育体系呈现出形式多样化、内容专业化的发展特点，多数生育率较低国家的公立托育机构的发展出现了停滞的迹象，需求导向型的托育服务迅速发展起来，家庭托育模式凭借其科学化、便捷化、灵活性高的优势广受双薪家庭的青睐（刘中一，2017；孟可，2013）。

著名的美国教育家南希·M. 罗宾逊将世界各国托幼机构的管理模式分为四种类型，分别是拉丁－欧洲模式、斯堪的那维亚模式、社会主义国家模式和盎格鲁－撒克逊模式。拉丁－欧洲模式以 3 岁为节点将学龄前儿童的保育工作分为两大服务体系，包括 0~3 岁低龄儿童的托育服务和 3 岁以上儿童的保育与照顾服务，分别由不同的部分负责，日本、法国、瑞士、意大利等国是这一模式的典型代表。斯堪的那维亚模式的典型代表国家是德国、荷兰、瑞典等，这种模式不分年龄阶段统一将学龄前儿童交给同一负责部门照顾。社会主义国家模式与拉丁－欧洲模式较为相似，同样把学龄前儿童划分为两个阶段并分别由不同部门进行管辖，不同之处在于此模式的高度集权体制要求相关教育部门对教育事业进行统一管理与领导，形成中央下达、地方执行的管理模式，苏联、匈牙利等国就延续了这种模式。英国、美国、加拿大等国沿用了盎格鲁－撒克逊模式，它涵盖了学龄前儿童的照顾和教育两大体系，每个体系由不同的部门负责并监督，利用这两种体系平衡照顾与教育的功能和关系，我国的台湾地区也是这一模式的典型代表。

中国台湾地区托育服务的发展也较为完备，托育服务是台湾地区 0 ~ 3 岁婴幼儿早期教育的主要形式，台湾地区的托育体系与管理体系较为完善，托育体系由幼托中心、安亲班、课后托育班、保姆照顾和幼儿园组成，形成了家庭式托育形式与机构式托育形式相互衔接的婴幼儿托育服务系统（田茂、王凌皓，2017）。台湾地区通过较完善的体系来支撑托育服务的发展，同时也拥有较为充裕的财政补助来保障托育服务的实施。在台湾地区，针对托育服务的从业人员有严格的入职培训制度，相关机构为保姆、保育人员、幼儿园教师等提供专业的入职与在职培训。2011 年台湾地区出台的"幼稚教育法施行细则""幼稚园教师资格检定及教育实习办法"以及"幼稚园教师登记办法"保障了从业人员的专业性，更体现了科学育儿的内涵（杜丽静、冯丽娜，2017）。台湾地区托育服务对保姆从业人员的要求相当严格，保姆从业人员须进行培训之后取得相关证书方可进入行业内。保姆证书考试由台湾地区"行政院劳委会"主办，保姆证书考试主要分为学科和术科。考查内容涉及托育服务概论与专业伦理、儿童及少年福利、婴幼儿照顾技术、婴幼儿发展、亲子教育及社会资源运用等，保证了保姆从业人员的专业性，减少了家长的担心与焦虑，避免了保姆虐童案的发生。台湾地区拥有完善的托育体系，台湾地区完善的托育体系为台湾地区托育产业的兴盛提供了支持。2011 年台湾地区出台了"幼儿教育及照顾法"，规定 0 ~ 2 岁的儿童托育机构由社会福利部门统一监管，2 ~ 6 岁的儿童服务机构由教育部门统一管理。社会福利部门主要对托儿所、幼稚园、幼托中心、家庭托育等进行支持与管理，教育部门则主要监管 2 ~ 6 岁的幼儿园、小学、课后辅导机构等。"幼儿教育及照顾法"还确立了幼儿的教育和照顾方针，健全了台湾地区 0 ~ 2 岁婴幼儿的教育及照顾体系，"幼儿教育及照顾法"的出台基本满足了台湾地区社会和家庭所有的托育需求（何锋，2012）。

### 9.2.2 国外婴幼儿托育服务政策综述

丹麦的托育服务起步早、发展水平高，托育服务体系较为完善，是斯堪的那维亚模式的代表，也是全球托育服务发展的先锋。丹麦的儿童托育服务主要以家庭为取向，旨在提升家庭保育和保护意识观念，同时促进日常托育活动中保育、教学、照料与养育活动的整合与发展，从而扩宽社会民众的关注点，将儿童的托育、健康和发展放在优先位置（刘中一，2017）。丹麦《社会服务法》中明确规定儿童日托中心与照料中心必须以促进儿童的全面发展和提高儿童的身心健康为出发点，倾向于提高儿童的想象力和创造力，帮助儿童提高独立能力和责任感，鼓励儿童理解文化价值，致力于提升儿童的语言技能和表达能力，争取给每个孩子提供游戏、参与、动手、学习、表达和社会化的机会，使儿童可以全面发展。

丹麦的家庭式托育服务的成功发展取决于中央与地方的合理管辖与分配，其日托中心游戏和审美实践教育活动也成为教育中的典范。丹麦推崇幼儿教学过程和养育过程相互包含、互相促进的托育方式，使低龄儿童在学习知识与技能的同时能够明确对待事物的态度和准则，从而提高个人素养。从20世纪60年代起丹麦就开始拓展托育服务市场，实现了"地方自治"与"税金支付"相结合的托育服务方式，其中民间组织在丹麦托育服务体系中扮演重要的角色，其经费多半来源于"税金支付"，剩余经费为成员自付，相比于其他国家的民间组织共有的营利性质，丹麦走出了一条完全的"无营利化"道路。

受二战及社会的变迁与社会福利政策的影响，日本的托育政策呈现出不断变化与发展的状态。魏晓会将日本二战后的保育服务政策的发展大致划分为四个阶段，分别是形成期、充实期、修正期与变革期。1947年日本厚生省设置儿童局主管儿童福利。1947年颁布《儿童福利法》并于1951年对其进行修改，这是日本历史上第一部有关儿童福利的基本法。随着社会对托育服务的需求不断加深，日本当时的公立保育设施无法满足潜在的保育需求，因此1971年日本政府实施保育所紧急整顿计划，目标是增加入托人数、建立足够的保育所，并对保育所的利用范围做了具体的规定（沈重，1980）。1974年日本厚生省开始开展障碍类儿童保育事业，颁布了《障碍儿童保育事业纲要》，向0~2岁的障碍儿童提供可靠的保育服务，为其未来生活适应性的提高打下基础，为障碍儿童的发展提供了保障（李永连，1991）。1994年日本颁布了《关于今后支援育儿政策的基本方向》又名《天使计划》，制定了今后的育儿援助的目标与发展重点（王欣，2001）。

2015年日本出台《儿童及育儿援助新制度》，要求日本继续发展幼儿园和保育所，为不满 3 岁待入所儿童的保育工作提供支持，保证入托人数与保育设施之间的平衡。山崎高哉认为日本的学前教育主要由具备不同职能的保育所和幼儿园来承担。保育所主要由厚生劳动省管辖，负责幼儿的托管与照顾，幼儿园则是由文部科学省管辖，负责幼儿的学前教育。这种管理方式在日本社会一直以来都存有争议，要求行政一体化、设施一体化的改革呼声也此起彼伏。虽然文部省与厚生省进行了一系列的"幼保一体化"合作，但至今幼儿园与保育所仍分属两个部门管辖，因此，很多学者认为日本"幼保一体化"更侧重于保教理念与内容的一体化（曹能秀、冯钊，2006）。

日本的托幼服务始终以维护儿童的权益作为基本标准，认为保育与教育相结合是建立科学有效的托育服务的重要前提，"幼保一体化"成为日本托育服务体系的典型特点（山崎高哉、樊秀丽，2015）。在生育率逐年降低和"少子化"现象越发突出的日本，多半幼托机构出现了资源相对过剩现象，其父母对幼托机构的期望与要求变高，越来越多的家长希望孩子在得到悉心照料的同时又能受到良好的教育，"幼保一体化"实现了保育与教育功能的相互整合，实现了学龄前儿童课程、师资等各种资源配置的系统化与一贯化（胡洪强等，2015；曹能秀、冯钊，2006）。

美国政府对 0～3 岁婴幼儿托育服务持高度重视的态度，并通过立法来保证 0～3 岁托育服务与早教问题的经费投入，提高了儿童早期发展的教育质量。1979 年美国国会通过《儿童保育法》，这是美国儿童保育体系在美国立法的开端，1990 年美国又先后通过了《儿童早期教育法》和《儿童保育和发展固定拨款法》，为美国儿童的早期教育与发展提供了物质基础。1998年底美国联邦政府又提交了《1999 年法案：向所有儿童提供优质教育》，大大提高了美国托育机构以及各早教中心的服务与管理质量，保障了托育体系的健康运行，2002 年布什总统正式签署了《不让一个儿童落后法》，体现了美国政府对儿童发展的重视程度。由于联邦政府不断加大对婴幼儿早期教育的投入，在制定高质量托育服务体系标准的同时还出台了众多有针对性的保育措施与教育计划，从而保证了美国早期教育的健康发展。随后众多企业也纷纷跻身于支持托育机构发展的队伍，全美幼儿教育协会（NAEYC）的科学引领使美国学龄前儿童的托育服务质量不断上升。

NAEYC 是当今美国最具权威性的早期教育综合性机构，并设有教育、计划、管理、科研、培训等机构，各个州均设有分会，会员遍布全国各地，因此影响力巨大，辐射能力较强，NAEYC 在推动高质量的美国托育体系发展方面发挥了重要作用，特别是日托中心与家庭托儿所得到了空前的发展（张敏，2012；赵雯，2011）。

美国的开端计划（HSP）给弱势群体发展提供了受教育的机会。早期优先计划（EHS）和"头脑启动计划"的开展也为发展更高标准的早期托幼事业提供了条件（陈厚云、方明；2001）。美国为提升婴幼儿托育的质量，开展了 Parents As Teacher（PAT）项目与 HAPPY 计划，其中 PAT 项目主要倾向于强化父母的家庭教育功能，美国早教专家认为，0~3 岁婴幼儿是一生中发展的重要时期，他们的成长与家庭教育有着密切的关系，目前该项目已在全美 47 个州推广，取得了很大的成效。HAPPY 计划就是学龄前儿童的家庭指导计划，与 PAT 项目一样，是以家庭为基础的父母教育计划，HAPPY 计划的要求应该把培训带入家庭，而不是单纯让父母去早教中心听教，计划使婴幼儿的母亲能够每周受到一次访问，得到与其他家长交流的机会。通过这些计划和项目的实施，家长能够积极参与托育机构的管理，成为各种托育机构发展中不可或缺的重要力量，家长的参与意识与教育水平大幅提高，使美国的托育服务体系更上了一个层次（张敏，2012）。

瑞典的托育服务是社会福利服务的典范，同时也是北欧托育模式的典型代表。瑞典重视托育机构与家庭相结合的合作方式，尤其重视父母的共同作用，瑞典于 1974 年开始将母亲单独享受的产假，修改为父母双方可以轮流使用的带薪亲职假。产妇在产前一个月开始休假，在休产假期间拥有足够的产假补贴（李慧英，2005）。从 2005 年开始，亲职假延长至 480 天，男性也同样拥有产假，让父母共同参与孩子的日常照顾与教育。但是，瑞典的照顾服务体系高度依赖公共部门，受执政党变动和意识形态因素影响明显（刘毓秀，2015）。

瑞典大致有四种托育服务，分别是日间照顾中心、幼儿园、开放的学前教育和家庭托儿所，其中日间照顾中心得到大部分瑞典父母的青睐。据2008 年的数据统计，有 50% 的 1 岁儿童和 90% 的 2 岁以上儿童选择了日间照顾中心作为托育场所，在瑞典家庭需要缴纳的托育费用极少，瑞典的托育机构主要依靠地方政府的资金支持，瑞典政府提供的廉价而质优的日托服务，让瑞典女性能够把工作和抚育孩子完美地结合起来（郑杨，2014；

李慧英，2005）。瑞典开始大力发展和投资福利事业，对托育服务事业的重视程度不断加深，完善了保姆遴选与监督制度，依托中央部会与社会福利委员会的作用，共同对托育服务系统进行管理，形成了高效的托育服务行政体系。

### 9.2.3　中国托育政策变迁及发展历程

我国最早的托育场所出现于 20 世纪初期，新中国成立之后，托育服务在我国逐步发展起来，随着国有企业改革在中国的推进，我国政府在不断减少幼儿托育服务资金投入的同时，地方政府也逐步加大对托育机构的经费投入，托育服务体系的经费投入由中央放权到地方（薛素珍，1982；杜凤莲，2008）。改革开放以来，中国对家庭福祉的关注让位于经济发展，社会托育服务被搁置，大部分公立托育机构渐渐被私立托育机构所替代，很多公立的托育场所已基本销声匿迹，私立托育机构在中国火速发展起来（刘中一，2017）。近年来，托育供给不足的问题逐渐凸显，托育服务在中国的发展呈现失衡的状态，具体表现为"政府缺位、市场失灵、家庭自负"。这种状态严重影响了职业女性的二孩生育意愿，也抑制了女性的职业发展。随着全面二孩政策的落地，社会托育服务"资源不足，结构失衡、家庭自负"的问题更为凸显，子女养育成本变高，家庭负担变重，托育服务需求长期得不到满足，双薪家庭中的母亲在工作与家庭之间更是面临"鱼与熊掌不可兼得"的困境（杨菊华，2017）。

随着全面二孩政策在我国的落实，目前我国幼托服务体系的功能和作用日趋凸显和重要，但是，我国公共托育服务体系存在各种不同层次的问题，我国的托育机构质量良莠不齐，托育师资力量短缺，婴幼儿的入托率较低，家长对托育机构要求高，儿童托育的相关法律政策不完善，顶层设计出现空缺，入园难、入园贵等问题凸显。有必要通过比较借鉴中国香港和台湾、瑞典、美国、日本以及丹麦等国家和地区的公共托育服务发展情况及政策，汲取其他国家的经验教训，促进我国建立较完善的公共托育服务体系（刘金鑫、范君晖、章瑞，2017）。表 9-1 梳理了我国托育政策的发展与变迁。

**表 9 – 1　我国托育政策的发展与变迁**

| 时间 | 托育政策发展与变迁 |
|---|---|
| 从新中国成立之初到20 世纪 90 年代中期 | 托育服务以组织为主体，以政府为补充 |
| 新中国成立之初 | 政府开始重视公共保育服务 |
| 1949 年 | 我国为城镇女职工确立了生育保险，开始兴办托儿所、幼儿园 |
| 20 世纪 60 年代初 | 政府对儿童照顾问题的关注逐渐淡化 |
| 改革开放后 | 政府对幼儿照顾问题重新重视起来 |
| 20 世纪 80 年代中期后 | 3 岁以上儿童的教育问题得到了我国政府和社会的重视，3 岁以下儿童的托育问题被搁置 |
| 1980 年以后 | 政府颁布了《城市托儿所工作条例》、《三岁前小儿教养大纲》及《托儿所、幼儿园卫生保健制度》等政策 |
| 市场经济时期 | 生育保险由原来的国家统筹模式更改为社会统筹模式 |
| 1992 年国企改革之后 | 企业停止了对幼托机构的资金投入，转而依靠收费来维持 |
| 1995 年 | 我国颁布《关于企业办幼儿园的若干意见》，提出要 "推进幼儿教育逐步走向社会化"，确立了托幼服务由公共提供占主导向由公共和私人市场共同提供的发展原则 |
| 1997 年 | 1997 年国家教委制定《全国幼儿教育事业 "九五" 发展目标实施意见》，指出要多种形式地发展幼儿教育事业 |
| 2003 年 | 我国颁布《关于幼儿教育改革与发展的指导意见》，意见中指出要以社会力量兴办托育组织和托育服务中心<br>政府和社会开始为 0～2 岁的婴幼儿构建早教服务体系 |
| 2006 年 | 国家出台《人口发展 "十一五" 和 2020 年规划》，指出要大力普及婴幼儿养育和家庭教育科学知识，开展婴幼儿早期教育 |
| 2010 年 | 国家颁布《全国家庭教育指导大纲》并指出由人口计生部门负责 0～2 岁儿童早期发展的推进工作，将其逐渐纳入公共服务范畴<br>国家出台《国家中长期教育改革与发展规划纲要（2010—2020 年）》，规定要重视 0～2 岁婴幼儿早期教育，加强科学育儿宣传 |
| 2012 年 | 国家出台《国家教育事业发展第十二个五年规划》，首次提出 0～2 岁早期教育 "公益性" 的发展方向 |
| 2016 年 | 我国开始实施全面二孩政策，社会对婴幼儿托幼和社会保障等公共服务体系的完善提出了更高的要求 |

从新中国成立之初到 20 世纪 90 年代中期，国家发展托幼服务的基本路

径是以工作组织和生产组织为主体、政府和互助组织为补充的投入模式（张亮，2014）。新中国成立之初，为促进女性参与社会劳动，解除女性照顾孩子的后顾之忧，我国政府开始重视公共保育服务，托育事业得到了空前的发展。为保证女性平等就业，1949 年起，我国为城镇女职工确立了生育保险，但是没有覆盖全体女性。我国的生育保险采用国家统筹模式，主要内容是由企业缴费，由全国总工会进行管理，个人不需要负担任何费用，这大大提高了职业女性的工作积极性，同时也消除了生育焦虑。这个时期，我国开始兴办托儿所幼儿园，孩子出生 56 天后便可入托，达到了孩子入托年龄与女职工的产假时间相衔接的目的，再加上当时的幼托机构收费较低，距离女职工所在单位较近，因此大大减轻了母亲的育儿负担，对我国城镇女性就业起到了积极的促进作用（申秋红，2017）。

20 世纪 60 年代初，我国经济发展进入整顿期，政府对儿童照顾问题的关注逐渐淡化。自 1978 年改革开放后，我国政府对幼儿照顾问题重新重视起来，托育事业也进入了一个崭新的发展时期（唐淑、钱雨、杜丽静，2009；何媛、郝利鹏，2009）。五届人大二次会议的《政府工作报告》重申了我国托育事业发展的重要性，并且规定要大力发展托儿所、幼儿园教育，随着全国托育工作会议的召开，我国政府决定成立托育小组，负责托育工作的开展。当时我国法律没有明确对 3 岁前的托儿所教育问题进行规定，但是婴幼儿的照顾与养护问题是当时政府关注的一个重要领域。在市场经济时期，我国各地开始尝试生育保险由原来的国家统筹模式更改为社会统筹模式，具体内容是生育保险由夫妇双方所在单位共同分担。结果显示，这种模式不仅没有达到预期效果反而使就业市场对女性产生了生育歧视，这种社会推进模式使女性的职业与家庭难以达到平衡，托育事业的发展也难以得到推进。

1980 年以后，为提高婴幼儿的照顾与养护水平，促进婴幼儿托育服务的建设与发展，我国政府分别颁布了《城市托儿所工作条例》、《三岁前小儿教养大纲》及《托儿所、幼儿园卫生保健制度》等政策。自中国计划生育政策实施以后，家庭的育儿观念发生了显著的变化，为提高人口素质，国家对幼儿"教育"功能的重视度大大高于"看护"功能，家长们更加希望婴幼儿可以在家中接受更好的照顾，因此隔代养育模式成为当时我国 0~3 岁婴幼儿的主要照顾模式，将婴幼儿送至托育机构的家庭迅速减少（冯晓霞、蔡迎旗，2007；杨菊华，2017）。

20 世纪 80 年代中期后，3 岁以上儿童的教育问题得到了我国政府和社会的密切关注，但是 3 岁以下儿童的托育问题被搁置，1997 年原国家教委制定《全国幼儿教育事业"九五"发展目标实施意见》，意见中指出"要继续贯彻国家、集体和公民个人一起办园（班）的方针，多种形式地发展幼儿教育事业"（尤蕉，1997）。2003 年我国颁布《关于幼儿教育改革与发展的指导意见》，意见中指出我国要以社会力量兴办托育组织和托育服务中心，但是意见中并未强调政府的职责。政府和社会对托育服务的教育层次更为关注，开始为 0～2 岁的婴幼儿构建早教服务体系，但是仍然忽略了早教体系中的儿童看护功能。

2006 年国家出台的《人口发展"十一五"和 2020 年规划》指出，要大力普及婴幼儿养育和家庭教育科学知识，开展婴幼儿早期教育（何建花、蒋永萍，2008）。2010 年的《全国家庭教育指导大纲》也指出由人口计生部门负责 0～2 岁儿童早期发展的推进工作，将其逐步纳入公共服务范畴，同年，国家又出台了《国家中长期教育改革与发展规划纲要》，纲要中规定要重视 0～2 岁婴幼儿早期教育，加强科学育儿宣传的指导，2012 年出台的《国家教育事业发展第十二个五年规划》首次提出 0～2 岁早期教育"公益性"的发展方向（刘占兰，2017）。

近年来，国家出台的各类政策、文件都提及了 0～2 岁婴幼儿早期的教育问题，但是忽略了托育系统中的"看护"功能，并未将 3 岁以下婴幼儿教育纳入幼儿园教育体系。由于我国 0～3 岁托育服务体系的发展得不到政府的重视，各种以企事业单位为核心的托育机构逐渐消失。1992 年国企改革之后，大多数企业停止了对托育机构的资金投入，转而依靠收费来维持，政府主办的幼儿园只针对企事业单位员工子女，因此难以满足社会需要。1995 年的《关于企业办幼儿园的若干意见》提出要"推进幼儿教育逐步走向社会化"，确立了托育服务由公共提供占主导转向由公共和私人市场共同提供的发展原则（张亮，2014）。截至目前，我国政府还没有为 3 岁以下的婴幼儿提供公共服务，这导致我国大多数 3 岁以下儿童都是由家庭来承担全部照顾之责，越来越多的女性回归家庭，不得不做起全职妈妈，甚至有些女性家庭与事业兼顾，成为"超级妈妈"，没有缓解女性职场与家庭照料之间的矛盾（钟晓慧、郭巍青，2018）。

2016 年我国开始实施全面二孩政策，社会对婴幼儿托幼和社会保障等公共服务体系的完善提出了更高的要求。托育事业又被提上日程，托育体系的健康发展对于双薪家庭的父母，特别是对于女性平衡工作与家庭的冲突、缓解家庭内部矛盾起到积极的促进作用。因此，目前要保证我国二孩政策的顺利实施，健全和完善公共托幼服务体系是亟须解决的重要问题之一。

## 9.3  儿童托育与发展：服务模式探析

近年来，我国的托育问题日益凸显，特别是全面二孩政策放开后，越来越多儿童的监管与学前教育问题让不少家庭犯难。为此，一些女性不得不选择辞职，这对个人的职业发展和企业的人才培养不利。为家庭提供托育服务，不仅能够解决职工的后顾之忧，为职工增加福利，而且能够鼓励更多的女性坚守职场，实现自我价值。从以上对我国托育政策的发展历程和变迁的总结梳理中可以发现，托育服务曾在 20 世纪七八十年代有较大发展且深受家庭欢迎。时下，就近式的托育服务也引发社会关注。全国"两会"上，国家卫计委主任李斌就提出建议，鼓励以社区为依托兴办托儿所，鼓励女职工集中的单位恢复托儿所。根据不同的家庭需求和婴幼儿特点，托育服务内容和服务模式也呈现千差万别的特点，托育服务体系中各种服务模式的出现与运用对儿童托育服务的发展和社会的稳定发挥着重要的作用，每一种模式都有其服务的重要性和特殊性。

随着社会的发展，特别是全面二孩政策的实施，家庭对托育服务的需求日趋强烈。目前 3 岁以上婴幼儿的托育资源依然较为紧张，严格来看 0～3 岁婴幼儿的托育服务尚没有进入政府工作日程。从已出台和颁布的相关文件和法规中，很难见到 0～3 岁婴幼儿托育和保教服务的政策规定。同时，提供 0～3 岁婴幼儿托育技术服务的政府文件也十分匮乏，0～3 岁婴幼儿公共托育的服务内容、人员配备、设施要求等一系列技术规范标准未能得到明确。此外对托育机构相关管理规章制度、准入门槛等还没有建立统一要求。托育服务仍处于发展初期，具有巨大的需求和潜力，但是基础和竞争力都比较薄弱，需要政府的适度保护和大力支持，政府应加强引导和监管（吴苏贵、钱洁、李显波，2018）。

对 0～3 岁婴幼儿托育服务自身的技术性和专业性要求比较多，同时也需要多个部门之间的共同配合、相互协调。0~3 岁婴幼儿托育服务涉及的政府部门包括教育、公安、卫生计生、食药监、民政、妇联等。虽然个别地方的政府文件中，偶尔提到"加强婴幼儿阶段的公共托幼工作"，但没有明确 0~3 岁婴幼儿托育服务的主管部门，也无具体的工作推进路径及实施办法，导致 0~3 岁婴幼儿托育服务往往出现业务发展方向和工作思路不明确等问题。托育服务是家庭发展计划的重要影响因素之一，托育服务业的规划发展将关系到女性职业发展、儿童的健康成长、家庭计划全面落实等诸多细节。建立 0~3 岁婴幼儿托育服务体系是落实我国全面二孩政策、促进我国人口均衡发展的重要举措。

这一部分对具体的托育模式的分析，将有利于丰富婴幼儿托育服务领域的专业经验及服务技巧，进一步拓展托育服务体系中的理论内涵和外延，对未来托育服务的实践模式具有较强的借鉴意义。

**企业负责的托育服务模式**

自 20 世纪五六十年代起，为了提高劳动参与率，我国曾在大中型城市的企事业单位中广泛开办托儿所。有没有托育服务甚至成为衡量一个单位福利服务是否完备的重要指标之一。后来在市场经济大潮的冲击下，出于"企业减负"的考量，托育服务职能被逐步剥离出去。现代企业制度的发展要求企业考虑雇员的地位、待遇和满足感，主动承担社会责任。由此，企业的托育服务不仅是一项福利，也是企业承担社会责任的重要方式。许多大企业都会附设或补助托育服务，使父母可以安心工作。

有条件的大中型企业可以基于女性员工的年龄结构和二孩生育情况，在获得相关资质的情况下，在企业内开办托幼机构。对于举办托儿所的企业可以给予激励政策，如将托儿所或幼儿园的成本纳入企业成本，使其享受税收上的优惠政策。同时，鼓励一些规模小或孩子少、自办有困难的企事业单位，按系统开办托育机构，或与附近单位、街道联合开办等。除安全、卫生等刚性指标外，对企事业单位主办的公共托育服务机构的其他限制性指标可适当放宽，比如，对活动场地面积的要求等。

**社区为本的托育服务模式**

部分家庭认为 3 岁以下孩子年龄太小，不具备表达自我需求与基本的生活自理能力，在家庭内或者社区内照料最安全也最适合。因此，社区保姆和家庭托幼点提供的半日托等方式受到更多家庭的欢迎和认可。提高 0~3

岁婴幼儿公共托育服务水平，需要考虑 0～3 岁婴幼儿生理、心理特点，探索一种"社区化"的托育服务模式。社区托育服务机构可以在日常生活中接触到小区居民，又因为地理位置的便利性，增加小区居民对于托育服务的参与性，托育服务的利用率大大提高。

可以利用社区现有资源，如"妇女之家""儿童活动园地""星光老年之家"等载体，通过政府购买社会服务项目的方式，建立社区临时低偿 0～3 岁婴幼儿托育服务平台，鼓励社区内有意愿和能力的人员，如专职家庭主妇、退休和待业人员等加入托育服务队伍，根据其服务时间给予相应报酬。此外，有条件的地方，可以尝试建立政府严格审查合格的社区保姆系统，进入该保姆系统的人员不仅可以在雇主家庭和机构从业，也可以在家庭内自主举办小型托育点，就近招收社区内的 0～3 岁幼儿。

### 机构式托育服务模式

家庭公共服务有三种形式：第一种是支持或增强家庭功能的公共服务，比如各种类型的家政服务等。第二种指用于补充家庭功能的家庭公共服务，比如各种残疾人社区康复和照料。第三种是指代替（部分或全部）家庭功能的家庭公共服务，比如托育服务。托育服务作为家庭公共服务的一项重要内容，是为减轻家庭照料负担而提供的服务，可以使家庭成员获得休息的机会，同时也是为家庭成员因紧急情况而不能照料所提供的替代性服务。

有研究发现，我国目前 3 岁以下婴幼儿几乎都是由家庭成员，尤其是母亲以及同住的祖父母，或者虽未住在一起但仍可帮忙的祖父母来承担照顾之责（刘中一，2017）。这意味着我国 0～3 岁婴幼儿的照顾大多由家庭成员来承担，公共服务较为缺乏。公共托育设施和制度的缺失将"迫使一部分低收入家庭的女性选择从正式就业转入非正式就业"，以便留出足够的时间和精力独自照顾 3 岁以下的婴幼儿。

机构式托育又称为集合式托育，通常收托人较多，以 0～6 岁儿童为主要服务对象，例如幼儿园、托儿所等。此外，还有专门服务从出生到 3 岁幼儿的托婴中心或照顾新生儿的月子中心。20 世纪七八十年代，在相当长的一段时期，我国的 0～3 岁婴幼儿托育服务以机构照顾为主，其主要做法是政府出资创办各种形式的托育机构（如各种形式的保育园），通过机构集中照料的方式对双薪家庭中无人照看的 0～3 岁婴幼儿进行保育服务。但目前我国机构式托幼资源长期存在供需矛盾。近年来，因幼儿生源不断增多，公办和民办幼儿园只能定位于招收 3～6 岁儿童，这样满足 0～3 岁幼儿需要的机构内入托服务基本上还处于空白状态。另外，机构式托育对场地的要求较高，比如托育机构不能设在地下室或超过三层的高楼，必须有利于改建消防通道，这也为短期内增加机构式托育服务加大了难度。

**居家式托育服务模式**

在机构式托育资源紧张问题短期内难以解决的前提下，居家式托育的重要性与需求程度与日俱增。相对于机构式托育而言，居家式托育能提供熟悉、温暖的环境以及稳定的依附对象，使幼儿能获得较多的关注与互动。0～3 岁的婴幼儿尚未形成生活自理能力，需要更多个别化的照料，而个别化或小团体的托育形式更容易满足这些需要。此外，居家式托育具有收托人数少、收托时间弹性化等特点，使得年轻父母更偏好选择居家式托育。因而，居家式托育不仅受到一些专家学者的关注，也受到越来越多家长的关注。在西方发达国家，居家式托育也是家庭选择较多的托育方式。如 2013 年的数据显示，有 20.4% 的德国家长选择除托育机构之外的居家式托育。

居家式托育是指 0～3 岁的儿童由专职人员在家中照顾，而不是寄托在托婴中心。居家式托育以家庭为主，维持家庭正向功能发挥。居家式托育是补充性服务，目的是补充父母因上班无法满足婴幼儿的需求而出现的一种居家式服务模式。许多家庭选择居家式托育服务的原因在于服务内容弹性化、家庭环境较好、较能配合父母的需求、离家近、收托人数较机构式托育少。除此之外，还具有其他托育方式不可替代的特质如人性化，让保姆和孩子、家长建立一种较为亲密的关系，具有方便性、弹性以及可得性的特点。因此居家式托育服务模式相对于机构式托育来说较利于 3 岁以下的婴幼儿。婴幼儿时期的发展任务以形成安全型的依恋关系为主，居家式托育能提供熟悉、温暖的环境，以及稳定的依恋对象，且收托人数少，可以给婴幼儿较多关注与互动机会，有助于建立社会关系与行为系统。居家式托育服务可以补充家庭功能的不足，具有家庭支持和照顾、保护与促进儿童身心发展的多重功能。现代家庭受社会变迁的影响，结构与功能发生变化，家庭本身无法完成照顾子女的任务，因此需要通过正式或非正式系统，弥补家庭照顾儿童的不足。受过专业训练的优质保姆，如果具有社会工作及婴幼儿养育专业知识，则能为家庭及儿童提供良好的规划，更好地促进儿童的成长与发展。

但是，居家式托育也有其先天不可避免的一些缺点，包括从业者专业能力的不确定、监督制度不易进入、缺乏持续性的训练等，这些都是影响托育质量的重要因素。甚至由于一些居家式托育从业者照顾的婴幼儿数量少，也易让婴幼儿处于孤立情境，缺少与其他幼儿互动的机会。此外，居家式托育由于从业门槛较低，很多从业者没有登记注册而是私自经营，缺乏行业规范和政府的监管。一些居家式托育机构甚至不能满足政府要求的登记注册条件，存在卫生条件不合格、建筑设施不符合安全标准等问题。

十九大报告明确提出，要在"幼有所育、学有所教"等方面不断取得新进展；2018 年经济工作会议也明确提出要"解决好婴幼儿照护和儿童早期教育服务问题"和"性别歧视、身份歧视"问题。因此，加强 0~3 岁婴幼儿托育服务研究，解决托育难题，有助于推动相关政策的出台与完善，化解女性工作－家庭的矛盾冲突，帮助人们实现理想的生育意愿。

托育服务是一项需要多个政府部门共同努力、相互协调的公共服务，可以从国家层面出台相关法律和系列规章制度，完善顶层设计，明确服务的内容和规定，建立统筹协调机制和审查制度，明确主管部门，规范管理，逐步完善婴幼儿托育服务从业人员的准入制度，促进 0~3 岁婴幼儿托育服务的健康有序发展。政府部门应根据社会经济发展的实际情况，尽快出台相关政策，优化二孩政策下的养育氛围，进而提高家庭发展能力，平衡职业女性工作和家庭之间的矛盾。同时，建议加大政府对 0~3 婴幼儿的托育工作的重视程度和支持力度，由国家或省一级的教育、卫生计生、妇联等部门联合牵头，加强针对 0~3 岁婴幼儿托育服务规范和标准的顶层设计，明确 0~3 岁婴幼儿托育服务的技术流程，出台相关服务技术的国家级或省级标准和规范。

3 岁以下婴幼儿托育机构规范管理标准的设置，应充分考虑家长关注的重点，从婴幼儿健康成长角度出发，以满足婴幼儿生活照料需求为基础，合理添加自理能力方面的教育内容，提高托育机构的吸引力和竞争力，避免服务供给与服务需求相脱节。同时加强托育机构的从业人员职业培训、设施配备、食品监管，完善机构准入和定期评估机制，保障在托婴幼儿的安全，促进婴幼儿健康成长（王晖，2016）。另外应根据婴幼儿不同年龄层次的生理和心理发展的规律，构建多元化、多层次的托育服务体系，促进婴幼儿健康成长。

# 第十章 儿童医疗与发展：福利政策及服务模式探析

## 10.1 儿童医疗及发展：问题及现状分析

随着我国新生儿人口数量的不断增加，儿童医疗保健资源供需矛盾更加突出，儿科医师短缺形势更加严峻。目前我国还存在儿童医院总量不足且分布不均、儿科医师技术水平参差不齐、床位短缺现象严重、儿科医师缺乏等问题，各地儿童医院均出现了看病困难、医护人员超负荷运转和儿科医疗人才流失等现象。

在儿童患病率极高的情况下，儿童医院医师处于超负荷运转状态，而且收支比例不平衡，这不仅阻碍医疗资源及科研资源分配至儿科，而且会导致已有的儿科资源流失。超负荷运转不仅会增加儿科医务人员的工作压力、增加儿科医患纠纷、导致医务人员流失，还影响儿科住院医师的培养，进一步加重儿科医疗服务资源的不足。此外不同类型医疗机构间儿科医师学历分布不均，儿科医师水平参差不齐，基层儿科医师职称低、学历低，随着儿科门诊量的持续增加，亟须对儿科诊疗规范及执业技能进行，但是儿童医疗服务缺口巨大，儿童医疗的问题层出不穷。

我国儿童医疗服务体系的发展已不能满足群众需求。根据国家卫计委的数据统计，我国 0~14 岁儿童占全国总人口的 22%，随着全面二孩政策落地，新生儿数量将在未来几年持续增长（康小明，2013）。由于第 3 次生育高峰时出生的婴儿目前已经进入生育年龄，再加上如今全面二孩政策的放开，我国即将出现第 4 次生育高峰，预测未来儿童医院潜在的患者群体将逐步增加，以下针对儿童医疗领域面临的主要问题做出具体阐述。

**儿童专科医院总量不足**

虽然我国医疗服务体系对儿童的成长与发展做出了巨大的贡献，但是在专科医学快速发展的大背景下，儿科这一综合性学科的发展仍然相对滞后，儿童日益增长的就诊需求得不到根本的满足（任飞，2014）。由于儿童语言表达能力和水平有限，患儿不能对自己的病情进行有效的描述，这给诊断增加了难度，因此专业性较强的儿童医师与儿童专科医院的需求量大增。面对这种状况，患者家长更加倾向于选择专业性较强的专科医院，例如儿童医院、妇幼保健院等。但是，在我国，专业性的儿童医院总数并不多，随着儿童群体日益壮大，专业儿童医院超出了应有的负荷量。再加上外来务工人员的不断增加，我国大中小城市的流动儿童也大量增加，给流入地的医院带来巨大的压力。

近年来，国家对综合性医院的重视程度日益加深，不断扩建门诊楼、病房楼，开建分院，而整体效益较低的儿童医院尚未引起各级部门的重视（康小明，2013）。儿科医疗资源配置不均，儿童专科医院总数较少的现象尚未得到扭转。我国各大城市的医疗资源主要集中在公立医院等，儿童专科医院的总量不足，提供诊疗的医疗机构类型尚不丰富，从而导致专业性较强的儿童医院负荷量加重（黄建萍，2013）。我国并没有通过政府配置儿科医疗服务资源，目前仍然停留在市场配置的驱动模式。

**儿科医疗技术水平参差不齐**

在我国，专业性儿童医院、综合性医院儿科、社区儿科三者之间无论是在资源配置上还是在诊疗水平上，都存在明显的差距。首先，对于综合性医院来说，各类综合性医院的儿科仍以治疗普通感冒、发热和腹泻为主，其他疾病的患儿很少。综合性医院的儿科并没有细化的专科科室，例如儿童验血室、儿童检查室和儿童注射室等，这些专业需求较强的科室均由成人科室兼代；另外，综合性医院儿科的儿童专用医疗设备匮乏，耽误大病儿童的诊断与治疗，因此家长更倾向于选择儿童专科医院，结果使得儿童专科医院承担巨大的接诊压力（黄慧敏等，2017）。综合性医院的儿科基本没有儿外科，因此综合性医院的儿科分级诊疗得不到有效运用，儿科的可收费项目较成人少，致使综合性医院的儿科得不到应有的扶持，综合性医院儿科萎缩的现状没有得到改善（任益炯等，2010）。

国内各地区的儿童医院和妇幼保健院等专业水平较高的医院就诊儿童数量仍然呈现不断上升的趋势。对于社区儿科门诊来说，虽然部分社区卫生机构都设有专门的儿科门诊，但是就诊儿童很少，除了医疗设备相对落后以外，更重要的原因是社区医师对儿科常见病、多发病的诊治水平整体不高，导致家长不得不选择实力较强的医院，社区的儿科服务模式以及社区相关儿童医疗机构之间的分工协作关系并不成熟，双向转诊关系也没有形成，导致了患儿不得不集中于儿童专科医院就诊。我国儿童医疗保险覆盖率和报销比例均不高，也没有完善的分级就诊与转诊制度支撑，这也成为儿童纷纷涌向综合性的大医院和专业性儿童医院就诊的一个重要因素（黄慧敏等，2017）。最后，经总结发现，社区儿科门诊的诊治水平低，综合性医院儿科功能弱化，导致儿童专科医院患儿就诊量大、时间长、就诊环境不佳、效率低、医生工作强度大、医患纠纷多等各类不和谐现象的发生。我国大部分地区儿童服务领域的纵向转诊结构发展尚未成熟。为了满足不同需求层次的儿科服务，各地政府也纷纷出台了一系列政策来鼓励发展儿童医疗多层次服务，力图缓解儿童医疗技术水平分配不均的现状。

**儿科医生紧缺，培养数量不足**

首先，儿童平均的医师配备率较成人来说相对低下。《2014 中国卫生和计划生育统计年鉴》和国家统计局相关数据显示，2013 年全国儿科医师约10.9 万人，14 岁以下儿童 2.23 亿人。以此计算，平均每千名儿童拥有 0.49名儿科医师，与全国平均每千人配备 2.06 名医师的水平相差甚远，我国儿科医师紧缺现象严重。宋秋霞等（2016）就全面二孩政策下儿科医师的需求与缺口进行了预测，预测结果显示，儿科医师数量缺口约为 20 万人，供需比约为 1:3。此外，儿科医师的区域分布也严重失衡，中部缺口较大，仅河南省儿科医师缺口就超过 1.5 万人。

其次，行业设计致使招不进儿科医师，这是导致儿科医生紧缺的一个重要原因。1998 年教育部调整《普通高等学校本科专业目录》，儿科作为调整专业从 1999 年起陆续停止招生，儿科专业被取消后，切断了儿科医师的稳定来源；随后医学院校陆续取消儿科，儿科从此成为临床医学专业中的一门课程，学生接触儿科较晚且课时安排不足，儿科医师的培养失去了基础，这种制度性缺陷使得儿科人才培养出现断层。[①]

最后，儿科医生的工作性质是使专业人才放弃从事儿科行业的一个重

---

① 《中国儿科医生缺口至少 20 万　家属辱骂动手是常事》，新华网，http://www.xinhuanet.com/legal/2015 - 09/18/c_128243030.htm。

要因素。2012 年以来很多院校恢复了儿科专业，儿科医师由于工作量大、风险高、待遇低等问题，选儿科方向的学生不多，毕业后当儿科医师的人数减少，很多医院儿科招不到人。此外，很多医院的儿科不受重视，学术地位低，甚至国家自然科学基金都取消了儿科目录，影响了儿科医生的学科发展，其职业发展前景堪忧，一些年轻医师难免思变。据统计 2002~2005年，儿科医师与持有儿科医师资格证的比例一致，到了 2009 年，选择儿科方向的医师人数（3.9%）明显低于持有儿科医师资格证的人数（5.5%），儿科医师流失严重现象愈演愈烈（冯文，2012）。有研究显示，儿科医师抑郁症状平均得分为 16.95，大大高于 11.52 的全国医师平均水平，这些因素对儿科的发展起到了很大的制约作用。

由于儿科学科发展整体吸引力不大，2016 年国家卫计委等六部委联合发布了《关于加强儿童医疗卫生服务改革与发展的意见》，要求"十三五"期间，制定实施儿科医务人员培养规划，增加儿科医务人员数量，提高队伍整体素质；完善儿童医疗卫生服务体系，实现区域儿童医疗卫生资源均衡发展；建立促进儿童医疗卫生事业发展的政策体系和激励机制，调动儿科医务人员积极性。目前国内的医疗改革制度也提出了提高医疗挂号费的政策，体现儿科医生的医疗技术与服务价值，增强儿童义务工作者的积极性，吸引更多的医疗工作者从事儿科工作，减少人才流失。相信未来医疗改革和政策的支持将会逐步改善现有的儿科医疗资源紧缺和发展不均衡的现状（胡岚等，2009）。

**儿童群体特殊性较强**

儿科患者的年龄偏小，语言表达能力和水平有限。相比成人来说，患儿不能对自己的病情进行合理描述，医生不能有效与患儿交流，因此儿童的看病风险比成人高出很多。另外，儿童的恐惧心理较强，在一系列医疗检查中，例如打针、抽血、化验、检查等方面会做出一系列反抗，加大了治疗难度（杨婷婷、杜玉开，2016）。另外，儿童患病率极高且病情变化快，普通的感冒随时都有可能加重成为脑膜炎、心肌炎等，需要有经验的儿科专业医师及时观察才能尽早识别（潘思静等，2016）。儿童自身的特质是导致儿童看病难的一个最根本的原因。

**儿童床位资源短缺**

随着儿童群体的日益壮大，儿童看病出现了"排号难""一床难求"的现象。床位是医疗卫生服务的重要资源，儿科床位利用率在医疗机构整体床位利用率中排首位，对儿童床位资源进行合理配置与有效利用是儿童医疗卫生服务体系改革的重点。

我国是以供方为导向进行卫生资源的配置的，所以我国儿童医疗资源地区性分配极为不均，东部发达地区医疗资源分布较为集中，西部等欠发达地区医疗资源短缺现象明显，再加上欠发达地区受全面二孩政策影响较大，儿童扎堆看病现象愈演愈烈，"排号难""一床难求"的现象也火速升温（黄慧敏等，2017）。

鉴于儿童床位短缺的问题，各地政府也综合考虑了各种补偿机制，例如根据每床每日平均收费水平、住院业务收入水平、医生工作量、病床使用率、病床周转率、平均开放床位数、医院级别等因素综合考虑、量化分析，针对儿童专科医院与各大综合性医院以床位为单位予以补助，鼓励医院多开儿科病床，防止儿科住院病床的萎缩，提高儿科医生的积极性，同时也保障了儿科医生的待遇（蔡帆等，2016）。

**医患关系较为紧张**

首先，医院的经济效益是导致医患关系紧张的一个因素。儿科与成人科室相比具有"风险高""工作累""收入低"等特点，儿科用药量较小、检查项目少，因此出现"投入大""收益少""压力大"等现象。很多比较注重经济效益的医疗机构会忽略儿科的发展，同时超负荷的工作与不成比例的收入使儿科人才大量流失，这成为很多医院对儿科发展不太重视的主要原因，也是产生医患关系紧张的源头（黄慧敏等，2017）。

其次，家长的过分关注是导致医患关系升温的一个重要因素。在我国"大医院人满为患，小医院无人问津"的就医现状下，居民的就医行为缺乏理性思考，这种行为在不断削弱儿童基层医院的影响力的同时，也加大了儿童医院的负担。儿科医疗风险较高，家长们往往过度关注和干涉治疗过程，对医师的诊疗产生了负面的影响，不利于医患关系的缓和（杨婷婷、杜玉开，2016）。

另外，在儿童医院质量管理方面，现阶段儿童医院存在各种不同的质量管理问题，这在很大程度上取决于儿童医务工作者对医疗质量管理体系的认识与重视程度，我国大部分医务人员在潜意识中认为医疗质量管理是医院管理层的管辖范围，与自己关系不大。我国大部分儿童医务工作者虽然在疗技术上比较精湛，但在病程记录方面存在各种不完善、不全面的问题，缺乏对医院质量体系的整体了解与认识，这是导致医疗差错及医疗纠纷的主要原因。

从 2016 年起，国家发改委等多部委政策频出，在"十三五"医改规划、"十三五"民生与健康规划中，国家大力推进分级诊疗措施，纷纷出台相关政策举措，希望能通过顶层设计，加快推进国家儿童医疗改革。国家将大力推进分级诊疗体系建设，规划设立国家医学中心和区域医疗中心，启动为期 3 年的"改善医疗服务行动计划"等，为进一步改善医疗服务体系指明方向，加强优质医疗资源的辐射作用，为儿童医疗资源提供有力的保障，为缓和医患关系做出巨大努力。

**儿童医院中的制度管理问题突出**

我国各地的大部分儿童医院均存在制度管理的问题，随着我国医院开始建设与评定等级制度，各地儿童医院也纷纷加强了医院的制度修订（钱斌等，2015）。

在医院管理体系方面，大部分儿童医院仍然延续了之前的管理模式，但是仍然有些儿童医院并不能依据自己的实际情况制定相关医院制度，这些儿童医院直接运用上级儿童医院或综合性医院的管理制度，可操作性较低，导致医护人员在诊疗过程中没有相应的制度依据，缺乏统一管理标准，从而增加了诊疗风险，不利于儿童医院的成长与发展。对于医院的管理者而言，在儿童医院中部分管理者的思想比较落后，在经济全球化的今天，其管理经验并没有与国际接轨，不能调动医疗工作者的积极性和创造性（马万强、陈俊国，2012）。

在儿童医疗质量安全方面，一些儿童医院对于医务人员违规操作或者没有按照正规医疗程序诊治而导致的医疗纠纷与赔偿的处罚不明确。部分儿童医院对于领导层的处罚不明确，这也是制约儿童医疗质量管理水平提升的一个重要因素，另外医院的监督力度不够、医务人员制度意识低下、医务管理人员的意识薄弱也影响了医生医疗水平的发挥（郑巍，2011）。

在儿童医疗服务定价制度方面，我国并没有区分儿童和成人，均是以项目定价，未能体现儿科诊疗的特点。我国儿童医疗服务的定价制度未能考虑儿童诊疗服务自身的难度、技术和成本因素，从而造成儿科医师的付出与收入不成比例及儿科职业吸引力低、人员流失现象的发生。王东华等认为只有适当调整儿童医疗服务价格，才可以改变目前儿科发展动力不足的现状，从而促进儿科的发展（王东华等，2017）。

## 10.2　儿童医疗与发展：福利政策探析

### 10.2.1　国外儿童医疗保障政策

在儿童医疗保障政策方面，国外儿童的医疗保障制度主要有两种形式，分别是独立的儿童医疗保障体系和与成人一致的医疗保障制度。独立的儿童医疗保障体系主要包括免费医疗政策、医疗保险、医疗补助等。例如，美国的儿童医疗保障制度主要体现在联邦儿童医疗保险计划（SCHIP）和医疗救助计划方面，美国将其关注的要点放在了中等低收入的家庭上，SCHIP针对家庭收入水平在联邦贫困线以上 100～300 并且没有其他私人保险的儿童，力图达到目标人群的保险覆盖率的最大化。

美国通过 SCHIP 的实施，使得无保险的儿童有了健康保障，其医疗救助计划已被纳入法律；在日本，儿童医疗保障制度的运行机制相对成熟，但附属于国民健康保险，日本的学龄前儿童享受免费医疗，但这一政策没有涉及整个儿童群体；德国则实行家庭联动保险制度，父母参加医疗保障，儿童可以在不购买保险的情况下享受免费的医疗。而瑞典、瑞士、英国、丹麦等发达欧洲国家主要实行与成人一致的医疗保障制度，国家实行全民免费医疗是其最主要的体现方式，另外一些欠发达国家，比如俄罗斯、古巴、印度等也在一定程度上实行了全民免费医疗。通过对国外儿童医疗保障政策的分析可知，儿童医疗保障纳入现行成人的医疗保障体系是目前政策发展的主流方向。

### 10.2.2　国外儿童医疗福利政策

在儿童医疗福利政策方面，目前国外的福利制度主要立足于国家型、市场型、社会型和储蓄型儿童医疗福利制度四个方面。英国是国家型儿童医疗福利制度模式的典型代表，儿童不需要缴纳国家保险基金，政府完全承担对儿童的医疗保障责任，英国的国民健康服务体系为全民享受免费医疗提供了保障，居民可在纳税之后享受免费的医疗服务；古巴也是实施国家型儿童福利政策的一个典型的国家代表，古巴政府在为新生儿免费提供疫苗接种、疾病预防和婴儿用品等健康保健服务的同时，还对儿童住院、用药的费用实行全部减免的福利政策，在儿童住院期间提供营养配餐和相关伙食补助（文倩，2017）。德国主要是市场型儿童社会医疗福利制度的典型代表，德国政府主导的商业医疗福利制度遵循了"免费联动保险"原则，儿童可随其父母免费参保（段菲菲，2014）。社会型儿童社会医疗福利制度模式的代表国家是日本，这一制度是由国家、企业和个人三方共同负担医疗福利费用（姜雪，2016）。日本的儿童医疗保障体系附属于国民健康保险制度，只要其监护人参加了国民健康保险或社会保险，儿童保险就自动被覆盖，对于学龄前儿童，日本则实行免费医疗制度。新加坡是储蓄型儿童社会医疗福利制度的典型代表国家。政府为每位合法公民设立一个医疗保险个人账户，根据相关规定支付利息，当产生医疗费用时，由其个人账户进行支付（曲顺兰等，2009）。通过对典型代表国家的儿童社会医疗福利制度的比较和分析可以看出，各国政府都十分重视儿童的医疗和健康问题，将儿童作为一个特殊群体，为其制定特殊的医疗福利制度。总之，各国政府都在不断致力于为儿童提供更加优质的卫生服务。

### 10.2.3　国外儿童医疗保险政策

荷兰、德国、美国和越南是实施保险政策成效较好的国家。2013年UNICEF调查的幸福指数报告显示，荷兰儿童最幸福，最主要的原因归功于荷兰成熟的医疗保险政策。荷兰的社会医疗保险覆盖全体人口，18岁以下的未成年人可以免费参保。补充性自愿健康保险规定，如果父母和子女从同一家公司获得基本和补充健康保险，那么儿童有权获得免费补充健康保险。但是荷兰儿童健康保险主要依赖政府投入，从而增加了政府的财政负担（马倩，2016）。

美国是典型的实施商业健康保险的国家，只针对特殊弱势群体设立了医疗救助体系，对贫困家庭的儿童实行医疗救助计划和州儿童健康保险计划。调查显示，由于各种原因美国有750万儿童仍未参加保险，近年来愿意接受公共医疗保险计划涵盖儿童的儿科医生比例也呈现下降的趋势。

越南的儿童健康保险制度由儿童强制健康保险和儿童自愿健康保险两部分组成，越南儿童健康保险制度解决了儿童看病难的问题，各种医疗卫生设施利用率大幅提高，但是越南儿童健康保险制度并未明显减少个人现金卫生支出，这增加了贫困家庭的儿童看病的挑战。

德国儿童医疗保险政策是儿童公共非营利性法定健康保险和儿童营利性私人健康保险共存的政策。最主要的特点是采取免费联动保险原则，儿童保险依附于家庭投保者，当家庭投保者无力投保时，儿童保险随之终止。目前仍有部分儿童仍然生活在贫困之中，其保险问题也未得到充实有效的解决（浦雪等，2018）。通过对各国儿童保险政策的研究梳理发现，无论以何种形式开展儿童健康保险，均收到了一定成效，但儿童保险政策在为本国儿童医疗事业做出贡献的同时也存在一定的缺陷。从各国儿童保险政策的经验来看，无论是全覆盖的儿童健康保险还是覆盖部分儿童的健康保险，贫困家庭的儿童都是健康保险最迫切的需要者。

### 10.2.4　我国儿童医疗保障制度的发展历程综述

从我国儿童医疗保障制度的发展历程来看，在之前城乡二元经济结构的影响下，我国的医疗保障制度也呈现相应的二元结构体系，具体分为城镇儿童医疗保障和农村儿童医疗保障两大部分（张建敏等，2007）。

农村儿童医疗保障与农村合作医疗制度结合是农村医疗保障的一大特点，但是其发展水平低，人们的保障意识低下，儿童医疗保障与农村地区的成人医疗保障也没有太大的分离，因此执行效率较为低下，儿童的权益也得不到全面的保障。

城镇儿童医疗保障制度起始于 20 世纪 50 年代，具体包括职工家属医疗保险制度和公费医疗制度，规定企业职工的直系亲属享受报销 50% 医疗费的待遇，这给城镇儿童的健康发展提供了有力的保障，这种模式类似于德国的免费联动保险（张建敏等，2007）。

随着社会主义市场经济体制在我国的建立，家属劳保在目前只适用于个别部门及人群，如军人家属及铁道部部分单位等。1998 年国务院发布《关于建立城镇职工基本医疗保险制度的决定》，在全国范围全面进行职工医疗保障制度改革。在社会保障制度不断完善的今天，很多地区都在尝试建立针对儿童群体的医疗保障服务，其形式更加多样化，例如发放社会救助金和建立社会医疗保险等（姜雪，2016）。2007 年，国家基本上正式确立了实现社会医疗保险目标的"全民医保"。对于农村儿童的医疗保障问题，目前国家出台了新型农村合作医疗制度，它是以政府资助为主、针对农村居民的一项基本医疗保险制度，这项制度在一定程度上提高了农村人的参保意识，农村儿童也可以像城镇儿童一样享受医疗保障。

### 10.2.5　当前我国儿童医疗保障政策研究的现状综述

首先，在医疗保障制度方面，我国的儿童医疗保障部分发现了一系列问题。丁盼盼在《小议我国当前的儿童医疗保障体系》中指出，目前我国社会医疗资源在地区间分配不公，没有独立的关于儿童的医疗保障制度，儿童的医疗保障待遇参差不齐，尤其是农村进城务工人员子女的医疗保障制度严重缺失（丁盼盼，2012）。

其次，我国当前儿童医疗保障体系存在各类问题，医疗成本的提高使建立儿童医疗保障体系的必要性日益凸显，我国一些地方根据自身情况设立了当地的儿童健康保险，但各地保险政策各不相同，没有科学统一地实施政策（浦雪等，2018）。

最后，重大疾病在未成年人群中的发病率不断上升，儿童医疗成为家庭重担。我国目前没有一部法律涉及儿童医疗保障问题，儿童医保处于边缘地带，相关的慈善救助能力有限。为了有效解决上述问题，有学者提出，必须建立一个由儿童疾病预防与健康保健、基本医疗保险、大病救助、贫困家庭儿童医疗救助构成的全方位、多层次的儿童社会医疗福利体系（文倩，2017）。《中国儿童大病医疗保障与社会救助分析》报告指出完善医保政策、建立联合救助合作平台、探索建立慈善救助联合工作的示范区、加速建立我国儿童医疗保障体系，是推进我国儿童医疗保障进程的目标。

在立法方面，目前我国并没有对儿童医疗保障的各类问题建立专门性法律，因此需要通过立法来明确各方相应的责任，对儿童健康保险的目标、对象、范围、服务质量等进行规定，使儿童权益得到保障，使其更加有效、健康地运行。因此有学者认为，设立相关法律是我国解决儿童医疗问题最切实、可靠的办法。《中华人民共和国宪法》第四十五条提及了我国公民的基本生存权利，在《中国儿童发展纲要（2011—2020年）》中也明确指出，享受医疗保障是未成年人的基本权利之一。因此，有必要通过法律明确各方责任并保障儿童医疗的基本权利。

在儿童保险方面，儿童的保险项目基本与成人保险项目一致，并没有细分。相比商业保险，社会保险能够更好地平衡城乡收入的差距；在商业保险方面，家庭收入和身体条件都与商业医保参与情况呈正相关（杨翔云，2017）。

　　另外，儿童重复参保现象极为严重，主要集中在新农合与城镇居民基本医疗保险的重复参保。例如，基本医疗保险的经办流程较为多样化，多个部门经手，给重复参保创造了机会；再加上很多地区相关技术条件比较落后，参保信息系统资源无法共享，导致父母不得不给子女再次参保；由于基本医疗保障水平存在各种差异，参保儿童的父母可根据自己的需要有选择性地重复参保；另外，因不可抗拒因素而跨区域就业和居住的人员，可能选择被动重复参保。重复参保会加重国家财政的负担，造成不必要的医疗资源的浪费，从而导致医疗资源短缺，在一定程度上也增加了医患双方的道德风险，更不利于儿童医疗卫生体制改革的推进与创新（王玲燕，2011）。

　　对于低年龄的贫困家庭儿童，应制定相应的法律，明确落实相应责任。政府应加大对儿童医疗保障体系的财政支持力度，积极引导儿童参加医疗保险，提高基本医疗保险的儿童参保率，争取让全体儿童享受免费医疗（陈丽平，2009）。对于参保意识不强的家庭，采取家庭联保等措施实现强制参保，以政府投入为主，可适当引入个人支付。王振耀认为多部门联合探索支持机制，是解决儿科供需矛盾问题的重要方式；联合民间医疗救助资源，成为补充国家医疗保障体系的重要措施（王振耀，2016）。在促进儿童社保全覆盖的同时，政府应加大对保险知识的普及，从而强化公民的保险意识，在发展社会保障的同时，促进商业保险的发展，将其视为一个重要的补充措施并与政府的多方力量结合，为儿童的生存与发展提供强有力的保障。

　　在儿童医疗资源的配置政策方面，我国现阶段的儿童医疗资源配置与服务体系的发展已不能满足中国家庭日益增长的就诊需求，随着二孩政策的全面放升，我国可能会再次出现生育高峰，未来儿科医院潜在的患者群体会出现逐步上升的趋势，这使我国现阶段儿童医疗资源的配置和儿科医疗服务体系面临巨大的挑战。优化儿童医疗资源配置与利用、推进精准医疗计划进程、为儿童医疗设备的管理使用及医疗设备规划与购置提供有效支持，是解决现阶段儿童医疗资源配置问题的一个重要方法（向思伟、郑焜，2017）。完善儿童医疗卫生服务体系、实现区域儿童医疗卫生资源均衡发展、调动儿科医务人员工作积极性也是改变现状的一个重要方式（冯文，2013）。

由于儿科医疗卫生资源总量不足和儿科医疗卫生资源配置不均衡，儿童医院医师的工作负担在各类医院中最重，再加上 1998 年，教育部对大学的专业进行调整之后，儿科学专业被取消，教育部的这一政策对儿科医疗方面的人才补充造成了很大的影响，更加剧了儿科医疗卫生资源总量不足的矛盾（王东华等，2017）。2016 年国家卫计委等六部委联合发布了《关于加强儿童医疗卫生服务改革与发展的意见》，要求"十三五"期间，制定实施儿科医务人员的培养规划，增加儿童医务工作者的数量，提高医疗团队的整体素质；针对儿童医疗保健资源总量相对不足、部分综合医院的儿科发展日益受限、儿童保健人员不足和开展保健服务项目少的问题，提出积极发挥地方医药类高校及专科儿童医院的人才培养作用，探索补偿机制，特别是建立基于床位对儿科进行专项补助的补偿机制，促进儿童医疗事业的发展（蔡帆等，2016）。

### 10.2.6 我国各地儿童医疗保障政策的综述

在儿童大病保障方面，《中国儿童福利政策报告》指出，已有 9 省份全省或部分地市出台了针对儿童大病的保障政策，并呈现三个特点：一是针对白血病、先心病等发病率较高的大病提供保障；二是覆盖面广，只要是缴纳新农合和城居保的儿童都可以享受保障；三是提高报销标准，封顶线普遍高于 10 万元，最高已达 25 万元（王振耀，2016）。在上海，中国首个儿童罕见病临床研究项目启动，为我国罕见病例的研究打下基础。辽宁将儿童脑瘫纳入重大疾病医保范围，为脑瘫患儿的治疗提供了保障。新疆新增了儿童肿瘤等 7 个专项救治大病病种，专项救治大病医保的出现大大减轻了大病患者和贫困患者看病就医的心理负担与经济负担，同时新疆推进了互联网医疗服务，采取门诊患者诊间结算、住院患者床旁结算等结算方式，提高了结算效率，节省了结算时间。青海省 9 种大病集中救治率近八成，取得了良好的成效。2018 全国两会期间，国家卫计委主任提出通过四方面措施推进健康扶贫，今年将进一步扩大大病集中救治范围，还将继续对儿童慢性病患者加强健康管理和慢性病的规范治疗，对有重病患者的家庭实行一户一策。

针对困境儿童的问题，江苏省为减轻困境儿童的经济负担，盐城市在苏北率先决定为全市 18 周岁以下所有困境儿童办理平安健康险。对于身体有残障现象的困境儿童，河北省将完善出生缺陷患儿医疗保障和救助制度，为给缺陷患儿提供医疗保障打下基础，贵州也开展了残疾人精准康复行动听障儿童人工耳蜗康复项目，为有听觉障碍的儿童提供了方便。山东济宁印发了《2018 年度济宁市 0—9 岁残疾儿童抢救性康复救助实施方案》，要求各县（区、市）按照个人申请与组织筛查相结合的原则，将 0~9 岁有需求的残疾儿童全部纳入救助范围，确定受助的残疾儿童家长或监护人可在具备资质的定点机构中任选一家进行康复训练，为残疾儿童的生活与成长提供了保障。

关于新生儿问题，河南省的新生儿疾病和预防产前免费筛查取得成效，大大降低了不健康儿童的出生率。四川成都出台了《关于新生婴儿参加城乡居民基本医疗保险有关问题的通知》，新生婴儿出生 90 天内可参保，这一政策大大提高了儿童的参保率。为解决儿童看病难的问题，天津市通过采取三项三举措加强儿科医生招聘。安徽的国家妇女儿童医学中心在 2018 年将投入使用，西藏首家综合性妇女儿童医院也建成，这标志着妇女儿童在我国的权益日益提高。

在儿童用药方面，江西省印发《江西省"十三五"深化医药卫生体制改革规划》以解决低价药及儿童用药供应问题。2018 年北京将短缺药、儿童药、抢救药、急救药、老年药等临床急需药品纳入储备体系，扩大临床急需药品目录。同时，重庆将优化药品配送方式，进一步满足居民"一刻钟生活圈"需求。面对"儿医荒"现象，湖北武汉在解决儿童看病难问题上提出了培训转岗返岗儿科医师的应对举措。

表 10-1 是我国各地儿童医疗保障政策具体汇总情况。

截至目前，我国各地也纷纷对儿童医疗卫生保障问题提出了相应的福利政策。在我国儿童医疗保障体系和医疗资源建设加速发展的今天，基本医疗保险的范围不断扩展，支付方式也更加灵活。根据各地出台的政策及文件，我国儿童大病保险几乎实现全覆盖，但是仍有很多不规范之处。儿童医疗救助三类项目即将持续开展，民生工程、社会救助项目、公共卫生服务项目都在不断完善与发展之中，为我国儿童医疗事业的后续发展打下良好基础。

表 10 - 1　我国各地儿童医疗保障政策汇总

| | 时间 | 省份 | 相关政策举措 |
|---|---|---|---|
| 儿童大病保障 | 2016 年 | 全国 | 《中国儿童福利政策报告》 |
| | 2018 年 | 上海市 | 首个儿童罕见病临床研究项目启动 |
| | 2018 年 | 辽宁 | 将儿童脑瘫纳入重大疾病医保范围 |
| | 2017 年 | 新疆 | 新增 7 个专项救治大病病种 |
| | 2016 年 | 青海 | 大病集中救治率高 |
| | 2018 年 | 全国 | 推进健康扶贫 |
| 困境儿童保障 | 2018 年 | 江苏盐城 | 为困境儿童办理平安健康险 |
| | 2017 年 | 河北 | 完善出生缺陷患儿医疗保障和救助制度 |
| | 2018 年 | 贵州 | 残疾人精准康复行动 |
| | 2018 年 | 山东济宁 | 《2018 年度济宁市 0—9 岁残疾儿童抢救性康复救助实施方案》 |
| 新生儿保障 | 2017 年 | 河南 | 新生儿疾病和预防产前免费筛查 |
| | 2018 年 | 四川成都 | 《关于新生婴儿参加城乡居民基本医疗保险有关问题的通知》 |
| | 2017 年 | 天津市 | 加强儿科医生招聘 |
| | 2018 年 | 安徽 | 国家妇女儿童医学中心投入使用 |
| | 2018 年 | 西藏 | 综合性妇女儿童医院建成 |
| 儿童用药保障 | 2018 年 | 江西 | 《江西省"十三五"深化医药卫生体制改革规划》 |
| | 2018 年 | 北京市 | 扩大临床急需药品目录 |
| | 2017 年 | 重庆市 | 优化药品配送方式 |
| | 2018 年 | 湖北武汉 | 提出培训转岗返岗儿科医师 |

## 10.3　儿童医疗与发展：服务模式探析

　　长期以来，我国大多数儿科医院都以医治患者的生理疾病为首要目标，然而这种以"生理需求医治"为导向的医疗方式严重忽略了患儿的心理需求与社会支持的需求。住院患儿由于长时间在医院接受不同的治疗和诊断，在认知和情感方面受到很大的负面影响，导致社会性交往暂缺。在我国儿科医疗卫生事业不断发展的今天，患儿的需求也不单单满足于自身病症的治疗，就医方向开始由生理模式向心理－社会模式转变。因此医务社会工作开始逐渐走入大众的视野，成为我国现阶段儿童医疗服务体系的重要组成部分，并成为专家学者研究的重点领域。

近年来随着医患纠纷现象愈演愈烈，患儿家属与医护人员之间的信任度大幅度降低，两者之间的矛盾进一步加深。对于火速升温的医患关系，医务社会工作者在患儿家属和医师之间扮演着重要的调解师角色，医务领域从此成为社会工作服务专业性体现最强的一个领域。根据各类患儿不同的心理与社会需求，其服务内容和服务模式也呈现千差万别的特点，儿童医疗体系中各种服务模式的出现与运用对儿童医疗事业的发展和社会的稳定发挥着重要的作用。

关于医务社工服务过程中儿童医疗服务模式的发展，我国学者从宏观政策角度、微观环境和实务操作等不同角度出发，进行研究与探讨，每一种模式都有其服务的重要性和特殊性。以下将从医患关系、患儿、医务人员、医务社会工作者四个方面对我国现有的儿童医疗体系中存在的不同社工服务模式进行归纳分析。探析儿童医疗服务模式，将有利于丰富儿科医生的专业经验及服务技巧，同时也可进一步拓展儿童医疗服务体系的理论内涵和外延。

### 10.3.1　医疗服务接收主体角度的社工服务专业模式探析

**生物－心理－社会医学模式**

生物－心理－社会医学模式即现代医学模式，于 20 世纪 70 年代以后建立，并运用于我国大多数综合医院。从儿童自身的角度来看，这种医学模式改变了以往传统的儿童医疗的生物学视角，从生物、心理、社会等层面认识儿童的健康和疾病，从更高的水平上实现对儿童的生存、发展和保护的全面尊重。生物－心理－社会医学模式不是以儿童的心理和社会因素取代生物因素，也不否认生物因素对儿童的重要作用，它是对传统儿童医学模式的补充和发展（张广森，2009）。

陈琳从儿童医学的发展史出发，解释了生物－心理－社会医学模式的形成原因及生物心理和社会因素的作用，认为生物－心理－社会医学模式对儿童生物医学的进步做出了巨大的贡献，同时强调了不同时代或文化对儿童身体和疾病认知的差异，改变和凸显了患儿心理和社会因素的作用

（陈琳、韩世范，2015）。医务社会工作实践的理论建立在健康观和医学模式的转型以及人们对健康与疾病的观念之上，生物－心理－社会医学模式的健康观适用于各种健康处境，是医务社会工作的理论基础（刘继同，2005）。生物－心理－社会医学模式的提出及发展为医务工作者的服务理论构建和儿童医疗服务体系的发展提供了参考和借鉴，该模式从患儿的身体、心理、社会和道德四个方面阐述健康的含义，对患儿的整体状况进行综合评价和综合分析（陈琳、韩世范，2015）。

目前，多数儿科医务工作者依然遵循传统的服务模式，较少关注儿童心理及情绪服务，容易造成患儿及家庭焦虑，进而造成医患关系紧张。媒体与社会对医生施加的舆论压力也导致医务工作者不再过多关注患儿的心理感受。因此，医务工作者对患儿及其家长应运用生物－心理－社会医学模式进行社会工作介入和服务，以此来满足患儿心理及社会需求，减少儿童及家长的焦虑、不满情绪，进而达到缓解紧张关系的目标。

### 游戏活动治疗模式

随着近年来儿童医疗科技的不断进步，与之相关的儿童医学意识也得到了相应的提高，新的儿童医学领域的研究表明，儿童游戏活动治疗模式一直都是医学界与社会学界研究的重点和难点。一开始游戏活动治疗模式仅运用于对自闭症儿童的治疗，自闭症儿童可以在游戏中更好地将内心的苦恼表达出来，儿童在游戏的过程中全身肌肉逐渐放松，并会进行一系列的动作，针对游戏中的冲突儿童会对现实生活中的一些现象加深自己的理解，更好地对世界进行认识，这种治疗方法在帮助自闭症儿童缓解压力的同时，还能更好地加强他们的沟通能力和合作精神，从而锻炼儿童的社交能力。

相关研究数据显示，80％的住院儿童会出现消极行为，有54％的儿童在出院两周后还会持续出现这种心理问题。因此，游戏活动治疗模式不仅被运用到自闭症儿童身上，还被广泛运用到各种儿童疾病的治疗上。"游戏进入医院"项目已在我国大中小城市中逐步得到推广，主要由医务工作者带领患儿或患儿家长一同进行游戏，通过游戏来模拟医疗过程，把"看病游戏化"的概念融入儿童的潜意识，让患儿正确认识治疗、熟悉常用的医疗器械产品，消除对于医院与医生的恐惧心理，提升他们各项检查的配合度，从而产生积极的看病心理（陈青，2018）。

游戏活动治疗模式促进了医患同盟合作关系的发展，为构建和谐就医环境提供了条件，在很大程度上提升了患儿及家属的就医体验，这种治疗模式为缓解医患矛盾提供切实可行的方法，因此医务工作者、志愿者应有效开展游戏活动治疗模式，打造游戏活动治疗模式的培训和研究基地，减少就医焦虑（陶婷婷，2018）。儿科医院在已有成熟的儿童医务社工服务体系和完善的志愿服务基础之上成功运用儿童游戏活动治疗模式，聚焦患儿面对医疗过程中的焦虑、恐慌情绪，该治疗模式可以更好地回应患儿家庭的心理社会需求。

**临终关怀服务模式**

临终关怀服务模式始于 20 世纪 70 年代的英国，临终关怀主要是帮助患者在临终前增强管理疼痛的能力与缓解心理上对死亡的焦虑，以提升其生活质量（安民兵、刘俊杰，2007）。我国的临终关怀起步较晚，目前的临终关怀服务主要集中于成年人或老年人，近年来随着我国儿童医学事业的不断发展，临终关怀服务模式也逐渐将关注点投向幼儿或儿童临终患者。儿童临终关怀是为改善儿童的症状和解决患儿、患儿家属在儿童临终前存在的重大社会心理问题而形成的特殊服务，体现了社会发展的需要，是社会文明进步的标志（徐华、范宇君，2014）。

儿童临终关怀服务模式主要分为社区居家临终关怀模式、临终关怀院模式、以家庭为中心的儿童临终关怀模式和 footprint 儿童临终关怀模式。社区居家临终关怀模式是国外最大的临终关怀模式之一，社区居家临终关怀模式是在社区医疗中心－医院－家庭合作的基础上，由社会工作者全程跟踪临终关怀服务对象的一种服务模式。通过借鉴国外儿童社区居家临终关怀模式，我国也发展了适合于我国儿童的居家临终关怀模式，但是相较于国外而言，我国在社工护理人员及社区医务人员等方面的人力资源欠缺，社会工作者的服务还处于起步阶段，因此社区居家临终关怀模式在我国还有很长的路要走（周玲君等，2009）。关于临终关怀院，儿童临终护理院"蝴蝶儿童收容所"是我国首家临终关怀院，目前在我国各大城市也纷纷出现了不同的临终关怀院，为我国的儿童的临终关怀项目做出了贡献。以家庭为中心的儿童临终关怀模式以家庭为中心，以医院为主要场所，为临终患儿提供各种医疗服务及心灵照顾。footprint 儿童临终关怀模式主要是为了弥补医院－社区医疗机构临终关怀模式的非持续性这一不足而成立的，该模式被应用于临终儿童及其家属后取得了较高的满意度。

### 康复医学模式

康复医学模式以中国康复研究中心为代表，主要被应用于康复医疗机构，目前在各类儿科医院也取得了较好的成效。康复医学模式在儿科医院的运作主要是儿童医疗政策的解答与咨询，同时对儿童群体进行有效的康复辅导，在引入社会工作研究的同时，更好地开展社会工作教学活动。康复医学模式的产生和发展在一定程度上反映了医学模式的转化，康复医学模式既重视残障儿童功能障碍的改善与恢复，又注重锻炼与加强患儿的意志力和控制力等，使患儿提升自信心与战胜病痛的决心（王强、郭全民，2006）。

在康复医学模式中医务社会工作者主要是从政策服务层面和儿童基本人际适应方面开展服务，在开展康复服务的过程中，医务社会工作者是服务的提供者和政策的倡导者，同时帮助残障儿童适应生活，学习生活技能，发挥其使能者的角色。康复医学模式中，医务社会工作者从儿童医疗政策咨询角度出发为患儿提供优质服务，从政策研究的层面提供建设性意见，为残障儿童提供更多便利的资源和服务（李来友、彭力，2004）。

康复医学模式在儿童医疗服务体系下，不仅注重患儿的生物属性及其相关的诊疗措施，同时强调患儿的心理特征和社会属性，使残障儿童在康复过程中能够保持自己的童真、价值和尊严，为患儿的长期生存和生活质量的提高提供必要的条件（毛容秋，2002）。

### 10.3.2 医疗服务提供主体角度的社工服务专业模式探析

### 医疗纠纷协调服务模式

在我国医务社会工作本土化的阶段，医患关系成为社工介入医务领域的一个重要契机。第一种模式为医疗纠纷协调服务模式。例如，北京、上海、天津为了缓解儿科中医患矛盾加深的紧张局面，设立了专业的医疗纠纷调解中心，在专门的儿童医院也设立了相关协调中心，该中心专门负责医疗纠纷的调解与医疗保险的理赔，医务社会工作者在调解过程中发挥了重要的作用。2000年10月北京朝阳医院为了化解医患矛盾，成立了专门的医疗社会工作部，医患关系协调服务模式的应用大大减少了医疗纠纷。2006年，广州市天河区首次在全国建设"和谐医患关系工作室"，这也是医疗纠纷协调服务模式成功运用的一个典型例子（陈化，2009）。在这一模式作用下，医务社会工作者需要站在一个新的视角去看待医患双方的矛盾，通过一个新的路径引领医患关系和谐发展。医疗纠纷协调服务模式有别于目前的协商式、医疗部门鉴定式和法律诉讼式的预防模式，为我国儿童医疗事业的发展提供了动力（王卫平、王国祥，2009）。

对于医疗纠纷协调服务模式的评价，学者刘继同（2005）指出医务社会工作者在构建和谐医患关系中占有举足轻重的地位，发挥了无法替代的重要作用。医疗纠纷协调服务模式是侧重和谐就医环境而开展的一系列服务，为儿童患者就医提供和谐环境和便利的就医渠道，同时加强对医护人员的职业法规和道德的培训，是偏重社会工作行政的一种服务模式。

医疗纠纷协调服务模式侧重于从医务人员、患儿家长和患儿自身三者关系的角度出发开展工作，针对患儿自身心理、社会情感开展实务，同时这种模式也是对医务社会工作者的一大挑战。医务社会工作者必须根据患儿家庭的不同情况，在医学能力之外多做些工作，从而使医生和患儿家长在心理上达成一种平衡和默契，避免矛盾演化为纠纷（谢娟、朱方，2008）。

为构建和谐的医患关系，地方政府要不断深化儿童医疗卫生体制改革和加强制度伦理建设；医院更要加强医患关系的管理与医患沟通制度的建设，提高患儿医疗服务质量，积极引导、加强舆论媒体的导向建设是医疗纠纷协调服务模式顺利开展的重要条件（陈化，2009）。在医疗纠纷协调服务模式中需要建立儿童医院内部沟通调解机制、医患纠纷应急处置联动机制、医患纠纷第三方调解机制，这是处理医患纠纷的重点所在，同时要完善医患纠纷处理机制，加强大众教育，努力营造良好的舆论氛围。

**公共关系管理服务模式**

在我国，公共关系管理服务模式是目前很多医务社会工作者在医院开展的主要服务模式，但是在专业性儿童医院的应用并不广泛，由于儿童医院医生的看病难度大，医院的营利性较低，我国大部分儿童医院的医务社会工作者忽略了此模式。但是此模式跟当前紧张的医患纠纷的处理相契合，与医院、各大社会群体的社会关系相适应。这种服务模式比医疗纠纷协调服务模式涉及的目标范围更广，若大范围运用到我国专业的儿童医院内，则更加有利于应对儿童医院的各种突发状况及消除更多的不稳定因素。

公共关系管理服务模式主要用于维护儿童专科医院与各大社会群体之间的关系，其中医患关系体系尤为重要。儿童医院的公共关系是院方和社会大众结成的社会关系，包括医院与患儿，医院与家属、政府、社区、媒体等特殊公众等关系的维系。与发达国家相对成熟的儿童医疗公共关系体系相比较，我国的儿童医疗公共关系体系发展水平低，管理水平也比较低下，因此丰富儿科医院的公共关系管理模式，优化医院公共关系的操作策略，是目前儿童医院的发展重点。

公共关系管理服务模式在儿童医务社会工作管理方面的深化和系统化主要包括公共关系管理、沟通事务管理和医院形象的系统管理，公共关系管理服务模式侧重于医疗关系的维护，从宏观方面协助改善患儿的就医程序和服务。在公共关系管理服务模式下，社会工作者不仅要做到单向传播管理，还要做到与儿童医师、患儿、患儿家长的多向沟通，医务社会工作者是儿童医疗服务体系的促进者和协调者，可以缓解患儿家长与医疗机构的矛盾。针对公共关系薄弱的方面，公共关系管理服务模式主要解决医疗投诉和纠纷问题，以及维护专业性儿童医院的社会公众形象，同时开始程序监管，建立个人诚信档案，协助儿童医院规范医疗程序。

有关公共关系管理服务模式在全国的运用，北京大学深圳医院较为典型。针对医院中儿科公共关系管理方面存在的薄弱环节（比如医患关系紧张、医疗纠纷不断等），2001 年该院设立公共关系科，2002 年 6 月改为社会工作部，实行医院公共关系集中管理的模式，为缓和医患关系、消除医疗纠纷起到了巨大的作用，为树立医院良好的公众形象、营造宽松的工作环境打下了良好的基础。

### 医社合作模式

在医务社会工作不断发展的今天，单向的社会工作服务模式已经不能满足患者日益增长的心理与生理需求。医务社会工作者为了更好地开展实务工作，把医疗卫生领域的科学理论与社会工作专业的实践理论紧密联系起来，医社合作就是二者之间相互联系和发展的桥梁。

医社合作主要包括三个方面，分别是宏观层面的民政系统与卫生系统的合作，中观层面的医院与社会工作服务机构的合作，微观层面的医务社会工作者与医院人员、医务志愿者的合作（韦建瑞、袁清惠，2017）。通过医社合作的方式开展服务，有利于医护人员更加专注于帮助患者解除身体的病痛，社工更能专心帮助患儿与家长走出情绪困境，解除心理上的痛楚等。医务社会工作服务重点关注的是患者及其家属的社会心理需求，以其身体、心理、社会需求为导向，以患者从入院到出院的时间维度为主轴，提供全方位、专业性的服务，主要涵盖紧急介入服务、支持性服务、发展性服务三大方面内容（韦建瑞、袁清惠，2017）。

在医社合作模式的指导下，社会工作者与医护人员一起为患儿寻找治疗方案，进行重点个案跟进等，医务社会工作者通过实务工作获得医护人员和患儿家属的信任和认可，在信任和认可的基础上，发挥医社合作在康复治疗过程中的作用。

**社工义工联动服务模式**

社工义工联动服务模式是指在儿童医疗服务中医务社会工作者引领义工或志愿者开展服务活动的模式，义工或志愿者协助医务社会工作者改善儿童医疗服务，该服务模式整合医务社会工作者和义工的人力资源，实现两者"联动双赢""互补互惠""互动共进"（孙剑宏，2009）。2005 年，民发〔2005〕159 号文件《关于进一步做好新形势下社区志愿者服务工作的意见》明确了新形势下社区志愿服务工作基本原则、总体要求以及重点领域，推动了志愿服务发展的规范化和制度化（谭建光，2005）。

社工义工联动服务模式主要突出的是志愿者群体在医务社工服务中的作用，由于我国大多数拥有医务社工服务类的儿童医院普遍缺乏专业医务社工，而对志愿者群体的启用则可以大大缓解缺少专业社工的困境，经过专业培训后的志愿者可以为医务社工提供辅助性的帮助，因此在儿童医疗服务体系中，义工成为必不可少的新兴力量。社工义工联动服务模式的核心是医务社会工作者，基础是义工，医务社工是儿童服务项目策划、组织、实施的主体；义工作为儿童社会服务的重要力量，扮演着协助者的角色（张江甫，2015）。由于医务志愿者与医务社会工作者的服务理念有着相似之处，目前我国儿童医院对志愿者的需求迅速提升，志愿者能够链接医生与患者，在住院患儿及家属情感介入方面发挥了积极作用。

目前，我国儿童医务社会工作制度建设尚处于早期起步阶段，基础理论、实务和当前医务社会工作价值取向较为模糊。针对我国医疗服务系统中较为常见的医疗纠纷和矛盾，以上从医疗服务接受者和医疗服务提供者双向角度入手，系统归纳总结了八种儿童医疗社会工作服务模式。从患儿心理建设和情感关怀角度出发的服务模式包括面向一般儿童群体的生物－心理－社会医学服务模式、游戏活动治疗模式，以及面向特殊儿童群体的临终关怀服务模式、康复医学模式。几类服务模式都侧重于患儿的心理疏导和情感支持，通过专业服务减少患儿就医的抵触心理和情感焦虑，营造较好的就医体验，进而减少情绪化矛盾的发生。

另一方面，医疗服务提供者角度则侧重营造良好的就医环境，这类服务模式包括医疗纠纷协调服务模式、公共关系管理服务模式、医社合作模式以及社工义工联动服务模式。几种模式的关注点各有不同。医疗纠纷协调服务模式侧重在医院内部搭建良好的沟通调解机制、医患纠纷应急处理机制、医患纠纷第三方调解机制，通过纠纷机制的搭建处理患儿、家庭与医院三者之间的关系。公共关系管理服务模式则侧重于对各方关系的有效管理，其中包括公众关系管理模式、沟通事务管理模式以及医院形象管理模式。医务社会工作者在其中更多地扮演关系营造与管理者角色，通过对各方关系的管理，营造良好的医疗氛围。医社合作模式、社工义工联动服务模式则侧重于医院与其他主体之间的合作，通过引入外部力量改善患者的就医体验。

除上述具体的医疗服务模式之外，作为对医务社会工作的必要辅助支持，还需要建立相关制度。政府相关部门应加强对社会工作的认同，同时给予充分的支持与尊重，只有这样才能更为有效地促进医务社工服务模式与我国儿童医疗服务体系的有效结合，促进儿童医疗卫生事业的发展；还应加强儿童医务社会工作的专业教育，明确儿童医务社会工作者的岗位设置，注重理论与实务相结合的教学，通过现有实践运用并优化医务社会工作理论，实现社会工作理论－实践－实务经验提炼－理论优化的良性循环。

# 第十一章　儿童保护与发展：国内外福利政策及服务模式探析

## 11.1　儿童保护与发展：问题及现状分析

随着社会经济的发展和二孩政策的全面实施，儿童数量持续增加，不安全因素增多，威胁儿童生命安全的事件层出不穷。本章将主要介绍儿童保护领域所面临的主要问题，例如因人口流动带来的留守儿童和流动儿童的保护缺失问题、家庭破裂造成的流浪儿童问题，以及受虐待儿童的基本权益保护问题等，此类高风险家庭儿童面临的保护缺失问题是当前我国转型时期需要着力解决的重要问题。本章在讨论儿童保护缺失问题后，还将梳理儿童保护方面的法律政策以及基本的服务模式。

**高风险家庭儿童保护缺失问题**

在儿童保护方面，除了自然灾害、意外伤害等不可抗拒的灾难性事件外，儿童面临的家庭暴力、教师虐待、性侵犯等社会问题也不容忽视。儿童保护缺失及儿童面临权益侵害问题与家庭的教养方式密不可分。在家庭教育方面，不少父母认为采取"棍棒式"教育才能教育好孩子，专制型的教育方式被视为理所当然，由此出现家庭暴力或虐待和体罚儿童等行为，但发生在家庭内部的虐待或者伤害儿童行为却很难被曝光，给儿童保护工作造成了很大挑战。根据全国妇联过去所做的调查，在两亿七千万个中国家庭中，30%的家庭存在家庭暴力。此外，家庭外与儿童接触较多的社会成员比如教师等对儿童的伤害事件在近几年引起了社会大众的广泛关注，自2012年浙江温岭一幼儿园女教师虐待儿童的照片被曝光后，立刻引起了轩然大波，以该事件为导火索，儿童遭受虐待这个长期以来被人们忽视的问题立刻引爆了社会舆论，成为全社会关注的焦点。

此外，社会转型背景下离婚率的上升，导致单亲家庭儿童数量增多，此类儿童由于缺乏父母的关爱和一个完整的家庭港湾，往往会产生心理上的压力、精神上的困扰，形成与一般家庭孩子不同的心态。单亲家庭儿童在认知及人格方面往往表现出较多缺陷，心理情绪方面往往存在更多消极的不良情绪和问题。有的孩子道德辨识能力不强，自控力差，盲目模仿社会上的不良行为，有些孩子甚至有偷盗、赌博行为；有些孩子吸烟、酗酒，个别有早恋、离家出走等行为（李荣祁，2010）。对于单亲家庭儿童出现的此类不健康心态及行为，如不及时纠正或者疏导，容易造成儿童性格扭曲，身心发展遭遇瓶颈。

随着改革开放的深入和社会主义市场经济体制的建立健全，城市化进程迅速加快，社会流动的规模越来越大，规模庞大的农民离开了农村，转向城市寻求谋生之道，农民工子女会在移居城市上学，从而出现大量流动儿童。但是由于流动儿童无法享受与城市同龄儿童同等的受教育机会，被排斥于乡村正式教育体系，因此成了一个被"边缘化"的庞大弱势群体，流动儿童的身心保护、教育、社会适应等问题也随之而来。新公民计划公布的《中国流动儿童数据报告（2014）》显示，过去的十年间，中国流动儿童数量持续、快速增长。2000 年，中国 0 ~ 17 岁的流动儿童规模为 1982 万人，而截至 2010 年 11 月 1 日，这个规模已达 3581 万人，十年间，0 ~ 17 岁流动儿童规模增长超过 10%（石睿，2014）。流动儿童在社会适应方面比其他儿童更为敏感，也面临着更多的压力和挑战。

伴随社会发展及大量农村劳动力涌向城市，进城务工农民常将孩子留在老家，这些被留在老家的儿童构成与流动儿童相对应的"留守儿童"群体。2014 年，由多家民间公益组织联合发布的《中国留守儿童心灵状况白皮书》指出，留守儿童往往有自卑感，常以自我为中心，留守儿童对父母充满怨恨或盲目反抗。一些农村大龄留守儿童离开学校，脱离正规组织的管理后，常处于无人监管、各行其是的状态，容易侵害他人或受到他人的侵害。

由于地区经济差异、家庭贫困、个人因素等多种原因，儿童乞讨、流浪现象也不断发生（雷杜坚，2016）。尽管目前对于流浪儿童的数量尚没有准确统计，但根据有关部门估计，其总数可能达到数十万之多。流浪儿童由于长期在街头流浪处于无人监护状态，缺乏来自家庭的关怀和教育，甚至遭到别人冷眼，容易形成孤独、自卑、怨恨、报复等特殊心理。生存环境差、社会地位低、权利得不到保障等都影响流浪儿童的健康成长，流浪儿童随时面临受到人身侵害的危险。

另外，由于高龄生产、环境污染、职业伤害、孕期不良生活习惯和营养缺乏等原因，新生儿中残障儿童的出生率还在连年攀高。残障儿童也属于需要被特殊保护的儿童群体。有关统计显示，大约每出生 100 个孩子，就会出现两个残障儿童。残障儿童是我国弱势群体中的弱势群体，绝大部分是因病致残，由于相关福利服务的缺失，残障儿童造成的沉重负担基本上是由其所在家庭独自承担，这些家庭因残致贫，在强大的社会压力和经济压力下，残障儿童被家庭遗弃的事情时有发生（杨洋，2012）。此外，关于残障儿童被性虐待的问题，国内鲜有研究，报道很少，但现实中确实存在。残障儿童的年龄尚小，处在身心发育阶段，身心尤显脆弱，加之有各种障碍，使性虐待问题变得不易被发现，因此更加需要外界的保护（张金明，2015）。

儿童时期是人的一生中很重要的时期，是儿童养成健康心理和行为的关键期。然而一系列侵害儿童的事件令人痛心不已，让孩子们本应快乐的童年蒙上阴影，并在事实上成为严重的社会问题。因而建立健全符合儿童心智发展的儿童保护措施是必要的，整体来看，在家庭、学校、社区、政府层面，都应开展相应的儿童保护工作，主要从预防、教育和干预三个方向入手。但现阶段我国儿童保护工作仍存在一些问题，以下将对我国现阶段儿童保护领域面临的主要问题做出详细的梳理和阐述，主要问题包括儿童保护体系不够完善、家庭教育方式的缺失、儿童保护工作机构的运作方式与现实需要不匹配、儿童保护的社会参与机制缺乏。

**儿童保护体系不够完善**

儿童保护的相关法律、法规和政策仍然不够完整，儿童保护服务的治理体系还不健全，对儿童受到伤害虐待的预防、干预、处置等具体工作缺乏细致的制度安排（邓锁，2017）。当前我国大多数法律仅是在儿童受到伤害后才发挥效用，起到事后弥补、惩治的作用，较少能够从根源上对儿童权利遭受侵害的风险因素进行防范和干预。其中，针对儿童受教育权的保护是较为普遍和广泛实施的，然而对弱势儿童的生存健康、受保护等其他权利的保障相对薄弱。我国 2007 年 6 月 1 日新修订施行的《未成年人保护法》第三条第一款明确规定："未成年人享有生存权、发展权、受保护权、参与权等权利，国家根据未成年人身心发展特点给予特殊、优先保护，保障未成年人的合法权益不受侵犯。"但法律在内容上还较少有细致具体的实施责任主体，仍然有待补充完善，法律体系的执行力度也有待加强，应促使儿童保护工作有法可依、违法必究。

目前多数法律体系有较多纲领性规定，在实际执行过程中会受到某些方面的限制，从而导致对未成年人权益的保护缺乏可操作性和执行力度。譬如我国现行的《未成年人保护法》第二十六条规定："儿童食品、玩具、用具和游乐设施，不得有害于儿童的安全和健康。"可是对于该如何处理问题与承担责任没有提及。另外，法条较为杂乱且在法律文件衔接配套上缺乏协同性。例如针对同一起伤害儿童事件，不同法律条文之间存在出入，对于有些问题法律条文之间还会存在重复规定现象，因而在处理未成年人案件时往往需要从多处寻找法律依据，无形之中降低了处理此类案件的效率（李昕益，2018）。另外，儿童保护法律主体责任模糊不具体，权益侵害事件处理机制不健全，客观上使儿童的法律保护处于"虚化"状态。儿童侵害违法事件发生后，如果违法行为没有通过恰当的途径或者方式被及时披露，结果必然会助长儿童侵害行为的随意性；同样，如果违法行为被披露后，没有得到及时恰当的处理，儿童权益的保护就会落空（叶芸、王录平、赖秀龙，2014）。

目前的儿童受侵害强制报告制度还不完善。儿童由于年龄小、身心成长不成熟，缺乏自我保护的意识和途径，儿童在遭受伤害后，或受施暴者的威胁，相关报告主体不能投诉施暴者，甚至连施暴者都不能确定。在我国现行所有关于儿童权利的法律中，《未成年人保护法》的第六条规定了任何组织和个人都有权去报告侵犯儿童权利的行为。这一规定没有明确指出报告主体是谁，造成相关单位和责任人相互推诿，还存在随意报告，甚至隐瞒侵权的行为。这一规定也没有具体说明报告主体在何种情况下以何种方式去报告，这就会使所报告内容的准确性受到影响（申小静、陈钰，2017）。虽然《反家庭暴力法》提出，"监护人实施家庭暴力严重侵害被监护人合法权益的，人民法院可以根据被监护人的近亲属、居民委员会、村民委员会、县级人民政府民政部门等有关人员或者单位申请，依法撤销监护人资格，另行指定监护人"，但是实践操作过程中强制报告虐待行为的主体不清晰、报告后的安置流程等环节也不完善。儿童如果受侵害后不能及时报告，儿童可能会继续处于被侵害状态中，也给相关部门处理此类案件造成困难。因此，我国应完善儿童受侵害报告制度，将报告制度的义务主体范围扩展至学校、家庭、医疗机构、居委会、相关儿童服务机构等与儿童有密切关系的群体，填补合法关系外壳下的非法侵害的救济空白，避免当事人因自身的顾虑而隐忍（周泳，2016）。

**家庭教育方式的缺失**

对于儿童的保护，不仅要着眼于拓展儿童保护范围，更为重要的是在儿童保护中注重儿童的原生生活环境——家庭的重要性，这在一定程度上也能够预防由于家庭原因而导致的儿童受伤害事件的发生。

但是，我国目前对儿童的保护工作还存在缺陷和漏洞，家庭教育主要存在以下几个方面的问题：①大部分家庭把对孩子的教育重点放在智力教育上，缺少对孩子道德以及生存和生命安全方面的教育，很多儿童意识不到自身及他人生命安全的重要性和脆弱性，尤其是当儿童自身健康安全受到威胁时，他们浑然不知或者是感知到威胁的存在却无计可施，致使儿童的生存权等权利得不到有效保障。②儿童被看作家庭和家族的隶属物，成人把自己的意志和价值标准强加给儿童，很少考虑儿童自己的需要与愿望（王素蕾，2011）。当儿童自身的生存发展需求得不到有效满足时，很容易在行为与心理上出现偏差，主要表现为心理扭曲、情绪暴躁、行为叛逆，以不被社会所普遍认可的方式去寻求自我满足，做出伤害他人甚至自己的行为。③儿童教育的责任主体不明确，较多家庭将儿童生存和安全的教育归于学校，忽视家庭教育的重要性，尤其在农村地区，留守儿童教育问题更加突出。④家庭安全教育存在缺位现象。许多家长为了生计，不得不把孩子交给别人照顾，一些外来务工人员或经营小本生意的父母忙于工作，忽略对孩子的照顾和看管，基本上采取"放养"的方式，不能对孩子进行恰当的生命和生存安全教育。在《全国家庭教育调查报告》（2011）中，针对中国儿童早期教育现状与需求的调查数据显示，60.6%的4～6岁儿童家长认为"经常害怕孩子受到意外伤害"是其遇到的主要困难，并且有24.6%的家长认为"经常害怕孩子受到意外伤害"最为棘手。4～6岁的儿童家长中有74.3%的家长表示关注"培养儿童良好的生活习惯、卫生习惯"，这是4～6岁儿童早期教育的内容，位列各项内容首位，但仅有

33.2%的家长认为应该对这一时期的孩子"进行安全教育，防止意外伤害"。⑤即便一些家长采取措施加强对孩子的保护，但由于受到传统观念的影响或者是缺乏正确的教育手段和方法，许多家长对儿童的保护采取的是全程接送看护的方式，对子女的过度溺爱在客观上剥夺了锻炼子女的机会，结果反而导致儿童的自我保护意识、安全意识及自我保护与应变能力日渐退化。

一系列儿童受侵害事件的发生不断提醒家长，有必要尽快填补家庭生命和生存教育的空白，普及家庭生命安全教育知识，采取恰当的手段和方法引导儿童树立热爱生命、尊重生命的意识，学会珍惜和保护自己的生命，懂得善待和关爱他人的生命。

**现有儿童保护工作机构的运作方式与现实需要不匹配**

目前，我国涉及儿童保护的机构较多，既有公安、民政局这类政府组织部门，也有检察院、法院等司法部门，还有妇工委、未成年人保护委员会等协调机构，以及共青团、妇联等群团组织。但这种"多头保护"模式行政色彩过于浓厚，运作效率不高，主要表现在以下几个方面。

第一，儿童保护工作边缘化。各个机构都有自己的主要业务范围，以完成本职工作为主，对于儿童保护工作只是在有条件的情况下提供有限帮助，无法全面承担起政府应尽的保护儿童的职责。

第二，儿童保护工作碎片化。各个机构都只能在自己的职责范围内开展儿童保护工作，因为不是专职的儿童保护机构，无法提供处理侵害儿童事件所需要的一系列连续性程序和专业化服务；而且机构与机构之间缺乏联系与协调，无法贯彻统一的工作机制，不利于整合儿童保护的信息与资源，导致相关问题得不到高效处理。

第三，儿童保护工作虚置化。由于不是专职的儿童保护主管机构，各机构很容易以不属于自己的职责范围为由，对儿童保护工作相互推诿扯皮，特别是在儿童保护专项资金没有或者不足、人手紧缺的情况下更是如此，客观上形成了"多家都沾边，谁都管不好"的局面，导致政府对儿童的保护工作虚置化。唯有成立专门的机构，配置相关的工作人员，统筹管理，有计划、有目标地推动，才能真正实现保护儿童的目标（梁韵笛、任依依，2014）。

第四，缺乏专业性力量的参与。目前对儿童保护问题的复杂性认识不足而在一定程度上造成对儿童的保护停留于表面化的状况，相关儿童保护工作人员大都未经专业培训，缺乏相关的专业技术和知识、方法，尽管他们依靠热情和普适情理开展工作和服务，但对儿童所处困境和问题需求无法做到科学、规范以及有针对性的调查和评估，也无法从专业儿童保护视角去协调整合家庭、学校和社会资源，因而在开展工作中也无法以专业的方法满足儿童生存和健康等方面的需求，甚至还会出现工作重复、遗漏等现象，很难从根本上促进儿童保护工作的开展。

**儿童保护的社会参与机制缺乏**

首先，我国目前儿童保护工作的实施主体主要是民政部附属的儿童保护机构，社会组织建立的儿童保护机构少之又少，况且社会组织在儿童保护工作中发挥作用的空间有限，群众对社会组织的关注度和认可度还不是很高。政策法规并没有给予社会力量足够的空间和相应的支持，缺乏配套的、具有可操作性和实施性的政策措施，缺乏设施、资金、人力、场地等的支持，缺乏政府和社会力量互动合作的渠道。因政策没有明确，社会力量怕越雷池一步，在儿童保护这一领域显得心有余而力不足。这样既造成了公办机构的膨胀，又使得儿童保护工作无法充分调动社会民间机构的力量，无法使社会资源和政府资源得到有效整合。

其次，社会化监督、保障机制缺乏。在相关儿童保护体制的执行过程中，社会力量或缺乏监督与举报意识，或不了解相关监督举报手段和途径，很难在儿童保护工作中发挥应有的作用，许多无法被媒体曝光的侵害儿童事件隐藏在公众视线之外，无法得到社会的关注，这样既对受侵害儿童造成了身心伤害，也使一些不法分子存有不轨心理，类似案件不断发生。

最后，社会防御和服务体系亟待完善。儿童生长环境的安全健康，需要一整套社会防御和服务体系作为保障，对于诸如儿童意外伤害这样的问题，只要社会各界稍微予以重视就可以防止其发生。对于诸如毒品伤害、贩卖儿童等应当予以严厉打击的违法犯罪行为，如果没有系统的社会预警系统，则无法从预防着手，保护儿童免遭这些行为的侵害。例如，流浪儿童、逃学或离家出走这些处于边缘地带的儿童，极易受到社会不安全因素的侵害（王雪梅，2006）。

## 11.2　儿童保护与发展：福利政策探析

针对处于困境的高风险儿童群体，法律法规的健全至关重要。这一节将重点梳理针对留守儿童、流动儿童、残障儿童、流浪儿童以及受虐待侵害儿童的法律法规。同时，还将梳理国外有关儿童保护领域的政策措施，包括日本、美国、加拿大和俄罗斯等几个主要国家在儿童保护领域方面的基本国策和基本法律或者政策规范，以期能够为我国儿童保护政策的完善提供借鉴意义。

为了有效保护儿童权利和提高儿童福利，美国已经建立起一套完整的儿童保护制度。作为英美法系中儿童保护的代表性制度，它也经历了萌芽、发展与完善的过程。笔者以保护主体不同时期的角色承担及儿童保护制度的历史演变为依据，现将美国儿童保护的历史划分为四个主要阶段：第一个阶段是儿童保护制度的萌芽时期，这一时期从无到有，出现零星的、非系统性的儿童保护制度和措施；第二个阶段是儿童保护制度的形成阶段，民间组织承担主要保护角色，儿童特殊保护的制度在部分领域出现；第三个阶段是儿童保护制度的过渡时期，政府角色逐渐提升，民间组织角色逐渐下降；第四个阶段是儿童保护制度的现代化时期，政府成为儿童保护责任的主要承担者，儿童保护制度的体系形成并得以完善（杨志超，2014）。

特别是在受虐待儿童的保护方面，美国积累了较多经验。自 20 世纪 60 年代的一篇受虐待儿童综合症状的论文出版开始，虐待儿童的案件开始引发美国社会广泛的社会关注。1963～1967 年，美国建立了虐待儿童的强制举报制度。这一制度推动了美国社会对于受虐待儿童大范围的报告和报道，仅 1974 年，全美的虐待儿童案件举报就多达 6 万件。全社会对于受虐待儿童保护问题的关注推动了美国的儿童保护立法。1974 年，美国通过《儿童虐待预防和处理法案》。防治法案采取的主要保护措施是将儿童强制带离家庭，使其接受寄养照料安置，但将儿童与原生家庭分离给儿童的成长和发展带来诸多不利的影响。1980 年美国又通过《收养援助与儿童福利法案》，这一法案的出台体现了美国在儿童保护理念上的重要转变，从过去强调带走儿童到维系原生家庭的服务，强调通过家庭服务将儿童保留在原生家庭中。1997 年出台的《收养与家庭安全法案》又进一步明确了家庭的服务与保护儿童权益要达到平衡状态。一方面，需要继续服务家庭，增强家庭照顾和抚育儿童的能力，减少儿童暴力和侵犯事件；另一方面，需要评估家庭照顾儿童的能力以及潜在的对儿童的伤害行为，确保儿童的权益不会再次受到伤害。总体而言，美国通过立法明确了国家对于儿童的亲权责任，奠定了国家亲权的基本理念，即国家和政府对于儿童的发展和成长应当承担保护的责任。另外，美国在儿童保护方面也建立了一套较为成熟的工作流程。例如，美国政府设有专门的儿童与家庭服务署，并在该署下设立专门的儿童青少年管理局，儿童青少年管理局又设有儿童处，负责儿童的安全和保护工作。美国各州和地方政府都设有各自的儿童保护服务部（Child Protective Services，CPS），该部门有明确的责任，对于虐待儿童的案件要做出明确回应，包括开展儿童虐待和保护权益受侵害案件的调查、评估、儿童后期的安置、提起诉讼、家庭服务与维系等工作。CPS 作为各州和政府的公职政府机构，在儿童保护方面发挥了重要作用。

日本的儿童保护制度始于二战时期，在这期间制定了《救护法》《少年保护法》等。1947 年日本政府正式颁布了第一部针对儿童的基本法——《儿童福利法》，在这部法律中明确了保护儿童权利的要求，确定了相关主体的职责所在。随着社会状态的变化，日本随后出台了《育儿、照护休假法》，2000 年颁布了专门的《儿童虐待防止法》（李昕益，2018）。经过长时间的发展与修订，日本现行儿童保护制度有以下特点：①立法较完善，通过不断完善法律以适应不同时期的社会发展现状；②行政层面较完善，日本逐渐构建起了对受虐儿童进行保护、援助等较为集中的行政保护体系，此外，根据《儿童福利法》规定，在各地区必须设置儿童咨询所、儿童委员会、福利事务所等专门性的儿童保护机构。

加拿大的儿童保护制度大致经历了萌芽、形成、发展和现代化四个历史阶段（杨志超，2017）。在萌芽时期，儿童保护政策的制定是以社会为中心，更多的是为消除社会的不安定因素，而并非完全出于对儿童的保护。在形成时期，加拿大儿童保护事业取得了快速发展，儿童保护的专业性社会组织开始出现并获得政府儿童保护法案的官方授权，专业性社会组织承担着主要的保护责任，政府很少介入儿童保护事务，这成为加拿大儿童保护工作的转折点。在发展时期，政府逐渐代替社会组织承担了儿童保护的主要责任，并将儿童保护服务作为独立的事项从教会机构中分离出去。在现代化时期，加拿大儿童保护制度逐渐走向成熟，"最佳利益原则"成为加拿大儿童保护立法和司法的指导性原则，成为政府介入家庭问题的主要依据。同时加拿大引入儿童保护强制报告制度，将发现受虐儿童作为儿童保护的重要手段，这与美国的儿童强制报告制度类似。在演进过程中，尽管每一阶段的制度更新存在明显差异，但发展的基本导向主要以国家亲权主义为基本理念、以儿童最佳利益为基本原则、以责任主体的多重性为基本趋势并以儿童人权的保护为基本特征。正是这些共通性的存在，决定了加拿大儿童保护制度的发展方向必然有利于儿童权利的进一步实现。

俄罗斯针对儿童的保护措施名目繁多，关注解决儿童和有子女家庭福利的立法问题，根据国际公约和宪法要求满足对社会保障福利的需求。不同于美国、加拿大和日本对于受虐待儿童问题的高度关注，俄罗斯更多地关注困境儿童生活保护以及残障儿童保护，也在以上领域的立法居多。儿童的健康状态受到生活条件和生活方式的影响，包括经济社会和学校因素、食品质量、儿童的生活困境、酗酒吸毒、年幼的少女犯罪等。在过去的 20 年中，俄罗斯制定的多份官方文件总结了儿童和多子女家庭的贫困、生育率下降、家长和儿童健康状况不佳的原因，提出了多项具体的措施。一方面，俄罗斯更加注重前端干预，为儿童的成长提前进行保护，从怀孕妇女开始进行相应的劳动保护和保障。按照俄罗斯联邦劳动法的规定，女性照顾孩子的假期可持续到孩子三岁，工作单位给予妇女有效的劳动保护，社会保障主管部门为孕妇提供必要的社会服务。另一方面，俄罗斯的政策侧重于对困境儿童的生活保护。2012 年 5 月 7 日第 606 号总统令发布的《关于采取措施落实俄罗斯联邦人口政策》规定，向第三个孩子或者最后一个孩子出生在 2012 年 12 月 31 日之后的多子女家庭提供新的财政帮助，按照儿童的地区性最低生活标准支付每月家庭津贴，直到孩子三岁为止（许艳丽，2017）。除此之外，还有较多针对儿童接触不良信息方面的保护措施。

表 11 - 1 呈现了各国儿童保护领域较为重要的历史性的法律和政策文件。

### 表 11 - 1　国外儿童保护法律一览

| 颁布国家 | 颁布时间 | 法律名称 | 核心内容 | 目标群体 |
|---|---|---|---|---|
| 美国 | 1963 年 | 《社会保障法修正案》 | 加强对困难儿童家庭的援助 | 困境儿童 |
| | 1974 年 | 《儿童虐待预防和处理法案》 | 明确虐待定义，要求与儿童密切接触的人员有责任向有关机关举报虐待儿童行为 | 受虐待儿童 |
| | 1974 年 | 《儿童虐待和疏忽报告法》 | 为各州的儿童福利法设置了模式标准，要求进行儿童虐待事件的报告与调查 | 受虐待儿童 |
| | 1997 年 | 《收养与安全家庭法案》 | 减少家外安置，保障儿童回归家庭 | 流浪儿童 |
| | 2004 年 | 《残疾人教育水平改善法》 | 保障残疾儿童拥有平等的受教育机会 | 残障儿童 |
| 日本 | 1946 年 | 《有关实施流浪儿童及其他儿童保护的紧急措施》 | 明确儿童权利保障的基本理念，加强对流浪儿童的救助保护 | 流浪儿童及其他儿童 |
| | 1997 年 | 《儿童福利法》 | 明确保护儿童权利的要求，确定了相关主体的职责所在 | 所有儿童 |
| | 2000 年 | 《儿童虐待防止法》 | 相关群众在发现儿童受到虐待时，必须及时向儿童咨询所通报 | 受虐待儿童 |
| | 2003 年 | 《少子化社会对策基本法》 | 明确父母及其他保护人是培育子女的最主要的责任人 | 所有儿童 |
| | 2005 年 | 《培育下一代支援对策促进法》 | 明确儿童的养育和保护的首要责任主体是父母和家庭 | 所有儿童 |
| 俄罗斯 | 1995 年 | 《关于俄罗斯联邦的残疾人社会保护》 | 社会团体组成和运行的目的是保护残疾人的合法权益和利益，特别是对残疾儿童的社会保护 | 残疾儿童 |
| | 1998 年 | 《关于儿童基本权利保护法》 | 国家机关有义务采取措施保护少年儿童免受色情信息影响，免受残暴、吸毒、反社会等行为的影响 | 所有儿童 |
| | 1999 年 | 《关于强制性基本社会保险法》 | 规定被保险人照顾幼儿到一岁半的时间为保险事项 | |
| | 2012 年 | 《关于采取措施落实俄罗斯联邦人口政策》 | 按照儿童的地区性最低生活标准支付每月家庭津贴，直到孩子三岁为止 | 多子女家庭 |
| | 2012 年 | 《防止儿童接触有害其健康和发展的信息法》 | 保护儿童免受网络不良信息的影响 | 所有儿童 |

续表

| 颁布国家 | 颁布时间 | 法律名称 | 核心内容 | 目标群体 |
|---|---|---|---|---|
| 加拿大 | 1893 年 | 《儿童虐待预防与更好保护法案》 | 保护儿童免受虐待侵害 | 所有儿童 |
| | 1965 年 | 《儿童福利法修正案》 | 继续明确儿童保护过程中政府承担主要责任；引入儿童保护强制报告制度，将发现受虐儿童作为儿童保护的重要手段 | 受虐待儿童 |
| | 1984 年 | 《儿童和家庭服务法》 | 依据最佳利益原则保证儿童和寄养家庭之间稳定的关系 | 受虐待儿童 |

### 国内政策：留守儿童保护政策的演变与发展

目前，我国留守儿童的大量存在凸显了社会转型期农村社会变迁的客观现实，留守儿童问题给人们带来酸楚与阵痛的同时，也把如何消除城乡二元壁垒、促进社会公平正义等有关政策议题纳入公众的视野与行动范围。无论是从留守儿童的巨大数量、规模这一外在表象看，还是从城乡发展不均衡下农村劳动力迁移这一留守儿童问题产生的内在原因看，农村留守儿童问题的解决既是一个长期性、复杂性、艰巨性的系统工程，也是一个异常重要的社会政策问题（程志超、张涛，2016）。随着留守儿童问题的不断演变，留守儿童保护政策被不断调整和改进。

首先，针对留守儿童群体的保护，目前多数政策以聚焦儿童的教育为主，从改善物质到关注精神。从 2006 年提出"输出的政府要解决好农民工托留在农村子女的教育问题"到现在，政府及教育部门对留守儿童教育问题的关注不仅仅在于教育条件、教育公平上，更注重"以儿童为本"。

最初进入公众视野的留守儿童问题是儿童物质条件的匮乏问题。2013年之前，教育部为此投入大量的人力物力来满足"留守儿童学生的寄宿需求"。但是经济条件的改善并没有解决留守儿童的所有问题，有些问题甚至愈演愈烈，这使人们开始关注留守儿童的"精神需求"。例如，2006 年 3 号文件中指出"针对农村留守儿童的实际，开设生存教育、安全与法制教育、心理健康教育等方面的课程"。全国各地在关注留守儿童的精神需求上也做法不一。例如，共青团四川省委推行"童伴计划"，为每一位留守儿童安排一位"童伴妈妈"，中山大学面向留守儿童开展"蓝信封书信陪伴"，为他们提供倾诉情感的渠道。

其次，针对留守儿童面临的发展难题，政策的导向是促进家庭的回归，从"送出去"到"请回来"。虽然对留守儿童的保护是政府主导、社会参与的"全民运动"，但是大量的实地调研结果显示，大部分留守儿童问题主要来源于家庭。因此，从源头上减少留守儿童现象是解决该问题的最佳办法。政府在政策保障方面，更多地强调父母和孩子团聚，加强监护人对儿童的监护责任，逐步强化家庭监护的主体责任。

解决好留守儿童问题是全面建成小康社会的需要。在留守儿童保护政策制定过程中务必要找准城乡均衡发展的定位，聚焦政策指向区域的民俗风情、地域文化、经济状况、留守儿童群体数量等因素，使政策能够落地，深入人心（陆红芬、吴佳璐，2018）。表 11 - 2 呈现了我国现有的政策文本中针对留守儿童群体的保护类政策。

**表 11 - 2　我国留守儿童保护类政策文件一览**

| 文件发布时间 | 文件名 | 发布部门 |
| --- | --- | --- |
| 2004 年 | 《关于加强农村外出务工农民子女教育和管理的若干意见》 | 湖北省教育厅 |
| 2006 年 | 《成都市人民政府办公厅关于加强农村留守儿童管理服务工作的实施意见》 | 成都市人民政府办公厅 |
| 2006 年 | 《关于进一步做好我区农民工子女义务教育工作的若干意见》 | 广西壮族自治区 |
| 2006 年 3 月 27 日 | 《国务院关于解决农民工问题的若干意见》 | 国务院 |
| 2006 年 5 月 17 日 | 《教育部关于教育系统贯彻落实〈国务院关于解决农民工问题的若干意见〉的实施意见》 | 教育部 |
| 2006 年 7 月 17 日 | 《关于大力开展关爱农村留守儿童行动的意见》 | 全国妇联 |
| 2006 年 12 月 29 日 | 《人口发展"十一五"和 2020 年规划》 | 中共中央国务院 |
| 2007 年 5 月 14 日 | 《关于开展"共享蓝天"全国关爱农村留守流动儿童大行动的通知》 | 全国妇联等 13 部委 |
| 2007 年 7 月 20 日 | 《关于贯彻落实中央指示精神积极开展关爱农村留守流动儿童工作的通知》 | 中组部等 6 部委 |
| 2011 年 7 月 30 日 | 《中国儿童发展规划纲要（2011—2020 年)》 | 国务院 |
| 2011 年 11 月 21 日 | 《关于开展全国农村留守流动儿童关爱服务体系试点工作的通知》 | 全国妇联等 4 部委 |
| 2012 年 9 月 5 日 | 《关于深入推进义务教育均衡发展的意见》 | 国务院 |

| 文件发布时间 | 文件名 | 发布部门 |
|---|---|---|
| 2013 年 1 月 4 日 | 《关于加强义务教育阶段农村留守儿童关爱和教育工作的意见》 | 教育部等 5 部委 |
| 2014 年 9 月 12 日 | 《国务院关于进一步做好为农民工服务工作的意见》 | 国务院 |
| 2016 年 2 月 4 日 | 《国务院关于加强农村留守儿童关爱保护工作的意见》 | 国务院 |

### 我国流动儿童保护政策的演变与发展

目前我国社会正处于快速转型时期，城市化进程加快，大量儿童跟随父母离开农村进入城市，构成了数量庞大的流动儿童群体。这一部分儿童面临的问题有健康问题、心理问题、卫生问题、家庭问题、就业问题等，但最重要的问题就是教育问题，他们往往不能享受与城市同龄儿童同等的受教育机会，而且由于父母日常工作奔波，无暇顾及其学习，家庭教育缺失，致使流动儿童学习成绩较差，失学率不断升高。因此，针对流动儿童的政策文本更多地强调流动儿童的基本教育权益的保护。

2001 年《关于基础教育改革与发展的决定》出台，强调了流动儿童的管理以流入地区政府管理为主，要求各地依法保障流动人口子女接受义务教育的权利。2002 年教育部召开全国工作会议，要求流入地政府要安排一部分城市教育费用于解决进城务工农民子女的教育问题。在这些政策和社会背景的作用下，各地政府相继调整政策内容，逐渐取消或降低借读费，以全日制公办中小学为主，采取多种形式解决流动儿童入学问题，逐渐降低流动儿童入学的门槛，部分城市儿童在政策层面能与户籍儿童享受到同等的受教育的权利（何玲、李兵，2007）。

在实际操作层面，我国政府出台了专门解决流动儿童问题的具有针对性的政策文件，如《流动儿童少年就学暂行办法》《特殊人群计划免疫工作管理方案》《关于进一步做好进城务工就业农民子女义务教育工作的意见》等，并在《做好农民进城务工就业管理和服务工作通知》《关于将农民工管理等有关经费纳入财政预算支出范围有关问题的通知》和《国务院关于解决农民工问题的若干意见》中专门提及农民工子女问题。这些政策文件的出台，充分体现了我国政府对于流动儿童，尤其是农民工子女的关注，在一定程度上保护了其合法权益。

　　总体来看，我国流动儿童保护政策注重流动儿童基本权利的平等，在关注流动儿童健康状况的同时，更加关心与流动儿童生活息息相关的社会环境，构建儿童保护的社会支持网络，努力为流动儿童营造健康积极的成长环境。表11-3呈现了我国现有政策文件中对流动儿童的基本保护类政策。

表11-3　我国流动儿童保护类政策文件一览

| 文件发布时间 | 文件名 | 发布部门 |
| --- | --- | --- |
| 1993 年 | 《关于深圳经济特区中小学暂住户口学生入学有关问题的通知》 | 深圳市人民政府办公厅 |
| 1998 年 3 月 2 日 | 《流动儿童少年就学暂行办法》 | 教育部、公安部 |
| 1998 年 | 《全国特殊人群计划免疫工作管理方案》 | 国家卫计委 |
| 2001 年 10 月 | 《关于推进小城镇户籍管理制度改革的意见》 | 国务院 |
| 2002 年 4 月 3 日 | 《北京市对流动人口中适龄儿童少年实施义务教育的暂行办法》 | 北京市人民政府办公厅 |
| 2003 年 1 月 21 日 | 《国务院办公厅关于做好农民进城务工就业管理和服务工作的通知》 | 国务院办公厅 |
| 2004 年 9 月 4 日 | 《进城务工农民子女就学扶助专项工作方案》 | 辽宁省教育厅、财政厅 |
| 2004 年 8 月 10 日 | 《关于无锡市区进城务工就业流动人口子女接受义务教育的若干意见》 | 无锡市人民政府办公厅 |
| 2005 年 11 月 21 日 | 《青海省流动儿童免疫规划管理办法》 | 省卫生厅、公安厅、教育厅、妇联和计生委五部门 |
| 2006 年 7 月 12 日 | 《北京市人民政府办公厅关于进一步加强未经批准流动人员自办学校安全工作的通知》 | 北京市人民政府办公厅 |
| 2014 年 3 月 16 日 | 《国家新型城镇化规划（2014-2020 年）》 | 中共中央国务院 |
| 2015 年 11 月 25 日 | 《关于进一步完善城乡义务教育经费保障机制的通知》 | 国务院 |
| 2016 年 11 月 14 日 | 《流动人口健康教育和促进行动计划（2016—2020 年）》 | 国家卫计委办公厅 |

**我国残障儿童保护政策的演变与发展**

　　残障儿童是我国弱势群体中的弱势群体，这一群体大多在身体健康方面或智力方面存在缺陷，它们面临的问题主要有基本生活保障问题、受教育问题、医疗康复问题和权益保护问题等。为有效解决这些问题，国家和政府高度重视残障儿童在生活、教育、医疗、社会参与等方面的需求，并给予强有力的支持与保障，确保残障儿童各项权益的有效落实。目前，我国已形成以残障儿童医疗康复和教育保障为主的两大保护体系（赵川芳，2015）。

针对医疗康复问题，我国残障儿童医疗康复体系正朝着社会化、专业化和制度化方向发展，逐渐形成以社区康复为基础、残疾人家庭为依托、康复机构为骨干的医疗康复保护体系，广泛整合和利用社会资源和民族间组织力量，不断健全和完善残障儿童的社会保障体系，使残障儿童的社会参与、文化生活等权利逐步得到落实。《中共中央国务院关于促进残疾人事业发展的意见》明确要求，完善社会化医疗康复服务网络，逐步实现残障儿童医疗康复网络的全覆盖。以专业康复机构为骨干、社区为基础、家庭为依托，发挥医疗机构、城市社区卫生服务中心、村卫生室、特教机构、残疾人集中就业单位、残疾人福利机构等的作用，形成社会化的残疾人康复服务体系，全面开展康复医疗、功能训练、辅助器具适配、心理辅导、康复转介、残疾预防、知识普及和咨询等康复服务。另外，国家和各地方政府出台一系列政策文件维护残障儿童的各项福利需求，同时也越来越重视残障预防这一问题，积极倡导建立残障儿童家庭社会支持体系，宣传残疾预防和早期康复知识，普及残障儿童预防保护理念，使残障儿童家庭成员意识到早期预防和干预对孩子健康成长的重要意义。

针对教育保障问题，我国逐步健全特殊教育和全纳教育相结合的教育保护体系。从《宪法》《义务教育法》《残疾人保障法》《残疾人教育条例》到《教育基本法》，主要强调对残障儿童教育的关怀，并对残障儿童教育保障工作做了相关法律规定。同时，国家也不断加大对残障儿童教育的资金和特殊学校教育经费保障，继续推进随班就读工作，残障儿童的受教育权得到了有效保障。

另外，我国残障儿童保护政策的覆盖群体逐渐向低龄群体延伸，对残障儿童的教育方式以儿童的残障类别和接受能力为依据，教育内容也由基础的康复训练教育向心理健康教育、职业技能训练等方面扩展。从对残障儿童特殊教育的普遍规定到不同类型的残障儿童的教育保障政策，表明我国残障儿童教育保障体系正在发展与完善。表11-4梳理了残障儿童保护领域的基本政策。

表 11 – 4　我国残障儿童保护类政策文件一览

| 文件发布时间 | 文件名称 | 发布部门 |
|---|---|---|
| 1985 年 5 月 27 日 | 《中共中央关于教育体制改革的决定》 | 中共中央 |
| 1988 年 9 月 3 日 | 《中国残疾人事业五年工作纲要（1988—1992 年)》 | 国家计委等 |
| 1989 年 5 月 4 日 | 《关于发展特殊教育的若干意见》 | 国家教委等 |
| 1990 年 12 月 28 日 | 《中华人民共和国残疾人保障法》 | 全国人大常委会 |
| 1994 年 8 月 23 日 | 《残疾人教育条例》 | 国务院 |
| 1994 年 7 月 21 日 | 《关于开展残疾儿童少年随班就读工作的试行办法》 | 国家教委 |
| 1996 年 5 月 9 日 | 《残疾儿童少年义务教育"九五"实施方案》 | 国家教委、中国残疾人联合会 |
| 2002 年 7 月 1 日 | 《中国提高出生人口素质、减少出生缺陷和残疾行动计划（2002—2010 年)》 | 卫生部、中国残联 |
| 2002 年 8 月 | 《关于进一步加强残疾人康复工作的意见》 | 卫生部等 |
| 2006 年 1 月 21 日 | 《农村五保供养工作条例》 | 国务院 |
| 2008 年 3 月 28 日 | 《中共中央国务院关于促进残疾人事业发展的意见》 | 中共中央、国务院 |
| 2010 年 3 月 | 《关于加快推进残疾人社会保障体系和服务体系建设的指导意见》 | 中国残联等 |
| 2011 年 5 月 16 日 | 《中国残疾人事业"十二五"发展纲要》 | 国务院 |
| 2012 年 6 月 28 日 | 《无障碍环境建设条例》 | 国务院 |
| 2013 年 10 月 | 《0—6 岁儿童残疾筛查工作规范（试行）》 | 中国残联和国家卫计委 |
| 2014 年 7 月 | 《特殊教育提升计划（2014—2016 年）》 | 教育部等 |
| 2016 年 6 月 13 日 | 《国务院关于加强困境儿童保障工作的意见》 | 国务院 |
| 2017 年 5 月 1 日 | 《汕头市残联、汕头市妇联关于"守护天使"——关爱残障少年儿童单亲家庭的实施意见（暂行）》 | 汕头市残联、汕头市妇联 |

### 我国流浪儿童保护政策的演变与发展

在我国经济获得快速发展的同时，由于区域经济发展不平衡、贫富差距悬殊以及家庭和个人等因素，流浪儿童现象仍然存在，这一群体普遍面临生存环境差、心理健康出现偏差、社会地位低、合法权利得不到有效保障等问题，这些问题的存在严重影响儿童的健康成长。流浪儿童数量的迅速增长及其权益不断遭受侵害的状况，使得国家和政府高度重视儿童权益保护，为此，相关部门制定和实施了一系列保护流浪儿童的政策和措施，并且在保护的类型、内容、范围等方面都有所完善。表 11 - 5 呈现了流浪儿童保护方面的主要政策文件。

目前，流浪儿童保护政策正逐渐倾向于对流浪儿童全方位、系统化、人性化、专业化的保护，在满足流浪儿童基本生理需求的同时，更加注重对流浪儿童全身心地关怀和保护。在改善流浪儿童自身现状的同时，更加注重对儿童生活环境的改善，积极构建流浪儿童社会支持网络，整合家庭、学校、社区、政府、社会等多方力量，使其参与到流浪儿童的保护工作。

首先，针对流浪儿童的保护正从自由求助逐步发展至主动保护。近年来各地政府对于流浪儿童的保护，并未完全遵循《城市生活无着的流浪乞讨人员救助管理办法》倡导的"自愿救助"原则，至少在理念上大多普遍认同主动性救助，并在实际行动中通过开展外展服务，主动发现流浪儿童并进行保护。例如，2011 年，国务院办公厅《关于加强和改进流浪未成年人救助保护工作的意见》提出民政部门要积极开展对流浪儿童的主动保护，引导护送流浪未成年人到专业保护机构接受救助保护。2014 年颁布的《社会救助暂行办法》第五十一条规定"公安机关和其他有关行政机关的工作人员在执行公务时发现流浪、乞讨人员的，应当告知其向流浪儿童保护管理机构求助"。

其次，从人性化的角度出发，更加注重对流浪儿童的全身心关怀。在对流浪儿童的保护方式方法上，逐渐改变以往的单一行政式的保护，而是以流浪儿童的个性化问题及需求为依据制定相应的保护对策，不断完善政策内容和目标指向类型。另外，保护措施从保障流浪儿基本生活的救助性服务延伸至流浪儿童家庭寄养、文化教育、心理辅导、行为矫治、技能培训等保护性、关爱性、发展性的保护服务（赵川芳，2017）。例如，2014 年民政部印发《生活无着的流浪乞讨人员救助管理机构工作规程》，从流浪儿童接待、安检登记、生活服务、寻亲服务、医疗服务、接送返回等方面进行了规范，提出要进行保护性和关爱性的未成年人服务。表 11 - 5 呈现了流浪儿童方面的保护政策。

表 11-5　我国流浪儿童保护类政策文件一览

| 文件发布时间 | 文件名称 | 发布部门 |
|---|---|---|
| 1982 年 5 月 12 日 | 《城市流浪乞讨人员收容遣送办法》 | 国务院 |
| 1985 年 4 月 10 日 | 《中华人民共和国继承法》 | 全国人民代表大会 |
| 1991 年 12 月 29 日 | 《中华人民共和国收养法》 | 全国人大常委会 |
| 2003 年 7 月 21 日 | 《城市生活无着的流浪乞讨人员救助管理办法》 | 国务院 |
| 2006 年 7 月 24 日 | 《流浪未成年人救助保护机构基本规范》 | 民政部 |
| 2007 年 5 月 8 日 | 《"十一五"流浪未成年人救助保护体系建设规划》 | 民政部、国家发改委 |
| 2008 年 12 月 1 日 | 《流浪未成年人救助保护中心建设标准》 | 住房和城乡建设部等 |
| 2011 年 | 《关于在全国开展"接送流浪孩子回家"专项行动的通知》 | 民政部、中央综治办等 |
| 2011 年 8 月 15 日 | 《关于加强和改进流浪未成年人救助保护工作的意见》 | 国务院办公厅 |
| 2013 年 | 《关于在全国开展"流浪孩子回校园"专项行动的通知》 | 民政部等 |
| 2014 年 2 月 21 日 | 《社会救助暂行办法》 | 国务院 |
| 2015 年 8 月 20 日 | 《关于加强生活无着流浪乞讨人员身份查询和照料安置工作的意见》 | 民政部、公安部 |

## 我国受虐待儿童保护政策的演变与发展

近年来，我国虐待儿童事件频发，使得受虐待儿童保护法律政策的发展颇受关注。目前，我国已经建立了相对完善的保护儿童合法权益的法律体系。除了有《未成年人保护法》《预防未成年人犯罪法》和《义务教育法》这三部专门性儿童法律外，还有不少非专门性法律，比如《宪法》《民法》《婚姻法》《刑法》等，都在一定程度上规定了儿童虐待防治的内容。但是，目前我国针对儿童虐待防治的专门立法较少，缺乏系统、全面的儿童虐待防治法律，并缺乏强制性的儿童虐待报告制度。首先，为了有效解决受虐儿童问题，减少虐童事件的发生，国家和政府相关部门不断完善儿童保护制度，更新儿童保护立法理念，由最初的被动反应转为主动先发预防，防患于未然成为反儿童虐待的出发点。其次，制定专门针对儿童虐待的法律体系，使预防和惩戒虐待与忽视儿童行为具有可操作性。最后，借鉴强制报告制度，为最有可能接触儿童和发现儿童受虐的职业群体设置报告义务，并规定相应的罚则，以最大限度地防范虐待儿童事件的发生（杨志超，2014）。表 11-6 呈现了近年来我国针对受虐待儿童权益保护的基本法律文件。

**表 11-6 我国受虐待儿童保护类政策文件一览**

| 文件发布时间 | 文件名称 | 发布部门 |
|---|---|---|
| 1988 年 10 月 20 日 | 《北京市未成年人保护条例》 | 北京市人大常委会 |
| 1998 年 6 月 24 日 | "家庭暴力防治法" | 台湾相关行政主管部门 |
| 2009 年 5 月 27 日 | 《中华人民共和国未成年人保护法》办法 | 全国人大常委会 |
| 2000 年 3 月 24 日 | 《关于打击拐卖妇女儿童犯罪适用法律和政策有关问题的意见》 | 公安部 |
| 2005 年 11 月 26 日 | 《青海省预防和制止家庭暴力条例》 | 青海省人大常委会 |
| 2010 年 9 月 30 日 | 《浙江省预防和制止家庭暴力条例》 | 浙江省人大常委会 |
| 2015 年 1 月 23 日 | "儿童及少年福利与权益保障法" | 台湾相关行政主管部门 |
| 2015 年 8 月 29 日 | 《刑法修正案（九）》 | 全国人大常委会 |
| 2015 年 12 月 27 日 | 《反家庭暴力法》 | 全国人大常委会 |

### 我国相关儿童保护政策总述

综上所述，我国相关儿童保护方面的法律和措施不断完善，以"儿童利益最大化"为原则，对各类儿童尤其是弱势儿童的生存权、发展权、受教育权、参与权等权利的保护做出了细致入微的规定和强调。总体来看，我国儿童保护政策的演变和发展具有以下几个特点。①强化家庭主体责任，强调儿童的保护责任主体是父母和家庭，在对儿童的保护工作中注重维持其家庭环境的完整与良好，并尽量为儿童提供永久性的家庭安置，保障儿童利益最大化。②着力构筑"政府-社会-家庭"共同参与的多元化儿童保护机制。建构一个符合国情的、以政府与民间组织通力合作为主线的、全社会共同参与的儿童保护新模式，这是我国儿童保护工作的目标。③儿童保护政策的价值取向由补缺向增能转变，关注儿童自我发展的需求，增强儿童自我保护的意识和能力。④从政策目标来看，以个体儿童安全为中心，致力于儿童及家庭福祉的提升，努力为儿童营造健康、温馨的成长环境。表 11-7 从全面立法保护、家庭保护、学校保护、社会保护和司法保护五个领域呈现儿童保护政策。

表 11 - 7　我国儿童保护类法律政策体系

| 保护事项 | 法律名称 | 颁布机关（时间） | 核心内容 | 目标群体 |
|---|---|---|---|---|
| 全面立法保护 | 《预防未成年人犯罪法》 | 全国人大常委会（1999） | 预防未成年人犯罪 | 未成年人 |
| | 《宪法修正案》 | 全国人大（2004） | 国家尊重和保障人权 | 公民 |
| | 《未成年人保护法》（修订） | 全国人大常委会（2006） | 未成年人享有生存权、发展权、受保护权和参与权等权利 | 未成年人 |
| | 《义务教育法》（修订） | 全国人大常委会（2006） | 义务教育是国家必须予以保障的公益性事业；实施义务教育，不收学费、杂费 | 适龄儿童少年 |
| | 《残疾人保障法》（修订） | 全国人大常委会（2008） | 保障残疾儿童、少年以及贫困残疾人家庭学生接受义务教育 | 残疾儿童少年 |
| 家庭保护 | 《民法通则》 | 全国人大（1986） | 监护人应履行相应的监护职责 | 未成年人 |
| | 《学校卫生工作条例》 | 国家教委等（1990） | 学校卫生工作的主要任务是监测学生健康状况 | 学生 |
| | 《妇女权益保障法》 | 全国人大（1992） | 禁止溺、弃、残害女婴 | 女婴 |
| 学校保护 | 《关于开展残疾儿童少年随班就读工作的试行办法》 | 国家教委等（1994） | 随班就读是普及残疾儿童少年义务教育的主要办学形式 | 残疾儿童 |
| | 《流动儿童少年就学暂行办法》 | 国家教委等（1998） | 保障流动儿童少年依法接受义务教育 | 流动儿童 |
| | 《学生伤害事故处理办法》 | 教育部（2002） | 预防和处理在校学生伤害事故 | 学生 |
| | 《疫苗流通和预防接种管理条例》 | 国务院（2005） | 保证未成年人及时接种疫苗 | 未成年人 |
| | 《中小学幼儿园安全管理办法》 | 教育部等（2006） | 保障学生的人身、财产安全 | 中小学生、幼儿园幼儿 |
| | 《侵权责任法》 | 全国人大常委会（2009） | 学校对未成年人具有教育、管理职责 | 未成年人 |
| | 《托儿所幼儿园卫生保健管理办法》 | 卫生部等（2010） | 提高托幼机构卫生保健工作水平，保障儿童身心健康 | 0～6岁儿童 |
| | 《校车安全管理条例》 | 国务院（2012） | 保障乘坐校车学生的人身安全 | 义务教育学生 |

续表

| 保护事项 | 法律名称 | 颁布机关（时间） | 核心内容 | 目标群体 |
|---|---|---|---|---|
| 社会保护 | 《未成年工特殊保护规定》 | 劳动部（1995） | 保护未成年工在劳动中的健康 | 未成年工 |
| | 《禁止使用童工规定》 | 国务院（2002） | 促进义务教育制度的实施 | 儿童 |
| | 《家庭寄养管理暂行办法》 | 民政部（2003） | 家庭寄养应当有利于被寄养儿童的抚育、成长 | 儿童 |
| | 《城市生活无着的流浪乞讨人员救助管理办法》 | 国务院（2003） | 救助站对受助的残疾人、未成年人应当给予照顾 | 未成年人 |
| | 《儿童玩具召回管理规定》 | 国家质检总局（2007） | 消除儿童玩具缺陷可能导致的损害，保障儿童健康和安全 | 儿童 |
| | 《流浪未成年人需求和家庭监护情况评估规范》 | 民政部（2012） | 为流浪未成年人的救助保护提供多元化服务建议，预防未成年人多次流浪 | 流浪未成年人 |
| 司法保护 | 《刑法》 | 全国人大（1979） | 已满14岁不满18岁的人犯罪应当从轻或者减轻处罚 | 未成年人 |
| | 《人民检察院办理未成年人刑事案件的规定》（修订） | 最高人民检察院（2006/2013） | 切实保障未成年犯罪嫌疑人、被告人及未成年犯的合法权益 | 未成年犯罪嫌疑人、未成年犯 |
| | 《刑事诉讼法》（修订） | 全国人大（2012） | 尊重和保障人权；未成年人刑事案件诉讼适用特别程序 | 未成年人 |
| | 《关于依法惩治性侵害未成年人犯罪的意见》 | 最高人民法院等（2013） | 依法严惩性侵害未成年人犯罪；对未成年被害人和未成年犯罪嫌疑人、被告人实行双向保护 | 未成年被害人和未成年犯罪嫌疑人、被告人 |

## 11.3　儿童保护与发展：服务模式探析

目前，我国儿童保护工作还存在以下问题，包括儿童保护的理念相对滞后，保护的形式相对单一、水平较低，儿童保护的法律条例不够完善，社会力量参与不足，专职和专业人才缺位等，亟待社会工作者为困境儿童及其家庭提供专业服务，从社会工作的专业角度建立和健全儿童保护服务机制。社会工作介入儿童保护工作，其所扮演的角色和发挥的作用主要表现为以下几点。

（1）社会工作为儿童保护部门起到补充服务作用。社会工作作为助人自助的专业，在提供具体的干预服务方面具有优势。国家的法律和政策为儿童保护工作奠定了基础，但具体的环节则需要社会工作的专业服务进行有效补充。例如，美国政府成立的儿童保护服务部门为受虐待儿童的权益保护提供了专业化服务，尤其在儿童虐待高风险家庭的调查评估、儿童虐待的安置服务、儿童所在家庭的维系等方面都注重社会工作者的专业力量。

（2）社会工作能够补充政府和市场服务的不足部分。社会工作者致力于帮助受助儿童及其家庭了解相关保护及福利政策，依政策寻求政府的支援与帮助，能够发现政府暂时还没有关注到的特殊儿童群体或者困境边缘儿童群体，并为政策体系尚未关注到的边缘儿童群体的福祉进行相应的政策倡导，也可以通过链接志愿者或相关慈善资源帮助儿童寻求更加全面的服务，弥补政府或者市场化服务的缺失或者不足。

（3）提供更加个性化、专业化服务，有效关注儿童的需求与潜能。社会工作者具有服务的技巧和方法，能够为个体提供专业化和个性化的服务。在儿童保护方面，可以借鉴美国的经验，为不同风险的家庭提供个别化和专门化的服务，并为不同家庭制订专门的服务计划和干预方案。例如，针对高风险家庭，美国的做法是尽量将儿童安置它处，但对于专业评估后较少发生虐待的低风险或者中度风险家庭，则通常会提供专业的家庭改善服务，例如增强父母行为的训练服务、减少虐待和忽视的服务、提供行为矫正训练服务、培训父母关系和父母养育技能的专业服务等。这些服务不仅关注儿童与父母之间的互动行为，还同时关注家庭关系的和睦和关系的调适，并通过将家庭风险等级进行区分的方式，找到不同家庭所需要的个别化服务，进行有效的干预，为儿童的发展创造更好的成长条件。

（4）补充事前干预不足的现状。社会工作除了关注事后的补救与改善服务，还要关注预防性工作，如婚前的辅导、亲子教育等支援性服务、家长教养能力训练等，以此来识别并减少儿童受侵害因素，优化儿童成长环境。

综上所述，社会工作介入儿童保护工作过程中需要注重服务对象需求的多元化，包括儿童的需求以及儿童所处家庭的需求和现状。除了保护儿童自身以外，与儿童生活密切相关的家庭和学校环境也是开展工作的切入点。社会工作通过专业服务既需要保障儿童的基本生活和生理健康，更要关注儿童的心理需求、个性潜能等的全身心发展，不仅要对受侵害儿童的合法权益予以保障，而且要在根源上预防儿童受侵害状况的发生。以下将结合一些案例，具体阐述介入儿童保护工作的服务模式。

**重新安置模式**

当发现儿童有遭受伤害的威胁时，及时向相关部门举报，然后相关部门调查评估该项举报内容，对当前儿童的处境和家庭状况进行准确评估。评估受助儿童是否适合家庭生活，针对不适合原生家庭生活的儿童群体启动相应的安置服务。如果儿童面临严重伤害或严重伤害的威胁，儿童保护部门工作人员可以不经父母的同意直接将儿童带离家庭，或者寻求警察帮助，向法院申请"临时监护命令"。如果儿童被裁决回归家庭，儿童保护部门的工作人员要定期访视，确定儿童安全。对被裁决临时安置的儿童一般会以家庭寄养的方式进行临时安置，寄养又分为临时寄养和永久寄养。寄养家庭可以是原生家庭的亲属家庭或者其他经过评估适合儿童生活的家庭。在对儿童进行临时安置期间，儿童保护部门的工作人员继续对儿童的家庭进行评估，并根据评估结果采取不同的措施（王芳丽，2014）。重新安置模式是避免儿童基本权益受到侵害尤其是遭受虐待或者家庭暴力的侵害。正如上文所述，美国、加拿大等发达国家有专门启动儿童安置服务的计划，特别是通过专业的服务评估，儿童已经不适合在原生家庭生活或者原生家庭存在较高暴力再发风险的情况。

**提升原生家庭服务模式**

原生家庭是指一个人出生之后被抚养的家庭环境，包括父母、子女或者祖父母三代。大多数情况下，部分家庭因贫困、单亲、酗酒、吸食毒品、犯罪、暴力以及入狱等因素家庭功能缺失，给儿童的成长和发展带来较多不稳定因素及消极影响，形成儿童发展较高风险家庭。在原生家庭期间，儿童的心理、性格等方面具有较强的可塑性，且容易受到外界因素的影响，父母关系、家庭习惯、家庭氛围等都会影响儿童的性格发展、心理成长以及言行举止（邓秋、杨雪，2017）。对于特殊儿童所在的家庭来说，家庭系统的发展会呈现不同一般家庭的态势，可能会长期停留在育儿期而停滞不前，父母对特殊儿童的照顾甚至可能延续一生。因此，原生家庭环境中的特殊儿童与家庭环境内部成员的互动是其发展社会能力、进行社会化的主要甚至唯一场所。而对此类特殊儿童的社会工作专业服务，尤其是个案服务，也主要在其家庭环境内进行，经常要通过对家庭环境的影响而发挥服务的功能（张帆，2012）。在服务原生家庭方面，社会工作介入的内容可以包括以下领域。

一方面，社会工作者帮助家庭成员形成良好的沟通与交往模式。家庭内部的相处方式和家庭氛围对儿童的人际交往、心理健康发展有着极大的影响。如果家庭成员之间关系融洽且能够与孩子建立平等的关系，进行有效的沟通，那么儿童就能够培养相对健全的心理与人格；相反，在不良环境的家庭中，儿童会被卷入父母的不良沟通模式和情感模式里，在持续的不良互动当中，孩子很难得到良好的自我分化，儿童的全面、健康发展受到影响（吴雨薇，2017）。因此，社会工作者介入儿童的原生家庭时，要运用家庭系统理论和互动理论的相关专业知识，对整个家庭环境系统的交往互动模式进行准确评估，教授家长有效沟通的技巧，积极促成家庭成员内部形成有效的沟通和交往方式。改变家长的养育观念，引导家长形成良好的养育态度和养育行为，对待孩子时有更多的温情互动和情感关怀，尊重儿童的独立性和想法，创设良好的沟通氛围以实现成员间的有效沟通和互动。社会工作者作为中间协调者介入受助儿童的原生家庭，与家庭成员建立互相信任的工作关系，观察父母对孩子的教育方式，并对家长予以必要的引导，促使家庭认识到良好的养育方式对儿童健康成长的关键性作用。不同的家庭在不同的阶段，其问题和需求是不一样的，在家庭教育服务中，社会工作者从专业角度出发，对每个家庭的问题状况进行科学化、专业化的评估和诊断，通过采取个别化的原则为不同类型家庭提供有针对性的家庭教育服务。可以适当对父母开展行为矫正训练，及时发现并矫正家长在教育孩子过程中存在的偏差行为，引导家长转变养育理念，对自己的教育模式进行改善，规范自己的言行，并主动与孩子建立平等、和谐的互动关系，为家庭教育的顺利开展奠定良好的基础。另外父母技能强化训练也很有必要，适当引导父母接受并掌握必要且有效的管理方式和教育方法，与孩子进行深入沟通，了解孩子内心的需求和意愿，根据孩子的特点因材施教。

另一方面，社会工作者需要为受助儿童进行生理康复和心理辅导服务，尤其对于有身心残障的儿童群体。康复是残疾人工作的重要内容，此处的生理康复主要是针对残疾儿童所开展的服务。残疾儿童的康复需求有很多，主要包括医疗服务与康复救助、功能训练、辅助器具配备、残疾儿童教育四个方面。为了更好地满足残疾儿童的康复需求，社会工作者在介入的过程中，应与相关医疗服务部门协调，注重残疾儿童的早期康复治疗，注重生理改善和心理改善服务同时进行，对受助儿童的生理、心理、认知和社会适应能力进行科学有效的评估，然后根据评估情况拟订个别化的康复计划，根据康复教育计划展开细化的康复教学活动，遵从儿童的生理发育、认知程度和行为特征，并开设相关课程作为康复支持（董府洋，2017）。此外，弱势儿童群体往往表现出自卑、孤独、抗拒等心理，被尊重的渴求和得不到承认的矛盾使其产生偏执和过重的心理防卫，这些偏差心理严重阻碍儿童的健康成长，因此需要对这类儿童开展具有针对性的心理咨询和辅导服务，从优势视角出发，尊重每一个儿童的个性差异，增强儿童自我发展的内生动力，促使儿童形成健康积极的心理状态。

**社区为本的介入模式**

社区为本的介入模式的特点在于坚持社会化的服务理念，更加注重社区作为生活共同体的基础性福利地位，具有创新理念、拓展受助儿童与其家庭的社会支持网络、发掘更多社会化资源等优势（方舒，2013）。社会工作者需要与多部门协同合作，构建综合型儿童保护网络。儿童保护网络的搭建可以从社区入手，以儿童生活的社区为基础建立相应的儿童保护机构或者服务网络，并在社区范围内开展儿童保护工作，适当时可以将社区作为扩展的机构，开展接受热线救助、对有需要的弱势儿童及时给予救助等服务。另外，为了儿童群体的利益最大化，也为了将所有儿童置于儿童保护的网络下，社区儿童保护服务不能仅限于受到侵害的儿童，还应该将服务"前移"，在儿童受伤害之前，开展预防干预服务。社区为本的介入模式注重提升居民的社区参与度。社区居民可以以签署契约的形式，明确提出当社工遇到需要帮助的个案时，社区居民及其他相关人士可以提供怎样的帮助，如捐赠现金、衣物或者提供其他服务等，鼓励社区居民以"个案助理"的身份与社工一起工作，提高社区居民的参与度（雷杰、邓云，2016）。"社区为本"的儿童保护服务模式是对本土化服务模式的延续和创新，该模式能够有效突破现实限制，推动我国儿童保护工作向前发展。下面将通过一个具体案例介绍社会工作者介入儿童保护服务的流程及服务内容。

**案例分析：以佛山市里水镇"事实孤儿"保护项目为例**

1. 个案背景

小雨（化名）今年9岁，由村居妇女主任转介，至今从未上过学。她现与母亲居住在村里的出租屋，其父下落不明。在转介至项目之前，小雨每天和母亲游荡于社区，靠向路人和商铺乞讨为生，两人基本过着食不果腹的生活。此外，母亲不断对小雨实施虐待，例如，经常在大街上打骂小雨，曾强迫小雨一次喝下6瓶牛奶，还试过用钥匙戳小雨的头部、用鞋子甩打她的脸，致使小雨身上出现了明显的伤痕。

2. 预估分析

（1）发展需求。A. 健康：小雨及其母亲无法维持最基本的生活需求；小雨的体重比同龄儿童偏瘦小，身体素质较差；生活卫生条件较差；经常遭到母亲的虐待，自身安全受到威胁，身心发展受到严重影响。B. 教育：小雨没有出生证和户口，以至于无法就读于任何学校。C. 自我照顾的技能：小雨有自己穿衣、洗漱的能力，但不懂如何煮食以及保持身体卫生。

（2）原因分析。A. 父母的能力：对小雨缺乏基本照顾的能力；小雨经常游荡于街头，无法确保自身的安全。B. 家庭、环境因素：家庭收入、住房情况欠佳；家庭的社会融合度低，缺乏社会资源的支持。

（3）案主优势。A. 小雨具备简单的自我照顾技能，面对不能妥善照顾自己的母亲，小雨很少抱怨；乖巧懂事，性格乐观开朗；有强烈的上学动机。B. 母亲内心对女儿还是关爱的，对项目社工的大多数建议也能接受。C. 社区中的居民对小雨的情况表现出关心，尤其当小雨没有食物时，邻居曾多次提供食物。当看到小雨被母亲打骂的时候，也会出面制止。

3. 介入策略

（1）从最基本的生活维持入手

当得知小雨和母亲被房东赶走后，社工马上联系承诺捐赠现金和生活用品的"聚爱社区联盟"成员，当天即获得资金为母女重新租房，避免她们流浪街头。第二天，社工为小雨提供了日常生活的必需品，保障小雨能正常生活。

（2）加强母亲的照顾能力，确保小雨的安全

在将各种捐赠物品转交给母亲之前，社工与母亲订立契约，说明获得捐赠的条件是：母亲必须立刻停止打骂小雨的行为，而且要为小雨提供稳

定的饮食和卫生照顾。同时，社工对母亲进行情绪辅导，避免她将自己的压力发泄在小雨身上。

（3）提高小雨的自我照顾技能和满足其教育需求

个案助理每周一次到访小雨的出租屋，一方面是为了陪伴小雨，监察她是否安全；另一方面是为了提高小雨的自我照顾技能。同时，社工引导小雨形成到社工站活动的习惯，目的之一是为了监察小雨健康、安全情况；另外也请个案助理教她写字、计算，为日后入学做准备。

（4）增强社会融入度和政策支持

在走访过程中，邻居承诺当知道小雨出现特殊情况的时候，会及时通知社工，必要时还会为小雨提供食物。小雨多次表达强烈的上学愿望。有联盟成员愿意资助小雨上民办学校，但因为户口问题而搁浅。项目社工联动镇社工委、妇联、教育局、小学、公安等部门召开个案会议，寻求解决方法。

该个案的典型性在于：第一，属于广东省首个由政府出资，向社会组织购买儿童保护服务的项目；第二，以"专业社工＋本土妇工"的合作方式，解决人才紧缺的困境；第三，整个项目由专业社工执行，体现社会工作介入儿童保护的本土化经验；第四，注重提高居民的社区参与度，使社区居民协助改变弱势儿童的处境。

**"专业社会工作＋行政社会工作"服务模式**

专业社会工作以利他主义为指导，以科学的知识为基础，运用科学的方法进行助人服务的活动。由于其专业价值观念和儿童保护理念与儿童保护体系的其他部门有很大差异，因此，在实际工作过程中，工作的方式方法和内容都有其自身的独特性，对其他儿童保护部门起到补充、协调作用，弥补行政社会工作所容易忽视的工作内容。专业社会工作秉持"助人自助"的理念，从优势视角、发展视角、人本视角出发，科学评估受助儿童的问题和需求，挖掘受助儿童求改变、求发展的自身潜能，并整合一切资源构建起儿童保护的社会支持网络，以儿童利益最大化为原则，解决受助儿童自身面临的问题，改善受助儿童周围环境，以实现儿童的全面发展。

行政性社会工作是由公职人员依照行政程序，妥善利用各种资源，实施社会政策，向有需要者提供社会服务的活动。因此在儿童保护工作中，行政社会工作的介入可以预先影响政策的制定，在儿童保护政策的制定过程中综合考虑政策的针对性和可操作性，将相关的儿童保护政策更加有效地转化为具体的儿童保护服务（杨瑛、张红，2014）。因此，创新"专业社会工作＋行政社会工作"的服务模式可以将一切有利于儿童保护工作的正式资源和非正式资源进行整合衔接，突破专职人员和专业人才不足的限制，以提高儿童保护工作的效率和质量。

# 参考文献

安蕾、张荣娟，2015，《幼儿家庭养育环境的城乡比较》，《中国儿童保健杂志》第 23 期。

安民兵、刘俊杰，2007，《浅谈社会工作在临终关怀团队中的角色》，《卫生软科学》第 4 期。

安秋玲，2012，《国外特殊儿童权益保护及其对我国青少年社会工作的启发》，《青少年犯罪问题》第 6 期。

白春玉、张迪、顾国家，2013，《流动儿童心理健康状况家庭环境影响因素分析》，《中国公共卫生》第 29 期。

蔡帆等，2016，《广州市儿童医疗保健体系现状分析》，《中国卫生产业》第 30 期。

蔡镜，2015，《城市留守儿童教育问题及对策研究——以成都市龙泉驿区某城镇中学为例》，硕士学位论文，四川师范大学。

曹能秀、冯钊，2006，《当前日本幼儿教育改革的新动向》，《幼儿教育·教育科学》第 2 期。

曹薇，2013，《罗杰流动儿童校园欺负行为、父母教养方式与心理健康的关系研究》，《贵州师范大学学报》（自然科学版）第 3 期。

常素英，2013，《改善儿童营养与健康》，《反贫困与儿童发展报告》，北京：中国发展研究基金会。

陈宝生，2018，《将提高学前教育师资准入门槛》，http://www.bnu1.org/news/ertong/4013.html，最后访问日期：2018 年 5 月 25 日。

陈斌斌、施泽艺，2017，《二胎家庭的父母养育》，《心理科学进展》第 25 期。

陈厚云、方明，2001，《美国重视发展学前教育及其启示》，《学前教育研究》第 2 期。

陈化，2009，《化解医患矛盾，构建和谐医患关系——以广州市为例》，《中国医学伦理学》第 3 期。

陈立中，2008，《收入，知识和健康的三类贫困测算与解析》，《改革》第 3 期。

陈丽平，2009，《儿童医疗保障需法律强制推行》，《法制日报》9 月 16 日。

陈琳、韩世范，2015，《生物－心理－社会医学模式的发展对护理学科建设的启示》，《全科护理》第 31 期。

陈青，2018，《游戏进医院消除儿童就医恐惧》，《文汇报》2 月 7 日。

陈欣欣、张林秀、罗斯高、史耀疆，2009，《父母外出与农村留守子女的学习表现——来自陕西省和宁夏回族自治区的调查》，《中国人口科学》第 5 期。

陈友华、施旖旎、季春梅，2017，《学区房的形成机制及其社会后果研究》，《学海》第 4 期。

陈在余，2009，《中国农村留守儿童营养与健康状况分析》，《中国人口科学》第 5 期。

程福财，2009，《我国流浪儿童救助政策：反思与重构》，《华东理工大学学报》（社会科学版）第 3 期。

程黎等，2007，《流动儿童校园人际关系及相关因素的研究》，《中国临床心理学杂志》第 15 期。

程若曦，2016，《社工介入流动婴幼儿早期教育的行动研究——以肖家河化区家访项目为例》，硕士学位论文，首都经济贸易大学。

程永波，2018，《建议加快特殊教育专项立法》，http：//epaper. rmzxb. com. cn/detail. aspx？id＝421775，最后访问日期：2018 年 5 月 25 日。

程志超、张涛，2016，《农村留守儿童权益保护政策研究》，《东岳论丛》第 2 期。

程志龙，2014，《我国幼儿教育面临的问题、成因和对策》，《学术界》第 5 期。

崔效辉、晏凤鸣，2013，《农村留守儿童现状及引入社工服务的必要性——基于苏北农村学龄儿童的对比研究》，《社会工作》第 4 期。

邓秋、杨雪，2017，《原生家庭对学生成长心理健康的影响》，《教育现代化》第 42 期。

邓曲恒，2010，《中国城镇地区的健康不平等及其分解》，《中国社会科学院研究生院学报》第 5 期。

邓锁，2017，《"海峡两岸儿童保护服务"专题研究》，《浙江工商大学学报》第 6 期。

丁蓓，2013，《我国义务教育督导评估政策的演变与走向》，《教育科学论坛》第 4 期。

丁杰、吴霓，2004，《农村留守儿童问题调研报告》，《教育研究》第 10 期。

丁盼盼，2012，《小议我国当前的儿童医疗保障体系》，《科技创业月刊》第 2 期。

董府洋，2017，《吉林省残疾儿童康复需求和康复服务研究》，硕士学位论文，吉林大学。

杜凤莲，2008，《家庭结构、儿童看护与女性劳动参与：来自中国非农村的证据》，《世界经济文汇》第 2 期。

杜丽静、冯丽娜，2017，《我国台湾地区 0～2 岁公共托育经验的借鉴》，《早期教育：教师版》第 12 期。

段成荣、吕利丹、郭静、王宗萍，2013，《我国农村留守儿童生存和发展基本状况——基于第六次人口普查数据的分析》，《人口学刊》第 3 期。

段成荣、杨炯，2008，《我国农村留守儿童状况研究》，《人口研究》第 3 期。

段成荣、周福林，2005，《我国留守儿童状况研究》，《人口研究》第 1 期。

段菲菲，2014，《城镇学龄前儿童社会医疗保险问题研究》，硕士学位论文，燕山大学。

方舒，2013，《社区为本的残疾人托养服务体系研究》，《残疾人研究》第 3 期。

封进、余央央，2007，《中国农村的收入差距与健康》，《经济研究》第 1 期。

冯丽娜，2016，《台湾托婴中心托育质量评鉴进展及评鉴指标研究》，《上海教育科研》第 10 期。

冯帅章、陈媛媛，2012，《学校类型与流动儿童教育 – 来自上海的经验证据》，《经济学季刊》第 11 期。

冯文，2012，《我国儿科医疗服务状况分析》，《中国医院》第 8 期。

冯文，2013，《我国儿童医院运行的问题与困境》，《中国医院》第 3 期。

冯晓霞、蔡迎旗，2007，《我国幼儿园教师队伍现状分析与政策建议》，《人民教育》第 11 期。

冯元，2012，《优势视角下流浪儿童救助模式创新与转型》，《宁夏社会科学》第 6 期。

冯元、彭华民，2014，《我国流浪儿童救助模式的转向研究——基于抗逆力理论的视角》，《江苏大学学报》（社会科学版）第 5 期。

冯忠良，2002，《教育心理学应向何方》，《当代教育论坛》第 11 期。

高万红、杨月明，2014，《优势视角下的农村留守儿童心理健康服务研究》，《儿童青少年与家庭社会工作评论》，第 2 期。

高文斌，2007，《中国农民工子女心理状况及心理干预研究》，第十一届全国心理学学术会议论文摘要集，中国心理学会。

顾和军、刘云平，2012，《母亲劳动供给行为与中国农村儿童健康》，《人口与经济》第 3 期。

顾和军、刘云平，2012，《中国农村儿童健康不平等及其影响因素研究——基于 CHNS 数据的经验研究》，《南方人口》第 1 期。

关荐、王志强，2011，《儿童福利机构中孤儿的心理健康状况》，《中国健康心理学杂志》第 3 期。

郭文圣，2018，《建立"普惠性"0-3 岁婴幼儿早教机构》，http://www.bnu1.org/news/ertong/4045.html，最后访问日期：2018 年 5 月 25 日。

郝红英，2008，《埃里克森人格发展理论对家庭人格教育的启示》，《阴山学刊》第 4 期。

何锋，2012，《英国、日本及中国台湾地区 0 岁-6 岁托幼一体化述评》，《早期教育》（教科研版）第 1 期。

何玲、李兵，2007，《中国流动儿童政策分析》，《人口研究杂志》第 2 期。

何媛、郝利鹏、2009，《我国当代 0~3 岁婴幼儿教育政策分析》，《广西师范大学学报》（哲学社会科学版）第 3 期。

和建花、蒋永萍，2008，《从支持妇女平衡家庭工作视角看中国托幼政策及现状》，《学前教育研究》第 8 期。

胡枫、李善同，2009，《父母外出务工对农村留守儿童教育的影响——基于 5 城市农民工调查的实证分析》，《管理世界》第 2 期。

胡洪强、索长清、陈旭远，2015，《日本"幼保一体化"的发展及其启示》，《基础教育》第 6 期。

胡岚、滕红红、雷淑清，2009，《探索我院门诊退号原因及防范》，《中国医学装备》第 3 期。

胡琳琳，2005，《我国与收入相关的健康不平等实证研究》，《卫生经济研究》第 12 期。

胡梅、杨思帆，2017，《美国有关特殊儿童教育补偿政策的文献综述》，《商丘师范学院学报》第 1 期。

胡晓莹，2014，《流动儿童心理健康、生活满意度、社会支持及其关系研究》，硕士学位论文，河北师范大学。

华南师范大学教育科学学院课题组，2015，《儿童家庭安全教育调查研究报告》。

黄慧敏等，2017，《"全面二孩"背景下儿童医疗保健及儿科医师队伍建设现状分析》，《江苏卫生事业管理》第 5 期。

黄建萍，2013，《儿科学新进展和发展方向》，《解放军医药杂志》第 2 期。

黄静潇，2005，《国外学前教育发展策略概览》，《教育导刊（幼儿教育）》第 2 期。

黄娟娟，2009，《师幼互动类型及成因的社会学分析研究——基于上海 50 所幼儿园活动中师幼互动的观察分析》，《教育研究》第 7 期。

黄志成，2003，《全纳教育展望——对全纳教育发展近 10 年的若干思考》，《全球教育展望》第 5 期。

黄志成，2004，《全纳教育、全纳学校、全纳社会》，《中国特殊教育》第 5 期。

霍翠芳，2013，《农村义务教育学校布局调整政策变迁与教育机会再分配》，博士学位论文，辽宁师范大学。

季庆英、陆杨、李娅茜等，2017，《中国本土化儿童临终关怀社会工作实务体系探索研究》，《重庆工商大学学报》（社会科学版）第 3 期。

江秀娜，2012，《社会排斥视角下社会工作介入特殊儿童教育——对 X 机构六名特殊儿童个案的分析》，《社会福利（理论版）》第 9 期。

姜华，2013，《医务社会工作专业现状及教学实践模块——以北京社会管理职业学院社工系为例》，《社会福利（理论版）》第 3 期。

姜雪，2016，《城镇儿童社会医疗保险问题研究——以通化市为例》，硕士学位论文，长春工业大学。

蒋平，2005，《农村留守儿童家庭教育基本缺失的问题和对策》，《甘肃农业》第 12 期。

解垩，2009，《城乡卫生医疗服务均等化研究》，博士学位论文，山东大学。

瞿瑛，2010，《义务教育均衡发展政策问题研究——教育公平的视角》，杭州：浙江大学出版社。

康丽颖，2016，《亲子共读：扭转幼教"唯知主义"倾向》，《中国教育报》8 月 28 日。

康小明，2013，《医生激励机制改革的路径依赖及重建》，《现代医院管理》第 3 期。

柯洋华，2017，《美国家庭福利政策的历史、原则和经验》，《社会政策研究》第 4 期。

乐章，2016，《社会救助学》，北京：北京大学出版社。

雷杜坚，2016，《流浪儿童保护特别程序研究》，《九江学院学报》（社会科学版）第 1 期。

雷杰、邓云，2016，《"社区为本"的儿童保护服务本土化模式创新——以佛山市里水镇"事实孤儿"保护项目为例》，《青年探索》第 3 期。

雷培梁，2016，《人的城镇化进程中的教育发展问题研究——福建省为例》，博士学位论文，福建师范大学。

李宝芳，2018，《平衡女性就业与生育实现育儿社会化支持》，《中国妇女报》4 月 22 日。

李承宗、周娓娓，2011，《流动儿童人格特征对心理健康的影响》，《中国健康心理学杂志》第 19 期。

李赐平，2005，《国外义务教育立法与我国〈义务教育法〉的完善》，《行政法学研究》第 3 期。

李怀玉，2009，《城市化进程中流动儿童心理健康问题探讨——来自河南省郑州市的调查与思考》，《中州学刊》第 5 期。

李惠斌、杨雪冬，2000，《社会资本与社会发展》，北京：社会科学文献出版社。

李慧英，2005，《瑞典妇女参政引发就业政策调整》，《中国党政干部论坛》

第 7 期。

李静丽、赵芳、甄天民等，2015，《山东省基层医疗机构儿科建设现状分析》，《卫生软科学》第 8 期。

李克建、胡碧颖，2012，《国际视野中的托幼机构教育质量评价——兼论我国托幼机构教育质量评价观的重构》，《比较教育研究》第 7 期。

李来友、彭力，2004，《大型综合医院康复医学模式的建设与发展》，《中国临床康复》第 31 期。

李沛霖、王晖、丁小平，2017，《对发达地区 0－3 岁儿童托育服务市场的调查与思考——以南京市为例》，《南方人口》第 32 期。

李强、臧文斌，2010，《父母外出对留守儿童健康的影响》，《经济学（季刊）》第 10 期。

李荣祁，2010，《单亲儿童心理问题及教育对策探讨》，《中国校外教育》第 4 期。

李盛、魏学玲、张玉琛、李志强、张蕊，2008，《兰州市永登县乡镇 2382 名小学生健康状况调查分析》，《中国初级卫生保健》第 22 期。

李昕益，2018，《刍议日本儿童保护制度对中国的启示》，《南方论刊》第 3 期。

李雅倩、李丹阳、刘博维，2015，《医务社工进驻医院的可行性分析及模式探索》，《管理观察》第 8 期。

李颖、楼春芳、朱莉琪，2016，《父母严苛养育与儿童情绪和行为问题的关系》，《学前教育研究》第 6 期。

李永连，1991，《日本战前社会教育事业发展述略》，《教育科学》第 1 期。

李煜，2006，《制度变迁与教育不平等的产生机制——中国城市子女的教育获得（1966—2003）》，《中国社会科学》第 4 期。

李云森，2013，《自选择、父母外出与留守儿童学习表现——基于不发达地区调查的实证研究》，《经济学（季刊）》第 4 期。

李芸，2009，《甘肃农村小学生的营养健康状况调查分析》，《人口与经济》第 1 期。

李展，2014，《美国"流动儿童教育计划（MEP）"研究》，硕士学位论文，广西师范大学。

李钟帅、苏群，2014，《父母外出务工与留守儿童健康——来自中国农村的证据》，《人口与经济》第 3 期。

梁韵笛、任依依，2014，《建立和完善我国受虐儿童保护机构》，《法制与社会》第 34 期。

蔺秀云、方晓义、刘杨、兰菁，2009，《流动儿童歧视知觉与心理健康水平的关系及其心理机制》，《心理学报》第 10 期。

刘鸿雁，2016，《0～3 岁儿童托育服务与全面两孩政策专题论坛》，《人口与计划生育》第 11 期。

刘继同，2005，《构建和谐的医患关系：医务社会工作的专业使命》，《中国医院》第 11 期。

刘继同，2006，《构建和谐医患关系与医务社会工作的专业使命》，《中国医院管理》第 3 期。

刘金鑫、范君晖、章瑞，2017，《上海市公共托育的瓶颈及对策》，《中国集体经济》第 21 期。

刘晶波，1999，《师幼互动行为研究》，南京：南京师范大学出版社。

刘岚，2007，《尽快建立医疗卫生四项基本制度》，《人民法院报》3 月 8 日。

刘梦，2013，《小组工作》，北京：高等教育出版社。

刘瑞京，2013，《儿童弱势群体心理成长与社会支持研究》，硕士学位论文，东南大学。

刘书君，2006，《长处和困难问卷（SDQ）中文版的信度和效度研究》，硕士学位论文，四川大学。

刘书君、黄颐、邓先华、唐娴、谢玲，2006，《中文版长处和困难量表的初步因子分析》，《华西医学》第 21 期。

刘秀丽，2012，《城市低收入家庭儿童的家庭投入研究》，《东北师范大学学报》第 5 期。

刘药斐等，2010，《流动儿童自我效能感与领悟社会支持及孤独关系研究》，《中国学校卫生》第 31 期。

刘玉兰，2012，《西方抗逆力理论：转型、演进、争辩和发展》，《国外社会科学》第 3 期。

刘毓秀，2015，《北欧托育制度》，《平安校园》第 4 期。

刘云廷，2013，《我国特殊儿童教育的现状研究》，《佳木斯教育学院学报》

第 12 期。

刘占兰，2017，《幼儿园新教师需要激励性培养》，《中国教育报》10 月 1 日。

刘中一，2016，《多措并举 加强 0~3 岁幼童托育工作》，《人口与计划生育》第 11 期。

刘中一，2017，《家庭式托育的国际经验及其启示》，《人口与社会》第 33 期。

柳华文、但彦铮，2018，《促进家庭教育立法将"家事"纳入公共政策视野》，http://www.bnu1.org/news/ertong/4002.html，最后访问日期：2018 年 5 月 25 日。

陆红芬、吴佳璐，2018，《我国农村留守儿童保护政策的演变与发展——基于对 2004 年以来相关政策的文本分析》，《青少年研究与实践》第 1 期。

吕绍清，2006，《农村儿童留守生活的挑战——150 个访谈个案分析报告》，《中国农村经济》第 1 期。

罗天竺，2014，《农村留守儿童与非留守儿童心理、行为状况比较研究》，硕士学位论文，浙江大学。

马倩，2016，《荷兰医疗保险运行模式评价与借鉴》，《卫生经济研究》第 11 期。

马万强、陈俊国，2012，《某医院医疗质量管理的几点思考》，《中国卫生事业管理》第 8 期。

毛容秋，2002，《康复医学的发展与现代医学模式》，《中国康复》第 1 期。

孟可，2013，《捷克将关闭公立托儿所》，《世界教育信息》第 10 期。

潘思静、程景民、白继庚，2016，《儿科人力资源短缺的原因分析及应对策略——以山西省为例》，《卫生软科学》第 7 期。

裴昌帅、张荟，2015，《"家学"早教模式的探索研究》，《求知导刊》第 13 期。

裴永光、刘可、卜秀青、王筠、叶启蒙、林惜君，2016，《广州市 11~14 岁流动儿童心理健康状况的调查研究》，《中国儿童保健杂志》第 3 期。

佩恩，2005，《现代社会工作理论》，何雪松等译，上海：华东理工大学出版社。

彭霞光，2010，《中国特殊教育发展面临的六大转变》，《中国特殊教育》第9 期。

浦雪等，2018，《儿童健康保险政策的国际经验及启示》，《卫生经济研究》第1 期。

普丽玛·麦侬，2013，《亚洲辅食添加：挑战和可能解决办法》，北京：中国发展研究基金会。

钱斌等，2015，《医疗纠纷中医生心理压力的影响因素及对策分析》，《价值工程》第28 期。

钱会娟、袁长蓉，2009，《国内医务社会工作的发展应用现状与展望》，《护理学报》第20 期。

乔东平，2015，《困境儿童保障的问题、理念与服务保障》，《中国民政》第19 期。

曲顺兰、窦峥、陈欣，2009，《中国儿童医疗保险问题研究》，《山东经济》第3 期。

任飞，2014，《制度变迁视角下完善医师多点执业的思考》，《中国卫生政策研究》第12 期。

任益炯、陶素莉、张澄宇，2010，《公立医院预约挂号服务内容现况分析》，《解放军医院管理杂志》第12 期。

任运昌，2013，《农村留守儿童政策研究》，北京：中国社会科学出版社。

山崎高哉、樊秀丽，2015，《日本大阪综合保育大学融合理论与实践的教师培养改革探索》，《学前教育研究》第2 期。

尚晓媛、吴文贤，2006，《对我国流浪儿童教育问题的探讨》，《青少年犯罪问题》第1 期。

邵源春、赵晓蓉，2017，《对农村留守儿童隔代教育问题的探讨——以云龙县东山村为例》，《现代交际》第13 期。

申继亮、胡心怡、刘霞，2007，《流动儿童的家庭环境及对其自尊的影响》，《华南师范大学学报》（社会科学版），第6 期。

申秋红，2017，《托育服务相关政策：国际经验及其启示》，《中国人口报》7 月20 日。

申小静、陈钰，2017，《论反家暴法中的强制报告制度——以儿童保护为视角》，《法制博览》第25 期。

沈涛，2011，《农民工子女心理健康与社会融入研究——基于武汉三类儿童的调查研究》，博士学位论文，武汉大学。

沈重，1980，《日本儿童福利法》，《中外法学》第 4 期。

盛亦男、杨文庄，2012，《西方发达国家的家庭政策及对我国的启示》，《人口研究》第 4 期。

石睿，2014，《〈中国流动儿童数据报告——2014〉发布》，中国社会科学网，http：//www. cssn. cn/zx/zx_gjzh/zhnew/201409/t20140923_1338700_ 1. shtml，最后访问日期：2018 年 6 月 25 日。

史秋霞、王毅杰，2012，《利益相关群体视角中的流动儿童学校教育》，《南京人口管理干部学院学报》第 28 期。

舒心萍，2017，《托育市场管理模式亟待创新》，《中国联合商报》11 月 20 日，A04 版。

斯迪格·布罗斯特罗姆、杨志艳，2007，《保育、教学与养育的融合》，《幼儿教育·教育科学》第 2 期。

宋秋霞、王芳、宋莉等，2016，《"全面二孩"政策下儿科医生需求与缺口测算》，《中国卫生政策研究》第 2 期。

宋亚玲，2011，《家庭教育环境对儿童心理健康的影响》，《科教导刊》（中旬刊）第 2 期。

宋月萍，2007，《中国农村儿童健康：家庭及社区影响因素分析》，《中国农村经济》第 10 期。

宋月萍、张耀光，2009，《农村留守儿童的健康以及卫生服务利用状况的影响因素分析》，《人口研究》第 6 期。

孙剑宏，2009，《推动"社工＋志愿者"亚运志愿服务新模式——对社工介入亚运志愿服务的思考》，《广东青年干部学院学报》第 2 期。

孙艳艳，2015，《0－3 岁儿童早期发展家庭政策与公共服务探索》，《社会科学》第 10 期。

谭建光，2005，《中国志愿服务发展的十大趋势分析》，《广东青年干部学院学报》第 4 期。

谭金梅，2012，《父母外出务工对留守儿童教育的影响——基于 CFPS 数据的实证研究》，硕士学位论文，湘潭大学。

谭深，2011，《中国农村留守儿童研究述评》，《中国社会科学》第 1 期。

唐春兰，2007，《农村留守儿童教育问题研究》，硕士学位论文，广西师范大学。

唐淑、钱雨、杜丽静，2009，《中华人民共和国幼儿教育 60 年大事记（上）》，《学前教育研究》第 9 期。

陶婷婷，2018，《在医院里做游戏  缓解儿童就医焦虑情绪》，《上海科技报》2 月 9 日。

陶园园，2017，《儿童照顾视角下女性就业权利保障研究》，硕士学位论文，武汉大学。

田茂、王凌皓，2017，《台湾地区托育服务的功能及启示》，《现代教育科学》第 3 期。

田巍、刘敬锋、车俊杰，2009，《城镇居民基本医疗保险制度建设热点问题浅析》，《社会保障研究》第 5 期。

童小军，2018，《儿童福利研究》，《中国青年社会科学》第 195 期。

涂晓明、叶忠、涂建明，2009，《农村留守儿童教育困境与政府主导的治理》，《现代教育管理》第 2 期。

王东华、张爱华、张方华，2017，《南京市儿童医疗服务现状及存在问题分析》，《江苏卫生事业管理》第 6 期。

王芳丽，2014，《论对遭受家暴侵害儿童的保护——以公权力介入为视角》，硕士学位论文，西南政法大学。

王晖，2016，《3 岁以下婴幼儿托育需求亟需重视》，《人口与计划生育》第 11 期。

王卉、许红，2011，《新中国成立初期北京市托儿所、幼儿园的改革与发展》，《北京党史》第 2 期。

王慧娟，2013，《论流动儿童教育的四种理论分析取向》，《社会工作》第 5 期。

王静，2016，《学前流动儿童心理健康问题表现及成因的质性研究》，硕士学位论文，沈阳师范大学。

王俊元，2012，《我国义务教育福利制度研究》，硕士学位论文，东北师范大学。

王玲燕，2011，《医疗保险重复参保问题探究》，《经济视角》第 17 期。

王璐，2009，《国外义务教育发展概述》，《教师》第 20 期。

王强、郭全民，2006，《中国康复医学模式的思考》，《继续医学教育》第33 期。

王素蕾，2011，《家庭教育立法与儿童成长保护机制研究》，硕士学位论文，南京师范大学。

王维平、李剑萍、赵振铣，2018，《热议教育公平和教育扶贫》，http：//www.bnu1. org/news/ertong/4045. html，最后访问日期：2018 年 5 月 25 日。

王卫平、王国祥，2009，《医务社会工作在协调医患关系中的作用调查》，《医学与社会》第 3 期。

王伟青，2004，《关于提问的研究》，《学前教育》幼教版。

王文超、张玉侠、顾莺等，2017，《儿童临终关怀的研究进展》，《护理学杂志》第 3 期。

王小林、Alkire，S.，2009，《中国多维贫困测量：估计和政策含义》《中国农村经济》第 12 期。

王小万，2005，《居民健康与医疗服务需求及利用的理论与实证研究》，博士学位论文，中南大学。

王欣，2001，《近代中国女性问题的发展及其时代特征》，《南京航空航天大学学报》（社会科学版）第 1 期。

王雪梅，2006，《社会环境安全与儿童保护》，《青少年犯罪问题》第 1 期。

王谊，2011，《农村留守儿童教育研究——基于陕西省的实地调研》，博士学位论文，西北农林科技大学。

王毅杰、史秋霞，2012，《利益相关群体视角中的流动儿童学校教育》，《人口与社会》第 28 期。

王莺、王天友、程友等，2016，《不同用药方法治疗外耳道真菌病疗效观察》，《人民军医》第 1 期。

王振耀，2016，《迎接全面依法行善时代》，《成都日报》3 月 30 日。

王中会、徐玮沁、蔺秀云，2014，《流动儿童的学校适应与积极心理品质》，《中国心理卫生杂志》第 28 期。

王作宝，2014，《基于均等化的儿童贫困研究》，《当代青年研究》第 3 期。

韦建瑞、袁清惠，2017，《医社合作，全人关怀：广州市医务社会工作服务体系构建》，《中国社会工作》第 27 期。

文军，2013，《西方社会工作理论》，高等教育出版社。

文倩，2017，《我国社会福利社会化研究》，《世纪桥》第 5 期。

吴继红，2012，《流动儿童城市生活和学习适应性的调查研究——基于教育教学模式和方法改革视角》，《思想理论教育》第 22 期。

吴江，2018，《托育更需社会给力》，《云南日报》2 月 12 日。

吴霓，2006，《农村留守儿童教育问题的建议》，《河南教育》第 5 期。

吴苏贵、钱洁、李显波，2018，《进一步完善上海 0~3 岁婴幼儿托育服务体系》，《科学发展》第 3 期。

吴雨薇，2017，《论原生家庭对个体发展的影响——从家庭系统理论出发》，《泉州师范学院学报》第 3 期。

向思伟、郑焜，2017，《儿童医院医疗设备资源配置优化评估研究》，《中国医学装备》第 2 期。

肖慧欣，2010，《我国高等医学院校医务社会工作专业人才培养模式探讨》，硕士学位论文，福建医科大学。

肖蕊，2012，《北京流动儿童心理健康状况及学校社会工作路径研究》，硕士学位论文，华中农业大学。

谢娟、朱方，2008，《积极防范和化解医疗纠纷　努力构建和谐医患关系》，《中国医院管理》第 6 期。

徐华、范宇君，2014，《儿童临终关怀与社会工作》，《社会工作》第 5 期。

徐建谈，2018，《上海幼儿托育新规具有示范意义》，《贵州日报》5 月 3 日。

徐浙宁，2017，《城市二孩家庭的养育：资源稀释与教养方式》，《青年研究》第 6 期。

许莉娅，2013，《个案工作》（第二版），高等教育出版社。

许艳丽，2017，《俄罗斯的儿童保护与社会保障》，《工会理论研究》第 4 期。

薛海平，2011，《学生成绩提高的原理和策略：义务教育生产函数分析》，北京：北京大学出版社。

薛素珍，1982，《婴幼儿的精神哺育》，《社会科学》第 10 期。

薛在兴，2005，《流浪儿童救助保护中的教育模式研究》，《中国青年政治学院学报》第 6 期。

杨舸，2016，《留守儿童政策和社会支持评估——基于江苏省的调查分析》，

《社会治理》第 6 期。

杨菊华，2017，《三岁以下托育服务的现状与对策》，《福建日报》8 月 21 日。

杨立勇，2018，《周崇臣守护 2300 万孩子的健康》，《中国卫生》第 1 期。

杨顺光、李玲、张兵娟、殷新，2017，《"全面二孩"政策下的学前教育资源配置预测及应对》，《教育导刊（下半年）》。

杨婷婷、杜玉开，2016，《论当前国内医疗纠纷现状原因及处置对策》，《江苏科技信息》第 16 期。

杨翔云，2017，《我国儿童商业医疗保险影响因素研究》，《中国人口报》6 月 28 日。

杨小艳、王素卿、曹春红，2015，《西安市 0~7 岁儿童气质现状及分析》，《中国妇幼保健》第 23 期。

杨洋，2012，《残障儿童生存现状及福利服务分析》，《残疾人研究》第 3 期。

杨一鸣，2013，《儿童早期发展政策和项目的科学研究》，北京：中国发展研究基金会。

杨瑛、张红，2014，《论我国城市社会工作行政性与专业性的关系》，《中共太原市委党校学报》第 2 期。

杨钊、蒋山花，2006，《我国城市流浪儿童救助方式缓缓研究》，《重庆工商大学学报》第 4 期。

杨志超，2014，《美国儿童保护强制报告制度及其对我国的启示》，《重庆社会科学》第 7 期。

杨志超，2014，《美国儿童保护制度的历史演进》，《当代青年研究》第 3 期。

杨志超，2017，《加拿大儿童保护制度演进的基本导向及启示》，《宁夏社会科学》第 6 期。

叶飞龙，2017，《健全幼托制度为全面二孩保驾护航》，《法制与社会》第 6 期。

叶敬忠，2005，《关注留守儿童》，北京：北京社会科学出版社。

叶敬忠、孟祥丹，2010，《外出务工入门视角的留守儿童》，《中国农村经济》第 12 期。

叶敬忠、王伊欢，2005，《对留守儿童问题的研究综述》，《农业经济问题》第 10 期。

叶敬忠、王伊欢，2006，《父母外出务工对农村留守儿童学习的影响》，《农村经济》第 7 期。

叶敬忠、王伊欢，2009，《留守儿童的监护现状与特点》，《人口学刊》第 3 期。

叶敬忠、王伊欢、张克云、陆继霞，2006，《父母外出务工对留守儿童生活的影响》，《中国农村经济》第 1 期。

叶敬忠、詹姆斯·莫瑞，2005，《关注留守儿童中国中西部农村地区劳动力外出务工对留守儿童影响》，北京：社会科学文献出版社。

叶芸、王录平、赖秀龙，2014，《基于对儿童保护的法律制度的构建——以虐童事件为个案》，《当代教育科学》第 12 期。

印锐，2016，《"医社合作"助病友走出困境》，《南方日报》10 月 24 日。

勇宁、严莹、吴新慧，2017，《留守儿童教育模式探索——基于青田县 BSH 镇中心学校的调查》，《青少年研究与实践》第 3 期。

尤蕉，1997，《全国幼儿教育事业"九五"发展目标实施意见》，《学前教育研究》第 6 期。

游达、杨文超，2010，《儿童教育需要回"温"——论儿童教育的"热""冷"现象及其对策》，《现教育科学》，第 1 期。

袁新涛，2011，《农村留守儿童教育中的突出问题、成因分析与对策》，《中国改革论坛》第 4 期。

张东娇，2005，《论学校公共关系管理模式与策略》，《上海教育科研》第 9 期。

张帆，2012，《原生家庭环境内特殊儿童的个案服务探究》，硕士学位论文，郑州大学。

张广森，2009，《生物－心理－社会医学模式：医学整合的学术范式》，《医学与哲学》（人文社会医学版）第 9 期。

张建敏、葛玉霞、贾浩杰，2007，《国外儿童医疗保障模式及对我国的启示》，《改革与开放》第 10 期。

张江甫，2015，《"社工/义工"双工联动问题及对策研究》，《商》第 39 期。

张金明，2015，《残障儿童最有可能成性侵对象》，《中国残疾人》第 12 期。

张晶晶，2017，《国内外特殊儿童教育模式的探究》，《教师》第 10 期。

张亮，2014，《中国儿童照顾政策研究》，博士学位论文，复旦大学。

张敏，2012，《美国发展 0 - 3 岁早期教育的经验及启示》，《宁波大学学报》（教育科学版）第 4 期。

张茜洋，2017，《家庭社会经济地位对流动儿童认知能力的影响：父母教养方式的中介作用》，《心理发展与教育》第 33 期。

张巧玲、张曼华、来源、刘婷、石扩，2013，《团体心理辅导对流动儿童的影响效果》，《中国健康心理学杂志》第 21 期。

张时飞、唐钧，2009，《中国的贫困儿童：概念与规模》，《河海大学学报》（哲学社会科学版）第 4 期。

张涛，2010，《扬州市民工子弟心理健康的调查研究》，《扬州教育学院学报》第 28 期。

张文新，1999，《儿童社会性发展》，北京：北京师范大学出版社。

张显宏，2009，《农村留守儿童教育状况的实证分析——基于学习成绩的视角》，《中国青年研究》第 3 期。

张学敏，2014，《教育经济学》，北京：高等教育出版社。

赵川芳，2015，《残障儿童保护现状、问题及完善对策》，《中国青年研究》第 2 期。

赵川芳，2017，《近年我国流浪儿童救助保护的演变、问题与对策》，《青年探索》第 6 期。

赵雯，2011，《我们需要什么样的"小升初"》，《检察日报》4 月 13 日。

赵兴民，2011，《农村留守儿童教育问题的实质与解决路径》，《广西师范大学学报》（哲学社会科学版）第 3 期。

赵裕如，2017，《喀什市学前教育"小学化"问题研究——基于生态系统理论的视角》，硕士学位论文，喀什大学。

赵忠心，1994，《市场经济发展和青少年的家庭教育》，《教育改革》第 4 期。

郑巍，2011，《医疗服务价格与成本背离对医疗机构的影响及价格政策改革的研究》，《经济师》第 10 期。

郑杨，2014，《中瑞两国婴幼儿家庭政策比较》，《学前教育研究》第 12 期。

中国发展研究基金会，2013，《反贫困与儿童发展》，北京：中国发展研究基金会。

钟晓会，2017，《日本 0－2 岁保育服务及其对中国的启示》，硕士学位论文，南京师范大学。

钟晓慧、郭巍青，2018，《新社会风险视角下的中国超级妈妈——基于广州市家庭儿童照顾的实证研究》，《妇女研究论丛》第 2 期。

周福林、段成荣，2006，《留守儿童研究综述》，《人口学刊》第 3 期。

周国华、陈宣霖，2015，《流动儿童教育政策比较研究——以印度、以色列、美国为例》，《比较教育研究》第 4 期。

周皓，2010，《流动儿童的心理状况与发展——基于"流动儿童发展状况跟踪调查"的数据分析》，《人口研究》第 2 期。

周皓，2012，《流动儿童心理健康的队列分析》，《南京工业大学学报》（社会科学版）第 11 期。

周皓，2016，《人口流动与儿童心理健康的异质性》，《人口与经济》第 4 期。

周玲君、沈伟、赵继军，2009，《癌症患者临终阶段症状特点及与生存期的关系》，《护理学杂志》第 6 期。

周全德、齐建英，2006，《对农村"留守儿童"问题的理性思考》，《中州学刊》第 1 期。

周欣，2003，《四国和我国港台地区幼托机构过程性教育质量标准的分析和比较》，《早期教育》第 2 期。

周泳，2016，《论我国儿童虐待强制报告制度之完善》，《职工法律天地》第 16 期。

周琢虹，《农村留守儿童精神世界的困境与消解——以江西省为例》，《江西社会科学》第 10 期。

周宗奎、孙晓军、刘亚，2005，《农村留守儿童心理发展与教育研究》，《北京师范大学学报》（社科版）第 1 期。

周宗奎、赵冬梅、孙晓军、定险峰，2006，《儿童的同伴交往与孤独感》，《心理学报》第 38 期。

朱科蓉、李春景、周淑琴，2002，《农村"留守子女"学习状况分析与建议》，《教育科学》第 4 期。

朱明芸，2016，《美国联邦政府基础教育政策发展研究（1993－2009）》，硕士学位论文，南京师范大学。

朱楠、王雁，2011，《全纳教育视角下特殊儿童的教育公平》，《中国特殊教育》第5期。

邹强，2008，《中国当代家庭教育变迁研究》，博士学位论文，华中师范大学。

邹薇、方迎风，2011，《关于中国贫困的动态多维度研究》，《中国人口科学》第6期。

佐藤宏、李实，2008，《中国农村地区的家庭成份、家庭文化和教育》，《经济学（季刊）》第4期。

Achenbach, T., Hensley, V., Phares, V., Grayson, D. 1990. "Problems and Competencies Reported by Parents of Australian and American Children," *Journal of Child Psychology Psychiatry*, 31 (2): 265 – 286.

Ainsworth, M., S., Blehar, M. C., Waters, E. 1978. *Patterns of Attachment: A Psychological Study of the Strange Situation*. Hillsdale, NJ: Erlbaum.

Alexander, K. Entwisle, D. R., Dauber, S. L. 1993. "First-Grade Classroom Behavior: Its Short and long-Term Consequences for School Performance," *Child Development*, 64 (3): 801 – 814.

Alkire, S., & Housseini, B. 2014. "Multidimensional Poverty in Sub-Saharan Africa: Levels and Trends," *OPHI Working Paper No. 81*. University of Oxford: Oxford Poverty & Human Development Initiative (OPHI).

Alkire, S., & Roche, J. M. 2011. "Beyond Headcount: Measures that Reflect the Breadth and Components of Child Poverty," *OPHI Working Paper No. 45*, University of Oxford: Oxford Poverty & Human Development Initiative.

Alkire, S., & Santos, M. E. 2010. *Acute Multidimensional Poverty: A New Index for Developing Countries*, *Human Development Research Paper*. University of Oxford: Oxford Poverty & Human Development Initiative.

Alkire, S., et al. 2016. Child Poverty in Bhutan: Insights from Multidimensional Child Poverty Index and Qualitative Interviews with Poor Children. Thimphu: National Statistics Bureau. Available at: http://www. nsb. gov. bt/nsbweb/publication/files/pub6ys3223xd. pdf.

Alkire, S., Foster, J., Seth, S., Santos, M. E., Roche, J. M. and Ballon, P. 2015.

*Multidimensional Poverty Measurement and Analysis. Oxford*: *Oxford University Press.*

Alkire, S. and Foster, J. 2011. "Counting and Multidimensional Poverty Measurement," *Journal of Public Economics*, 95 (7): 476 – 487.

Alkire, S. and Santos, M. E. 2010. *Acute Multidimensional Poverty*: *A New Index for Developing Countries*. Oxford: Human Development Research Paper.

Amato, P. R. , & Fowler, F. 2002. "Parenting Practices, Child Adjustment, and Family Diversity," *Journal of Marriage and the Family*, 64: 703 – 716.

Anderson, N. B. , McNeilly, M. , & Myers, H. 1992. "Autonomic Reactivity and Hypertension in Blacks: A Review and Proposed Model," *Ethnicity and Disease*, 1: 154 – 170.

Aunola, K, Stattin, H. , & Nurmi, J. E. 2000. "Parenting Styles and Adolescents' Achievement Strategies," *Journal of Adolescence*, 23: 205 – 222.

Baeten, S. , Van Ourti, T. , & Van Doorslaer, E. 2013. "Rising Inequalities in Income and Health in China: Who is Left Behind? " *Journal of Health Economics*, 32 (6): 1214 – 1229.

Baird, S. Hicks, J. Kremer, M. Miguel, E. 2016. "Worms at Work: Long-run Impacts of a Child Health Investment," *The Quarterly Journal of Economics*, 131 (4): 1637 – 1680.

Bandura, A. Barbaranelli, C. Caprara, G. V. & Pastorelli. 1996. "Multifaceted Impact of Self-Efficacy Beliefs on Academic Functioning," *Child Development*, 67 (3)

Barch, D. , Pagliaccio, D. , Belden, A. , Harms, M. P. , Gaffrey, M. , Sylvester, C. , & Luby, J. 2016. "Effect of Hippocampal and Amygdala Connectivity on the Relationship between Preschool Poverty and School-Age Depression," *American Journal of Psychiatry*, 173 (6): 625 – 634.

Barrientos, A. , & DeJong, J. 2006. "Reducing Child Poverty with Cash Transfers: A Sure Thing?" *Development Policy Review*, 24 (5): 537 – 552.

Batana, Yélé, Bussolo, M. and Cockburn. J. 2013. "Global Extreme Poverty Rates for Children, Adults and the Elderly," *Economics Letters*, 120. 3: 405 – 407.

Baumrind, D. , & Black, A. , 1967. "Socialization Practices Associated with Dimensions of Competence in Preschool Boys and Girls," *Child Development*, 38: 291 – 327.

Baumrind, D. 1971. "Current Patterns of Parental Authority," *Developmental Psychology*, 4: 1 – 103.

Beck, 1976. *Cognitive Therapy and the Emotional Disorders*. USA: the Penguin Group.

Beckett, C. Maughan, B. , Rutter, M. , Castle, J. , Colvert, E. , Groothues, C. , 2006. "Do the Effects of Early Severe Deprivation on Cognition Persist Into Early Adolescence? Findings From the English and Romanian Adoptees Study," *Child Development*, 77 (3): 696 – 711.

Black, M. M. , Walker, S. P. , Fernald, C. H. , Andersen, C. 2017. "Early Childhood Development Coming of Age: Science through the Life Course," *The Lancet*, 389: 77 – 90.

Bohlin, G. , Hagekull, B. , & Rydell, A. M. 2000. "Attachment and Social Functioning: A Longitudinal Study from Infancy to Middle Childhood," *Social Development*, 9 (1): 24 – 39.

Bolger, K. E. , Patterson, C. J. , Thompson, W. W. & Kupersmidt, J. B. 1995. "Psychosocial Adjustment among Children Experiencing Persistent and Intermittent Family Hardship," *Child development*, 66: 1107 – 1129.

Bowlby, J. 1973, *Attachment and Loss*. New York: Basic Books.

Boyden, J. , Hardgrove, A. , & Knowles, C. 2012. "Continuity and Change in Poor Children's Lives: Evidence from Young Lives," In *Global Child Poverty and Wellbeing: Measurement, Concepts, Policy and Action* , edited by Shailen Nandy & A. Minujin, Bristol: The Policy Press.

Boyden, J. and S. Dercon 2012. *Child Development and Economic Development: Lessons and Future Challenges*. Oxford: Young Lives.

Bradbury, B. , & Jantti, M. 2001. *Child Poverty Across the Industrialised World: Evidence from the Luxembourg Income Study*. Bristol: The Policy Press.

Bradley, R. H. & Corwyn, R. F. 2002. "Socioeconomic Status and Child Development," *Annual Review Psychology*, 53: 371 – 399.

Bradley, R. H. , Corwyn, R. F. , McAdoo H. P. , Garcia, C. C. 2001. "The Home Environments of Children in the United States. Variations by Age, Ethnicity and Poverty Status," *Child Development*, 6 (72): 1844 – 1867.

Bradshaw, J. , & Richardson, D. 2008. "Does Child Income Poverty Measure Child Well-Being Internationally?" *Social Policy and Society*, 7 (04): 521 –536.

Bradshaw, J. , Chzhen, Y. , Main, G. , Martorano, B. , Menchini, L. , & de Neubourg, C. 2012. "Relative Income Poverty among Children in Rich Countries," *Innocenti Working Paper*, *No. 2012 – 01*, Florence: UNICEF Innocenti Research Centre.

Bradshaw, J. , Hoelscher, P. and Richardson, D. 2007. "An Index of Child Well-being in the European Union," *Social Indicators Research*, 80 (1): 133 – 177.

Bradshaw, J. and Richardson, D. 2009. "An Index of Child Well-Being in Europe," *Child Indicators Research*, 2 (3): 319 – 351.

Brock, K. and C. Knowles. 2012. "Doing Longitudinal Research: Opportunities and Challenges in a Study of Childhood," in *Childhood Poverty: Multidisciplinary Approaches*, edited by J. Boyden and M. Bourdillon, Basingstoke: Palgrave Macmillan.

Brody, G. H. , Flor, D. , & Gibson, N. M. 1999. "Linking Maternal Efficacy Beliefs, Developmental Goals, Parenting Practices, and Child Competence in Rural Single-parent African American Families," *Child Development*, 70: 1197 – 1208.

Brooks, G. Duncan, G. 1997. "The Effects of Poverty on Children," *Future Child*, 7 (2): 55 –71.

Cameron L. , Williams J. 2009. "Is the Relationship between Socioeconomic Status and Health Stronger for Older Children in Developing Countries?" *Demography*, 46 (2): 303 – 324.

Cawley, J. Heckman, J. & Vytlacil, E. 2001. "Three observations on Wages and Measured Cognitive Ability," *Labour Economics*, 8 (4): 419 – 442.

Chen Y. , Lei X. Y. , and L. A. Zhou. 2010. "Child Health and the Income Gradient: Evidence from China," *Social Science Electronic Publishing*, 37 (37): 259 – 262.

Chen, Y. , & Li, H. , 2009. "Mother's Education and Child Health: Is There a Nurturing Effect?" *Journal of Health Economics*, 28 (2): 413 –426.

Chzhen, Y. , De Neubourg, C. , Plavgo, I. , & de Milliano, M. 2014. "Understanding Child Deprivation in the European Union: The Multiple Overlapping Deprivation Analysis Approach," *Innocenti Working Paper No. 2014 - 18*. Florence: UNICEF Office of Research.

Chzhen, Y. , De Neubourg, C. , Plavgo, I. and De Milliano, M. 2016. "Child Poverty in the European Union: The Multiple Overlapping Deprivation Analysis Approach (EU-MODA)," *Child Indicators Research*, 9 (2): 335 – 356.

Chzhen, Y. and Bradshaw, J. 2012. "Lone Parents, Poverty and Policy in the European Union," *Journal of European Social Policy*, 22 (5): 487 – 506.

Chzhen, Y. and Ferrone, L. 2016. "Multidimensional Child Deprivation and Poverty Measurement: Case study of Bosnia and Herzegovina," *Social Indicators Research*, 1 – 16.

Condliffe S. , and C. R. Link. 2008. "The Relationship between Economic Status and Child Health: Evidence from the United States," *American Economic Review*, 98 (4): 1605 – 1618.

Crosnoe, R. , Leventhal, T. , Wirth, R. J. , Pierce, K. M. , Pianta, R. C. 2010. "Family Socioeconomic Status and Consistent Environmental Stimulation in Early Childhood," *Child Development*, 3 (81): 972 – 987.

Cummins, M. 2016. *Child-focused Public Expenditure Measurement: A Compendium of Country Examples*. New York: United Nations Children's Fund (UNICEF).

Currie A. , Shields M. , and S. W. Price. 2007. "The Child Health/Family Income Gradient: Evidence from England," *Journal of Health Economics*, 26: 213 – 232.

Currie J. , and M. Stabile. 2003. "Socioeconomic Status and Health: Why is the Relationship Stronger for Older Children?" *American Economic Review*, 93 (5): 1813 – 1823.

Damian, R. I, Rong, S. , Shanahan, M. , Trautwein, U. & Roberts, B. W. 2015. "Can Personality Traits and Intelligence Compensate for Background Disadvantage? Predicting Status Attainment in Adulthood," *Journal of Personality and Social Psychology*, 109 (3): 473 – 489.

Dang, H. O. T. , Forster, M. F. & Pellizzari, M. 2000. "Income Inequalities and Poverty among Children and Households with Children in Selected OECD

Countries," *Child well-being*, *Child Poverty and Child Policy in Modern Nations*: *What do we Know*. Bristol: The Policy Press.

David, Howe, 2013, *Attachment theory for Social Work Practice* (依恋理论与社会工作实践), 上海: 华东理工大学出版社。

De Milliano, M., & Plavgo, I. 2014. "Analysing Child Poverty and Deprivation in Sub-saharan Africa: CC-MODA-Cross Country Multiple Overlapping Deprivation Analysis," *Innocenti Working Paper No. 2014 – 19*, Florence: UNICEF Office of Research.

De Milliano, M. and Handa, S. 2014. "Child Poverty and Deprivation in Mali: The First National Estimates," *Innocenti Working Paper*, 2014 – 20, Florence: UNICEF Office of Research.

De Neubourg, C., Bradshaw, J., Chzhen, Y., Main, G., Martorano, B., & Menchini, L. 2012. "Child Deprivation, Multidimensional Poverty and Monetary Poverty in Europe," *Innocentri Working Paper*, No. 2012 – 02, Florence: UNICEF Innocenti Research Centre.

De Neubourg, C., Cai, J., Q., De Milliano, M., Plavgo, I. & Wei, Z., R. 2012. Cross-country MODA Study: Multiple Overlapping Deprivation Analysis (MODA) Technical Note. Florence: UNICEF Innocenti Research Centre.

Duncan G. J., Brooks-Gunn J., Klebanov P. 1994. "Economic Deprivation and Early Childhood Development," *Child Development*, 65: 296 – 318.

Edwards, L. N., & Grossman. M. 1978. *Children's Health and the Family*. New York: National Bureau of Economic Research.

Elena Gindina, Darya Gaysina, 2016. *Behavioural Genetic Studies of Child and Adolescent Psychopathology*. UK: Palgrave Macmillan.

Ermisch, J. & Francesconi, M. 2000. "Educational Choice, Families and Young People's Earnings," *Journal of Human Resources*, 35: 143 – 176.

Evans, B. & Palacios. R. 2015. "Who is Poorer? Poverty by Age in the Developing World," *Social Protection and Labor Policy Note No. 106888*, New York: World Bank.

Furman, W., Rahe, D., Hartup, W. 1979. "Rehabilitation of Socially withdrawn Preschool Children through Mixed-age and Same-age Socialization," *Child Development*, 54 (4): 915 – 922.

Gao, Q. , Zhai, F. , Yang, S. , & Li, S. 2014. "Does Welfare Enable Family Expenditures on Human Capital? Evidence from China," *World Development*, 64 (0): 219 – 231.

Gertler, P. Heckman, J. Pinto, R. , Zanolini, A. , Vermeersch, C. , Walker, S. , Chang, S. M. , Grantham-McGregor, S. , 2014. "Labor Market Returns to an Early Childhood Stimulation Intervention in Jamaica," *Science*, 344: 998 – 1001.

Gonzalez, A. L. , & Wolters, C. A. 2006. "The Relation Between Perceived Parenting Practices Achievement Motivation in Mathematics," *Journal of Research in Childhood Education*, 21 (2): 203 – 217.

Goode, A. , Mavromaras, K. , & Zhu, R. 2014. "Family Income and Child Health in China," *China Economic Review*, 29 (0): 152 – 165.

Gordon, D. , & Nandy, S. 2012. "Measuring Child Poverty and Deprivation," In *Global Child Poverty and Wellbeing-Measurement, Concepts, Policy and Action*, edited by A. Minujin & S. Nandy (Eds. ), Bristol: The Policy Press.

Gordon, D. , Nandy, S. , Pantazis, C. , Pemberton, S. and Townsend, P. 2003. *The Distribution of Child Poverty in the Developing World*. Bristol: Centre for International Poverty Research.

Gordon, D. , Nandy, S. , Pantazis, C. , Pemberton, S. A. , & Townsend, P. 2003. *Child Poverty in the Developing World*, Bristol: The Policy Press.

Grantham-McGregor S. , Cheung Y. B. , Cueto S. , Glewwe P. , Richter L. , Strupp B. , 2007. "Developmental Potential in the First 5 Years for Children in Developing Countries," *Lancet*, 369: 60 – 70.

Grantham-McGregor S. , Cheung Y. B. , Cueto S. , Glewwe P. , Richter L. , Strupp B. 2007. "Developmental Potential in the First 5 Years for Children in Developing Countries," *Lancet*, 369: 60 – 70.

Guio, A. C. , Gordon, D. , & Marlier, E. 2012. "Measuring Material Deprivation in the EU, Indicators for the Whole Population and Child-specific Indicators," *Eurostat: Methodologies and Working Papers*, Luxembourg: Publications Office of the European Union.

Guo, G. & Harris, K. M. 2000. "The Mechanisms Mediating the Effects of Poverty on Children's Intellectual Development," *Demography*. 37: 431 – 447.

Guo, X. , Li, Z. , Guo, L. , Zheng, L. , Yu, S. , Yang, H. , Sun, Y. , 2014. "An update on Overweight and Obesity in Rural Northeast China: From Lifestyle Risk Factors to Cardiometabolic Comorbidities," *BMC Public Health*, 14 (1): 1046.

Hamre, B. K. , & Pianta, R. C. 2005. "Can Instructional and Emotional Support in the First-Grade Classroom Make a Difference for Children at Risk of School Failure?" *Child Development*, 76: 949 – 967.

Hamre, B. K. , & Pianta, R. C. 2007. *Learning Opportunities in Preschool and Early Elementary Classrooms*. Baltimore, MD: Brookes.

Hart, B. & Risley, T. 1995. *Meaningful Differences in the Everyday Experience of Young American Children*. Baltimore: Paul H. Brookes Publishing.

Haveman, R. & Wolfe, B. 1995. "The Determinants of Children's Attainments: A Review of Methods and Findings," *Journal of Economic Literature*, 33 (4): 1829 – 1878.

Heckman, J. & Mastered, D. , 2007. "The Productivity Argument for Investing in Young Children," *Review of Agricultural Economics*, 29 (3): 446 – 493.

Heckman, J. 2008. "Policies to Foster Human Capital," *Research in Economics*, 54 (1): 3 – 56.

Hess, R. D, Price, G. Dickson, W. Conroy, M. 1982. Different Roles for Mothers and Teachers: Contrasting Styles of Child Care. Greenwich, CT: Johnson.

Hill, S. E. , Prokosch, M. L. , DelPriore, D. J. , Griskevicius, V. , & Kramer, A. 2014. Low Childhood Socioeconomic Status Promotes Eating in the Absence of Energy Need, Psychological Science.

Hjelm, L. , Ferrone, L. , Handa, S. and Chzhen, Y. 2016. "Comparing Approaches to Measure Multidimensional Child Poverty," *Innocenti Working Paper 2016 – 29*, UNICEF Office of Research.

HM Government, 2014. "Child Poverty Strategy 2014 – 2017," London: HM Government.

Hoff-Ginsberg, E. , & Tardif, T. 1995. *Socioeconomic Status and Parenting.* Hillsdale, N. J. , US: Lawrence Erlbaum Associates, Inc.

Hongwei Hu, Shuang Lu, Chien-Chung Huang, 2014. "The Psychological and Behavioral Outcomes of Migrant and Left-behind Children in China," *Children and Youth Services Review*, 46: 1 – 10.

Howes, C. Hamilton, Matheson, C. 1994. "Children's Relationships with Peers: Differential Associations with Aspects of the Teacher-child Relationship," *Child Development*, 65 (1): 253 – 263.

Janssens, A. , Deboutte, 2010. "Screening for Psychopathology in Child Welfare: The Strengths and Difficulties Questionnaire (SDQ) Compared with the Achenbach System of Empirically Based Assessment (ASEBA)," *Child Adolesc Psychiatry*, 19 (2): 167 – 167.

Jencks, C. 1979. *Who Gets Ahead? The Determinants of Economic Success in America.* New York: Basic Books.

Johnston-Brooks, C. H. , Lewis, M. A. , Evans, G. W. , & Whalen, C. K. 1998. "Chronic Stress and Illness in Children: The Role of Allostatic Load," *Psychosomatic Medicine*, 60 (5): 597 – 603.

Kagan, J. S. Resnick, N. Snidman, J. Gibbons, & Johnson, M. 1988. "Childhood Derivatives of Inhibition and Lack of Inhibition to the Unfamiliar," *Child Development*, 59: 1580 – 1589.

Khanam R. , Nghiem H. S. , and L. B. Connelly. 2009. "Child Health and the Income Gradient: Evidence from Australia," *Journal of Health Economics*, 28: 805 – 817.

Klag, M. J. , Whelton, P. K. , Coresh, J. , Grim, C. E. , & Kuller, L. H. 1991. "The Association of Skin Color with Blood Pressure in U. S. Blacks with Low Socioeconomic Status," *Journal of the American Medical Association*, 265: 599 – 602.

Kreppner, J. M. , Rutter, M. , Beckett, C. , Castle, J. , Colvert, E. , Groothues, C. , Sonuga-Barke, E. J. S. , 2007. "Normality and Impairment Following Profound Early Institutional Deprivation: A Longitudinal Follow-up into Early Adolescence," *Developmental Psychology*, 43 (4): 931 – 946.

Kuncel, N. R. , Sarah, A. H. & Deniz, S. O. 2004. "Academic Performance, Career Potential, Creativity, and Job Performance: Can one Construct Predict them all?" *Journal of Personality and Social Psychology*, 86（1）: 148 – 161.

Kuzynski, L. & Lollis, S. 2002. *Four Foundations for a Dynamic Model of Parenting*. *Hillsdale*, NJ: Erlbaum.

Labar, K. , & Bresson, F. 2011. "A Multidimensional Analysis of Poverty in China from 1991 to 2006," *China Economic Review*, 22（4）: 646 – 668.

Lane, K. L. 1999. "Young Students at Risk for Antisocial Behavior: The Utility of Academic and Social Skills Interventions," *Journal of Emotional and Behavioral Disorders*, 7: 211 – 223.

Laura, B. 2014. *Child Development*（儿童发展），江苏：江苏教育出版社。

Levy, D. and Duncan, Greg. 2000. *Using Sibling Samples to Assess the Effect of Childhood Family Income on Completed Schooling*. USA: Northwestern University.

Liaw, F. & Brooks-Gunn, J. 1994. "Cumulative Familial Risks and Low-birthweight Children's Cognitive and Behavioral Development," *Journal of Clinical Child Psychology*, 23（4）: 272 – 360.

Linda Meeks. 1996. Philip Heit. Health A Wellness Approach, Merrill Publishing Company.

Lobel, M. , Dunkel-Schetter, C. , & Scrimshaw, S. C. 1992. "Prenatal Maternal Stress and Prematurity: A Prospective Study of Socioeconomically Disadvantaged Women," *Health Psychology*, 11, 32 – 40.

Lobel, M. 1994. "Conceptualizations, Measurement, and Effects of Prenatal Maternal Stress on Birth Outcomes," *Journal of Behavioral Medicine*, 17: 225 – 272.

Lu, A. , & Wei, Z. 2002. "Child Poverty and Wellbeing in China in the Era of Economic Reforms and External Opening Harnessing Globalization for Children: A Report to UNICEF," Florence: UNICEF Office of Research.

Lugo-Gil, J. , & Tamis-Lemonda, C. S. 2008. "Family Resources and Parenting Quality: Links to Children's Cognitive Development Across the First 3 Years," *Child Development*, 79: 1065 – 1085.

Luo, R. , Zhang, L. , Liu, C. , Zhao, Q. , Shi, Y. , Miller, G. , Martorell,

R. 2011. "Anaemia among Students of Rural China's Elementary Schools: Prevalence and Correlates in Ningxia and Qinghai's Poor Counties," *Journal of Health, Population and Nutrition*, 29 (5): 471 – 485.

Mack, J. and Lansley, S. 1985. Poor Britain, London: Allen and Unwin.

Mashburn, A. & Pianta, R. 2008. "Measures of Classroom Quality in Prekindergarten and Children's Development of Academic, Language and Social Skills," *Child Development*, 79 (3): 732 – 749.

Mashburn, R. C. Pianta, B. Hamre, J. Downer, O. & Bryant, D. 2008. "Measures of Classroom Quality in Prekindergarten and Children's Development of Academic, Language and Social Skills," *Child Development*, 79: 732 – 749.

McCoy, M. Frick, B. Loney, M. Ellis, L. 1999. "The Potential Mediating Role of Parenting Practices in the Development of Conduct Problems in a Clinic-Referred Sample," *Journal of Child and Family Studies*, 8: 477 – 494

McLeod, J. D. and M. J. Shanahan. 1993. "Poverty, Parenting, and Children's Mental Health," *American Sociological Review* 58: 351 – 66.

McLoyd, V. 1998. "Socioeconomic Disadvantage and Child Development," *American Psychologist*, 53 (2): 185 – 204.

McLoyd, V. C. 1990. "The Impact of Economic Hardship on Black Families and Children: Psychological Distress, Parenting, and Socioemotional Development," *Child Development*. 61: 311 – 346.

Micklewright, J. & Stewart, K. 1999. "Is the Well-being of Children Converging in the European Union?, The Economic Journal, 109 (459): 692 – 714.

Midgley J, Pawar M. 2017. *Future Directions in Social Development*. US: Palgrave Macmillan US.

Milevsky, A. , Schlechter, M. , Netter, S. , & Keehn, D. 2007. "Maternal and Paternal Parenting Styles in Adolescents: Associations with Self-esteem, Depression and Life-satisfaction," *Journal of Child Family Study*, 16: 39 – 47.

Minujin, A. & Nandy, S. 2012. *Global Child Poverty and Well-being: Measurement, Concepts, Policy and Action*. Bristol: The Policy Press.

Minujin, A. , Delamonica, E. , Gonzalez, E. D. & Davidziuk, A. 2005. *Children Living in Poverty: A Review of Child Poverty Definitions, Measurements, and*

*Policies*. New York: New School University.

Neisser, U. Bookdoo, G., Bouchard, T. J., Boykin, A. W., Brody, N., Stephen, J. C. Diane, F. H., Loehlin, J. C., Robert, P. Robert, J. S. & Susana, U. 1996. "Intelligence: Knows and Unknowns," *American Psychologist*, 51 (2): 77 – 101.

Newhouse, David Locke; Suarez Becerra, Pablo; Evans, Martin C. 2016. "New Estimates of Extreme Poverty for Children," *Policy Research Working Paper*; *No. WPS 7845*, Washington, D. C. : World Bank Group.

Notten, G., & Roelen, K. 2011. "Monitoring Child Wellbeing in the European Union: Measuring Cumulative Deprivation," *Innocenti Working Paper*, UNICEF Innocenti Research Centre.

Olinto, P., Beegle, K., Sobrado, C., & Uematsu, H. 2013. *The State of the Poor: Where Are the Poor, Where Is Extreme Poverty Harder to End, and What Is the Current Profile of the World's Poor?* Washington, DC: World Bank.

Oxley, H., Dang, T. T., Forster, M. F., & Pellizzari, M. 2001. "Income Inequalities and Poverty among Children and Households with Children," In *Child Wellbeing, Child Poverty and Child Policy in Modern Nations*, Edited by K. Vleminckx & T. M. Smeeding, Bristol: The Policy Press.

Pakarinen, E. Kiuru, N. Lerkkanen, M. Poikkeus, A. Siekkinen, M., Nurmi, J. 2010. "Classroom Organization and Teacher Stress Predict Learning Motivation in Kindergarten Children," *European Journal of Psychology of Education*, 25 (3): 281 – 300.

Pantazis, C., Townsend, P., & Gordon, D. 2006. "The Necessities of Life." In *Poverty and Social Exclusion in Britain*, edited by C. Pantazis, D. Gordon & R. Levitas, Bristol: The Policy Press.

Patel, L. 2005. Social Welfare and Social Development in South Africa. Johannesburg: Oxford University Press.

Paula, Allen-Meares, 2013. *Social Work with Children and Adolescents*（儿童青少年社会工作），上海：华东理工大学出版社。

Paxon, C. & Schady, N. 2007. "Cognitive Development among Young Children in Ecuador: The Role of Health, Wealth and Parenting," *Journal of Human Re-*

*sources*, 42 （1）: 49 – 84.

Paxson, C. & Schady, N. 2005. "Child Health and Economic Crisis in Peru," *World Bank Economic Review*, 19 （2）: 203 – 223.

Pianta, R. C. , Erickson, M. F. , Wagner, N. , Kreutzer, T. , & Egeland, B. 1990. "Early Predictors of Referrals for Special Services: Child-based Measures vs Mother-child Interaction," *School Psychology Review*, 19: 240 – 250.

Plante, T. G. , & Sykora, C. 1994. "Are stress and Coping Associated with WISC-III Performance among Children?" *Journal of Clinical Psychology*, 50 （5）: 759 – 762.

Prochaska, J. O. & DiClemente, C. 1983. "Stages and Processes of Self-change of Smoking: Toward an Integrative Model of Change," *Journal of Consulting and Clinical Psychology*, 51: 390 – 395.

Prochaska, J. O. , & DiClemente, C. 1984. *The Transtheoretical Approach: Crossing the Traditional Boundaries of Therapy.* Homewood, IL: Dow Jones/Irwin.

Prochaska, J. O. , & DiClemente, C. 1985. *Common Processes of Change for Smoking, Weight Control, and Psychological Distress.* New York: Academic Press.

Qian, D. , Pong, R. W. , Yin, A. , Nagarajan, K. V. , & Meng, Q. , 2009. "Determinants of Health Care Demand in Poor, Rural China: The Case of Gansu Province," *Health Policy and Planning*, 24 （5）: 324 – 334.

Richard, J. G. & Philip, G. Z. 2003. 《心理学与生活》，北京：人民邮电出版社。

Roelen, K. , & Notten, G. 2011. "The Breadth of Child Poverty in Europe: An Investigation into Overlap and Accumulation of Deprivations," *Innocenti Working Paper*, Florence: UNICEF Innocenti Research Centre.

Roelen, K. , Gassmann, F. & de Neubourg, C. 2009. "The Importance of Choice and Definition for the Measurement of Child Poverty: The Case of Vietnam," *Child Indicators Research*, 2 （3）: 245 – 263.

Rogoff, B. , & Angelillo, C. 2002. "Lnvestigating the Coordinated Functioning of Multifaceted Cultural Practices in Human Development," *Human Development*, 45: 211 – 225.

Rogoff, B. 2003. *The Cultural Nature of Human Development.* New York: Oxford

University Press.

Rosenbaum, S. 1992. "Child Health and Poor Children," *American Behavioral Scientist*, 35: 275 – 289.

Rudasill, K. M. , S. E. Rimm-Kaufman, L. M. Justice, and K. Pence, 2006. "Temperament and Language Skills as Predictors of Teacher – child Relationships in Preschool," *Early Education and Development*, 17, pp. 271 – 291.

Russell, A. , Mize, J. , & Bissaker, K. 2004. Parent-child Relationships. Malden, MA: Blackwell.

Santos, M. E. , Villatoro, P. , Mancero, X. Gerstenfeld, 2015. *A Multidimensional Poverty Index for Latin America*, University of Oxford: Oxford Poverty & Human Development Initiative.

Saunders, P. , & Sun, L. J. 2006. "Poverty and Hardship among the Aged in Urban China," *Social Policy & Administration*, 40 (2): 138 – 157.

Sen, A. 2009. *The Idea of Justice*. Cambridge: Harvard University Press.

Sherraden, M. 2017. *Assets and Poor: A New American Welfare Policy*. Armonk, NY: M. E. Sharpe.

Singh, R. , & Sarkar, S. 2014. "The Relationship of Household Monetary Poverty and Multidimensional Child Deprivation: A Longitudinal Study of Children Growing up in India," *Working Paper 121*, Young Lives An International Study of Childhood Poverty.

Singh, R. and Sarkar, S. 2015. "Children's Experience of Multidimensional Deprivation: Relationship with Household Monetary Poverty," *The Quarterly Review of Economics and Finance*, 56: 43 – 56.

Smith, J. R. , Brooks-Gunn, J. , & Klebanov, P. K. 1997. *The Consequences of Living in Poverty for Young Children's Cognitive and Verbal Ability and Early School Achievement*. New York: Russell Sage.

UN, 2015. Report on China's Implementation of the Millennium Development Goals (2000 – 2015) . Beijing: Ministry of Foreign Affairs People's Republic of China and United Nations System in China.

UNICEF, 2005. *The State of the World's Children 2005: Children under Threat*. New York: The United Nations Children's Fund (UNICEF) .

UNICEF, 2014. Children in China: An Atlas of Social Indicators, Beijing: United Nations Children's Fund.

UNICEF, 2011. "Child Poverty in East Asia and the Pacific: Deprivations and Disparities," Bangkok: UNICEF East Asia and Pacific Publication.

UNICEF, 2017. *A World Free from Child Poverty: A Guide to the Tasks to Achieve the Vision.* New York: United Nations Children's Fund (UNICEF) and the Global Coalition to End Child Poverty.

Vuorenkoski L., Moilanen I, 1998. "Long-term Mental Health Outcome of Returning Migrant Children and Adolescents," *European Child & Adolescent Psychiatry*, 7 (4): 219.

Walker, S. 2007. "Child Development: Risk Factors for Adverse Outcomes in Developing Countries," *Lancet*, 369: 145 – 157.

Walker, S. 2011. "Inequality in Early Childhood: Risk and Protective Factors for Early Child Development," *Lancet*, 378: 1325 – 1338.

Watkins K. and Quattri M. 2016. Child Poverty, Inequality and Demography: Why Sub-saharan Africa Matters for the Sustainable Development Goals. London: Overseas Development Institute.

Winicki, J. Jemison, K., 2003. "Food Insecurity and Hunger in the Kindergarten Classroom: Its Effect on Learning and Growth," *Contemporary Economic Policy*, 21: 145 – 157.

Yu, J. T. 2013. "Multidimensional Poverty in China: Findings Based on the CHNS," *Social Indicators Research*, 112: 315 – 336.

Zai Liang, Yiu Por Chen 2007. "The Educational Consequences of Migration for Children in China," *Social Science Research*, 1 – 20.

图书在版编目（CIP）数据

促进儿童发展：福利政策与服务模式／亓迪著．——
北京：社会科学文献出版社，2018.10
ISBN 978－7－5201－3101－8

Ⅰ．①促…　Ⅱ．①亓…　Ⅲ．①妇女儿童权益保护－研
究－中国　Ⅳ．①D922.74

中国版本图书馆 CIP 数据核字（2018）第 161653 号

促进儿童发展：福利政策与服务模式

著　　者／亓　迪

出 版 人／谢寿光
项目统筹／胡　亮
责任编辑／胡　亮

出　　版／社会科学文献出版社·社会学出版中心（010）59367159
　　　　　　地址：北京市北三环中路甲29号院华龙大厦　邮编：100029
　　　　　　网址：www. ssap. com. cn
发　　行／市场营销中心（010）59367081　59367018
印　　装／天津千鹤文化传播有限公司

规　　格／开　本：787mm×1092mm　1/16
　　　　　　印　张：20.25　字　数：331 千字
版　　次／2018 年 10 月第 1 版　2018 年 10 月第 1 次印刷
书　　号／ISBN 978－7－5201－3101－8
定　　价／98.00 元

本书如有印装质量问题，请与读者服务中心（010－59367028）联系